中国
农村劳动力调研报告 2005

Research on Rural Labor of China

国家统计局农村社会经济调查司　编
Department of Rural Surveys
National Bureau of Statistics

(京)新登字041号

图书在版编目（CIP）数据

中国农村劳动力调研报告. 2005
/国家统计局农村社会经济调查司编.
-北京：中国统计出版社，2005. 11
ISBN 7-5037-4791-9

Ⅰ. 中…
Ⅱ. 国…
Ⅲ. ①农民-劳动就业-研究报告-中国
②农村-劳动力转移-研究报告-中国
Ⅳ. F323.6

中国版本图书馆CIP数据核字（2005）第107385号

中国农村劳动力调研报告—2005

作　　者/国家统计局农村社会经济调查司编
责任编辑/姚　立
装帧设计/艺编广告·张　冰
出版发行/中国统计出版社
通信地址/北京市西城区月坛南街75号
邮政编码/100826
办公地址/北京市丰台区西三环南路甲6号
电　　话/（010）63459084　63266600-22500（发行部）
印　　刷/科伦克三莱印务（北京）有限公司
经　　销/新华书店
开　　本/880×1230毫米　1/16
字　　数/450千字
印　　张/16
印　　数/1—1600册
版　　别/2005年11月第1版
版　　次/2005年11月北京第1次印刷
书　　号/ISBN 7-5037-4791-9/F·2160
定　　价/68.00元

《中国农村劳动力调研报告——2005》

编辑委员会

目录

第一部分 农村劳动力就业

第二部分 农村劳动力外出务工

第三部分 农村劳动力转移

第四部分 农村劳动力流动与农民增收关系

1

农村劳动力就业

农村劳动力现状、就业结构及问题

国家统计局农村司　唐　平

农村劳动力的流动和转移是农村经济结构战略性调整的核心问题。我国有 4.97 亿人的农村劳动力，占全国劳动力总量的 65%。如何让更多农村劳动力充分就业，是实现农民增收的根本途径，本文从农村劳动力总量、结构及其变动情况等方面对农村劳动力问题进行了初步分析；从农村劳动力就业总量及行业分布等方面对农村劳动力就业现状和发展变化进行了初步探索。综合分析看，"十五"农村劳动力供给的总体变化趋势是：近期内农村劳动力供给仍将继续增加，但增势将趋缓；外出务工已成为农村劳动力就业的重要实现形式；外出劳动力的规模将继续扩大，对农民增收将发挥重要作用；但也存在诸如农村就业人员接受专业技能培训的比例较低，农村就业人员的文化素质有待提高，农业就业人员劳动年龄偏大，农村就业人员的产业结构有待进一步优化等问题。

一、农村劳动力现状

（一）总体现状

1. 总量及结构

按照农村统计资料，2004 年农村参加经济活动的就业人员有 4.97 亿人，占全国就业人员的 65%左右，占农村人口的 53%左右。其中，农村男性就业人员 2.65 亿人，占农村就业人员的 53.4%；农村女性就业人员 2.32 亿人，占农村就业人员的 46.6%。从男女就业人员比例看，近年我国农村男女就业人员的比率较为稳定，若以女性为 1 比较，1995～2004 年农村男女就业人员性别比始终稳定在 1.14：1。

按照农村住户抽样调查，2004 年农村就业人员的年龄结构是：16～20 岁的低年龄组就业人员比重为 8.7%；21～25 岁较低年龄组就业人员比重为 12.5%；26～30 岁年龄组的就业人员比重为 9.4%；31～35 岁年龄组的就业人员比重为 10.4%；36～40 岁年龄组的就业人员比重为 12.7%；41～45 岁年龄组的就业人员比重为 11.7%；46～50 岁和 51 岁以上年龄组的就业人员比重分别为 12.9%和 21.7%。

2. 文化素质及专业技能

迄今为止，农村就业人员平均受教育年限尚未达到初中毕业水平。2004 年农村就业人员的文化程度指数为 7.9 年。其中，文盲半文盲文化程度的人数占 7.5%，小学文化程度的人数占 29.3%，初中文化程度的人数占 50.4%，高中文化程度的人数占 10.0%，中专及中专以上文化程度的人数占 2.9%。从专业技能看，2004 年农村仅有 15.5%的就业人员接受过专业培训，多达 84.5%的就业人员未接受过专业培训

3. 变动趋势

（1）就业人员总数增加，比重提高。1978～2004 年，我国农村就业人员累计净增 19057 万人，增长了 62.2%，平均每年增长 2%。农村就业人员占农村人口的比重由 1978 年的 38.1%提高到 2004 年 52.7%，提高了 14.6 个百分点。

（2）就业人员年均增加减缓，增速趋降。"六

五”时期我国农村就业人员年均增加1046万人，年均增长3.1个百分点；“七五”时期年均增加989万人，年均增长2.5个百分点，“八五”期间年均增加606万人，年均增长1.4个百分点，“九五”期间年均增加584万人，年均增长1.3个百分点，“十五”期间(按2000～2004年计算)，农村就业人员年均增加433万人，年均增长0.9个百分点。“六五”和“七五”时期劳动就业人口净增较多的主要原因是，20世纪60年代和70年代延续较长时间的生育高峰出生的人口，在80年代时期进入了劳动适龄期。

(3)女性就业人员“十五”以前增速快于男性。改革以来的1980～2004年，农村男性就业人员增长了52.6%，年均增长1.8%；女性就业人员增长了60.3%，年均增长2.0%；女性就业人员增速比男性就业人员增速快0.2个百分点，其中的1980～2000年，女性就业人员增速比男性就业人员增速快0.3个百分点。但“十五”期间的2000～2004年，农村男性就业人员年均增长了1.0%；女性就业人员年均增长了0.8%。男性就业人员增速比女性就业人员增速快0.2个百分点。

(4)年龄大的就业人员比重有所提高。2004年农村就业人员的年龄结构中，16～25岁年龄组的人员比重比上年下降了0.2个百分点，26～35岁年龄组人员比重比上年下降了0.7个百分点，而36岁以上年龄组的人员比重比上年提高了0.9个百分点，其中51岁以上高年龄组的就业人员比重比上年提高了1.5个百分点。

(二)分地区现状

1. 总量及结构

从就业人员总量分析，东部地区就业人员比重高于中西部。2004年农村全部就业人员中，东部地区有1.99亿人，占农村就业人员总量的40.0%；中部地区有1.74亿人，占35.0%；西部地区有1.24亿人，占25.1%。

分省看，由于河南、四川、山东三省农村人口总量大，农村就业人数也多，三省农村就业人数合计占全国农村就业人数比重的近1/4，为24.6%。而京、津、沪三大直辖市及海南、西藏、青海、宁夏、新疆8省(自治区、直辖市)各省农村人口总量不足1000万人，八省农村就业人员合计占全国农村人口总量的比重仅为3.5%。

从男女性别比看，中部地区男性就业人员更多。2004年，东部地区男性就业人员1.05亿人，占53.0%；女性就业人员0.93亿人，占47.0%；男女就业人员性别比为1.13∶1。中部地区男性就业人员0.94亿人，占53.9%；女性就业人员0.80亿人，占46.1%，男女就业人员性别比为1.17∶1。西部地区男性就业人员0.66亿人，占53.2%；女性就业人员0.58亿人，占46.8%，男女就业人员性别比为1.14∶1。

从年龄结构比较看，东部地区大龄就业人员更多。2004年东部地区就业人员中，16～25岁的占19.9%，26～35岁的占18.2%，36岁以上的占61.9%；中部地区就业人员中，16～25岁的占22.4%，26～35岁的占19.1%，36岁以上的占58.6%；西部地区就业人员中，16～25岁的占21.5%，26～35岁的占22.9%，36岁以上的占55.6%。东部地区36岁以上的就业人员比西部地区高6.3个百分点。

2. 文化素质及专业技能

2004年东部地区农村就业人员的文化程度指数为8.4年。其中，小学文化程度以下的人数占30.3%，初中文化程度的人数占53.5%，高中和中专及中专以上文化程度的人数占16.2%；就业人员中，接受过专业培训的人员占17.0%；中部地区农村就业人员的文化程度指数为8.0年。其中，小学文化程度以下的人数占33.6%，初中文化程度的人数占53.8%，高中和中专及中专以上文化程度的人数占12.6%；就业人员中，接受过专业培训的人员占13.6%；西部地区农村就业人员的文化程度指数为6.9年。其中，小学文化程度以下的人数占50.0%，初中文化程度的人数占41.2%，高中和中专及中专以上文化程度的人数占8.8%；就业人员中，接受过专业培训的人员占16.1%。

3. 变动趋势

(1)改革以来中部地区就业人员增加最多。1978～2004年，在全国农村增加的就业人员中，中部地区就业人员总量增加最多，26年合计增加7338万人，占全国就业人员增加的38.5%；东部地区次之，合计增加6710万人，占35.2%；西部地区合计增加5009万人，占26.3%。

(2)“十五”期间东、西部地区就业人员增加快于中部地区。“十五”期间东、中、西部地区年均分别增加194万人、126万人和113万人，与“九五”时期比较，东部和西部地区农村就业人员的年均增量分别为31万人和18万人，中部地区则减少200万人。从就业人员总量增长速度看，“十五”期间东西部地区的农村就业人员增长速度较快，年均增长分别为1.0个百分点和0.9个百分点；中部地区增长0.7个百分点。

(3)“十五”期间有9省农村就业人员增长在6%以上。“十五”期间全国有28个省、自治区、直辖市(以下简称“省”)的农村就业人员持续增长。其中，农村就业人员增长在6%以上的有9个省，分别是甘肃(13.2%)、辽宁(12.2%)、海南(11.6%)、新疆(11.6%)、青海(7.3%)、内蒙古(7.0%)、浙江(6.8%)、陕西(6.1%)、宁夏(6.1%)；农村就业人员增长在4～6%之间的有10个省，分别是广东(5.7%)、贵州(5.6%)、湖北(5.4%)、西藏(4.8%)、吉林(4.7%)、广西(4.7%)、天津(4.6%)、云南(4.2%)、安徽(4.0%)；北京、河北、山西、黑龙江、山东、江西、河南、湖南、重庆9省农村就业人员增长在0.1～4%之间。

二、劳动力就业状况、结构及变化特征

(一)总体就业状况和结构

1. 农村就业人员的行业分布

按照农村住户抽样调查，2004年农村农业就业人员占农村全部就业人员的68.5%，其中从事种植业生产的人员占农业就业人员的96.1%。农村非农业就业人员占农村全部就业人员的31.5%；其中从事工业的人员占农村非农业就业人员的33.6%；从事建筑业的人员占15.1%；从事交通、运输、仓储及邮电、通讯业的人员占5.5%；从事批发、零售贸易和餐饮业的人员占12.5%；从事服务业的人员占10.3%。从事其他行业的人员占23.2%。

2. 农业与非农业就业人员的性别结构

2004年的农村住户抽样调查还显示，农村第一产业就业人员以女性为主，第二三产业就业人员以男性为主。农村第一产业就业人员中，女性占53.1%，男性占46.9%，男女就业人员的性别比(女性=1)为0.88∶1；第二三产业就业人员中，男性占64.2%，女性占35.8%，男女就业人员的性别比为1.80∶1。

(二)改革以来农村就业人员结构及变化特征

1. 农业与非农业就业人员的比重差距缩小

1978～2004年，农村产业结构已有较大改善。全国农村就业人员中，第一产业就业的人员占农村全部就业人员的比重由90%以上下降到60%多，下降了近30个百分点；二三产业就业的人员占全部就业人员的比重则提高了近30个百分点。

2. 第一产业就业结构的偏离度至今仍然较高

由于长期以来我国产业结构发展不均衡，传统的就业格局并未根本改观，农村第一产业就业结构与产值结构的偏离度[①]较高。2004年我国一、二、三产业的产值比例分别为15.2%、52.9%和31.9%，第二和第三产业的产值比重已达到84.0%，但是二三产业的在业人口只为53.1%，也就是说，84%的国民生产总值是由53%的二三产业的在业人口创造的。从就业结构和产业结构的偏离度看，第一产业的负偏离程度加大，由1980年的－0.56提高到2004年的－0.68，表明第一产业的就业结构仍然不均衡，以第一产业为主的传统就业格局有待进一步改善。

3. 地域空间及从业类型等因素对就业结构有较大影响

从东中西部地区分析，主要表现一是东部地区经济发达程度高，劳动力外出就业普遍距离较近或者出国就业的人员更多；二是东部地区非农产业就业人员比例较高；三是东、西部地区农民就业人员的行业比重差距较大。2004年东、中、西部地区人均GDP分别为19024元、9723元、7527元；农村住户抽样调查数据显示，2004年在县内乡外、省内县外和国外就业的各组农村就业人员中，东部地区人员占50%以上的比例，而中西部地区由于经济发展水平较低，农村劳动力外出就业的流动距离相对较远，选择在国内省外就业的农村就业人员比重更高，分别为54.1%和27.6%。从就业人员所从事的产业结构看，东部地区全部就业人员中有41.5%的人从事非农产业，而中部和西部地区从事农业生产的人员则分别高达72.3%和77.2%。从就业人员的结构变动率分析，东部地区从事农业生产的人员比重下降幅度大，转入二三产业的人员比

---

① 在产业结构分析中，通常将就业结构与产值结构的不对称性态用偏离度度量。它指在产业结构变化过程中，一个产业的产值比重(指该产业的GNP占全部GNP的份额)和就业比重之比称为该产业的相对劳动生产率，产业相对劳动生产率与1之差称为该产业的偏离度。一般地说，偏离度越高，表明产业结构失衡越严重。如果偏离度趋于零，表明是一个对称的标准均衡结构。(中国1990年人口普查—国际讨论会论文集P.348)

重高，东中西部地区结构变动速度呈现出较为明显的由高到低递减态势。

按粮食主产区和主销区分组分析，粮食主产区由于其丰富的第一产业生产资源，其从事第一产业的劳动力比重明显高于粮食主销区。2004 年，粮食主产区农村劳动力从事农业和非农产业的比重大致为六四开，分别为 61.3%和 38.7%，粮食主销区从事农业的劳动力为 11.3%，从事非农产业的劳动力比重高达 88.7%。

按农户兼业类型分析，不同从业类型劳动力的就业比重差异很大。2004 年农村劳动力在一产业就业的人数比重：农业户、农业兼业户、非农业兼业户和非农户的比重递减，分别为 94.6%、73.9%、49.0%和 13.5%，其中，纯农业户从事种植业生产的劳动力占 90.1%；而在非农产业就业的劳动力农业户、农业兼业户、非农业兼业户和非农户的比重递增，分别为 5.4%、26.1%、51.0%和 86.5%，其中，非农业户从事第三产业的劳动力占 54.5%。与全国平均水平比较，纯农户在一产业就业的劳动力比重比全国平均水平高 26.1 个百分点；相反，非农业户在非农产业就业的劳动力比重比全国平均水平高 55.0 个百分点，高 1.7 倍。

（三）“十五”期间农村劳动力就业结构变动趋势

1.“十五”期间农业就业人员下降显著，非农业就业人员增加较多

“十五”期间的 2000～2004 年，农村第一产业就业人员合计减少了 2201 万人，年均减少 550 万人，是“六五”时期以来减少总量最多的一个时期；非农产业就业人员合计增加了 3934 万人，年均增加 984 万人，也是“六五”时期以来农村非农就业人员年均增加人数最多的一个时期。这期间从事农业和非农业的农村就业人员比例由 68.4∶31.6 变化为 61.6∶38.4。

表 1　不同时期农村就业人员增减及产业结构变动

单位：万人

	农村就业人员合计		1.农林牧渔业		2.非农业	
	增减总量	年均增减	增减总量	年均增减	增减总量	年均增减
1978～2004 年	19057	733	2140	82	16917	651
“六五”时期	5229	1046	544	109	4685	937
“七五”时期	4945	989	2984	597	1961	392
“八五”时期	3032	606	−1001	−200	4033	807
“九五”时期	2920	584	462	92	2458	492
“十五”期间	1733	433	−2201	−550	3934	984

2.“十五”期间批发、零售贸易和餐饮业新增就业人员增速最快

“十五”期间农村新增加的非农业就业人员中，批发、零售贸易和餐饮业就业人员增加多，增长速度最快，年均增长 11.4%；其次是工业就业人员，年均增长 7.3%；而建筑业就业人员年均增长 5.9%；交通运输仓储及邮电通讯业和其他行业就业人员的年均增长率分别为 6.0%和 2.9%。

表 2　“十五”的 2000～2004 年间分行业农村就业人员增减情况

年　份	农林牧渔业	工业	建筑业	交通运输仓储及邮电通讯业	批发零售贸易和餐饮业	其他行业
“十五”期间增减(万人)	−2201	1330	689	305	950	660
平均每年增减	−550	333	172	76	237	165
“十五”期间增长(%)	−6.7	32.4	25.6	26.1	54.2	12.1
平均每年增长	−1.7	7.3	5.9	6.0	11.4	2.9

(四)分地区农村就业状况及变动

1. 农业就业人员中部地区数量多,但西部地区比例高

2004 年东部地区的农业就业人员有 1.06 亿人,中部地区有 1.14 亿人,西部地区有 0.86 亿人。从农业就业人员的比率看,西部地区明显高于东部和中部地区。2004 年西部地区农业就业人员占西部地区农村全部就业人员比例的 68.9%,比东部地区(53.3%)和中部地区(65.8%)分别高 15.6 个百分点和 3.0 个百分点。

2. 东部发达的农村地区非农产业就业率高

2004 年农村非农业的就业比例在 40%以上的 12 个省份中,有 8 个省分布在东部发达地区,其中上海、北京、浙江的农村非农就业率已经分别高达 73.7%、66.2%和 63.3%。而中西部地区的农村非农就业率普遍较低,仍以农业生产为主,其中西藏、云南、新疆 3 省区的非农就业率尚不足 20%。

表 3 2004 年非农业就业人员占农村就业人员的比重

单位:%

40~75%		30~40%		14~30%	
上 海	73.7	安 徽	38.3	青 海	28.6
北 京	66.2	山 西	37.3	甘 肃	27.9
浙 江	63.3	四 川	37.3	吉 林	26.0
江 苏	57.4	辽 宁	36.7	黑龙江	25.1
天 津	54.2	湖 南	33.1	海 南	23.7
广 东	48.2	陕 西	32.9	内蒙古	22.5
福 建	44.9	广 西	32.5	西 藏	19.4
河 北	42.3	贵 州	32.3	云 南	16.6
山 东	41.9	河 南	31.4	新 疆	14.1
重 庆	41.2	宁 夏	31.4		
湖 北	41.1				
江 西	40.1				

3. 农业就业人员比重的下降速度东中西部地区依次递减;非农业就业人员的增长速度则依次递增

2004 年经济发达程度较高的东部地区农业就业人员比 2000 年减少 995 万人,比重下降 7.4 个百分点;中部地区农业就业人员比 2000 年减少 779 万人,比重下降 6.6 个百分点;西部地区农业就业人员比 2000 年减少 428 万人,比重下降 6.2 个百分点。与此同时,非农就业人员东部地区比 2000 年增加 1772 万人,比重提高 7.4%;中部地区增加 1283 万人,比重提高 6.6%;西部地区增加 879 万人,比重提高 6.2%。

三、存在问题

(一)农村就业人员接受专业技能培训的比例低

2004 年全国农村就业人员中,仅有 15%的人员接受过专业培训。若按从事农业和非农业生产分组分析,从事农业生产的就业人员接受过专业培训技能的比例更低,仅有 8.8%接受过专业培训,尚有 91.2%人员未接受过专业培训;从事非农业生产的就业人员中,也只有 30.2%的人员接受过专业培训,尚有 69.8%人员未接受过专业培训。

(二)农村就业人员的文化素质偏低

农村住户抽样调查表明,农村就业人员总体学历至今尚未达到初中毕业水平,其中,从事农业生产的低文化者更多。2004 年末我国从事农业生产的人员总体文化程度指数为 7.3 年。在从事农业生产的就业人员中,小学及小学以下文化程度的人员占 44.9%,初中文化程度的人员占 45.4%,高中及高中以上文化程度的人员占 9.7%;从事非农业生产的就业人员的总体文化程度指数为 9.0 年,刚好达到初中毕业水平,其中小学及小学以下文化程度的就业人员仍有 19.0%,初中文化程度的就业人员有 61.1%,高中及高中以上文化程度的就业人员只有 19.9%。

(三)农业就业人员劳动年龄偏大

一是农业与非农业比较,农业就业人员年龄偏大。2004 年全国农村就业人员中,从事农业生产的就业人员有 2/3 的人年龄在 36 岁以上;相反,在二三产业就业的人员中,有近 60%的人员年龄在 35 岁以下。二从各年龄段的农村就业人员比较看,年龄在 36 岁以上的就业人员中有 77.9%的人从事农业生产;而从事非农生产的就业人员中,36 岁以上的占 22.1%,16～20 岁的劳动力占 46.5%,21～25 岁占 51.7%,26～35 岁占 40.4%。

(四)农村就业人员的产业结构有待进一步优化

尽管改革以来农村第一产业就业人员比重已明显下降,但总体上农村产业结构的变化幅度还较小,速度较慢,产业结构层次较低,至今仍保持着第一产业居于首位,且大大高于第二、三产业的落后的传统就业格局。

湖北农村劳动力就业的影响因素及预测

湖北省农调队课题组[①]

湖北省是一个农业大省，也是一个农民大省，农业资源尤其是耕地资源相对短缺，全省人均耕地不足一亩，仅为全国平均水平的一半，并且每年还在递减，人口规模却递增，人地矛盾已十分突出。与此同时，未来几年全省的农村人口与农村劳动力依然处于一个增长的态势；湖北作为一个老工业基地，国有经济的比重远高于浙江、广东等沿海省份，城市职工的下岗问题突出，这也影响了全省城市经济对农村劳力的吸纳能力；湖北省民营经济的发展严重不足，这一吸纳农村劳动力的主要渠道还不畅通；随着我国加入WTO以及经济全球化的进程，全省农业富余劳动力的文化素养也日益明显地落后于经济发展的需要等等。在未来一段时期内，如何拓展湖北省农村劳动力的就业空间，加快农业劳动力转移的步伐，抓好就业这一"民生之本"，是本项研究的目的所在。我们采用较为先进的计量经济分析方法，从微观和宏观两个层面分析了劳动力就业与转移的影响因素，并建立了若干计量经济模型，期望从中找出一些带有规律性的结论。在此基础上，找出阻碍农村劳动力就业的种种限制性因素，提出了解决问题的相关政策建议与对策。

一、基本特征

(一)农村劳动力存量

总体上，湖北省农村劳动力十分丰富，农村劳动力转移任务艰巨，就业形势严峻。据农村统计年报资料，2004年底，全省农村劳动力1877.03万人，在全国排第13位，占全国农村劳动力总量的3.7%左右；乡村人口3965.25万人，在全国排第10位，乡村人口占全省总人口的65.91%。农村劳动力占农村人口的47.3%，比全国平均水平低5个百分点，表明湖北省农村劳动力抚养系数高于全国平均水平，2004年，湖北省农村总抚养比为45.49%，比全国平均水平高3.26个百分点。按全省农村居民1005.97万户计算，平均每户拥有劳动力1.87人，比全国平均水平低0.1人。可见，湖北作为农业大省，同样也是农村劳动力大省，虽然经过多年的产业结构调整，大力发展二三产业，全方位、多渠道转移农村劳动力，但2004年底全省第一产业劳动力仍然高达1105.71万人，占农村劳动力的比重近60%，从第一产业发展趋势和劳动力需求来看，剩余现象比较明显，因此未来几年农村劳动力转移就业的任务仍然很重。

(二)农村劳动力就业结构

以2004年湖北农村住户调查资料对农村劳动力就业与转移现状进行分析(下同)。2004年，湖北省农村调查户户均人口4.047人，劳动力占家庭常住人口的72.17%，其中整劳动力占51.17%，男女劳动力比为52.1∶47.9。从近几年的调查数据看，湖北省农村居民家庭规模逐渐变小，但劳动力规模却相对稳定；整劳动力比例下降较快。

① 课题负责人：范传强、曹阳；课题组成员：舒振斌、张在金、王春超、胡亚权、夏守信、汤学兵、徐菁；课题执笔：张在金、王春超等。

农村劳动力以从事第一产业为主，占66.58%，第一产业中又以农业为主，农业劳动力占第一产业的比例高达98.12%；第二产业占15.67%，第二产业中以制造业为主，制造业劳动力占第二产业的比例为65.05%，其次是建筑业，占29.44%；从事第三产业的占17.75%，以居民服务和其他服务业为主。农村劳动力一二三产业就业比为100∶24∶27(以第一产业100)。

从年龄分布看，根据全国调查方案，全省农村从业人员的年龄分布为：劳动年龄内的整劳动力(男18～50岁，女18～45岁)占70.90%，其中年龄在21～45岁的青壮年劳动力占55.65%；半劳动力力占28.10%，其中50岁以上的劳动力为19.55%。

(三)农村劳动力的文化素质现状

从文化程度看，全省农村就业劳动力文化程度结构为：小学及以下的比例为33.39%，占全部农村劳动力的1/3以上，初中占53.11%，高中及中专占13.01%，大专及以上占0.49%。农村劳动力就业行业与文化程度密切相关，第一产业就业劳动力中，小学及以下程度的占42.04%，而第二产业和第三产业分别为16.61%和15.77%，表明农村劳动力高素质者更期望、更容易在非农行业就业。数据表明，农村劳动力中，中专及以上程度(含高中)的劳动力只有10.18%的人从事第一产业，高达89.82%的劳动力选择非农行业就业。

(四)农村劳动力转移就业特征

改革开放以来湖北农村劳动力转移变化具有以下基本特征：

1.转移规模与非农就业比重逐年上升。改革开放以前，农村只有少量的社队集体企业，以产品经济为主，劳动力异地流动很少。1980年，全省农村劳动力中，从事二三产业的劳动力为153.35万人，占农村劳动力的9.94%；进入上世纪80年代中后期，农村劳动力非农就业的规模迅速扩大，到1990年全省达到337.34万人，占农村劳动力的18.83%；2000年全省农村劳动力转移总规模达622.57万人，占农村劳动力总数的34.94%；进入新世纪，湖北省农村劳动力转移步伐加快，2004年全省农村劳动力转移总规模达771.32万人，非农就业比重为41.09%，非农就业比重比2000年上升6.15个百分点。

2.农村劳动力向非农行业流动具有明显的阶段性。改革开放以来，由于受国家宏观经济政策、改革力度、产业发展重点和农民收入等因素的变化，农村劳动力转移变化基本反映国民经济的走势，呈现出明显的阶段性特点。

下滑阶段(1978～1982年)：这一阶段正处于湖北省农村经济体制改革前期，土地承包责任制推行时，部分地区出现过激行为，将集体财产分割，造成农村工业萎缩，出现二三产业劳动力向第一产业回流现象。

启动阶段(1982～1987年)：这一阶段乡镇企业发展迅猛，吸纳了大量农村富余劳动力，转移方式主要表现为“离土不离乡”式的本地转移。期间共转移305.21万人，年均转移规模达50万人，农村非农产业劳动力占劳动力总数的比重由1981年的6.32%上升到1987年20.20%。

停滞阶段(1987～1991年)：这一阶段由于受治理整顿、压缩基建投资、关停并转低效、高耗、污染严重的乡镇企业等宏观调控政策影响，导致1991年非农就业劳动力数量反而比1987年减少20.64万人。

恢复阶段(1991～1996年)：经过治理整顿，初步抑制了通货膨胀和经济过热势头，特别是邓小平南巡讲话发表后，农村劳动力向全方位转移，转移规模迅速扩大。5年间，转移农村劳动力173.85万人，年均转移35万人，农民非农就业比重上升到27.7%。

加速阶段(1997年至今)：从1997年开始，农村经济发展进入新阶段，农村经济结构调整加快，工业企业改制重组，国有企业下岗分流等一系列政策措施的实施，一方面引起第一产业劳动力需求下降，另一方面引起农村劳动力大量富余，使劳动力和新增劳动力就业困难，导致农民收入增长缓慢，外出就业压力增加。但这一时期农民在就业夹缝中求生存，择业不避类，外出打工成为劳动力转移的主要增长方式。6年来，全省共转移农村劳动力204.29万人，到2004年，非农就业总规模达到771.32万人，其中农民外出就业转移530万人，占转移总人数的68.74%。

3.省内转移逐年下降，跨省转移稳步上升。据对全省3300个农户劳动力就业状况调查，2004年农村劳动力就业的地域分布情况为，乡内、县内乡外、省内县外、国内省外就业的比重分别为74.36%、1.77%、4.93%和18.93%，国内省外的就业比重比2001年上升了7.21个百分点，同期乡内就业比重下降了4.18个百分点，表明湖北省农村劳动力转移就业主要以外省为主。从2004年农村劳动力转移分行业和分地域看，行业转移（从第一产业转入二三产业）占22.22%，地域转移（省内和省外）占77.78%。在地域转移中，转移到省外的劳动力占全部转移劳动力的比重由2000年48.99%上升到2004年的58.10%，增加了9.11个百分点；广东、上海、福建、江苏、浙江等东部及沿海发达省份是湖北省外出劳动力首选地区，占跨省转移总人数的88.40%，中部占8.25%，而转向西部和其它地区的仅占3.35%。从省内劳动力转移地点看，武汉市占47.24%，地级市占20.78%，县级市占23.05%，其它地区占8.93%。

4. 农村劳动力转移与其拥有的农业资源水平与收入水平存在一定的联系。住户调查数据表明，农户拥有的土地资源越少，农业内部的对农村劳动力外推力就越大，2000年，人均耕地面积在1亩以下的，劳动力转移率高达94.87%，而人均耕地面积在2亩以上的，劳动力转移率只有20.68%；2004年，湖北省农村居民人均经营耕地1.49亩，劳动力转移率为32.59%，总体上，大多数人均经营耕地在1～2亩之间的农村居民受土地资源的影响保持相对平稳，土地资源过少，转移率就高，土地资源较多，则转移率就低。现阶段，转移率的高低更容易受到收入的影响，农民收入与劳动力转移的关系表现在两个方面：一是人均收入水平越高，则劳动力转移的物质基础越坚实，对劳动力转移有促进作用。二是劳动力转移有助于农民收入水平的提高。

5. 农村劳动力兼业性特点明显。农村实行土地承包责任制后，农民有了赖以生存的基础，加之受过去重农意识的长期影响，农民对土地的依恋程度较深。但是，现阶段在土地流转制度尚不健全和农业比较效益仍然偏低的情况下，土地对已转移出去的农民来说却成为一个负担。在这种“两难”的困境下，兼业行为有其合理性，中央提出5年内取消农业税的政策，将使未来几年农民兼业行为更趋凸现。据2004年全省农村住户的抽样调查，按总收入比重[①]计算，农业兼业户和非农业兼业户分别占全部调查户的53.91%和19.21%，两者合计占73.12%，而农业户和非农业户只分别占22.70%和1.06%。若按从业劳动力比重计算，农业兼业户和非农业兼业户分别占21.45%和32.42%，两者合计占53.87%，即一半以上的农村劳动力具有兼业特征。

二、影响因素分析

（一）湖北省农户微观特征的基本描述

2002年和2003年各类型农户占全省总农户比重的变化情况见图2.1和图2.2。

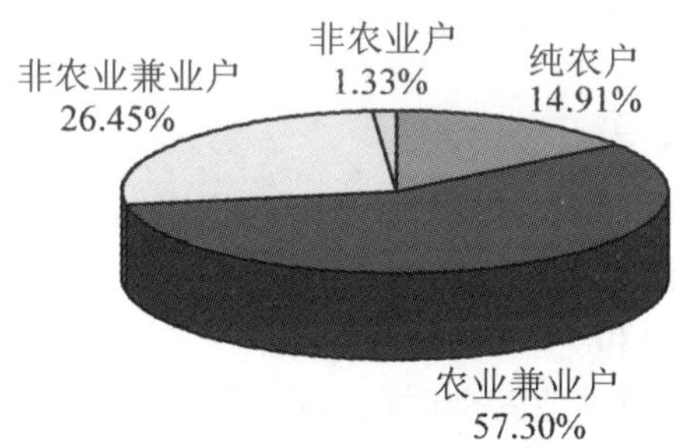

图2.1 2002年湖北省各类型农户所占比重

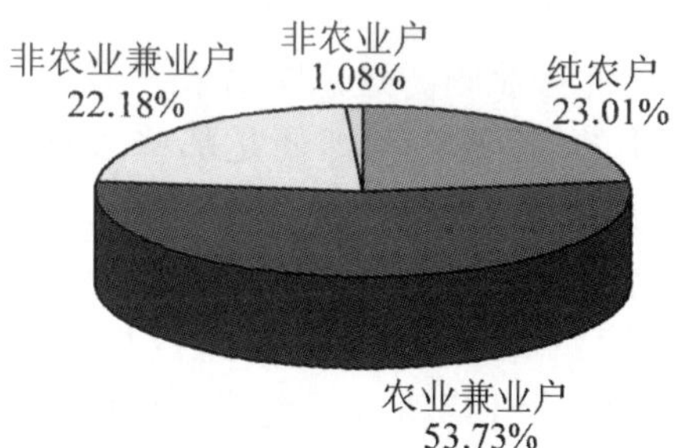

图2.2 2003年湖北省各类型农户所占比重

表2.1 2003年农村住户基本情况

	样本数	人均纯收入（元）	人均耕地面积（亩）	人均年龄（年）	人均受教育年限（年）	户均抚养负担（%）
纯农业户	749	2573.79	2.01	35.62	5.61	27.48
农业兼业户	1794	2372.12	1.43	33.41	5.73	26.99
非农业兼业户	722	2967.31	0.91	31.89	5.79	29.34
非农业户	35	4131.18	0.33	31.07	5.70	30.05

注：这里的户均抚养负担用家庭扶养率来表示，即：抚养负担率=（家庭规模－劳动力数）/家庭规模。

① 这里将农村住户的从业类型分为四类，分类标准为农户各种收入来源中农业收入和非农业收入占本户总收入的比重。其中，第一产业收入占总收入95%以上的农户为纯农业户；第一产业收入占50～95%的农户为农业兼业户；第一产业收入占5～50%的农户为非农兼业户；第一产业收入占5%以下的农户为非农业户。

从上图可以看出，2003 年与 2002 年比较，纯农业户所占比重有所增加，其比重增加了 8%，而农业兼业户和非农业兼业户所占比重则略微有所下降，两者都降低了大约 4%。此外，农村中非农业户所占比重基本不变。四类农村住户的基本特征如表 2.1 所示。

表 2.1 反映出，各类型农户在基本的人口学特征上差异并不明显。其中，年龄结构的分布对于倾向于非农就业的农户来说表现出较为年轻的特点。非农业户的平均年龄最小，比相应的纯农户的平均年龄少大约 4.6 岁。从耕地资源的角度看，非农就业倾向与人均耕地面积具有一定的负相关性。随着各类型农户人均耕地面积的减少，其相应地也会表现出非农参与的倾向。这说明，农民的就业行为显现出资源导向性特点。综合起来，从农户微观的调查数据来看，湖北农民的非农就业倾向并不明显，农户大部分收入来源依然是农业。下面从理论和实证两方面分析农民就业行为及其与收入之间的关系。

(二)农民就业行为及其收入的理论分析

农村劳动力的就业决策在很大程度上取决于劳动力所在家庭、即农户的理性行为。在家庭劳动力资源配置决策方面，诺贝尔经济学奖获得者贝克尔教授认为家庭、而不是个人才是劳动力供给行为决策的基本单位，并把生产、消费与劳动力供给决策统一到家庭模式之中。而农户在进行决策中遵循的则是比较优势原则。这意味着农户是追求自身利益最大化的“经济人”，即便是那些表面看来“保守”、“非理性”的经济行为，需要着重探讨的也是产生这些行为背后的经济环境。这些行为往往是在特定环境约束下的理性反应。白南生等(2002)在对农村外出劳动力调查的研究中也发现农民在外出或是回流的选择上是基于一定的内外条件的约束之下而作出的理性决策。与就业行为的分析相应，在传统经济学分析中，收入是一个流量的概念，它是由每单位时间既定数量的收入流所组成。在以农户家庭经营为主体的制度下，农户收入的提高本质上应该关注的是以家庭为生产单位获得收入流的来源问题。现代经济学观点认为，收入流的来源是有价值的[①]。在此种意义上说，每一种收入流都有一个价格。那么，农户收入流的质和量及其决定因素则成为研究农民收入乃至就业的根源性问题。如果将农户的就业和收入联合起来考虑，那么农户的收入取决于收入流的来源，而在一种以发挥劳动力比较优势为特征的理性行为决策下，对农户收入的分析主要应集中于对农户就业行为选择的分析。

(三)农民收入决定的微观因素分析

采用湖北省农调队 2002 年的抽样调查数据进行分析。

1. 模型与变量

建立多元线形回归模型：

$$
\begin{aligned}
INCOME = {} & \beta_0 + \beta_1 ALT + \beta_2 ULT \\
& + \beta_3 MCV + \beta_4 (PFV + FCV) + \beta_5 S + \beta_6 LAB \\
& + \beta_7 EDU + \beta_8 PRT + \beta_9 TAXT \\
& + \beta_{10} RICE + \beta_{11} DIS + u
\end{aligned}
$$

其中，β_0 为常数项，β_i(i=1，2，…，11)为回归系数，INCOME 为农户年纯收入，ALT 为农业劳动时间，ULT 为非农业劳动时间，MCV 为家庭经营投资费用，PFV 为生产性固定资产原值，FCV 为金融资产余额，S 为家庭经营土地面积，LAB 为整半劳动力数量，EDU 为平均受教育年限，PRT 为家庭扶养率，TAXT 为税费负担率，RICE 为粮食作物播种面积百分比，DIS 为距最近县城的距离，u 为随机扰动项。以上变量是通过 SPSS12.0 软件对解释变量进行反复筛选所得，在避免变量间的多重共线性的基础上，使模型各参数通过显著性检验。

对变量的说明：

(1)纯收入(INCOME)：指农村住户本年从各个来源得到的总收入相应地扣除所发生费用后的收入总和。

(2)农业劳动时间(ALT)：指调查期内劳动力从事农业生产活动的累计时间。

(3)非农业劳动时间(ULT)：指调查期内劳动力从事非农业生产活动的累计时间。这里包括如下两部分时间：①从事非农产业经营的时间，指调查期内农户以家庭为经营单位参与工业、交通运输业、商业服务业和其他非农产业的累计时间；②外出从事非农产业劳动时间，指调查期内外出从业劳动力在外从事非农业活动的累计时间。

① 参见西奥多·W·舒尔茨：《改造传统农业》，商务印书馆，1999 年版。

(4)家庭投资力：是反映农户农业生产经营的投资现状及投资潜力的综合性指标，将其定义为由两类四个子指标构成：①反映生产投资现状的家庭经营投资费用(MCV)和生产性固定资产原值(PFV)；②反映投资潜力的家庭经营土地面积(S)和金融资产余额(FCV)①。在计量经济分析中，不失解释能力，考虑到固定资产原值(MCV)和金融资产余额(FCV)之间的较强的自相关性，在此将二者合为一个解释变量。

(5)人力资本基本状况：①整半劳动力数量(LAB)：整劳动力指男子18周岁到50周岁，女子18周岁到45周岁；半劳动力指男子16周岁到17周岁，51周岁到60周岁；女子16周岁到17周岁，46周岁到55周岁，同时具有劳动能力的人。超过劳动年龄，但能经常参加劳动，计入半劳动力数内；②劳动力平均受教育年限(EDU)：不识字或识字很少按1.5年折算，小学6年，初中9年，高中12年，中专12年，大专及以上15年。

(6)家庭主要负担：①家庭扶养率(PRT)：PRT=(家庭规模－劳动力数)/家庭规模；②税费负担率(TAXT)：TAXT =总税费/家庭纯收入。

(7)粮食作物播种面积百分比(RICE)：RICE =粮食作物播种面积/总播种面积×100%。

(8)距最近县城距离(DIS)：指调查户所在行政村村委会距离最近的一个县城的距离。

2. 计量分析结果

运用OLS方法对模型估计结果见表2.2。

表2.2　农户收入微观影响因素模型

Independents	Coefficients	Standardized Coefficients	Sig.
Constant	3699.608(5.524)		.000
ALT	−4.730 * *(−2.706)	−0.057	.007
ULT	2.702 *(2.423)	0.052	.015
MCV	1.559 * *(53.764)	0.612	.000
PFV+FCV	0.215 * *(21.406)	0.244	.000
S	3.095 * *(14.527)	0.166	.000
LAB	995.605 * *(4.455)	0.116	.000
EDU	194.311 * *(3.633)	0.040	.000
PRT	2019.950 * *(3.827)	0.051	.000
TAXT	−14593.4 * *(−10.807)	−0.118	.000
RICE	−763.354(−1.825)	−0.020	.068
DIS	−23.767 * *(−6.035)	−0.066	.000

注：括号内数字为t检验值；*、* *分别代表5%、1%的显著性水平。R^2=0.788，F=490.645。

表2.2估计结果表明：农户参加农业劳动的时间对农户收入具有较强的负向影响。即在其他条件不变的情况下，农业劳动时间每增加1个单位，家庭纯收入将会减少4.73元。若从标准化系数表明的时间对收入的弹性值来看，农户参与农业的劳动时间每增加1%，其家庭收入则会降低0.057%；与此同时，非农业劳动却能显著地提高家庭收入，非农业劳动时间的单位增加会带来家庭收入5.2%的增长。由此，我们看到农民选择非农就业更能显著地提高其家庭收入。从一般意义上讲，在农户理性行为分析的框架下，劳动力选择非农就业就能提高整个农户的收入。但事实上，如前所述在湖北的调查结果反映，农村中农业兼业户和非农业兼业户的比重下降，纯农户的比重反而上升。调查结果也进一步显示，近几年来湖北农民却并没有表现出较强的非农就业倾向。这可能是，一方面，湖北在推进农业和工业协调发展的过程中，对劳动力密集型的农业区段产业的发展比较重视，农业经济作物的播种面积呈逐年上升的趋势。另一方面，农户在向非农产业转移和就业的过程中受到内部和

① 以收入流价格理论作为分析框架，农户的投资行为是一个创造收入流的过程。在此过程中的动态价值流量即家庭经营投资费用和生产性固定资产原值的抽象概念就能反映该生产单位即农户家庭投资的现时能力。

外部因素的制约，在特定条件下农民理性的行为选择即是在稳定自身农业生产的基础上，再去谋求非农就业岗位或者外出就业而增加收入。因此，农户就业行为的影响因素成为进一步研究的核心问题。

（四）农民就业行为的微观因素分析

1. 模型与变量

（1）模型的建立。在给定农户的有限个选择所构成的选择集下，其理性的就业行为决策建立在农户效用（或者收入）的最大化目标的基础上。这个选择集满足离散选择集对完备性和排他性的要求。我们定义农户的劳动力就业配置时的选择集为｛农业就业 J_0，农业兼业 J_1，非农兼业 J_2，非农业 J_3｝。对于 j 种选择的第 i 个家庭，假设选择 j 的效用是 U_{ij}，这个效用对于第 i 个家庭来说是已知的（第 i 个家庭并不知道其效用的具体形式，但在农户的心理上会有一个确定的值）。家庭选择 j 当且仅当 $U_{ij}>U_{ik}$，$\forall k\neq j, k\in J$。我们观测到农户 i 进行第 j 种就业选择的一些特征 x_{ij} 和该农户 i 的家庭特征 s_i。根据这些特征我们定义 $V_{ij}=V(x_{ij},s_i)$，在 V_{ij} 中则需要有一些估计的参数。但由于 U_{ij} 是不可直接观测的，我们观察到的是农户各类收入的来源。所以不可直接用 V_{ij} 来代替 U_{ij}。这里把 U_{ij} 分解为 $U_{ij}=V_{ij}+e_{ij}$，e_{ij} 包括了在 U_{ij} 中但不在 V_{ij} 中的一些因素，这里的 e_{ij} 也是不可观测的。把 e_{ij} 作为随机变量。由此，第 i 个家庭选择第 j 种方案的概率表示为：

$$P_{ij}=p(U_{ij}>U_{ik}\ \forall k\neq j)=p(V_{ij}+e_{ij}>V_{ik}+e_{ik}\ \forall k\neq j)$$
$$=p(e_{ik}-e_{ij}<V_{ij}-V_{ik}\ \forall k\neq j) \quad ①$$

设随机向量 $e_i=(e_{i1},e_{i2},\cdots,e_{ij})$ 的联合密度函数为 $f(e_i)$，定义特征函数为：

$$S(e_{ik}-e_{ij}<V_{ij}-V_{ik}\ \forall k\neq j)=\begin{cases}1, e_{ik}-e_{ij}<V_{ij}-V_{ik}\ \forall k\neq j\\ 0, 否则\end{cases} \quad ②$$

于是第 i 个家庭选择 j 的概率可以表示为特征函数的数学期望 $E(S)$，即：

$$P_{ij}=E(S)=\int_e S(e_{ik}-e_{ij}<V_{ij}-V_{ik}\ \forall k\neq j)\cdot f(e_i)de_i \quad ③$$

其中，③式是关于效用函数中不可观测部分的联合密度函数 $f(e_i)$ 的多维积分。这里假设 e_i 的分布符合 logistic 模型的分布，可以对农户劳动力的就业行为进行模拟。

针对影响农村劳动力就业选择的微观影响因素，我们进一步设定了以下具体的模型：

$$V_{ij}=\beta_{1j}+\beta_{2j}OLD+\beta_{3j}EDU+\beta_{4j}PRT+\beta_{5j}S+\beta_{6j}DIS+\beta_{7j}EINC+\beta_{8j}UPLAND+\beta_{9j}MOUNT$$
$$j=J_0,J_1,J_2,J_3 \quad ④$$

将④式代入③式，并根据 McFaden(1973)的证明，在假定 e_{ij} 对所有的 j 是独立同分布的极值分布的条件下，第 i 个农户选择 j 的概率（这里以 $j=J_3$ 作为比较基础，即令 $\beta_{ij}^*=\beta_{ij}-\beta_{ij_3}$，$j=J_0,J_1,J_2$）为：

$$P_{ij}=\frac{\exp(V_{ij})}{\sum_{k=1}^{J}\exp(V_{ik})}$$
$$=\frac{\exp(\beta_{1j}^*+\beta_{2j}^*OLD+\beta_{3j}^*EDU+\beta_{4j}^*PRT+\beta_{5j}^*S+\beta_{6j}^*DIS+\beta_{7j}^*EINC+\beta_{8j}^*UPLAND+\beta_{9j}^*MOUNT)}{1+\sum_{k=J_0}^{J_2}\exp(\beta_{1k}^*+\beta_{2k}^*OLD+\beta_{3k}^*EDU+\beta_{4k}^*PRT+\beta_{5k}^*S+\beta_{6k}^*DIS+\beta_{7k}^*EINC+\beta_{8k}^*UPLAND+\beta_{9k}^*MOUNT)}$$

（2）对变量的说明。采用类似于前述的变量选取方法，这里选取如下解释变量：家庭劳动力平均年龄（OLD），劳动力平均受教育年限（EDU），家庭抚养率（PRT），家庭经营土地面积（S），距最近县城距离（DIS），上年第一产业纯收入占其总纯收入比重（EINC），丘陵（UPLAND），山区（MOUNT）。

其中，家庭劳动力是指家庭常住人口中的劳动力。丘陵（UPLAND）和山区（MOUNT）为虚拟变量。设定不同的地势为虚拟变量，$UPLAND=\begin{cases}1 & 丘陵\\ 0 & 其他\end{cases}$，$MOUNT=\begin{cases}1 & 山区\\ 0 & 其他\end{cases}$。

2. 计量分析结果

表 2.3 中的计量结果表明：

（1）农民在进行就业选择时，特别关注自身效用（或者收入）的提高。就业行为受到农民收入来源预期的显著影响。农户劳动力在就业选择中会充分估计未来的收入及其来源情况。回归结果显示，农户在对各种不同就业类型的选择上 EINC 变量均在统计上显著。此外，EINC 变量在对劳动力非农就业行为的影响上呈现出负向影响的特点，该变量对劳动力就业选择的影响随着非农就业倾向性增强，EINC 的标准化回归系数由 3.054 减少到 0.103，随后减少到－1.803。由此，进一步说明了劳动力的就业行为最为关注的是收入来源。

表 2.3　农民就业行为的离散选择模型

变　量	选择 J_1			选择 J_2			选择 J_3		
	B	St. Co.	Sig.	B	St. Co.	Sig.	B	St. Co.	Sig.
Intercept	−17.78		.000	−0.040		.916	4.190		.000
OLD	0.041	0.202	.000	−0.012	−0.059	.008	−0.012	−0.059	.181
EDU	−0.016	−0.017	.778	−0.022	−0.023	.465	0.038	0.040	.502
PRT	0.732	0.083	.221	−0.783	−0.089	.010	0.728	0.083	.198
S	0.005	0.014	.696	0.008	0.022	.277	−0.030	−0.082	.141
DIS	−0.034	−0.018	.671	0.063	0.033	.094	−0.075	−0.040	.248
EINC	18.390	3.054	.000	0.623	0.103	.000	−10.860	−1.803	.000
UPLAND	−0.252	−0.067	.101	0.262	0.069	.002	0.496	0.131	.002
MOUNT	−0.358	−0.087	.056	0.635	0.154	.000	−0.038	−0.009	.821
Nagelkerke R Square	0.731			0.350			0.662		
−2LL	1372.318			3462.088			1608.266		
观测值数	3300			3300			3300		

注：样本数据来源于湖北省农调队 2003 年分户资料。St. Co. 为 Standardized Coefficients。

(2)农户劳动力人力资本状况对其就业行为有一定的影响。其中，劳动力年龄对就业选择的影响最为显著。我们用劳动力平均年龄(OLD)、平均受教育年限(EDU)以及家庭抚养负担率(PRT)作为反映一个农户的人力资源状况。计量结果显示，劳动力年龄相较于其受教育水平对就业的影响大。根据 OLD 变量在三次回归结果中的 Exp(B)①，劳动力年龄的单位增加会促使劳动力对涉及非农就业行为发生比率②减少大约 1.2 个百分点。由此可见，年龄偏大将不利于农村劳动力的非农就业。年长者与年青者相比，年长者务农更具比较优势，年青者非农就业乃至外出打工的比较优势明显。但是，出乎意料的是 EDU 指标在统计上的显著性并不十分令人满意，其原因可能是，一方面，农村教育与非农就业对知识和技能的实际需要相脱离，职业教育发展滞后，劳动力缺乏专门的职业培训，因此受教育程度相对较高的农村劳动力在非农领域就业上并不具有明显的比较优势。另一方面，农民在就业决策过程中并不将自身的受教育水平放在重要的方面来考虑，而是在一定的非农就业制度约束下对就业类型进行选择。

(3)在自然资源方面，耕地面积越大，农户非农领域就业决策的可能性越小，但这种影响程度并不太显著。另外，农户距离县城的远近对农户的就业决策影响也不大。家庭耕地资源的多少为劳动力在农业生产和非农就业中做出理性的分工提供一个前提，这种分工可能来自于两方面，一种来源于对不同工作时间上的分工，另一种来源于家庭内部人员按照劳动力比较优势的分工。S 以及 DIS 对农户就业选择影响程度小则说明，基于耕地的农业生产和非农领域的就业选择并不太依赖于农户所拥有的自然资源，而农业生产与非农就业在时间上具有一定的互斥性。因此，农户在面临配置劳动力就业问题上可能更倾向于按照劳动力比较优势的分工。

(4)不同地区的农民在就业行为上表现出较大差异。这里将平原地区作为比较基础。在丘陵地区，农民具有比较强的非农就业倾向。在农户对农业兼业和非农兼业的选择上，UPLAND 变量均表现出很强的正向影响。相对于丘陵地区，山区的农民对待非农就业的态度则更为谨慎。MOUNT 变量表明，山区农民在从事非农就业特别是外出就

① 三种离散模型的回归中，OLD 变量的 Exp(B)分别为：1.042，0.988，0.988。

② 发生比率被定义为 Ω^*/Ω。其中，Ω 表示发生比，又称为相对风险(relative risk)，它是事件发生的概率与不发生的概率之比。这里 $\Omega=\frac{P(\Delta U_i^*=1)}{P(\Delta U_i^*=0)}$，$\Omega^*$ 表示上述解释变量的单位变化对 Ω 影响而得的新发生比值 Ω^*。

业上有一种内在驱动力,而并不太倾向于纯粹从事农业就业(标准化回归系数为－0.087),他们对选择农业兼业则更为乐意(标准化回归系数变为0.154)。这一地区选择非农就业的回归系数又变为负,则说明农民虽然对参与非农就业具有强烈的愿望,但又并不完全脱离土地,而是试图把土地作为一种特殊的"最低保障",他们对未来收入的预期中更多地考虑到非农就业的风险。

综上所述,农户在决定劳动力资源配置过程中会在全面考虑自身特点以及外部条件的前提下追求自身的利益,而这种利益事实上反映在对增加收入的预期上。如前所述,增加农民收入的主要途径即是根据自身情况参与非农就业,而非农就业则更集中在劳动力外出就业上。由此,研究外出劳动力的就业行为显得尤其重要。

(五)外出劳动力就业行为的微观因素分析

1. 模型及其相关变量

研究外出劳动力就业行为的重点在于对农民外出倾向性的影响因素分析。我们设定外出劳动时间占总劳动时间的比重作为反映农民外出倾向性的主要表征。建立多元单对数模型:

$$LnRATIO=\beta_0+\beta_1 DIF+\beta_2 S^2+\beta_3 PFV+\beta_4 PRT+\beta_5 EVOLD+\beta_6 EVEDU+\beta_7 UPLAND+\beta_8 MOUNT+\beta_9 GOV+\beta_{10} REL+\beta_{11} SELF+u$$

选取变量:上年农业收入与非农收入差距(DIF),家庭耕地面积(S),生产性固定资产余额(PFV),家庭抚养率(PRT),外出劳动力平均年龄(EVOLD),外出劳动力平均受教育年限(EVEDU),虚拟变量:丘陵(UPLAND)、山区(MOUNT),政府(单位)组织外出(GOV)、亲属介绍外出(REL)、自发外出(SELF)。u为随机扰动项。

2. 计量结果

表 2.4 外出劳动力就业对数模型

Model	Coefficients	Standardized Coefficients	t	Sig.
Constant	0.101		8.267	.000
DIF	5.735E−07	0.028	2.205	.028
S^2	−1.89E−05	−0.020	−1.596	.111
PFV	−8.02E−07	−0.025	−1.994	.046
PRT	−0.266	−0.377	−6.024	.000
EVOLD	3.649E−03	0.213	5.084	.000
EVEDU	−1.07E−03	−0.014	−1.132	.258
UPLAND	−5.65E−05	0.001	−0.014	.989
MOUNT	1.166E−02	0.038	2.579	.010
GOV	0.150	0.245	8.659	.000
REL	0.148	0.899	5.223	.000
SELF	0.146	0.909	5.857	.000

注:样本数据来源于湖北省农调队2003年分户资料。$R^2_{adj}=0.749$,F=448.169,观测值数:1649。

表2.4的回归结果说明:

(1)农民对农业和非农收入差异的预期很大程度上决定了农民外出就业的概率。农民外出很重要的动因来自于对外出收入高于农业收入的预期。农户的外出行为建立在对外出打工与本地劳动收入的理性比较上。农民非农就业与农业就业预期收入的差异每增加1元,非农就业的可能性增加2.8%。从一般意义上讲,农民外出绝大多数都从事非农劳动,而他们在进行决策时也同时关注自己外出的迁移成本。这些其实也反映在他们对外出净收益的综合估计上。

(2)家庭抚养负担是促使农户劳动力外出就业的又一重要因素。农村劳动力在考虑外出与否上会从家庭的整体利益考虑。回归结果进一步说明,劳动力外出就业实质上即是农户家庭人力资源的重新配置和优化过程。

(3)山区农民表现出较为强烈的外出就业倾向。MOUNT变量的标准化回归系数高出UPLAND变量3.7个百分点。因此,山区农民在外出就业上表现出更大的积极性。山区农民外出就业的强动因来源于两方面:一方面,城乡就业收入的较大差距使得农民拥有强动机外出。外出就业已经成为他们尤其是年轻人获取更高收入、谋求个人发展的重要途径。另一方面,山区农民内部相对经济地位的变化为劳动力外出提供了支撑。近几年来农村内部的收入差距逐渐拉大，据湖北省农调队测算，农村地区 Gini 系数从 2000 年的 0.27 增加到 2003 年的 0.28，增加 3.7%。因此，农民在感受到经济地位下降的同时也就产生了较强的外出动机。

(4)农村劳动力外出的不同组织方式对外出倾向的影响程度不同。计量结果显示，各种外出方式中，最能促使外出的方式是自发性的外出，其次是亲属介绍，影响程度最小的是政府或单位组织。这说明农民外出就业的信息渠道并不多样，他们最通常的方式即是自己去搜集信息或者依靠亲朋好友的介绍外出就业，政府部门在组织农民外出转移就业方面的力度还不够。

(六)农村劳动力就业与转移的微观影响因素小结

综上所述，我们得到以下主要结论：

第一，农民的就业行为与其收入提高的意愿相一致。农民在考虑就业的过程中是以效用最大化作为目标的。在现实中，农民会在给定的自身和制度约束下选择能给自身带来最大收入的就业领域。

第二，农户在进行劳动力资源配置时通常遵循比较优势的原则。农村家庭会让那些年轻且善于在非农产业就业的家庭成员到非农领域就业，而那些年龄偏大的成员则会留在家中进行农业耕作。另外，农户在耕地资源有限的情况下也更倾向于到非农产业就业。当然，在家庭劳动力资源配置中，他们也存在一定程度的时间分工的倾向。从总体上看，农户通常还是根据家庭劳动力的就业优势安排其成员的就业。

第三，农民外出就业已经成为释放农村劳动力隐性失业，促进其充分就业的重要途径。在当前，农民外出更多地是一种自发性的或者依靠亲属朋友介绍而外出就业，相关就业指导部门在组织劳动力从农村向城市的有序流动的工作上缺乏力度。与此同时，在农业产业内部处于劳动密集型区段的领域也逐渐成为吸纳劳动力就业的重要领域，政府部门在工作中也应重视发展劳动力密集型农业。

第四，不同地区农民在考虑非农就业问题上的态度并不相同。在丘陵地区，农村劳动力具有较强的外出偏好。对于山区或较为偏远地区的农民具有较强的外出就业倾向，但是他们在考虑外出时显得格外谨慎，当地农民的外出选择会全方位考虑就业的收益和成本。

(七)农村劳动力就业及转移的宏观影响因素分析

我们在微观研究的基础上，从宏观层面分析，影响农村劳动力就业及转移的主要因素有以下几个方面：

1. 湖北省经济发展状况对劳动力就业和转移的影响。就业弹性也称就业的产出弹性，即经济增长率每提高 1%带来的就业增长率的变动率。当就业弹性为正值时，含义可以简单的解释：就业弹性高表示经济增长对就业的拉动效应大，反之则小。当就业弹性为负值时，弹性的含义可以分两种情况：一是由于经济正增长而就业减少，此时就业弹性绝对值越大，经济增长对就业产生“挤出”的效应越大，反之越小；二是由于经济负增长而就业增加，此时就业弹性绝对值越大，经济增长对就业产生“吸入”的效应越大，反之越小。当就业弹性为零时，经济增长对就业没有拉动作用。

(1)从时间趋势看，湖北的就业弹性可以分为两个阶段。通过弹性计算分析，从 1991 年到 1998 年为第一阶段，就业弹性逐年减少，表明经济增长对就业的拉动作用越来越小。1991 年就业弹性为 0.21，此后逐年下降到 1998 年的 0.05。从 1999 年至今为第二阶段，就业弹性趋向于稳定发展。1999 年就业弹性反弹到 0.11，此后一直平缓移动，2003 年略有回升，为 0.10，说明经济增长对就业的拉动作用趋向于稳定。就业弹性的减小意味着劳动生产率的提高，而劳动生产率的提高只有两个途径：一是技术的进步，二是与经济结构相应的就业结构的变化。在第一种情况下，过去两个人的工作现在只要一个人就可以完成，就业弹性当然会减小。在第二种情况下，如果资金相对密集的产业的经济增长高于劳动密集的产业，就业弹性也会变小。从湖北省近 20 多年的经济发展实践来看，这两方面的原因兼而有之。

(2)湖北各次产业吸纳就业的能力具有显著的差异。在 1991 年至 2003 年间，第一产业的平均就业弹性为－0.11，第二产业为 0.042，第三产业为 0.43。这说明第一产业对就业的拉动作用为负数；第二产业对就业的拉动作用高于第一产业，但趋向于大幅度降低；第三产业产业对就业的拉动作用最大。

第一产业对就业的贡献表现为一种剩余劳动力的“蓄水池”作用。湖北省第一产业就业弹性的变化可以分为两个阶段：从 1991 年到 1999 年是第一个阶段，这个阶段第一产业就业弹性为负值，说明湖北上世纪90年代农业劳动力严重过剩，农村劳动力的转移在第一产业产值的增加中起到了至关重要的作用。从2000年到2003年为第二阶段，这一阶段第一产业就业弹性为正值，且逐年增加，只在2003年有所回落。由于农村有大量的富余劳动力，第一产业就业弹性并不能充分反应该产业有效就业的变化，更大程度上折射的是第二产业和第三产业就业的变化。这个阶段由于国有企事业单位大幅度实行"减员增效"，就业机会减少，城市自身就业和再就业形势严峻，进城务工的农村劳动力受到了一定的冲击。全省第二产业的就业弹性呈现稳步下降的趋势并逐渐稳定在一个较低的水平。从1998年开始，一直在波动，其中3年为负值。这一现象深刻说明了经济增长对就业有明显的"挤出"效应。全省第三产业的就业弹性2000年前在反复中下降，从2000年开始又开始缓慢提升，但是维持在一个较高的水平上，2003年为0.148，说明第三产业是吸收就业人口的主渠道。

(3)湖北产业结构和就业结构不断优化。从1980年以来，湖北的产业结构呈现出不断优化的趋势。第一产业的份额不断下降，从改革开放初期的40.5%下降到2003年的14.7%；第二产业的份额在20多年的时间里变化不大，一直维持在45%左右。第三产业的份额不断上升，从改革开放初期的18.3%上升到2003年的37.5%。与此同时，从1980年以来，湖北的就业结构呈现出与产业结构相似的趋势。第一产业的就业份额不断下降，从90年代初期的61%下降到2003年的47.7%，第二产业的份额在10多年的时间里变化不大，一直维持在20%左右。第三产业的份额不断上升，从90年代初期的18.2%上升到2003年的31.7%。

结合就业结构和产业结构的变化，可以发现湖北产业结构的变化是以结构的改变和效率的提高为基础的。近3年来，湖北从事第一产业的人数有所增加，与全省第二产业和第三产业对就业的吸纳能力的不足有关。从总体来看，产业结构的变化在一定程度上反映了就业结构的改善和就业效率的提高。

2. 城市化的滞后发展对农村劳动力就业及转移的影响。城市化的进程实质上也是农村劳动力转变为城市劳动力、农村居民转变为城市居民的进程。

(1)湖北城镇化水平低，发展不足。2004年全省总人口6016.1万人，其中城镇人口2627.8万人，市镇人口占总人口的比重由2000年的33.8%提高到2004年的43.7%，年均提高2.48个百分点，城市化进程缓慢，低于全国平均水平。

(2)湖北城镇规模小，基础设施建设滞后。据第一次全省农业普查，在全省805个建制镇中，平均镇区面积2.36平方公里、5871人、31.6家企业、2.51个集贸市场；在基础设施方面，每个镇有供水站0.95个、汽车站0.51个、邮电所1.07个、0.26个图书馆、0.79个影剧院、1.31所小学、1.87所中学、0.35所职业学校、1.17个卫生院、0.98个广播站和0.79个电视差转台。从人口规模上讲，不能达到发展第三产业的"最低门槛"；从基础设施上讲，与大中城市相差甚远；从预期收入上讲，与农民务农收入相差无几。湖北省小城镇建设的发展不尽如人意，严重制约了农村剩余劳动力的转移。

(3)以武汉为中心的城市圈发展不够，大中城市吸纳农村劳动力就业与转移的能力不强。湖北省近几年来农村劳动力外出打工的流向之所以选择沿海地区，而不是省内的大中城市，关键就在于湖北省以武汉为代表的大中城市发展不足，缺乏大量吸纳本省农村富余劳动力就业及转移的能力，没有起到城市应有的经济拉动力。

3. 社会保障体系发育不充分对农村劳动力就业及转移的影响。失业、疾病、养老等市场风险是农村剩余劳动力有限的收入所难以承担和化解的，也是其转移的主要顾虑。在面临失业、工伤、疾病、年老丧失劳动能力等风险时，从农村向乡镇转移的剩余劳动力在没有任何社会保障的情况下，往往只能自找出路或被迫重新从事农业生产。2004年全省3300户农民的调查显示，参加合作医疗的农户比重为17.7%；参加养老保险的人数不足1%；参加医疗保险的人数只有13.5%。这些数据说明湖北省农村居民参与社会保障的面很小，力度也很弱。在社会保障的各个项目中，对转移到城镇从事非农产业的农村劳动力来讲，最重要的是工伤保险和医疗保险，但是，几乎没有任何用工单位为农民工办理社会保险，一旦出现工伤事故，受到伤害的农民工，有的人财两空，终生残废，生活无保障。这种状况严重制约着湖北农村劳动力的转移就业。

4. 劳动力就业服务机制不健全对农村劳动力就业及转移的影响。农村劳动力转移的服务机制主要包括培训机制、就业信息机制、职业中介机制等。

(1)培训机制。湖北在劳动力转移方面的就业培训明显滞后，已经成为制约农村劳动力转移就业的一个重要因素，加之由于农村教育落后，缺少资金，造成农村人口的整体文化、科技素质远远低于城镇人口。据省农调队调查，2004 年全省农村劳动力受过专业技能培训的仅占 14.5%，严重制约农村富余劳动力的转移。

(2)就业信息机制。当前，劳动力市场上供需脱节、信息不灵的问题十分突出，"有活没人干"和"有人没活干"的现象同时并存。信息服务滞后，管理收费重重，更是挫伤了农民外出转移的积极性。因而，加快建立和完善湖北省城乡统一的就业信息机制成为当务之急。

(3)职业中介机制。目前农村劳动力跨地区流动基本处于无组织和无序状态，这种无序流动既不利于政府宏观控制和管理，也影响了劳动力转移的效果。当前湖北在职业中介服务发展过程中存在的主要问题：一是职业中介工作薄弱，在农民中的影响力不大。由于职业中介的服务难以满足有待转移的劳动力的信息需求，相当一部分农民盲目地在城市中流动，增大了他们寻找工作的成本。二是职业中介组织功能不完备，难以满足农业劳动力大规模转移就业的需要。

5. 农村劳动力就业及转移的制度性障碍。

(1)户籍管理制度。湖北户籍制度改革近年来取得了一定的效果，2004 年省政府推出了取消农业户口与非农业户口的改革，武汉市取消了暂住证。无庸置疑，这些措施淡化了户籍制度对农村劳动力就业及转移的负面影响，在一定程度上适应了市场经济发展和城镇化推进的需要；但是，城乡分割的实质使进城农村劳动力在就业机会、劳动收入、社会保障等诸多方面不能与城镇劳动力享有同等待遇。

(2)农村土地管理制度。现行农村土地管理制度为农村土地归村集体所有，农户家庭承包经营，这对农村经济体制的转轨和保持农村经济社会的基本稳定曾起过积极的作用。但随着农村市场经济的发展和农村劳动力转移进程的加速，其不足之处不断显现出来，农村土地所有权与使用权的分离，造成所有权的虚置，这使得农民土地权益遭受侵犯的事情屡禁不止；农村土地的产权不明晰和土地市场的缺乏使得农村劳动力转移不可能彻底。

(3)就业制度。一是传统的以所有制和行业作为标志的等级就业制度将从业者分为农村籍和城市籍两大等级，然后又将城市籍人员按从业的所有制和行业的不同分为若干等级。各等级形成了一个相互分割、自我循环的就业体系，阻碍了统一的市场体系的建立，加剧了全社会劳动力结构性失业。二是传统的单位就业制度建立在低工资与高福利保障基础之上，劳动者一旦就业之后终身依附于该单位。单位就业制度与劳动力市场自由竞争的本质严重对立，阻碍了农业劳动力进入该单位就业。

三、测算及预测

(一)湖北省农村剩余劳动力的测算

我们认为，用农村实有劳动力与农业劳动力需要量之间的差额来确定剩余劳动力数量，用耕地面积与劳均耕地数量的关系来确定农业劳动力需要的数量，比较切合农村实际。因此，我们在陈先运(2004)提出方法的基础上做如下改进：根据现有资料，测算出湖北省 1952～1978 年劳均耕地面积的为 0.3422 公顷，同时考虑到耕地面积每年都在变化，所以以 β_t 替代 β。由此测算公式为：$SL_t=L_t-\frac{S_t}{M_t}$，$M_t=0.3422\times(1+\beta_t)^{(t-1978)}$，式中：$SLt$ 表示第 t 年农村剩余劳动力，Lt 表示第 t 年农业实际劳动力，St 表示第 t 年耕地面积，Mt 表示第 t 年劳均耕地面积，0.3422 为 1952～1978 年劳均耕地面积的平均值(公顷)，β_t 为第 t 年耕地面积变动率。根据相关资料，湖北省农业剩余劳动力测算结果见表 3.1。

表 3.1　1978～2003 年湖北省农村剩余劳动力

单位：万人、公顷、千公顷

年份	农业实有劳动力(Lt)	耕地面积(St)	耕地变动率(β_t)	劳均耕地面积(Mt)	农业劳动力需要量(St/Mt)	农村剩余劳动力(SLt)
1978	1354.92	3768.07	0.000000	0.3423	1101.04	253.88
1979	1378.84	3754.51	0.003599	0.3435	1093.14	285.70
1980	1393.69	3738.51	0.004262	0.3452	1083.15	310.54
1981	1432.75	3730.20	0.002223	0.3446	1082.74	350.01

续表

年份	农业实有劳动力(Lt)	耕地面积(St)	耕地变动率(β_t)	劳均耕地面积(Mt)	农业劳动力需要量(St/Mt)	农村剩余劳动力(SLt)
1982	1454.56	3718.20	0.003217	0.3467	1072.60	381.96
1983	1457.92	3692.74	0.006847	0.3542	1042.83	415.09
1984	1429.25	3643.68	0.013286	0.3705	983.63	445.62
1985	1324.44	3584.61	0.016212	0.3831	935.91	388.53
1986	1335.48	3545.00	0.011050	0.3737	948.68	386.80
1987	1356.02	3517.99	0.007619	0.3665	960.09	395.93
1988	1381.77	3498.47	0.005549	0.3618	967.23	414.54
1989	1419.39	3486.57	0.003401	0.3553	981.43	437.96
1990	1453.96	3476.77	0.002811	0.3540	982.27	471.69
1991	1486.44	3458.46	0.005266	0.3665	943.87	542.57
1992	1452.23	3421.57	0.010667	0.3971	861.78	590.45
1993	1422.49	3392.74	0.008426	0.3882	874.12	548.37
1994	1379.52	3375.60	0.005052	0.3710	909.95	469.57
1995	1329.18	3358.01	0.005211	0.3739	898.24	430.94
1996	1292.46	3349.25	0.002609	0.3587	933.82	358.64
1997	1266.04	3342.45	0.002030	0.3557	939.75	326.29
1998	1232.85	3327.16	0.004574	0.3750	887.39	345.46
1999	1210.91	3310.40	0.005037	0.3804	870.44	340.47
2000	1159.13	3282.96	0.008289	0.4105	799.98	359.15
2001	1143.72	3242.85	0.012218	0.4526	716.66	427.06
2002	1130.97	3094.03	0.015892	0.4996	619.30	511.67
2003	1110.71	3035.76	0.018833	0.5457	556.38	554.33

注:①2002 年以后耕地面积不包括坡耕地;1981 年以前乡村人口为农业人口,乡村劳动力为农村劳动力。

②在用 St/Mt 计算农业劳动力需求量时,考虑到耕地面积,劳均耕地面积和农业劳动力需求量之间的单位转换,所以计算出 St/Mt 的值之后,还要除以 10。

上述测算综合考虑了农业自然资源状况、农村人口和经济状况、农业生产经营方式和农业政策等因素,因而测定农村剩余劳动力具有较好的准确性。首先,由于固定时期测算法是从耕地面积来推算农业劳动力的需要量,因此与农村的实际情况联系较紧密。其次,它是在考虑了技术进步的情况下来确定本期劳均耕地面积的,较全面地综合考虑了影响劳动力需要量的因素。因此在测算劳动力需要量上具有更高的准确性。此外,我们进一步考虑了农村内部及外部环境随时间变化对剩余劳动力的影响因素,而这些影响也能集中地反映在农村耕地和人口的变化上。测算结果表明,当前湖北省农村依然存在 554.33 万剩余劳动力。

(二)湖北省未来一段时期农村剩余劳动力数量的预测

指数平滑法用序列过去值的加权均数来预测将来的值,并且给序列中近期的数据以较大的权重,远期的数据以较小的权重。主要是因为随着时间的流逝,过去值的影响逐渐减小。具体做法是根据权重衰减快慢的要求选择一个数 θ,而且 $0<\theta<1$,然后用指数 θ^j 进行加权平均。由于 $\sum_{j=1}^{\infty}\theta^j=\frac{1}{1-\theta}$,为了满足权重之和等于 1,我们采用指数平滑法预测公式:$\hat{Z}_{t+1}=\sum_{j=1}^{\infty}(1-\theta)\theta^j Z_{t-j}$。如果令 $\alpha=1-\theta$,则得到指数平滑的另一公式:$\hat{Z}_{t+1}=\sum_{j=1}^{\infty}\alpha(1-\alpha)^j Z_{t-j}$,其中 α 称为平滑参数。指数平滑法除了比较直观这一有点外,它最重要的优点是:$\hat{Z}_{t+1}=\alpha Z_t+(1-\alpha)\hat{Z}_t$,我们综合考虑农村劳动力影响的微观和影响因素并给予近期时间序列数值以相对较大的权重。

根据上述方法,对 2004～2010 年湖北农业剩余劳动力数量进行预测。利用 SPSS12.0 统计软件之指数平滑法,得出以下结果:

表 3.2　1978～2010 年湖北省农村剩余劳动力的测算与预测

年份	测算值	预测值	年份	测算值	预测值
1978	253.88	259.89	1995	430.94	512.20
1979	285.70	267.70	1996	358.64	467.33
1980	310.54	292.32	1997	326.29	403.27
1981	350.01	317.09	1998	345.46	361.40
1982	381.96	352.15	1999	340.47	362.26
1983	415.09	385.04	2000	359.15	359.03
1984	445.62	418.09	2001	427.06	371.13
1985	388.53	449.38	2002	822.99	422.30
1986	386.80	418.80	2003	554.33	714.80
1987	395.93	408.42	2004	—	614.49
1988	414.54	411.69	2005	—	626.51
1989	437.96	425.70	2006	—	638.53
1990	471.69	446.30	2007	—	650.54
1991	542.57	476.09	2008	—	662.56
1992	590.45	534.64	2009	—	674.58
1993	548.37	585.73	2010	—	686.60
1994	469.57	571.59	—	—	—

注：上述预测过程使用了 SPSS12.0 统计软件中的指数平滑法（Analyze→Time series→Exponential Smoothing）。

根据表中的测算值和预测值可以看出，未来几年，农村剩余劳动力数量呈缓慢上升态势。这主要是由于耕地面积减少，而同时农业生产力逐年提高造成的。但从更长时期看，随着社会的进步，经济的发展，农业劳动力数量会逐渐回落，并逐年减少。

（三）分产业就业人员预测

我们采用类似剩余劳动力预测的方法对未来一段时期各次产业就业人数作了预测，结果表明，今后一段时间，第一产业吸收劳动力的数量增长十分缓慢，但其吸纳就业的人数依然呈现出上升的趋势。我们认为，在湖北现有农业资源下，农业发展的重点应该放在特色农业等劳动力密集型产业上，尤其是湖北作为“千湖之省”，省内长江、汉水等河流纵横，水资源十分丰富，因此，在保证粮食生产的前提下发挥湖北省农业生产经营的比较优势，第一产业仍然能够保持一定的就业增长。

从分产业就业人数预测的趋势我们发现：第一产业吸收劳动力的能力趋于饱和，第二产业吸收劳动力的数量逐渐趋缓，第三产业的发展增强了其吸收劳动力的能力。第三产业的就业人数增长幅度较其他各次产业都快。在此预测的基础上，我们利用双对数模型对今后各次产业就业人数对农村剩余劳动力的吸纳情况作了回归分析：

$$LnSurplus=\alpha_1+\alpha_2 LnFirst+\alpha_3 LnSecond+\alpha_4 LnThird+u$$

其中，Surplus 表示未来剩余劳动力人数，First 表示第一产业吸纳就业人数，Second 表示第二产业吸纳就业人数，Third 表示第三产业吸纳就业人数。

估计结果为：$LnSurplus=$

$$-9.84+1.88\,LnFirst-0.03\,LnSecond+1.36\,LnThird$$
$$(-4.86)\quad(5.08)\quad(-0.13)\quad(2.49)$$

$R^2_{adj}=0.99$，观测值：16。

回归结果表明，湖北在 2010 年以前，第一产业和第三产业吸纳农村劳动力的贡献将会较大。第一产业就业人数每增加 1%，就会吸纳 1.88%的农村劳动力；第二产业对农村劳动力有负向的吸纳力；第三产业就业每增加 1%，会吸纳 1.36%的农村劳动力。从现实的发展趋势来看，第一产业农民在中央及地方政府大力支持农业发展的政策推动下，发展农产品多种经营，在一段时间内仍会内部吸收较多的农村劳动力。同时，在未来几年内，第三产业对农村劳动力的吸纳能力依然呈上升的趋势。另外，计量分析也发现，第二产业对农村劳动力就业不仅不能作贡献反而对就业有一种排斥作用。其原因在于：一方面，当前城镇下岗职工多数集中在第二产业，对农村劳动力就业在一定程度上存在替代作用。另一方面，湖北省第二产业内部进行的结构调整，在今后一段时间内将会继续影响农村第一产业劳动力就业。因此，短期看来，增加农民充分就业度，进而提高农民收入的关键产业是第一和第三产业。

四、总体结论与相关政策建议

概括本研究报告结果，我们有如下一些重要结论与相关政策建议：

▲ 解决农村劳动力的就业问题，不能局限于耕地、农业、农村。统筹城乡发展，逐步建立统一、高效的城乡劳动力市场，加快农业劳动力的转移，大规模减少农民才是解决农村劳动力就业问题的治本途径。

▲ 湖北的农业资源、尤其是耕地资源无法承负如此众多的劳动就业人口，是农业劳动力应该而且必须向非农产业转移的基本原因。但是，我们不能由此忽视第一产业对劳动力的吸纳能力。湖北省发展劳动密集型、具有较高附加值的特色农业，对于劳动吸纳还有潜力；同时，农产品加工业应成为全省农村工业发展的“重中之重”。

▲ 湖北农村劳动力外出就业以国内外省为主充分说明了全省、尤其是武汉以及其他大中城市的经济发展严重不足，以致劳动吸纳能力严重不足的严峻现实。加快武汉城市圈的建设和宜昌、襄樊等大中城市的经济发展步伐，增大这些城市的劳动吸纳能力，是解决全省农村劳动力就业及转移的重要政策。

▲ 创造民营经济自由发展的宽松政策环境，对于解决农村劳动力就业及转移有至关重要的意义。浙江及我国台湾等地的经验表明，民营经济、尤其是民营中小企业在劳动就业、吸纳农村富余劳动力方面是最为重要的渠道。

▲ 以市场机制解决湖北省农村劳动力就业问题是我们应该奉行的基本方针，但这不等于说政府可以无所作为。各级政府在拓展农村劳动力就业空间的工作中负有重任，包括政策引导、信息服务，政府主导的就业培训、基本社会保障制度的建立等。

▲ 农村职业教育、职业培训的落后已严重制约了农村劳动力向非农产业的转移，也不利于农业现代化的推进。文化素质、人力资本对农村劳动力就业及转移的影响越来越大，我们的教育制度必须有前瞻性，更不能滞后发展。

▲ 中央政府出台的一系列扶持农业生产的政策，对湖北省农村劳动力就业选择的影响需要认真关注。它有可能使全省第一产业劳动就业的数量有所增加，有可能会吸引部分外出就业者回流，并使得农村土地的流转更加困难，其对全省农业劳动力转移的影响需提前研究，准备相应的对策。

▲ 改革户籍管理制度，使转移的农村劳动力能定居于城镇，关键在于城市有无足够财力给进城农民提供相应的社会保障，同时还涉及到农村土地制度的改革。这是一个复杂而庞大的系统工程，建议政府组织力量对此专门予以深入、系统地开展研究。

浙江县域经济发展与农村劳动力就业实证分析

浙江省农调队　胡央娣　张祖民

党的十六大报告在“全面繁荣农村经济，加快城镇化进程”一段中，第一次明确提出“壮大县域经济”。县域经济属于区域性经济概念，是一个县(市)范围内的经济关系和经济总量的总和。它以县城为中心，集镇(尤其是建制镇)为纽带，广大农村为腹地，城乡兼容，具有鲜明的区域特色的经济。县域经济的基本特点是经济活动内容的广泛性、综合性、多样性。在县域这个范围内，既有城镇经济，也有乡村经济；既有第一产业，也有第二产业和第三产业；多种所有制全面发展，非公有制经济比重高。县域经济的发展壮大，是统筹城乡经济社会发展，建设现代农业，发展农村经济，增加农民收入，全面建设小康社会的重要途径。

浙江省农村的一个重要特点是人多地少，农业部门中劳动力过剩的现象又特别严重，庞大的农村剩余劳动力，是城市工业所远远吸纳不了的。近年来县域经济的发展壮大，为农村剩余劳动力的出路找到了一条快捷方式。本文主要就浙江县域经济发展对农村劳动力转移的影响和扩大农村劳动就业问题作实证分析。

一、县域经济发展背景下的农村劳动力就业与转移

改革开放以来，浙江省县域经济发展壮大令人瞩目，1991 年度全国第一届农村经济综合实力百强县中，浙江省占 12 席，而到 2004 年度，浙江省的全国百强县总数达到 30 个。从县域经济发展水平看，2004 年实现生产总值 7267 亿元，比 1997 年的 3307 亿元增长一倍多，2004 年全省的 GDP 中，近 80%来自县域经济。在县域经济快速发展的背景下，浙江农村劳动力从业结构随之发生深刻的变化。

(一)农村劳动力转移的基本特征

从过去 20 多年看，浙江省以县域经济为平台，实现了农村剩余劳动力的大转移。改革开放初期的 1980 年，84%的农村劳动力从事农业经营，只有 16%的劳动力从事非农业劳动，到 2004 年，农村中的农林牧渔业劳动力比重下降到了 36.7%，20 多年间，累计有 1100 多万劳动力从第一产业中转移出来，从事各种二、三产业。

农村剩余劳动力转移是伴随着经济的快速增长实现的，与国家的宏观就业政策也息息相关。从经济发展背景看，农村的改革开放政策极大地解放了生产力，农业增产和农民增收后，农村传统的生产和需求格局被彻底打破，乡镇企业的异军突起和农村城市化建设的浪潮以及专业市场的兴起，都形成了对劳动力的强烈需求。在此背景下，国家对农村劳动力就业政策经历了一个从内到外、由紧到松、从无序到规范、由歧视到公平的过程。1983 年以前，国家仍沿袭城乡分割的户籍制度和就业政策，农村劳动力的流动受到严格的限制。但从 1984 年开始，国家允许农民自筹资金、自理口粮，进入城镇务工经商，这是农村劳动力流动政策变动的一个标志，劳动力的转移和流动进入了一个较快的增长时期。全省农村劳动力当年转移速度(当年新转移农村劳动力占全部劳动力的比重)在 5%以

上，其中1987年和1988年分别达到6.1%、5.5%；1989～1991年，政府对前一个时期实行的农村劳动力流动政策进行了局部调整，加强了对盲目流动的管理；1992～1996年，国家对农村劳动力转移实行鼓励、引导政策，农村剩余劳动力的当年转移速度平均在5%以上，1993年更是高达8.5%。1997年以后，国家积极制订各项政策，既支持劳动力的有序流动，又开始涉及流动劳动力的合法权益问题，农村剩余劳动力转移较为稳定，每年的转移的速度大致保持在3～4%之间，转移农村劳动力60万人左右。

(二)劳动力结构变化特征

伴随着剩余劳动力的大量转移，浙江省农村劳动力从业结构发生了深刻的变化。从农村劳动力规模看，1978～2004年的26年，农村劳动力数量增加了787万人，年均增长1.7%，2004年末劳动力总量达2252万人；从劳动力从业结构看，主要表现为由农业向非农产业转移速度快，全省农村从事工业的劳动力1985年为339万人，2000年474万人，2004年达到701万人，19年增长1.1倍，年均增长3.9%。从事第三产业的劳动力增速更快，1985年全省从业第三产业的劳动力162万人，2000年509万人，2004年增加到587万人。19年增长2.6倍，年均增长7.0%。农业劳动力的转移使农村劳动力的从业结构不断优化，1985年农村劳动力从事第一产业的占69.7%，二产的占21.6%，三产的占8.7%，到2004年从事第一产业的占36.7%，二产的占37.2%，三产的占26.1%。19年间，从事农业劳动力所占的比重下降了33个百分点，第二、三产的劳动力比重分别上升了15.6、17.4个百分点(图1)。

(三)劳动力就业的现状特征

在劳动力从业结构发生深刻变化的背景下，浙江省农村劳动力就业现状有如下特点：

1. 行业分布广

据农村住户抽样调查资料，2004年农村从事农林牧渔业的劳动力占36.7%，其余63.3%的劳动力从事非农行业，其中在本地乡镇企业工作的劳动力占21.7%，家庭工业、建筑业、批发零售业、餐饮业和社会服务业也是农村劳动力从事的重要行业。调查表明，2004年从事建筑业的劳动力占4.4%，交通运输业劳动力占3.2%，批发零售业、餐饮业的劳动力占5.3%，社会服务业劳动力占6.8%，其他一些行业虽然就业人数不多，但已日渐显示出农村劳动就业的广阔空间。

2. 转移劳动力以行业转移为主

到2004年末，浙江省已转移的农村劳动力占全部就业劳动力的61.1%。在转移的劳动力中，行业转移占82.6%，地域转移占17.4%。在转移到本地的劳动力中，多数在乡镇企业就业。转移到乡镇外的劳动力中，以本省为主，跨省就业数量较少。从转移的地区类型看，主要集中在地级市、县级市和小城镇，其中在县级市就业人数最多，占转移劳动力的近30%。

3. 兼业现象普遍

由于生产的季节性和就业的不稳定性，农村劳动力兼业现象十分普遍。据农村住户抽样调查资料，按家庭劳动力从业类型划分，纯农户占21.1%，非农户占44.5%，另外的34.4%是兼业户，其中农业兼业户占7.3%，非农兼业户占

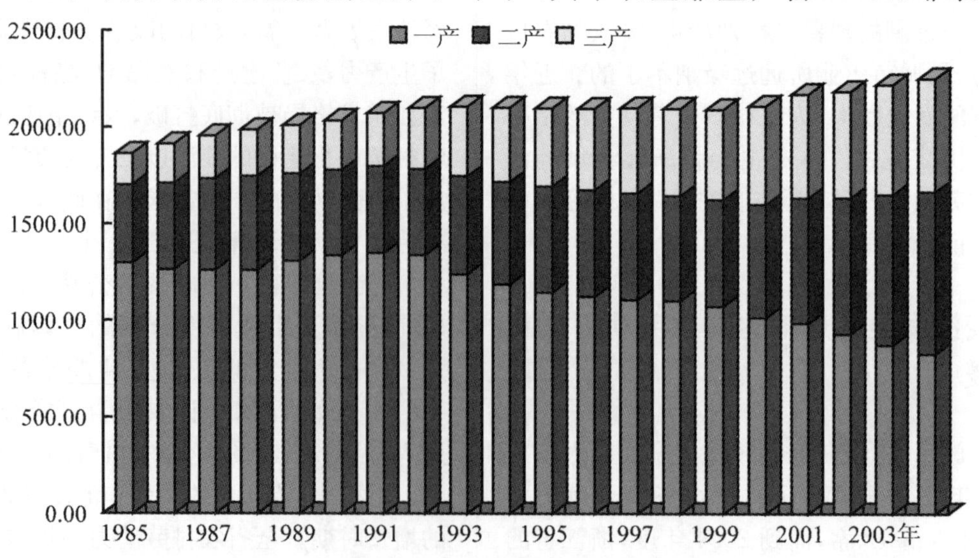

图1 1985～2004年农村劳动力数量及产业分布情况(万人)

27.1%。从劳动力从业结构看，占就业人数41.1%的农村劳动力从事二个或二个以上职业，在2004年兼业的劳动力中，以农为主的劳动力从事农业的平均时间为7.2个月，兼业非农业的平均时间为2.7个月；以非农业为主的劳动力中，从事非农业的平均时间为8.9个月，兼业农业的平均时间为1.6个月。

二、县域经济发展在吸纳农村劳动力中的地位和作用

农村剩余劳动力走出耕地，从事非农产业，对人多地少、土地资源贫乏的浙江省来说，无疑是农民增收的主要渠道。而促成农村剩余劳动力大转移的推动力是快速发展的县域经济。

(一)县域经济发展水平与农村劳动力转移数量的经济关系

为了深入分析农村劳动力转移与县域经济的发展的关系，我们搜集整理了过去8年来浙江省县域经济发展水平与劳动力转移的关系(见表1)，表中的县域经济水平是全省61个县级单位的生产总值总和，劳动力转移的数量界定为从第一产业向二、三产业转移的数量。

表1　浙江省1997～2004年县域经济发展规模与非农产业劳动力变化表

年份	农村劳动力(万人)	劳动力增量(万人)	农业劳动力增量(万人)	转移劳动力(万人)	非农劳动力数量(万人)	非农劳动力比重(%)	县域经济水平(亿元)
1997	2099.6	3.58	−16.47	20.05	993.02	47.3	3307
1998	2096.5	−3.11	−3.89	0.78	993.80	47.4	3609
1999	2090.1	−6.42	−29.12	22.70	1016.50	48.6	3873
2000	2108.4	18.36	−58.65	77.01	1093.51	51.9	4298
2001	2170.1	61.64	−29.82	91.46	1184.97	54.6	4703
2002	2185.6	15.52	−55.53	71.05	1256.02	57.5	5223
2003	2219.9	34.30	−56.62	90.92	1346.94	60.7	6121
2004	2252.3	32.44	−46.33	78.77	1425.71	63.3	7267

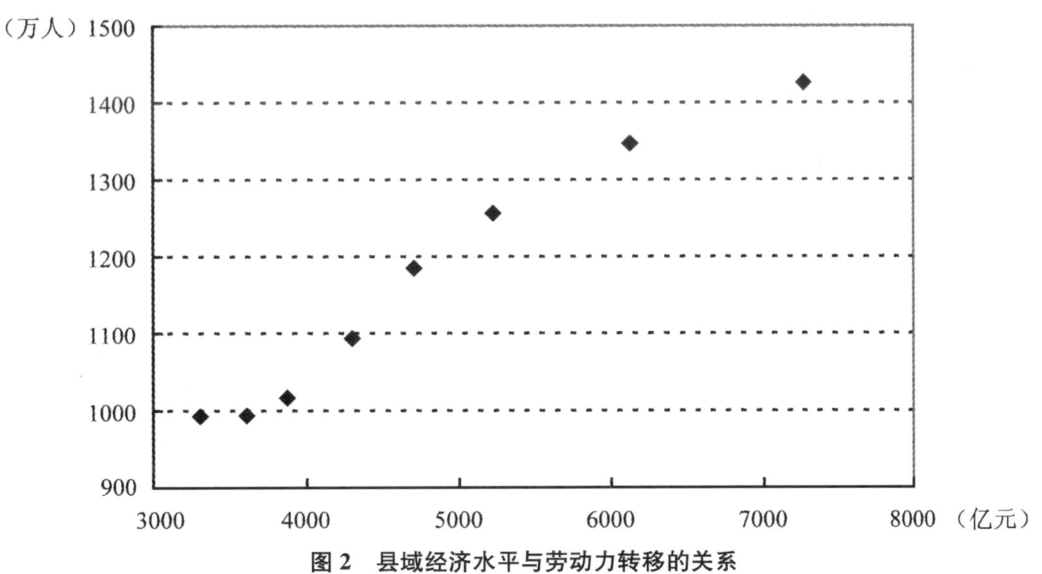

图2　县域经济水平与劳动力转移的关系

表1可以看出，1997～2004年，浙江省县域经济水平从3307亿元增加到7267亿元，非农劳动力比重由47.3%上升到63.3%，平均每年从农业转移到非农产业的劳动力56.59万人。

为了更清晰地反映县域经济发展与劳动力转移的关系，我们在平面坐标系中以县域经济水平为横坐标、以非农产业从业人员为纵坐标建立散点图(见图2)，结果发现，县域经济水平与非农劳动力从业人员呈较强的线性相关关系，经拟合，得到以下线性模型：

$$L=0.1216M+580$$

经检验，上述模型的拟合集成度较高，其中M为县域经济发展水平(即生产总值)，L为非农劳动力从业数量。

从线性模型可以看出，1997～2004 年间，浙江省县域经济每增加 1 亿元的生产总值，吸纳的农村剩余劳动力 1200 人左右。

（二）乡村经济对剩余劳动力的吸纳作用

1. 乡镇企业的吸纳作用

浙江省发达的乡镇企业，是大量吸纳劳动力就业的重要载体，乡镇企业吸纳农村劳动力主要表现在三个方面：

（1）为农村劳动力提供了大量就业岗位。浙江省现在各类所有制乡镇企业 100 多万家，为大批城乡富余劳动力实现充分就业和再就业提供了广阔空间。近几年来，乡镇企业进入新的创业时期后，科技含量明显提高，但就业人数并没有因此而缩减，这主要得益于正确处理了提升产业科技含量与重视发展劳动密集型产业的关系。同时，许多实力较强的乡镇企业通过兼并收购国有企业等途径，使得就业机会增多。从调查资料看，从上个世纪 90 年代以来，乡镇企业吸纳劳动力大幅增加。1990 年末，全省乡镇企业从业人员仅为 495.49 万人，至 2004 年末已增至 1176.74 万人，增加 681.25 万人。

（2）以创办工业园区为载体，实行城乡统筹、协调发展，提高农业的比较效益，不断拓展就业新领域，是浙江乡镇企业充分吸纳富余劳动力的又一有效途径。目前，在全省拟保留的 134 个开发区（园区）中，人园的乡镇企业布局进一步优化，并创造了大量的就业岗位。全省各地已有 35 万多家乡镇企业跻身农副产品加工业，既拉长了农业产业链，又拓展了自身发展的领域，为农村劳动力就业带来了新的机遇。

（3）乡镇企业的自身发展，带动了交通、餐饮、社会服务业等第三产业的蓬勃兴起，为农村劳动力带来了丰富的就业空间。据调查资料分析，2004 年全省从事农业的劳动力占农村就业劳动力总数的 36.7%，比 2002 年下降 2.5 个百分点；从事第二产业的占 37.2%；从事第三产业占 26.1%，第三产业劳动力已占到农村劳动力的 1/4 以上。

2. 个体私营经济的吸纳作用

农村个体私营企业的发展，不仅繁荣了农村经济，而且吸纳大量的农村劳动力向非农行业转移，大大缓解了浙江人多地少、自然资源不足的矛盾。早在 1985 年，全省就出现了 24.63 万家农民联户和农民个体企业，企业从业人员达 40.14 万人。进入 90 年代以后，特别是邓小平南方谈话发表和浙江省《关于促进个体、私营经济健康发展的通知》下发后，浙江省对乡镇企业进行了大规模的股份合作制改造，大批企业转制为私营企业，农村个体私营经济发展步入了快车道。据统计，2004 年浙江乡镇企业中有私营企业超过 100 万家，平均每个乡镇有近 800 家私营企业，平均每个村 20 多家。此外，浙江省还有数量众多的农村个体工商户，2004 年全省个体工商户登记户数达 80 多万户，登记人数 160 多万人。由此可见，浙江个体私营企业已经占据了农村经济发展的重要位置。而温州、台州等一些个私经济发达地区更是超过了“半壁江山”。农村劳动力向非农行业的转移也正是在个体私营经济蓬勃发展中实现的。个体私营企业对农村劳动力的吸纳具有两个特点：

（1）在农村劳动力向非农化的转移过程中，个体私营企业逐渐成为农村劳动力转移的主管道。1990 年末，全省私营企业从业人员仅为 143 万人，到 2004 末增加至 800 多万人，增长了近 5 倍。而同期农村集体企业因改制等因素吸纳农村劳动力的能力不断下降，职工人数从 1990 年末的 352.36 万人减少到 2004 年末的 260 多万人（见图 3）。同样，个体企业也有了发展。1990 年全省农村个体工商业登记人数为 154 万人，2003 年登记人数达到 160 多万人。

（2）私营企业发展对农村劳动力吸纳能力日益

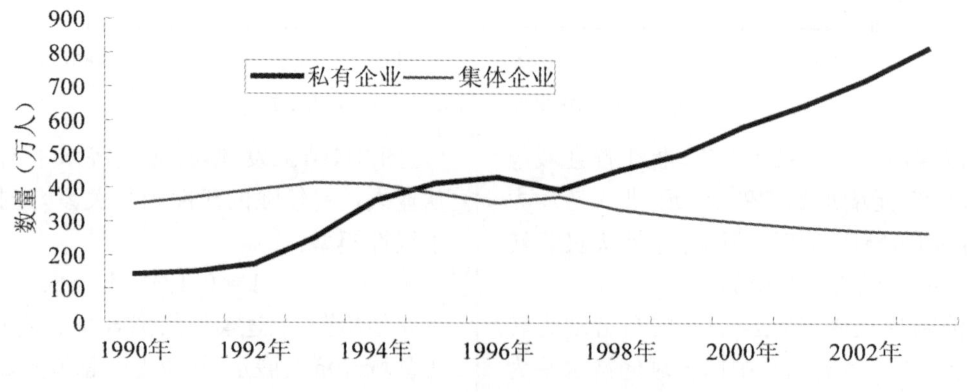

图 3　1990～2004 年乡镇企业职工人数变化图

增强。浙江省私营企业大多是手工作坊起步，规模逐步扩大，而且机制灵活，在市场经济的浪潮中颇具竞争力，成为浙江经济的重要支撑。2004 年全省乡镇私营企业总产值达 16000 多亿元，平均每个企业实现总产值 150 多万元，私营企业利润总额 800 多亿元，占乡镇企业利润总额的 70%左右，再加上一批规模大、实力强、知名度高的私营企业集团涌现，使得私营企业总体实力较强，对劳动力的需求旺盛。

（三）城镇经济对剩余劳动力的吸纳作用

1. 县城经济的吸纳作用

县域经济的另一重要组成部分是城镇经济，为农村劳动力离开土地提供了就业平台，是农民向市民转变的重要载体。县城产业门类齐全，各种功能完备，是一个可以按照自己的模式相对独立运作的社会经济单位。在城市化进程中，让农民进县城是城市化的一条重要途径。其原因在于：首先是县城相对于大、中城市而言"门坎"低，农民进入较容易；其次是农民进小城镇总觉得没有进城，进大城市又有被排斥感，而进县城却是祖祖辈辈夙愿以求；第三，浙江省县城具有一定城建基础与规模，可以在不需要投入太多成本的基础上迅速吸纳外来劳动力。从 2004 年农村住户抽样调查资料看，外出从业的农村劳动力中有 26%到县城就业，而外出到直辖市、省会城市、地级市的分别占 6%、17%、21%。可见，县城对农村劳动力具有较强的吸引力，是外出地区的首选（见图 4）。这部分在县城就业的劳动力，从事行业相对集中，其中制造业占 22.4%；服务业占 17.1%；批零贸易餐饮业占 13.4%。

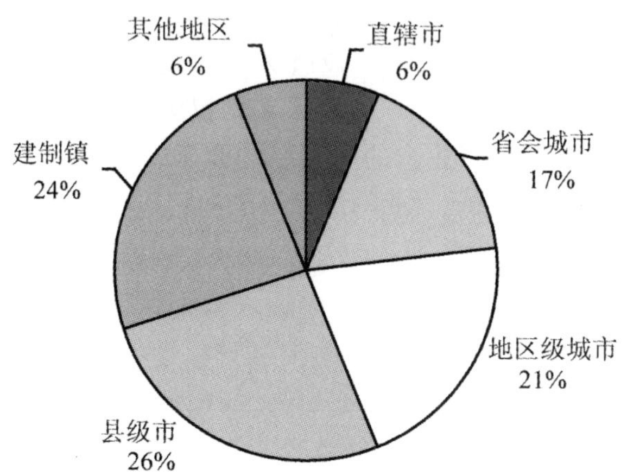

图 4　2004 年浙江外出劳动力地区分布图

2. 小城镇的吸纳作用

改革开放 20 多年来，浙江省农村在推进城市化的进程中，小城镇建设得到了较快的发展。1985 年浙江省有小城镇 235 个，占乡镇总个数的 7.2%；2003 年底增加到 791 个，占乡镇总个数的 59.3%。小城镇在发展过程中表现出吸纳农村劳动力的明显优势，主要表现在以下两个方面：

（1）小城镇是沟通城乡的桥梁和纽带，适宜发展劳动密集型的中小企业，为吸纳农村劳动力提供了较大的就业空间。无论城市工业产业链向农村延伸，还是农业产业链向城市延伸，其最佳交汇点都是小城镇。2003 年全省镇区共有企业 20.62 万个，其中工业企业 12.84 万个，镇区企业从业人员 530.26 万人，占到了全省总乡村人口的 14.3%。

（2）农村劳动力向小城镇转移付出的经济成本和心理成本较低。小城镇的技术含量和资本有机构成低于大中城市，其容纳劳动力所需就业费用和城市基础设施费用又比大中城市低得多。据有关数据显示，小城镇吸纳一个劳动力所需的成本大概是大中城市的 1/5。再加上小城镇位于农村附近，使得农村转移出来的就业人口能够很快地融入城镇的体系之内，所需付出的个人转移成本和心理成本都很低。据抽样调查资料，2004 年外出就业的劳动力中有 20%左右到小城镇就业，这些劳动力在小城镇获得的人均收入仅次于大城市，而消费人均支出比外出其它地区都低，只相当于外出劳动力消费支出平均水平的 70%。在各项消费支出中，食品、衣着、交通通讯支出分别为平均水平的 69.0%、94.0%、80.9%，与大中城市相比差距就更大了。由此可见，小城镇就业成本较低，收入相对较高，是农村劳动力外出的理想选择。

3. 专业市场的吸纳作用

浙江作为市场大省，2004 年已有 4000 多个各类商品交易市场，市场成交额 6000 亿元左右，其中超百亿元的市场 9 个，超 10 亿元的市场 93 个。专业市场的发展，不仅促进了农村流通体制的改革，搞活了农产品流通，促进了农业和乡镇企业的发展，增强了县域经济的市场竞争力，而且为农村劳动力提供了大量的就业机会，成为农村居民增收的重要管道。

三、劳动力转移对社会经济的影响

二十多年的改革开放，中国经济实现了飞跃性的发展，邓小平设计的"三步走"计划我们已经成功走过了前两步。以浙江省为例，2004 年，人均国民生产总值已接近 3000 美元，中国经济进入真正的转型期，而推动中国取得如此巨大成就的主要动力是农村数亿劳动力的大转移。据有关部门测算，城市企业员工总数的60%左右是外地员工，农村乡镇企业农民工比重占90%以上。这充分说明了来自农村的劳动力正在支撑着中国经济的迅速增长。农村劳动力的转移不仅给县域经济乃至整个国民经济的发展带来了生机和活力，同时对乡村社会和农村人口的本身也带来全新的变化。

(一)对劳动力自身发展和完善的影响

越来越多的农民离开世代耕种的土地，走进乡镇企业和城市产业，在增加收入的同时，拓宽了生活空间，改变着自身的生存理念和生存方式；在改变社会身份或职业的同时，改变着社会地位，并从各个层面提升了自身的整体素质。

1. 扩大了生活空间，丰富了社会阅历，为新的生存方式和价值观的形成奠定了基础

当广大农民从“鸡犬之声相闻，老死不相往来”的封闭性自我循环和自我发展状态中走出来融入城镇以后，迎入眼帘的是现代城镇文明，走进的是高密度、多元异质人群，伴随生活的是发达的科技、便捷的交通、丰富多彩的文化。这种全新感觉必然促使农村劳动力生成全新的生存观念、生存方式以及与之相适应的人生价值观。

2. 增强了劳动技能和谋生能力

农村劳动力城镇就业以后，经过现代城镇及工业文明的熏陶，加速了其观念的现代化，逐步消除其行为的保守性和心理的封闭性，增强他们对新生事物的接受性和对异已事物的宽容性，最后融入现代社会的新型关系中，从而在增强对社会转型的适应性同时，增强了求生存、谋发展的能力。

3. 带动了流出地劳动力整体素质的提高

农村劳动力从农村流动到城镇后，还可以带动流出地劳动力整体素质的提高，这种带动作用表现在三方面：一是农村劳动力进入城镇以后，并没有断绝与家乡各方面的联系，并且因种种原因，他们经常回家乡，把诸多生活新理念，经济发展的新信息、工作的新经验、新体会带回家乡，影响着农村中的劳动者；二是当外出劳动力积累了一定的资金和经营管理经验，掌握了技术和准确的市场信息后，有部分返回家乡走自主经营的道路，兴办各种二、三产业，不仅创造了本地劳动力新的就业机会，也会带动本地劳动力素质的提高；三是由于农业劳动力的流出，人地矛盾得到缓解，从而使农业规模经营成为可能，与之相适应的资本有机构成提高而带来的科学技术的进步，必然促使农业人力资源素质的大幅度提高。

(二)对收入增长的影响

农村居民收入水平与从事的行业密切相关，主要是农业剩余劳动力多、增收空间狭窄，导致农业与非农产业之间的比较收益存在巨大差距。正因为如此，县域经济发展背景下的农村剩余劳动力向非农产业转移，促进了农村居民收入水平的提高。

1. 转移到非农产业劳动力收入明显高于农业劳动力

据浙江省农村住户抽样调查资料，2004年纯农业户人均纯收入为5180元，农业兼业户人均纯收入为5210元，非农兼业户人均纯收入为5390元，非农户人均纯收入为7805元，四者比例为1∶1.01∶1.04∶1.51。前三类家庭人均纯收入均低于全省6096元的平均水平，而非农户家庭人均纯收入比全省平均水平高28.0%。由此表明，家庭劳动力就业结构的非农化水平越高，收入也越多。

从不同类型家庭收入结构看，纯农户家庭第一产业收入人均4289元，占82.8%，非农产业收入合计占全部纯收入的7.7%；而非农户家庭来自工资性收入和家庭二、三产业收入人均分别为4109元和2904元，非农产业收入占纯收入的比重达89.9%，家庭第一产业收入人均仅为9元；农业兼业户和非农兼业户的收入结构介于二者之间。可见，劳动力就业行业的不同直接影响了农户家庭的收入结构(见表2)。

表2 不同类型家庭收入结构

单位：元、%

指标名称	纯农业户		农业兼业户		非农业兼业户		非农业户	
	收入	比重	收入	比重	收入	比重	收入	比重
人均纯收入	5179	100.0	5210	100.0	5390	100.0	7804	100.0
第一产业收入	4289	82.8	3011	57.8	740	13.7	9	0.1
第二、三农产业收入	40	0.7	1771	34.0	4242	78.7	7013	89.9
非经营性收入	850	16.5	428	8.2	408	7.6	782	10.0

2. 劳动力转移推动了农村居民劳务收入的快速增长

浙江省历来人多地少，但人杰地灵，县域经济发展带来的城市化、工业化，使得大批农民离开土地，或者到乡镇企业工作，或者转移到城镇就业，凭借能吃苦耐劳，懂经营、善管理的优势，在工业、建筑、运输、商贸等各行各业都有令人瞩目的成就，由此带动了劳务收入的不断增长，成为收入的重要来源。1980 年，全省农村居民人均劳务收入只有 12 元，1990 年增加到 324 元，2004 年进一步增加到了 2987 元，劳务收入占全年纯收入的比重也从 1990 年的 29.5%提高到了 2004 年的 49.0%。劳务收入能成为农村居民收入增加的重要来源，完全得益于县域经济发展下的劳动力转移。

3. 劳动力转移促进了农村低收入家庭收入的增长

在大多数农户过上了相对宽裕的生活以后，浙江省还有部分农户收入水平较低，只能维持温饱生活。近几年来，全省县域经济发展带来了农村的工业化和城市化，为农村劳动力就业提供了广阔的空间，尤其是以劳动密集型产业的发展，增加了低收入家庭劳动力的就业机会。

(三)对输入地社会经济的影响

县域经济发展下的劳动力转移对劳动力自身的影响是显著的，反过来看，劳动力的转移对转入地县域经济的贡献也是巨大的。

1. 促进了输入地城市经济和城市建设的发展

农村劳动力进入城镇，填补了城市劳动力不足的缺口，尤其是对一些城里人不愿问津的脏、累、差、重、收入低的工作来说更是如此。目前，农村劳动力逐步在城市市政建设、环境卫生、家庭服务等行业取代了城里人，成为这些行业的主力军。可以说，没有他们的辛勤劳动，就没有城市的高楼大厦，就没有城市洁净的街道，甚至城市居民的日常生活都受到很大的影响。

2. 促进输入地消费水平的提高

大量农村劳动力进入城镇，给城镇带来的不只是生产者，而且也带来了参与消费的大批人口。浙江省经济发展水平高，就业机会多，据估计，城镇的流动人口(主要是农村劳动力)800 万人左右。据城乡住户调查资料，2004 年浙江省城乡居民人均生活消费支出分别为 10636 元和 4659 元，估计流动人口在浙江省城镇的年人均消费水平 6000 元左右，按此推算，流动人口一年形成的消费购买力约 480 亿元。因此，农村劳动力进入城镇带来的消费购买力极大地促进了输入地生产的发展。

3. 促进城镇第三产业的发展

近几年中，浙江省第三产业发展较快，2004 年第三产比重接近 40%，尤其是与人民日常生活休戚相关的社会化服务业的不断完善，方便了城镇居民的生活需要。而推动社会化服务业发展的主要力量是进入城镇的农村劳动力，他们在城市产业中的服务业、修理业、运输业、小商业等行业占据主要地位。目前城镇农贸市场、修理业基本上被农村劳动力垄断，90%以上的保姆也来自农村。

四、县域经济在吸纳劳动力中的问题与对策

(一)县域经济在吸纳农村剩余劳动力中的问题

20 世纪 90 年代以来浙江县域经济的强劲发展，吸纳了大量的农村剩余劳动力，推动了农村居民收入的增长。但是也应该看到，进入新世纪以后，随着国际市场环境的变化和国内经济结构的调整，县域经济在吸纳农村剩余劳动力中面临着各种困难和问题。

1. 县域经济自身活力不强，发展后劲不足

(1)产业结构趋同，特色不够明显。长期的计划经济体制造成浙江县域经济结构单一，自给自足的小农经济色彩浓厚。改革开放以来，县域经济结构有了较大的改善，但目前经济结构仍存在一些不合理性，主要表现为县级工业企业相当部分属于粗放型的劳动密集型企业，产品技术含量不高，而且各区域间产品趋同现象严重，产品缺乏市场竞争力。从农业内部结构看，多数县(市)均以种植业生产为主，农业新技术和新产品的推广体系尚未形成，低质农产品积压，卖难现象时常发生。

(2)基础设施建设滞后，人才和技术短缺。交通、通信、能源的现代化是县域经济发展的基础，由于县域经济集中度不高，通信的普及率、道路的畅通率和能源的利用率都比不上城市经济。同时，由于县域交通不便，信息不畅，科技基础差，难以吸引人才，也导致了科技创新难，经济发展缺少科技依托。这些都在很大程度影响了县域经济的发展后劲。

(3)企业规模偏小，发展后劲和市场竞争力不强。浙江省县域经济的支柱是数量众多的中小企业，但相对封闭的行政管理区域，在一定程度上制

约了中小企业进行技术改造和促进产业升级换代，以致很难培育出有实力的大企业，在市场经济条件下，发展后劲明显不足，市场竞争力不强。

2. 农村劳动力供给量过大，文化素质低

尽管浙江省农村劳动力转移速度较快，但目前农业劳动力仍有 827 万人，比重高达 36.7%。有关研究表明，按照目前的耕作技术和经济水平，浙江只需要 350 万左右的农业劳动力就够了，加上新增的劳动力，今后需要转移的农业劳动力 500 万人左右。要转移如此庞大的劳动力，从理论上推算，需要增加县域经济规模 4200 亿元，即县域生产总值在 2004 年的基础上增长近 60%，此外，剩余劳动力和转移还受诸多因素的制约：

(1)城市就业压力增大。农民进城就业是农村剩余劳动力转移的渠道之一，由于经济体制转轨和现代企业制度改革的积极推进，城市职工下岗之势显著，就业压力日益增大。尽管我国 GDP 仍保持较快的增长，但经济创造就业的能力却是极有限的，与无限供给的劳动力资源形成鲜明反差。

(2)农村劳动力自身素质低下。2004 年浙江农村劳动力中初中及以下文化的占 3/4，其中文盲半文盲占 7.1%，小学文化程度的占 32.9%。高中及以上文化程度的仅占 14.9%。在农业劳动力中，受过职业技术教育和培训的仅占农业劳动力总数的 5%左右。劳动力素质低下对其转移会产生消极影响，主要表现为创新能力、适应能力较差，市场意识、风险意识淡薄。通常只能从事一些依靠传统经验生产的工作，很难开拓新的就业管道。此外，劳动力素质低下，必然使由农业部门向非农部门的转移缺乏稳定性。从而出现转移中的“回流”现象。

3. 农村劳动力非农化进程滞后阻碍了县域经济的发展

非农化是 21 世纪初期县域经济发展的一个主题。从有关研究来看，农村劳动力非农化需要经历分流与分化阶段，其中分流指农村劳动力由农业向非农产业、由农村向城市的流动，基本上处于“候鸟型”，非农化就业不稳定。分化是指农村劳动力在流动过程中真正实现由农村向城市、由农民向市民的转化，实现身份和职业的双重转变。目前浙江省农村劳动力的非农化还处于分流阶段，绝大部分劳动力还未实现真正身份转变，这与浙江省经济发展水平很不相适应。农村非农化进程的提升，既是城镇化发展的要求，也是农民增收的前提，更是县域经济发展壮大的重要依托。

(二)促进县域经济发展、加快农村劳动力转移的对策

壮大县域经济是解决农村剩余劳动力的必由之路，县域经济的发展往往伴随着农村的工业化和城镇化。因此，正视和解决县域经济发展中存在的问题，积极推进农村工业化和城镇化建设，提高劳动力文化素质是加快农村剩余劳动力转移、促进农村居民收入增长的重要途径。

1. 积极推进农村工业化

浙江省乡镇企业的发展为农村工业化奠定了基础，目前乡镇企业发展进入了一个体制创新、结构调整和素质提高的新阶段，需要进一步转变思路，继续做好乡镇企业这篇文章：一是要加大对科技产业的扶持力度，增强县域经济实力；二是优化工业园区发展环境，突出园区特色，吸引外来投资者，促进园区内相关产业的发展，发挥园区对项目、资金、人才、技术等生产要素的集聚作用，成为县域经济发展新的增长点。

2. 加快农村城市化进程

城镇化有利于工业产业集聚，有利于服务业的成长，有利于农村劳动力转移。城镇化进程的快慢，直接影响着县域经济的发展速度。因此，发展壮大县域经济，要加快城镇化进程。具体来说，一是要搞好县城建设，打造发展县域经济的基础平台，发展第三产业，进一步扩大就业容量，促进农村剩余劳动力向城镇和非农产业转移；二是加快小城镇建设，使之成为统筹城乡发展、搞活县域经济的重要载体；三是消除体制和政策障碍，推进一体化管理，完善市场体系，发展社会化服务体系，降低农民进城门坎。

3. 继续鼓励私营经济发展，推动县域经济上新台阶

近年来，私营经济已成为浙江省经济发展中最为活跃的因素和新的经济增长点，也为农村剩余劳动力的转移作出了巨大贡献。今后我们应该继续鼓励私营经济的发展，把发展私营经济作为推进县(市)改革和发展的重要手段。要为私营经济创造一个更宽松、更公平的发展环境，拓宽私营企业的市场准入领域。要真心实意帮助私营企业解决困难和问题，加强私营企业的法律保护，使私营企业尽快上规模、增效益，带动和促进县域经济发展。

4. 发展特色农业，推进农业现代化建设

发展壮大县域经济要以农业现代化为基础。

随着经济结构的优化升级，农业在国民经济中的比重将会逐渐变小，但农业的基础地位不会改变。特别是特色农业的发展，不仅直接为农业劳动力带来较高的经济收益，而且有利于发掘农业资源，创造更多的就业机会。在此基础上，农业劳动力收入的提高，可以减少农业和非农业的收入差距，使得劳动力双向转移较为顺畅，减少转移的难度，最终实现劳动力就业结构的最佳配置。因此，解决农村劳动力就业，发展县域经济，必须加快推进农业现代化。

5. 提高农村人口素质，适应劳动力转移和经济发展需要

经济发展水平受制于人口的素质。浙江省农村劳动力文化素质不高，与经济总体发展水平很不相称。如何提高农村劳动力素质，是我们当前面临的一个重要课题。为此，应该大力发展农村教育事业，使更多的孩子能够接受更多更好的教育，要在普及九年制义务教育的基础上，扩大社会办学的范围，积极发展职业教育、电视教育、函授教育等多样化的再教育项目，形成规模化的商业教育服务体系，提高社会办学在学历教育中的比例。要努力改善农村的教学条件和师资力量，改善教师的待遇，使他们能以更大的热情投入到工作中去，为农村为国家培养出更多人才。要实现这一切，最终还要依靠国家和政府的力量。首先，要由国家来制定有力的政策，并有相应的法律法规来保证政策的有效实施。其次是政府，各级政府要认真贯彻国家的政策，真正地把各项政策落到实处，尤其是基层政府，要积极帮助农民了解国家的政策，做好连接农民和国家政府的纽带。只有确实做到这样，才能进一步缩小农村与城市之间劳动力素质的差距，为农村人口真正融入城市创造条件。

主要参考文献：

1. 浙江省农村社会经济调查队：《浙江农村经济研究文集(2000～2004)》。
2. 许经勇：《福建论坛·经济社会版》，2003 年 9 月版。
3. 民自荣、冯俊新、谈江峰：《解析浙江县域经济》，新华网 http://www.xinhuanet.com/。
4. 白南生、何宇鹏：《农村劳动力流动：中国城市化的独特方式》。
5. 郭庆松：《“民工潮”的社会经济后果分析》。

宁夏农村剩余劳动力估量

宁夏自治区农调队　王治业　叶光军　王旭明

内容摘要：转移劳动力是解决剩余、优化就业结构的必然选择。如何转移劳动力？各种观点和思路较多，但通过分析劳动力就业结构、劳动力转移中存在问题和影响因素及有针对性地提出转移思路的文章还不多。本文通过对宁夏农村劳动力就业结构改善、剩余劳动力的估量，提出劳动力转移中存在就业不充分、自然增长较快、文化素质低、转移速度不快、回流人数较多、就业环境不理想等问题，同时从内因和外因两方面分析了文化素质、就业能力、思想观念、政策、居住环境和家庭保障等影响劳动力转移的主要因素。并提出了加快劳动力转移应从转化"推力"和强化"拉力"两方面着手的思路。

就业乃民生之本，无业者则意味着生活无保障。随着国有企业改革的深入，减员增效加速了国有企业职工下岗失业，城市职工再就业成为全党、全社会高度关注的问题。与此同时，农民收入增长困难成为新阶段"三农"问题的核心，是全面建设小康社会的重点和难点，再次受到各方面的重视。农民就业不充分已严重制约着收入增长。无论是城镇居民还是农民，就业就意味着收入有保障，收入有保障生活也就有了保障。可见，保障就业既是一个经济问题，更是一个社会问题和政治问题，是一个事关社会、经济协调发展、居民生活质量提高的全局性的大问题。近年来，农民收入增长不力，除了宏观环境影响外，主要还是就业不充分问题。本文将围绕农村劳动力就业问题，以宁夏为个案，重点分析宁夏农村劳动力就业状况的改善情况、存在问题和影响劳动力就业的因素及促进劳动力就业的途径。

一、农村劳动力就业结构改善

在市场经济条件下，改善劳动力就业结构，就是合理配置劳动力资源，实现劳动生产率的最大化。改革开放以后，农村经营体制发生了重大变化，劳动者的生产积极性空前高涨，劳动力生产要素的配置效率较之以前有了一定提高。但是，随着劳动力数量的刚性增长，有限的自然资源与劳动力数量之间有效配置的矛盾加剧，从事农业生产的劳动力边际生产率开始下降，一方面，劳动力就业不充分，出现了隐性的剩余劳动力。另一方面，在利益动机的促动下，农村劳动力不断向本地非农产业和地域外流动，农村劳动力就业结构和就业形式发生了较大变化。

（一）农村劳动力行业和地域转移人数增加，非农产业就业比重提高，就业结构不断改善，就业效率得到提高

改革开放二十多年来，宁夏农村劳动力就业结构主要表现为以下几个阶段性变化：

1. 1979～1986 年，是劳动力转移到非农产业的起始阶段，以农为主单一化的就业格局开始打破，非农行业就业人数达到一定比例。这一时期是农村经济体制改革的初期阶段，农民的生产积极性空前高涨，农业生产连年丰收，一些就业能力强的农村劳动力在强大的内部冲击和外部拉力作用下，第一次向非农产业转移。全区农村平均每年转移到非农产业的劳动力为3000人左右，从而使宁夏农村非农产业劳动力比重上升到10.8%。由于非农产业劳动力就业的恢复性增长，1983～1986年期间，农民来自非农产业的收入对全年纯收入的贡献率达44%。

2.1987～1991年，为农村劳动力缓慢转移阶段，从事非农产业劳动力比重有所下降。这一时期受宏观经济治理、整顿大环境的影响和农村劳动力自身条件的约束，农村劳动力转移速度明显放慢，平均每年转移农村劳动力约为2万人左右，1991年最多为3.5万人，1989年仅为1.2万人。虽然转移劳动力比前一时期增加较多，但转移速度明显放慢。新增的劳动力大多进入了农业，还有一部分转移出去的劳动力又出现了回流，从而使这一时期非农产业劳动力占农村总劳动力的比重由1987年的12.4%下降为1991年的11.3%。1987～1991年期间，农民来自非农产业的收入对全年纯收入的贡献率为14.5%，比前一时期少29.5%。

3.1992～1995年，为农村劳动力转移迅速扩张阶段，从事非农产业的劳动力人数迅速增加。1992年我国建立社会主义市场经济体制目标的正式确立，大大推动了改革的进程。发达地区乡镇企业异军突起，为农村剩余劳动力提供了有利的就业机会，使农村剩余劳动力进入了一个全方位大规模转移的阶段。1992～1995年宁夏农村剩余劳动力平均每年转移10万人，大大超出前一阶段。1993、1994年转移劳动力规模均达到12万多人，转移劳动力比例接近8%。这一阶段就业于非农产业的劳动力比重由1992年的11.9%上升到15.4%，三年时间上升了3.5个百分点。农民来自非农产业的收入也大幅增长，对全年纯收入的贡献增加，贡献率为25.3%，比前一阶段提高了10.8个百分点。

4.1996～2004年，为农村劳动力稳定转移阶段。这一阶段从事非农产业的劳动力逐年增多，稳定性增强，非农产业对农民收入增长的贡献较大。这一阶段由于大部分工业品和农产品相对过剩，出现了买方市场，加上亚洲金融危机和加入WTO带来的机遇和挑战，我国实施了经济结构上的战略性调整，城市下岗工人增加，乡镇企业压缩和调整，农村劳动力转移出现了较大困难，转移速度趋缓，当年转移劳动力占总劳动力比重基本维持在6%左右。宁夏每年平均转移到非农产业的劳动力在10万人左右。据统计，2004年从事非农产业的劳动力比重达31.4%，比1996年提高了13.8个百分点。1996～2004年农民来自非农产业的收入对全年纯收入的贡献率达67.1%。1997年以来在农民收入增长趋缓的形势下，农民在本乡(镇)内和外出从事非农产业对收入增长起到了非常重要的作用。

(二)外出务工成为改善农村劳动力就业结构的主导方式

农村劳动力转移包括在乡外就业6个月以上的劳动力和在本乡内到非农产业就业6个月以上的劳动力。在乡外就业是劳动力转移的主体，与在本乡内转移到非农行业相比，转移成本低，转移条件低，转移风险小，转移机会多，受益面大。据推算，2004年宁夏累计转移农村劳动力47.3万人，其中在乡外就业6个月以上的地域转移人数26.6万人，占一半以上。从目前看，地域转移是解决宁夏农村剩余劳动力的主要途径。这里所指的外出务工劳动力是指在本乡以外就业一个月及以上的劳动力，范围更大一些，是劳动力地域转移的后备军。利用农闲季节或长年外出到大中城市、发达地区和工矿企业打工，已成为新阶段农民就业的新动向。这种就业方式是当前农民在农村以外增加收入的主要途径。近年来，宁夏长期或短期外出务工的劳动力规模越来越大，由山区主导转向山川并进，由男性劳动力主导转向男女并进，由年轻人主导转向年轻、年老劳动力并举，由农闲季节性外出转向一年四季皆有外出，由零星外出、无序外出转向成规模、有组织外出，由仅在本县、本市、自治区以内较近的地域打工扩展到外县、外省甚至国外较远的地域打工。外出务工的形式多元化，外出务工的人员多样化，外出务工的地域分散化，外出务工的时间灵活化。外出务工人数成规模扩张之势，外出打工已成为农民增加收入的主要渠道。

1.外出务工劳动力的地域分布更为广泛。宁夏是一个内陆省份，所处的地理位置不利于劳动力向外流动，同时，劳动力占有耕地资源也具有一定优势，在一定程度上限制了劳动力广泛流动。上世纪90年代后期以来，农民收入增长困难的压力和地域、城乡居民收入巨大差异的推力和拉力作用，加之，山川共济、东西合作济贫政策措施的积极引导，农民的就业观念发生了较大变化，就业途径更为广泛，就业地域遍布全国各地。2004年在全区外出务工的劳动力中，从地域分布看，东部地区占6.8%，中部地区占6.5%，西部地区占86.7%。从城市分布看，直辖市1.8占%，省会城市占

19.8%，地级市占21.7%，县级市占13.8%。分全国31个省、市、区看，宁夏外出劳动力主要就业地点还是在自治区以内务工。2004年在自治区内外出务工的劳动力占83%，居于绝对优势。

2. 女性劳动力外出务工比率提高。女性劳动力是劳动力再生产的基础，几乎与男劳动力具有相同的权重构成劳动力资源。女性劳动力外出不仅具有劳动经济学上的意义，更重要的具有社会学上的意义。在广大农村，特别是在贫困地区，妇女外出务工的意义更大。妇女勤劳、守家、吃苦耐劳和精打细算过日子，通过外出务工可开阔眼界、提高素质，无疑会对子女的抚育、培养、受教育和整个家庭的生产经营活动具有重要影响。国外最注重妇女教育，我国实施的一些外资扶贫项目，将妇女受教育和妇女就业作为重点。宁夏女性劳动力外出务工从无到有，外出务工意识越来越强，目前已达到一定比重。2004年在外出务工劳动力中，女性劳动力占18.5%，比1997年的16.5%上升了2个百分点。

3. 农村劳动力短期外出务工将持续较长时间。劳动力需求的不稳定性、短期性和农村劳动力供给的季节性特点决定了短期外出务工的存在。但随着劳动力需求稳定性的增强和城乡统筹劳动力市场的建立健全、外出就业环境的大力改善，农村劳动力将与城市劳动力一样在劳动力需求市场上公平竞争，长期在外务工将成为转移农村剩余劳动力的必然趋势。从2004年宁夏外出劳动力的从业时间看，外出时间1个月的劳动力占0.8%，2个月的劳动力占18.5%，3～5个月的劳动力占25.6%，6个月及以上劳动力占55.1%。

4. 山区外出务工劳动力增长迅速。宁夏贫困地区在山区，山区最大的资源是劳动力。山区贫困的症结第一位因素应该是自然条件，但人口数量大、文化素质低是关键的致贫因素。多年的扶贫实践，无论是各级政府还是贫困地区农民都已经认识到，要摆脱贫困，走出贫困地带，必须在异地寻找致富第二主战场，大力发展“短、平、快”劳务输出产业。随着贫困地区干部、群众思想认识的转变，劳务输出规模扩张越来越快，对解决贫困地区农民的温饱问题起到了重要作用。2004年山区外出务工人数达28.1万人，占劳动力总数的30.5%，远超出引黄灌区15.6%的比例，与2000年相比，山区外出务工劳动力比重提高了20.7%，引黄灌区仅提高了3%。山区外出务工劳动力比重由低于引黄灌区上升为高出14.9个百分点。正因为外出务工对农民收入增长的贡献，2001～2004年山区农民人均纯收入连续四年增长超过引黄灌区。这四年山区农民在外务工收入人均增加了146.76元，对全年纯收入增长的贡献率达29.4%。

5. 有组织外出劳动力比重提高。受城市或发达地区高工资收入的引力作用和农民家庭预期支出的压力，自发性外出打工是农村劳动力流动的主流。但是，由于自发性流动的盲目性、高成本性和就业的不稳定性及获取报酬的风险性，对农民外出务工的积极性已经产生了一定影响，农民对有组织输出寄予很大期望，各级政府对有组织输出高度重视，并且取得了一定成效。2004年在外出务工劳动力中，有组织输出占5.5%，比2003年上升了1.5个百分点；亲戚朋友介绍输出占65.8%；自发输出占28.7%，比重明显减少。有组织输出在未来的劳务输出中的作用将会越来越强。

6. 劳动力外出务工的行业比较集中。外出务工作为增收途径已被多数农民所认可，但作为一种产业发展前景并不乐观。因为劳动力受文化素质、专业技能限制往往集中在城里人不愿干的脏、苦、累、危险、劳动力强度大的建筑、制造行业，在为生产和流通服务的第三产业务工的人数相对较少。外出务工的行业比较集中，一旦受宏观经济环境影响，大批在外务工劳动力回流将不可避免。2004年在外出务工6个月以上的劳动力中，从事建筑业的劳动力比例最高，占31.8%，其次是制造业占28%，居民服务业占8.1%，交通运输业、批发零售贸易业、住宿餐饮业分别占6.2%、4.7%、9.5%。

7. 外出务工劳动力的兼业化比较普遍。劳动力就业的兼业化是解决农村剩余劳动力隐性失业的必然选择，是劳动力资源优化配置的需要，是现有生产条件下实现专业化的必由之路。据农村住户抽样调查资料显示，在外出务工劳动力中，有81%的劳动力兼业农业生产，从时间分配看，外出务工时间5.8个月，兼业农业生产时间3.4个月。兼业农业生产时间1个月的外出劳动力占5.3%，2月的占10.1%，3个月的占9.2%，4个月的占8.1%，5个月的占7.5%，6个月以上的占40.8%。从外出务工兼业时间长短再次说明宁夏劳务输出季节性比较强的特点。近年来，宁夏外出务工劳动力兼业农业生产时间有所缩短，外出务工时间延长，专门外出务工的劳动力不断增多，劳动力资源配置效率提高。2000～2003年劳动力外出务工时间由5.5个月上升到5.8个月，外出6个月以上劳动力占外出总人数的比重由47.9%上升到50.6%。

二、农村剩余劳动力的估量

(一)农村剩余劳动力的分类

研究农村劳动力就业问题，判断农村劳动力是否得到充分就业，劳动力资源是否得到优化配置，关键是要看农村剩余劳动力存量有多少。农村剩余劳动力主要表现为农业剩余劳动力。随着农村经济体制改革的不断深入，农业现代化水平的逐步提高，耕地对劳动力需求逐步减少，大批农业劳动力出现剩余。农村二、三产业也产生剩余劳动力，但由于从事二三产业的劳动力兼业较多，产生剩余后，最终会回到农业生产中，表现为农业剩余劳动力。农业剩余劳动力又以种植业劳动力剩余为主。由于林、牧、渔业劳动力在第一产业中所占比重少，剩余劳动力不突出。一般而言，农业剩余劳动力就是指农业劳动力的供给超过了在一定区域、一定时期、一定生产水平和技术条件下耕地对劳动力的需求。农村剩余劳动力是一个动态和相对的概念，它随着耕地面积、农业机械化程度、科学技术水平等条件的变化而变化，这里的剩余是相对剩余，即隐性或不充分就业的剩余。陈先运在“农村剩余劳动力测算方法研究”一文中对农村剩余劳动力的分类比较全面，体现了农村剩余劳动力的特征，主要有以下几类：

第一，积累型剩余。一方面农村劳动力自然增长量超过农业需求能力，沉淀在农业上的劳动力日益增加。另一方面是由于耕地面积的逐年减少，对农业劳动力的吸纳能力下降，而引起农业劳动力剩余。

第二，效益型剩余。随着农业机械化水平提高、新技术应用、产业替换等原因而使部分劳动力剩余。还有一个重要原因是联产承包责任制的推行，调动了农民的积极性，劳动时间延长，效率提高，使农业劳动力实际需要量减少。

第三，结构型剩余。目前二元经济和社会结构导致的城乡结构不合理，限制了农业劳动力向城市及工矿企业转移。加上农村产业结构单一，农业劳动力不能自由地向非农产业转移而产生剩余。

第四，季节型剩余。由于农业生产自身具有季节性的特点，农忙时对劳动力需求多，农闲时对劳动力需求少，而产生剩余。

(二)农村剩余劳动力的几种测算结果

农村剩余劳动力有显性剩余和隐性剩余之分，我国主要是隐性剩余。对隐性剩余劳动力一直没有一个确切标准，我国农村统计指标也没有显性剩余劳动力和隐性剩余劳动力数量指标。所以对农村剩余劳动力的估算和测算方法较多，主要有系统理论方法、生产函数方法、专家推算法和用工量测算法等。总的来说，基本的原则都是农村剩余劳动力数量＝农业劳动力数量－农业劳动力需要量。关键是测算农业劳动力需要量。农业剩余劳动力的一个重要经济学特征就是边际劳动生产率为零，在这之后再增加农业劳动力即为农村剩余劳动力。本文结合宁夏实际，利用占有的实际资料，采用用工量计算法、生产函数模拟法和剩余时间推算法三种方法分别对山区、川区两个区域进行测算。

1. 用工量计算法。用工量测算法是根据物价部门农产品成本抽样调查资料中主要农产品实际用工数量和农作物种植面积、畜禽产品养殖规模进行逐项计算。采用用工量计算法计算的剩余劳动力数量如下：

表1　宁夏分区域农村劳动力剩余情况

单位：万人

	农业劳动力实际数量	农业劳动力需要数量	农业劳动力剩余数量	非农业劳动力剩余数量	农村劳动力剩余数量
全区	145.8	64.5	81.3	11.6	92.9
川区	62.6	38.1	24.5	4.6	29.1
山区	83.2	26.4	56.8	7.0	63.8

注：表中非农业劳动力剩余数量是剩余时间推算法的测算结果。

2. 生产函数模拟法。生产函数模拟法是根据最佳经营规模原理，将影响产出的耕地、劳动力因素与产出建立关联，模拟出适宜的生产函数，对生产函数进行分析，求得最佳的经营规模。然后根据最佳经营规模需要的劳动力来计算剩余劳动力。具体是以劳均耕地面积为自变量，以每亩农业总收入为因变量，利用农村住户调查分户资料进行模拟，得到山区和川区两个规模效益曲线函数，然后对函数求一阶导数，得到每亩农业总收入最大时最佳劳均耕地面积。具体结果如下：

表 2　宁夏分区域农村劳动力剩余情况

	规模效益曲线函数	劳均最佳经营耕地面积（亩）	按劳均最佳经营耕面积测算的农业劳动力需要量（万人）	按劳均最佳经营耕面积测算的农村剩余劳动力总数（万人）
全区			70.1	84.4
川区	$Y=1180.5-65.47x+2.071x^2$	15.8	31.0	31.6
山区	$Y=407.57-19.1434x+0.2448x^2$	39.1	30.4	52.8

3. 剩余时间推算法。剩余时间推算法是根据实际从事农业和非农业的劳动力从业时间多少进行推算的。具体推算结果如下：

表 3　宁夏分区域农村劳动力剩余情况

	农业劳动力从业时间（月）	剩余率（%）	农业剩余劳动力数（万人）	非农业劳动力从业时间（月）	剩余率（%）	非农业剩余劳动力数（万人）	农村剩余劳动力总数（万人）
全区			48.9			11.6	60.5
川区	8.5	29.2	20.1	9.9	17.5	4.6	24.7
山区	8.2	31.7	28.8	8.2	31.7	7.0	35.8

总的来看，前面三种测算农村剩余劳动力的方法都能较好地推算出农村剩余劳动力数量，但在计算过程中均受不同条件的影响，存在一定的缺陷。生产函数模拟法是通过求解产出最大化状态下的最佳经营规模来测算劳动力需要量。这种方法虽然在理论上比较科学，便于操作，但测定的劳动力需要量只与耕地面积的变化直接相关，产业结构的调整、劳动力就业结构等因素的动态变化不能及时地在测算劳动力需要量时予以反映。剩余时间推算法是一种较好的方法，但劳动力从业时间的调查一年一次，通过回忆进行登记，从业时间高估的现象较多，影响劳动力剩余时间的准确计算，必然影响剩余劳动力数量。从上述测算结果可以看出，剩余时间推算法测算的剩余劳动力数量明显低于其他两种方法的测算结果，也不符合宁夏农村劳动力实际就业状况。用工量计算法受两种因素影响，一是用工量的调查结果，二是农、林、牧、渔业生产规模和结构情况。采用这种方法测算受测算品种用工量不全的影响，但对总体影响不大。从目前看，运用这种计算方法计算剩余劳动力相对比较准确，而且贴近实际，能够反映产业结构的变化对劳动力配置的影响。这种方法无论是测算方法还是测算过程中运用的数据资料都比较可靠。所以，我们认为采用用工量计算法测算的宁夏农村剩余劳动力总规模 92.9 万人，其中山区 63.8 万人、川区 29.1 万人比较可信。

三、农村劳动力就业中存在的问题

随着宁夏农村社会经济的全面发展，农村劳动力就业结构不断改善，特别是进入新世纪以来，农业、农村经济结构的战略性调整，使农村劳动力就业结构有了明显改善，劳动力就业的非农化趋势越来越明显，从事非农产业的劳动力达到了一定规模。但是，劳动力在追求非农化就业过程中存在的一些问题对改善劳动力就业结构必然会产生一定影响，还需我们关注。

（一）就业不充分，剩余劳动力数量大

就业不充分就是实际就业时间小于他们希望就业的时间，从而出现剩余时间。剩余劳动力就是由剩余时间形成的。据测算，宁夏农业劳动力平均从事农业的时间 7.7 个月，剩余 4.3 个月。非农业劳动力平均从业时间 8.2 个月，剩余 3.8 个月。由于剩余劳动时间的存在，从而使宁夏农村剩余劳动

力达到了较大规模。农村剩余劳动力总量达 92.9 万人，剩余率为 44.6%，比全国平均水平高出 10% 以上。

(二)劳动力自然增长较快，转移出去的劳动力一半多被自然增长所抵消

1990～2004 年宁夏农村劳动力累计转移到非农产业的人数达 136.7 万人，而农村劳动力自然增长了 67.6 万人，占转移总量的 52%。1990、1991、1997、1999 年四年劳动力自然增长量超过了当年劳动力转移量。劳动力自然增长过快必然影响转移的速度。1998～2004 年农村劳动力当年转移人数基本在 10～13 万之间波动，而劳动力自然增长率平均每年为 2.8%。

(三)劳动力素质低，就业能力不高

现代经济发展的实践证明，最终决定一个国家或地区经济发展速度和水平的是人力资源，尤其是劳动力素质。无论是现在还是将来，宁夏较低的农村劳动力素质已经影响到有效就业。全区农村劳动力平均受教育年限 6.8 年，比全国低 1 年，比东部地区低 1.4 年。由于劳动力文化素质偏低，就业于非农产业的劳动力比重比全国平均水平低 5%，比东部地区低 10%。文化素质高的劳动力就业能力强，大多就业于效益高的非农产业。非农产业户劳动力平均受教育年限 8.7 年，比纯农业户和农业兼业户高 2.1 年，比非农业兼业户高 0.8 年。

(四)劳动力转移不稳定，且速度不快

劳动力稳定转移是改善就业结构的有效途径，是劳动力资源优化配置的必然结果。宁夏农村剩余劳动力转移总量自 1998 年以来，每年一直稳定在 10 万多人，但转移速度徘徊不前，转移劳动力人数占劳动力总人数的比重一直在 6%左右波动。1999 年为 5.5 %，比 1998 年的 5.7 %降了 0.2 个百分点，2000 年上升为 6.7 %，2001 年又降为 5.3%，2002、2003 年分别回升到 6.1 %、6.2 %，2004 年又出现回落。虽说西部大开发大规模投资建设为劳动力创造了更多的就业机会，但对加速劳动力稳定转移效果并不明显，只是对劳动力短期外出产生了积极的拉动作用，外出劳动力所占比重由 2000 年 17.2%上升到 2004 年的 23%，升了 5.8 百分点。

(五)外出劳动力回流人数较多，外出就业的连续性、稳定性差

劳动力回流是指上年外出而今年未外出的劳动力。回流的原因较多，回流使外出劳动力的稳定性、连续性中断。回流意味着外出的减少，不利于劳动力的稳定转移，所以扩大外出劳动力规模，必须要减少回流劳动力。2004 年宁夏外出劳动力较多，但回流劳动力也较多，回流劳动力占劳动力总量的 3.1%，比 2000 年的 0.2%上升了 2.9%，比 2002 年的 1.4%上升了 1.7%。

(六)外出就业环境仍不够理想

农村劳动力外出的根本动因是城市环境的吸引力、城市高工资收入的拉力。正因为这样，农村劳动力外出务工的主要去向还是城市。如果城市就业环境有利于农村劳动力公平就业，如城市对农村劳动力的需求与农村劳动力的供给相吻合或供需矛盾不突出，农村劳动力在城市就业没有受到歧视、没有后顾之忧，外出务工的工资能够及时兑现等等，无疑会极大地推动农村劳动力外出就业，这是一股巨大的能量。但是，这种能量已经受到外出就业环境的影响，正在反作用于城市的“拉力”效应。据对外出务工人员的意向调查表明，有 53% 的人外出务工最不满意的是工资太低，32.2%的人认为是拖欠工资严重。另有 7%的人认为是受城里人的歧视。调查还表明，2003 年宁夏劳动力外出务工拖欠工资比例达 8.4%。

(七)贫困地区劳动力就业压力更大

贫困地区自然条件差，耕地面积大，耕地产出低，且产出的多少除受人力、投入的作用外，气候的好坏具有重要影响。从一定程度上说，气候是第一位的，人力、投入是第二位的。正因为这样，耕地对劳动力的吸收力不是很强，相反对劳动力的推力增强。这无疑加大了劳动力的就业压力，特别是受灾年份压力更大。据测算，宁夏贫困山区农村剩余劳动力总量达 63.8 万人，占全区的 68.7%，是劳动力转移的重要区域。贫困山区劳动力剩余率为 56.4%，高出全区平均水平 11.8%，高出引黄灌区 25.9%。

(八)贫困农户劳动力外出就业机会少

贫困户本来是弱势群体，受自身条件的限制和社会关注程度的影响，参与外出就业、参与社会活动的机会不多。虽然扶贫到村到户项目的实施对一部分贫困户改善就业状况产生了积极影响，但对多数贫困户就业状况的改善并无明显成效。据专项调查表明，贫困地区得到扶贫项目资助的贫困户占贫困户总数的 67%，比非贫困户得到扶贫项目资助的农户比例仅高出 8%，并不是所有贫困农户都能有机会参与社会活动。外出就业也一样，贫困农户外出就业的劳动力比率为22.9%，比非贫困农户外出就业劳动力比例低2.1个百分点。

四、影响农村劳动力转移的因素

影响农村劳动力转移就业的因素很多，既受外部宏观环境和家庭周围环境等外因的影响，又受劳动者自身和家庭因素等内因作用的影响。

(一)内因

1. 劳动力文化素质。文化素质对劳动力就业开拓能力和就业选择能力具有直接影响。劳动力文化素质高，具备了就业的知识资本和心理要素，就业成本相对较低，就业的成功率高，就业效益显著。从宁夏转移到农村非农产业和城市就业的劳动力比例看，2004年全区累计转移到农村非农产业和城市就业的劳动力占农村劳动力总数的23%，其中文盲劳动力转移比率为5.8%，小学为11.5%，初中为29.8%，高中及以上劳动力占38.9%。随着劳动力文化素质的提高，转移比率也相应地提高。初中和高中及以上劳动力转移比重明显高出全区平均水平。就是说如果劳动力平均受教育年限由小学提升到初中，将新增劳动力转移人数38万人。如果劳动力平均受教育年限由初中提升到高中及以上，将新增劳动力转移人数19万人。从外出劳动力收入情况看，文化程度的影响也是很显著的，高中及以上文化程度劳动力外出打工人均寄回带回现金3737元，初中人均3183元，分别比文盲高出1259元、705元。文化程度的差异性直接表现为获取收入的差异性，这也正体现了人力资本理论观点“教育是使个人收入分配趋于平等的重要因素”。

2. 就业技能培训。接受专业技术培训也是提高劳动力素质增强就业能力的有效手段，与劳动力文化素质具有同等重要性，对提高劳动力就业率具有不可替代的作用。在转移的劳动力中曾经受过专业技术培训的劳动力稳定性较强，返回比例低，而且具有带动更多劳动力转移的能力，是回乡二次创业的后备军。所以，加强劳动力的就业技能培训，具有再增值和后发优势。调查资料显示，在已转移的劳动力中，曾经接受过专业技术培训的占64.5%，人均获取报酬收入5017元，比未接受培训劳动力人均2269元，高82.6%。

3. 思想观念。思想观念对劳动力转移产生不利影响。受传统小农经济思想影响，“小富即安”、“不求进取”在一部分农民家庭根深蒂固，特别是在贫困落后地区，由于山大沟深，信息闭塞、交通不便，外出就业的区域狭窄，新的就业观念和外出就业机会不容易获取，即使获取一些也因传统单一农业经营模式的历史惯性作用制约和世代沿袭以农为本思想束缚，难以很快变为实际行动。在西海固贫困地区的一次意向性调查表明，当问到未外出打工的170个劳动力，年内是否想外出打工时，有91.2%的劳动力回答不想外出打工，仅有8.8%的劳动力回答想外出打工，其中想到县内打工的占4.1%，想到县外省内打工的占2.9%，想到外省打工的占1.8%。

4. 就业的适应能力。在劳动力供给大于需求的形势下，需求者对劳动力的要求更高，条件也更多。不仅要具有一定文化素质、适宜的劳动技能，还要有强壮的身体和吃苦耐劳的精神及诚信的态度。后一部分可以认为是劳动力就业的适应能力，劳动力就业适应能力强，劳动力就容易转移就业，而且转移就业的时间就长，稳定性强，转移就业的收入高。否则，转移就业的机会少，转移就业的稳定性差。有些地方劳务输出已形成品牌效应，一个重要原因就是劳动力的适应能力强，面对脏、累、苦、危险和进度要求快的工作，能够积极投入其中，保质保量按时完成任务，深得劳动力需求方满意，赢得了劳务输出的响亮品牌，如“安徽的保姆”、“四川的民工”在全国已有一定知名度。

(二)外因

1. 政策引导。政策是促进农村劳动力转移的重要助推器，政策的出台一方面通过促进宏观经济的发展带动劳动力转移，另一方面通过改善劳动力就业环境、解决转移劳动力后顾之忧等引导劳动力转移。1992年我国《关于建立社会主义市场经济体制目标》的确立，大大推动了农村劳动力的转移，1993、1994年当年转移农村剩余劳动力比例接近8%，为历史上最高水平。2000年以来西部大开发战略的推出，新阶段农村产业结构的战略性调整，城镇化、城乡一体化战略的逐步实施，再一次推动了农村劳动力的大量转移，2000～2004年农村劳动力平均转移比例达6%，比前一阶段高出1个百分点。政策的效应比较明显。

2. 居住环境。劳动力所处自然和经济环境不同影响劳动力转移。我们选择农户所在村距离车站距离和距离县城距离两个社区指标，一方面反映交通改善程度对劳动力转移的影响，另一方面反映城市经济辐射能力对劳动力转移的影响。由于山川不同区域其自然、经济环境反差较大，故分别不同区域进行分析。

从山区调查结果看，外出劳动力所在村距离车站越近，交通便利，信息灵通，劳动力外出流动机会多。距离车站 2 公里以下的村劳动力外出打工的比例达 27.8%，高出 10 公里以上村 1.1 个百分点。距离县城所在地越近，由于接受城市经济的辐射力较强，外出打工者比例明显较高。距离县城 5 公里以下的村劳动力外出打工者比例为 50%，高出 20 公里以上村 29 个百分点。

从川区调查结果看，外出打工者所在村距离车站和县城距离对劳动力外出的影响，与山区截然相反，即距离车站和县城较远的村庄越有利于劳动力外出流动，经济环境的"推力"作用较为明显，从而推动着劳动力较多的流出。川区距离车站 2 公里以下的村劳动力外出打工的比例为 8.9%，低于 10 公里以上村 6.5 个百分点。距离县城 2 公里以下的村劳动力外出打工的比例为 8.7%，低于 10 公里以上村 4 个百分点。

3. 家庭保障。家庭保障主要指家庭成员的构成。家庭成员的构成不同对劳动力转移也有重要影响。家庭与外出劳动力之间保持着高度的目标一致性和密切的互动关系，家庭与外出劳动力之间在利益上是互补的，劳动力外出打工，往往把孩子放在老家，由老人照看，农忙时，他们也常常回到家乡帮助家里干农活，显然，双方是互补的，另外，家乡、家庭也确实为农民工提供了保障，一旦发生经济上的危机，外出打工者可以回家乡去。正因为外出打工者与家庭之间存在着特殊的利益关系、伦理关系，所以，家庭成员结构、成员年龄、辈分关系、负担情况及家庭人口规模等对劳动力外出转移具有重要的促进、抑制和导向作用。从表 4 结果分析，单亲（只有父母一方及孩子）家庭属不完全型家庭，负担重，决策层单一，这些不利因素促进了劳动力流动更为容易，外出打工者比例最高，达到 33.3%，明显高出其他类型家庭。单亲家庭劳动力流动主要是"推力"作用，当然也有"拉力"作用，但这种"推力"是来自于家庭结构的不利，超出了一些研究者支持的"流出地区环境和条件不利"形成的"推力"理论范畴。夫妇和三个及以上孩子家庭、其他杂合型家庭外出打工者比例也相对较高，分别达到 21.1%、20.2%，前者主要是人口多、劳动力负担重所推动，而后者既包含前者因素推动，又有自身特殊家庭成员构成因素推动。夫妇、夫妇和一孩、夫妇和两孩、三代同堂家庭属完全型家庭，家庭成员之间关系紧密，依赖性强，决策层呈多元化，负担轻，也是一种理想型的家庭。所以这种类型的家庭劳动力流动"推力"的作用明显较弱，主要来自于"拉力"作用，其流动比例相对较低。

表 4　农民家庭结构与外出打工的关系

	外出打工者比例(%)	劳动力负担系数(人)	家庭规模(人)
夫妇	6.1	1.00	2.0
夫妇和一个孩子	12.8	1.30	3.0
夫妇和两个孩子	15.7	1.52	4.0
夫妇和三个及以上孩子	21.1	1.82	5.4
单亲	33.3	2.13	4.0
三代同堂	15.1	1.82	6.0
其他家庭	20.2	1.96	5.8

五、加快农村劳动力转移的途径

增加农民收入，关键是要扩大农民就业，实现城乡劳动力资源的优化配置，提高劳动效率。如何使更多的农村剩余劳动力转向城市、转向非农行业等资源配置效率高的地域和行业，这是我们要关注的一个问题。按照刘易斯的二元经济结构理论，传统农业部门改变落后状态、提高劳动生产率的唯一方法就是将该部门中的大量的剩余劳动力转移到现代部门中去。而劳动力由农业向非农业部门转移也是为发达国家所证明了的经济发展的客观规律。从目前看，宁夏农村劳动力资源丰富，剩余劳动力数量大，劳动力转移比例低，劳动力资源配置效率不高。针对这种现状，当前和今后一段时间加快农村劳动力转移势在必行。从一般意义上来说，促进农村劳动力转移的动力来自两个方面，一是农村、农业、农民自身产生的"推力"作用；二是外部环境的吸引力、政府及其他方面的引导力等"拉力"作用。在我国只有共同发挥这两种力量的作用，才会加速农村劳动力的转移。关于推力和拉力国外有两种观点，一种观点是"拉力"理论，哈里斯—托达罗(Harris—Odaro，1970)的两部门模型显示，劳动力的流动行为主要是受到城市较高工资水平的"拉力"作用。当一个农村劳动力预期自己在城市赚取的收入，减去流动的成本后，高于务农的收入时，他(她)就会流向城市寻找就业机会。一种观点是"推力"理论，持该观点的研究者发现，流出地的农业收入及其变动，当地基础设施建设，资本信贷市场的发育程度在一定程度上影响到农村劳动力的流动行业，由于输出地经济社会环境的劣势，推动劳动力向外输出。所以，我们认为，加快农村劳动力转移就要围绕这两个方面做文章。

(一)转化"推力"作用，推动农村劳动力转移

推力作用主要来自农村内部，一是艰苦的农村生产、生活条件，推动农村劳动力向条件好的区域转移。二是偏僻、落后的地域环境推动劳动力的转移或流动。三是有限的耕地面积维持不了基本的生活所需，劳动力不得不外出从业或从事非农行业。四是农业生产经营效益低下，与非农产业相比反差较大。从劳动力转移来说，一方面推力有利于劳动力转移，另一方面就整个"三农"问题而言，推力的产生暴露出了"三农"发展的弱势。发挥推力作用，就是要将这种弱势转化为强势形成拉力，来拉动劳动力的转移，这是推力的间接效应。围绕推力形成的这种条件和背景，就要在转化推力上有新的思路。推力的形成在农村内部，转化推力也应在农村，也就是在农村内部通过改善劳动力资源配置的条件，使劳动力优先配置到效率好的行业，实现劳动力资源的优化配置。宁夏南部山区生产、生活条件差，基础设施落后，收入水平处于较低层次，一旦遭遇自然灾害，生活问题也得不到保障。这种状况推动着当地劳动力一方面千方百计地想逃脱这种环境，另一方面还要尽最大努力改变这种现状。

首先，要进一步加大"三农"基础设施投入，切实改变农村基本生产生活条件，为劳动力就地转移，"离土不离乡"提供基础保障。水、电、路是"三农"基础设施的基础，水主要是人畜饮水，电主要是电话、生产生活用电，路主要是乡村道路，这三方面解决的好，从事非农产业的劳动力就多，劳动力的配置效率就高。交通方便、道路畅通、地理位置优越的地方，经济繁荣，农民收入水平明显较高。农村住户抽样调查结果表明，距离乡政府 2 公里以内的村农民人均纯收入 2204 元，是 10 公里以上村的 1.8 倍。距离县城 2 公里以内的村农民人均纯收入 2110 元，是 20 公里以上村的 1.3 倍。

其次，发挥区域优势，利用市场机制，引导劳动力向比较效益高的行业和产业转移。市场经济就是效益经济，劳动力作为生产要素中最活跃的要素，要不断追求要素效益的最大化。不同区域同一产业或同一行业可能具有不同优势，同一区域不同产业或不同行业也可能具有不同优势。在市场经济条件下，劳动力自然会流向比较优势突出、效益显著的行业或产业。各地政府在宏观调控中就要充分发挥本地优势，为优势产业、产品和行业创造良好的基础环境，引导劳动力就地转移。

第三，山川共济，促进生态移民。生态移民是实现"三农"可持续发展的有效选择，宁夏南部山区一部分地区一方水土养活不了一方百姓，自然条件很差，改善生产、生活基础设施难度很大，而引黄灌区一部分地区地理位置优越，且具有良好的生产、生活基础条件，开发潜力很大。实行山川共济，将山区一部分生态恶化地区的人口整体搬迁到引黄灌区，还更多的生存空间给自然界，实现人类、自然、社会和谐发展。这是推动劳动力转移的又一形式。

第四，引导山区退耕还林还草农户及时发展后续产业，吸引更多劳动力就近就业。退耕还林还草是生态工程，也是基础工程，退耕还林还草使耕地面积减少，加速了劳动力转移，是劳动力转移的又一推力。如何使退耕还林还草工程成为持久工程、生态安全工程，发展后续产业，安置退耕户剩余劳动力就业势在必行。

(二)发挥"拉力"效应，拉动农村劳动力转移

按照国外的观点，拉力的产生来自于城市，属于劳动力的地域转移。拉力就是城市环境的吸引，就是市民收入的引力作用。随着城乡统筹发展，拉力的作用空间越来越大，一方面，由于城市或城镇本身孕含着大量的就业机会，不断吸引农村劳动力进城就业，而且随着人口的集聚和城市或城镇的扩大，就业机会将会越来越多，城乡劳动力的就业地位将会趋向平等。另一方面，进城的农民给留在农村的农民留下了致富空间——能够集中较多的土地，从事生产经营，劳动效率将会大大提高。拉力可以直接产生效应，如何发挥拉力作用，还需抓住机遇，创新工作思路。

1. 强化内力。强化内力一方面就是转变劳动力的思想观念。另一方面就是提高劳动力的就业能力和素质。劳动力就业能力低，文化素质不高已制约着劳动力的转移速度和转移规模。因此，强化劳动力就业能力和素质培训势在必行，这是就业的需要，也是促进人的全面发展的需要。重点是加大回乡知识青年职业技能培训的力度和广度。对初中和高中阶段毕业的升学落选回乡知识青年，可通过延长学习周期，强化职业技能培训，提高其社会就业能力。

2. 扩展外力。扩张外力就是建立形式多样、覆盖广泛的劳动力输出网络和信息传递网络，创新劳动力转移的宽松环境和平台。

一是建立城乡统一的劳动力供求市场，规范供求双方运作，为劳动力择业和用人单位选人创造良好环境。城乡统一的劳动力市场既为进城农民提供了寻找职业的载体，又有利于城市下岗职工择业，使下岗职工与农民工在同一市场上根据各自的优势公平竞争，这对促进农民工转变思想观念，提高素质，消除心里障碍，实现自主择业具有重要意义。

二是加强劳务输出协调、组织机构，建立省、地、县、乡垂直的职业培训、劳动力供求信息传递网络，装备劳动力供求信息传输自动化水平，从资金上、组织机构上保障劳务输出的及时性、有序性、稳定性和长期性，从而提升有组织向外输出农村剩余劳动力的规模。劳务输出组织、协调机构工作在两头，既在流出地，又在流入地，肩负着寻找需求市场，组织劳动力供给和培训劳动力的职责，重在广泛联系，多方位、多门路建立劳务输出基地，在农村劳动力供大于求的形势下，这是劳务输出的关键环节。

三是建立激励机制，鼓励和引导劳动力需求量大的国有大中型企业、集体企业、私营企业和其他单位到本区域内农村特别是贫困地区农村直接招收民工。对吸收本地农民工多，对农民收入增长贡献大的各类企业，政府在用地、信贷方面给予支持，调动各企业使用本地农民工的积极性。

四是大力培养劳务输出带头人，发挥“能人效应”作用。在广大农村，劳务输出的主渠道是自发转移，由于自发转移存在盲目性、无序性、转移成本高、回流现象时常发生，所以在强化政府、社会、企业有组织转移的同时，应大力培养劳务输出带头人，发挥能人带动效应、示范效应和扩散效应作用。一个行政村甚至一个村民小组培养2～3人有专业特长和职业技能的劳务输出带头人，将会带动一片、转移一片农村剩余劳动力，增加一片农民收入。有的地方出台了奖励劳务输出带头人的政策，按照带出劳动力数量的多少，给予带头人一定奖励，收效明显。培养劳务输出带头人投入小，产出大。可以采取多种培训形式，送到东部发达地区培训学习，送到大中专院校培训学习，也可以在流出地根据社会对劳动力需求动向，有针对性的集中培训。通过培训带头人，调动培训者的积极性，才能传递更多人，最终产生聚合效应。

五是切实重视贫困户的劳务输出，把组织贫困户的劳务输出作为扶贫工作的首选项目。由于贫困户自身受家庭背景、思想观念、文化素质等不利因素影响，存在就业上的不利，社会活动参与机会的不利，种种不利使贫困户失去自我脱贫意识，脱贫难度加大，所以要从根本上改变贫困户不利条件，就要提高其文化素质。劳务输出是短、平、快项目，当年稳定输出一个劳动力，当年就能脱贫，这已是多年扶贫工作经验的结晶。因此，输出贫困户劳动力，应受到各级党委、政府、社会和企业重点关注。

参考文献和资料

1. 农村剩余劳动力定量研究，国家统计局农村社会经济调总队社区处，《调研世界》2002.3。
2. 农村剩余劳动力测算方法研究，陈先运，《统计研究》。
3. 劳务经济发展对农民收入增长的贡献，王旭明，宁夏党校学报，2002.1。
4. 《农业统计年报》(1978～2003年)，宁夏统计局编。
5. 《宁夏农村社会经济调查年鉴》(1984～2003年)，宁夏农调队编。
6. 《宁夏回族自治区农产品成本收益资料汇编》，宁夏工农业产品成本调查队编制。

山西农村劳动力就业取向和方式选择

山西省农调队　刘建业　赵天胜　严林英　潘会玲

内容提要：历史上山西曾有过大规模的人口迁徙和晋商票号遍布海内外的辉煌。明清时期，一群群头顶瓜皮小帽，身穿长袍马褂，足蹬园口布鞋的山西人，将山西票号的触角伸向海内外，创造了富甲一方的奇迹。先人的做法，启示多多。今天，用政策鼓励农民走出去，采取措施把农村富余劳动力转移出去，让更多的农民充分就业，不仅是现实的紧迫问题，而且是长远的战略问题；是富裕农民的需要，也是改变城乡二元结构，实现城乡一体化、全面建设小康社会的必由之路。新阶段农民收入的增长来源日趋多元化和多样化。虽然农业收入仍是农民收入的重要基础，但来自非农业和进城务工的收入已成为农民收入增长的主要来源。农民增收由主要靠增加产量、提高价格转向主要靠提高效益扩大就业。新阶段促进农民增收，既要向农业的广度和深度进军，提高效益；又要继续推进农村劳动力外出就业，加快农业劳动力转移，在农村外部寻求增收途径，全方位开辟农民就业和增收的渠道和途径。为了适应新阶段促进农民增收的思路和方式的调整变化，为制定农民增收政策提供决策参考依据，省农调队开展了《山西农村劳动力就业状况与转移》专题研究。我们在实地调研的基础上，通过对近10年来山西农村劳动力就业与转移状况、特点和存在问题的剖析，结合山西的省情与经济发展特征，分析了新阶段山西农村劳动力就业与转移的取向和方式的选择，并在此基础上提出了促进农村劳动力就业与转移的对策建议。

一、基本评析

(一) 农村劳动力就业状况与转移的特征分析

农村劳动力从农业向非农业、从农村向城市转移，是全球经济发展过程中的普遍规律，也是多数国家解决农村劳动力充分就业的重要途径。改革开放以来，山西农村劳动力转移人数不断增加，农村劳动力就业状况逐步得到改善。

1. 农村劳动力就业领域仍以农业为主。截止2004年底，全省农村劳动力人数为1021.46万人，其中，从事农业（农林牧渔）的劳动力人数为640.32万人，占农村劳动力总数的62.7%。山西农村劳动力就业仍以农业为主，但农业劳动力所占比重已大幅下降，并呈持续减少状态。

2. 农村劳动力转移势头强劲。改革开放以来，山西农村劳动力就业结构改变了传统的农业一头沉格局，随着农村非农产业的发展，农村劳动力开始向非农产业流动和转移，特别是1992年邓小平同志南巡讲话发表以后，带来了新一轮的农村劳动力转移高潮。近10年来，山西农村劳动力转移在数量和规模上都呈现出稳定增长的良好势头，劳动力转移速度明显加快。截止2004年底，全省农村非农从业人数为381.14万人，占农村劳动力总数的37.3%。外出打工人员人平均年纯收入6195.6元，每年全省外出打工总收入约38亿元。随着宏观经济的健康、稳定发展，山西农村劳动力转移和外出务工势头将进一步增强。

3. 农村劳动力转移去向以采矿业、制造业为

主。从劳动力转移的行业来看，山西农村劳动力转移就业的行业以采矿业和制造业为主，其次为批零贸易业、社会服务业和交通运输业，再次是建筑业，其他行业依次是：餐饮业、教育业、社会保障福利业，还有少部分劳动力在异地从事种植业。2004年，山西农村劳动力中从事采矿业、制造业的劳动力占全部劳动力比重为10.1%，比10年前上升了3.7个百分点。

4. 农村劳动力转移区域流向就地转移减少，异地转移上升。近年来，由于乡镇企业改制，减员增效以及市场化的影响，尤其是山西诸多小煤窑、小冶炼企业的关、停、并、转，使农村劳动力就地转移难度加大，而便利的交通条件、良好的收入预期，使劳动力在县外省内流动快速上升，且异地打工成为劳动力转移的一个重要渠道。2004年，山西农村外出劳动中，在县以外的劳动力占到外出劳动力总数的60%左右。

5. 外出就业的农村劳动力以初中以上文化程度为主。据调查资料显示：山西外出就业的农村劳动力初中及以上文化程度的人数占转移人数的85%，是农村中文化程度相对较高的人群，他们是农村劳动力转移的主力军，农村中文化程度高的劳动力明显能够较好地实现转移。在市场经济条件下，人的综合素质的高低，直接影响到就业的成功与否以及职业的分工，在农村剩余劳动力希望就业或选择就业渠道的同时，用人单位也希望能够得到综合能力较强的人员，以便更好、更快地适应生产和管理等各方面的工作需要。农村中高素质的劳动力不断流向城市，说明市场需要的是素质较高或有一定专长的人才。

6. 外出就业的劳动力以中青年为主，男性居多。山西转移的农村劳动力以中青年为主。据调查，到2004年底转移的农村劳动力中，45岁以下的中青年劳动力所占比重达80%以上。其中70%以上在35岁以下。在转移的劳动力中80%是男性劳动力。

7. 外出就业的劳动力以自发转移居多，有组织、受过培训的较少。从山西农村劳动力转移的现状看，由于农村劳动力要素市场发展滞后，农村劳动力转移表现为大量的无组织和自发性特征，受过专业培训的人员较少，仅占到6.4%。因此，目前农村劳动力转移的组织化程度亟待提高，劳动力的培训工作也亟待加强。

（二）农村劳动力就业状况与转移对农村社会经济发展的影响

农村劳动力向非农产业转移，是生产力发展的客观要求，是增加农民收入、发展农村经济的有效途径，对农村社会经济发展起着积极的作用。

1. 促进了农民收入的稳定增长。农村劳务经济的不断发展，对农民收入起到了积极的拉动和支撑作用。据抽样调查资料显示，2004年山西农民人均纯收入为2589.6元，比1990年增长4.3倍，年均增长10.9%，劳务收入则增长了20.7%，比农民纯收入的平均增长速度快10个百分点；在农民人均纯收入总额中的份额，1990年为26.4%，1995年为30.4%，2000年为38%，2004年为38.1%，呈持续上升态势。可见，劳务经济的发展已成为农民收入快速增长的主要因素。2004年，山西农户中有外出劳动力的农户人均纯收入为2557元，比没有外出劳动力的农户人均纯收入高291元；外出劳动力人均收入为6195.6元，是全省农民平均收入水平的2.7倍。若平均每户能有一名劳动力外出从业，山西农民人均纯收入即可增加1000多元。如果平均每四户中有一人外出就业，山西农民人均纯收入即可达到全国平均水平。

2. 对全省社会经济的发展起到了重要的促进作用。首先是对经济增长做出了贡献；其次是有利于资源合理配置，改善劳动力与其他生产要素结合的比例关系，促进经济结构调整，增加收入效应；再次，发展劳务经济，对收入分配产生一定影响，通过调节收入分配差距，最终刺激农民收入更快增长；另外，农村劳动力在城市从事的大多属脏、累、苦、险等城市人不愿干的工作，既满足了城市用工的需要，支援了城镇建设，也未对城市下岗职工再就业构成实质性的竞争。

3. 农村劳动力转移改变了农户的生活方式。农民外出打工拓宽了视野，增长了见识，学到了技术，积累了资金，熟悉了城市，同时也转变了农民的思维方式和生活方式。一些农民在经过几年的打工生活后，积累了一定的资金、技术和经验，他们回乡后，去办企业，带动了一方农村脱贫致富，也解决了部分剩余劳动力就业问题，促进了农村的经济发展。同时，由于农民外出务工人数在不断增多，与劳务输出有关的中介和服务行业应运而生，给全省经济的发展注入了新的生机和活力。

（三）现阶段农村劳动力就业与转移的制约因素分析

1. 农业本身对劳动力的需求下降。改革开放以来，我国农村劳动力的就业份额一直在下降。从1978年的70%下降到1991年60%，到1997年降至50%，而且从上世纪90年代开始，就业的绝对值也同时下降，这主要是新农业政策的实施，极大鼓舞了农民的劳动积极性，激活了农民的经济意识，许多劳动力开始脱离农业向非农产业转移，而与此同时资本要素则加速向农业流入以替代劳动。特别是90年代以来，国家及社会各方面加大了对农业的投入力度，使农业资本积累的速度明显加快，同时农业科技取得了长足进步，科技成果得以广泛实施，良种的推广，机械化程度的提高，畜、牧、水产养殖的规模化，部分地区的现代农业已初现端倪，农业技术效益不断增高，农业资本的增加，资本有机构成的提高，使农业对活劳动的需求减少。

2. 自身素质低，严重影响了转移与就业的深层次发展。不同素质的农村劳动力决定了就业方式和转移方向的不同，进而导致就业绩效的千差万别。文化程度和综合素质较高的劳动力在转移中可以担当技术的重任，效率相对较高，而文化素质低的劳动力在转移中大多只能从事一些手工、体力工作和简单的再生产操作，就业面被限制在极小的范围之内，其转移就业难度较大、收入偏低。就目前山西情况来看，95%以上的农村劳动力接受的是应试教育，因此各种专业技能匮乏，动手能力较差。据调查，山西外出就业农村劳动力人员中，具有高中以上文化程度的仅占外出就业劳动力总数的17.9%，绝大多数还是初中以下文化程度。由于素质低，缺少一技之长，缺乏竞争能力，选择的就业转移机会便十分有限。随着产业结构调整的升级，市场竞争的加剧，对高素质劳动力的需求将不断增加，文化素质偏低的农村劳动力就业空间将更加狭小，就业机会将越来越少。专业技能差已成为制约农村劳动力转移就业的最直接因素。

3. 思想保守，观念落后，在一定程度上制约了农村劳动力的转移。现如今在农村有相当一部分农民思想观念还相当保守，小农意识根深蒂固，小富即安，怕冒风险，缺乏投资意识和开拓创新精神。他们把生活的方式建立在与土地"生死之交"的关系基础之上，把生活的追求建立在"吃饱穿暖"的基本生存条件上，认为土地仅是满足基本生活的手段，是生存不可缺少的保障，忽视或没有意识到土地是一种可以增值的资源，因此，既不肯在土地上下功夫和增加物化劳动投资，又不愿意离土离乡，创新致富。这种落后观念在很大程度上制约了土地流转和农村劳动力的转移。

4. 乡镇企业发展回落，吸纳农村劳动力的能力减弱。改革开放以来，乡镇企业是为农民提供本地非农就业机会的主要阵地。但是，近年来，乡镇企业由于受市场、体制、资金、原材料供应等多方面因素的制约，在实施可持续发展战略中受到日益强大的挑战，处于不利地位。同时，随着乡镇企业的结构升级和调整，高新技术的应用更加广泛，吸纳农村劳动力的能力逐步减弱。虽然个体私营企业蓬勃发展，但总体经济规模不大，吸纳劳动力的数量有限。有关调查数据显示，我国乡镇工业总产值每增长1%，所带来的就业增长比，由1978～1984年的0.75%下降到1985年的0.30%，1992年降为0.15%，现在进一步降到0.12%以下。那么在山西乡镇企业中，以开采不可再生资源和污染环境为代价的煤矿开采、炼焦及与其相关的运输业，占有相当的比重。在实施可持续发展战略中，这些行业显然处于不利地位。而且，随着技术进步、技术改造步伐的加快，有些乡镇企业将会出现对劳动力不纳反吐。尤其是2004年以来，省内煤矿连连发生事故，县以下煤矿经常治理整顿，使一大批农村劳动力闲置在家，无事可做。

5. 城乡分割的"二元"经济体制，制约着农村劳动力向城镇转移的速度。长期以来，我国实行的"一国两策"的就业政策，将农村劳动力排斥在城市之外。虽然改革开放以来，声势浩大的"民工潮"有力地冲击着这种旧的就业管理体制，但总体上并没有取得大的突破，就业歧视仍然是农村劳动力遇到的最大障碍。尽管一些地方近来纷纷出台户籍改革措施，拆除了"硬门槛"，但"软门槛"依然存在。使得囊中羞涩、苦于为生计奔波的多数农民因买不起昂贵的城市户口、缴不起高额的学费和赞助费、享受不到应有的社会福利等诸多城市人应有的待遇而望城兴叹。

6. 劳动力市场发育缓慢，造成了转移大军的盲目流动。目前，劳动力市场供需脱节、信息不灵的问题十分突出，在一些地方、一些行业劳动力不能满足市场需求，"有活没人干"和"有人没活干"的现象同时并存。为此，一些地方也相应成立了劳务市场，但在提供信息、就业培训、服务方式及手段上远远不能满足广大农村劳动力的择业需求，而且管理收费偏重，挫伤了农民外出转移的积极性，已经转移的农村劳动力大多是自发的，有序组织方式转移的较少。因而导致了农村劳动力转移无组织、无秩序、无保障的三无混乱状态，农民的权益受侵犯、人身财产无保障的现象时有发生。

二、就业与转移的取向和方式选择

(一)内转和外输多轮驱动

1. 向城市转移与小城镇建设协调发展，拓展农民就业空间

农民向城市转移，不但形成具有劳动力特色的产业大军，而且使千家万户蜕变了农民身份，走上了富裕之路。山西省原平市铜川镇的万人水果贩运大军，已由最初的几个人、十几个人合伙经销，发展到装备完善，信息灵敏，形式多样，反应迅速的水果购销集团。现在在太原水西关，70%的水果批发市场份额被这群“乡下人”运作，他们南下北上，从事国际化运销。每年组织船队、车队、编组列车，把东南亚的热带水果贩运到北国，把北国的干鲜水果打到南方，从事着“买全国、卖全国”的生意，其佼佼者已富甲一方，资产逾亿元。在交谈中，我们发现无论是他们的思想观念、营销策略，还是他们的言谈举止，已看不到农民的影子，而俨然一副现代商人的做派。

而永济市卿头镇依托龙头企业走出了一条以工业化带动城镇化，进而拓宽农民就业渠道，促进农民增收的成功之路。这里集中了忠民、粟海、强盛三大龙头企业，一个新型的工业小城镇正悄然崛起。这三大龙头企业共安置8000多劳动力就业，另有1000多人依托集团发展运输、餐饮等二、三产业，常年收入都在万元以上，不仅使周围村庄的青壮年劳动力个个有班上，人人有活干，而且吸纳了大批外地和外省的农民工进厂就业。城镇化的前提是工业化，通过乡镇企业的合理集聚，完成经济量的积累，解决了城镇化所必须付出的资金投入。

2. 加快农业产业化步伐，挖掘本地就业潜力

农产品的加工无疑是吸纳大量农民就业的好方式，大力发展民营企业是实现劳动力转移的良好途径。15年前，永济开始在黄河滩涂种植芦笋，目前已发展到10多万亩，集种植、加工、销售一条龙产业化经营，年加工出口量在全球芦笋贸易份额中占20%，占全国的53%，2004年仅此一项增收达4亿元。到最忙碌的采收期，可吸纳2万多劳动力打工，基本是永济当地人和外地人各占一半，其时人海车流，还不时见到来此采购的福建、台湾，乃至韩国、西班牙、德国、荷兰的商人。近年来，运城市政府重点扶持的100家规模民营企业，在加快产业化进程中，已经成为当地农村富余劳动力向非农产业转移的主要途径。山西海鑫集团，9000多名员工全部是来自闻喜和周边县的农民工。振兴集团、阳光集团等几十家大型民营企业，年用工量总计在5～8万人。

县域经济是解决农村富余劳动力就业的主要载体，发展县域主导产业，实现农民就地转移有利于农民自身，更有利于当地经济的发展。

3. 扩大省际劳务开发，向外输出实现就业

“只要有太阳的地方，就有临县人打工”——吕梁山区的临县有22万劳动力，每年约10万余人外出打工。联合国科教文组织对临县考察的结论是“最不适宜人类生存的地方”。要增加收入，提高生活质量，就得走出去。卖水果、卖豆芽、擦皮鞋、搞搬运的遍布全国。别人不愿去的地方，临县人都去；别人不愿干的活，临县人都干。“吃别人吃不下的苦，赚别人不愿赚的钱”，已成为临县人相互激励外出经商办企业的口头禅。经过多年的摸爬滚打，他们把外出打工仅仅作为谋生的手段逐步变为出外创业的平台。据不完全统计，全县靠劳务输出年收入3亿元，仅此农民人均收入达500元。

调研中我们了解到，像临县等地这样自发转移的农民仍是外出务工的主体，而政府因势利导，已在积极介入，并围绕有序输出问题着手开展工作。近几年，运城市劳动局在北京、杭州、珠海、深圳分别设立了4个劳务输出联络处，与深圳辉煌职介所、天津市妇联职介所建立了长期合作关系，其他县市也在不同城市建立了劳动基地。近年来运城市有组织的开展劳动力输出，全市搞了243批次，共转移4.4万人。

(二)政府引导推进并举

1. 发展农村二、三产业为农民转移创造条件

增加农民收入的途径是多方面的。从山西的实际情况看，发展农村二、三产业和农民进城就业是增收最快、最便捷、最有效的方式。

年节送礼，是中国人的传统习惯。在2005年“3·8”妇女节到来之际，临县妇联送给全县年轻妇女的礼物是，培训女青年500人，合格后分别送她们到北京市的家政公司和太原毛纺厂上班。在平陆、临猗等地，农民朋友也经常不断地收到这样特别的厚礼。

闻喜县是一个传统的农业县，也是一个省定贫困县，全县的农村人口占到总人口的85%以上，农民人均纯收入多年在温饱线上徘徊不前,始终走不出"有粮、缺钱、人闲"的怪圈。为此,县委、县政府在全县范围内开展了深入持久的解放思想、创新理念大讨论、大宣传,用温州人启发闻喜人,用身边事引导身边人,极大地激发了农民走出土地创大业的热情,大批农村劳动力从土地上解放出来,向二、三产业转移,向民营经济转移、向城镇转移。到2004年底全县农村向非农产业转移劳动力达10万余人,占到农村劳动力总数的63%,全县农民户均达到1.2人。

永济市按照统筹城乡经济社会发展的要求,坚持农工并举、农商并举、城乡并举、大小并举、内外并举的方针,采取"农业留一部分,非农产业就业一部分,向外输出一部分,进城务工一部分"的办法,实现了农村富余劳动力的快速转移。目前,全县已有6.1万多农村富余劳动力从事了二、三产业,收入占到了总收入的一半以上。

2. 建立信息服务网络拓宽农民就业渠道

信息是前提,信息是基础,信息是龙头。从2005年到2010年,山西省农村富余劳动力在已经转移350万人的基础上,每年将新转移50万人。这50万人到哪里就业,如何就业,信息的作用至关重要。

运城市通过网络抓信息,职介中心挖信息,在外老乡集信息,外出考察捞信息,千方百计发布用工需求大、选择余地多、劳务收入高的真信息、快信息、好信息,让农民动心、动情、动身,自觉参与进来。最近,垣曲县团委获得广州环球自行车厂急需一批青年职工的信息后,立即前往广州进行了实地考察,尔后在县电视台做了广泛的宣传,成功地输送了3100名农村青年。

临县县委、县政府通过缔结友好单位,利用省市下乡扶贫工作队,组织临县籍人士联谊会、洽谈会和亲情会等形式,书记、县长带头,科级以上干部实行"任务包干",向用工单位推荐民工,联系订单,仅2004年就向大运高速公路、汾柳高速公路、阳城电厂和西铭煤矿等8个用工单位输出农民工2000人次,向蒙牛集团等12家企业输出800余人次,零散输出5600多人次。2004年以来,临县县委、县政府通过编印简报、手机短信、传真、互联网和热线电话等方式,及时发布有价值的信息2060条,成功输出农村富余劳动力119批2.3万人次。

从长远考虑,主要载体还是要靠中介服务组织,走市场化的路子。各级各部门都应积极引导、鼓励、支持涉农服务部门以及各类经济实体、群众团体和农村基层组织,再借助于发达的交通、通讯、信息网络,组织引导更多的农村富余劳动力走上就业岗位。

3. 利用各种培训资源提高农民就业技能

农村富余劳动力能否走出去、稳得住、有发展,关键在于素质。山西省委、省政府在2005年出台的《关于进一步加快农村劳动力转移的意见》中,决定从现在起,对准备向非农产业和城镇转移的500万农村富余劳动力,进行引导性培训和职业技能培训,对农村从事第一产业和其它产业的500万劳动力开展科技和职业技能岗位培训。省政府已安排2005年完成引导性培训100万人,职业技能培训50万人。加强基础教育,加强职业教育,全面提高农民的综合素质,推进农村富余劳动力转移,已经成为各级政府义不容辞的责任。

吕梁市通过宣传贯彻中央一号文件精神,县乡村掀起了学知识、学技术的新热潮,全区已培训农民5万多人次,新转移劳动力3.5万人;运城市依托各类社会培训机构,开展了多种形式的有特色、有针对性的职业教育和技能培训活动。一是定单式培训。拿到用人定单后,合理设置课程,定向进行岗前培训。二是储蓄式培训。有选择、有针对性地对一些热门行业如计算机、汽车驾驶、家政服务、缝纫纺织等预先培训,为进城务工奠定基础。三是活动式培训。全市开展"百万青年学百技"活动,使农村青年掌握语言艺术、礼仪公关、法律法规等方面的基本知识,提升了外出务工人员的综合素质。

4. 切实做好保障工作解除农民后顾之忧

对于刚刚走出农村,走向城市的农民工来说,刚到一地,人地生疏,生活不习惯,常常有孤立无助之感。运城市各级劳动保障部门每次组织农民工外出时都要派专人护送,到用工地后,不厌其烦,在工作、生活上给予关心帮助,直到农民工在企业稳定下来后才离开。各驻外联络机构,有协作关系的外地职介所,对进入用工企业的农民工均实行为期一年的跟踪服务。农民工遇到的诸如工资拖欠、权益保障等问题,均协助处理解决。

临县县委、县政府在劳务输出人数相对集中的城市建立农民工权益维护站,与当地政法系统、行政执法部门、劳动仲裁机构建立长期联系机制,依托维权热线,维权网络等载体,为农民工提供切实有效的政策服务和法律援助。

为外出务工的农民工提供有效的服务,已成为各级政府的重要职责，走出去赚钱的机会交给你，家中的事儿不用愁，你还犹豫吗？俗话说，出路，出路，走出家门才有路！

三、对策分析

（一）深化农村各项制度的改革，创造良好的宏观政策环境

农业剩余劳动力要实现稳步持续转移的同时真正加快转移的速度，首要任务是创造有利于农业劳动力有效利用的宏观政策环境。各级政府要明确对安置农民就业的责任，并将其纳入到全局的工作规划当中去，统筹安排农业劳动力的开发和利用。

首先要建立和完善竞争有序的劳动力市场，促进劳动力资源和其他生产要素资源的优化组合。要坚持运用市场配置劳动力资源的方向，让市场调节需求，实行城乡通开，公平竞争。重点是培育劳动力就业的中介机构，并注意改善劳动就业的“软环境”。同时还要运用现代化的管理手段，建立起市场预测预警系统和综合管理系统，搞好市场营运的基础设施建设。其次要打破城乡分割的户籍壁垒，完善农村劳动力从进城务工经商到稳定定居的移民政策。要逐步建立起与市场经济要求相适应的新的人口登记和管理制度，真正做到城乡居民在发展机会面前地位平等。为此，在就业制度上应建立“企业自主用人，劳动者自由择业”的市场化就业制度；在福利制度上，推行社会化的福利保险制度，由低工资、高福利转向高工资、低福利。这样城市化的发展、城市人口的增多对政府来说就不会再是一种直接的财政负担。再次，农村制度改革还包括建立经营权流转机制，通过“四权”（强化所有权，明确发包权，稳定承包权，放活经营权），使耕地使用权与所有权分离；发展农村合作组织；建立健全农村社会保障制度以及解决农村转出人口在就业、就学、就医等方面与城市人口不平等的问题等。

（二）狠抓农民科学文化知识和就业技能培训，促进农村劳动力素质的提高

教育培训事业是人力资源开发的核心，劳动力作为一种特殊商品，同其他商品一样，其竞争力依赖于素质优势。山西农村劳动力从总量上看过剩，但高质量的劳力却不足，普遍存在质量结构问题，多数农村劳动力还属于低知识的“体力型”。随着市场经济的发展，市场竞争机制的完善，劳动力就业需求的重点将会是高素质和高技能的劳动者，从现在开始必须强化教育和培训，具体应做好如下几点：

——加大农村科教投入力度。当前的问题是，农村科技投入严重不足。从山西的实际情况看，单纯依靠政府加大投资是不够的，关键是要唤起广大农民对科教投入的重视，形成国家、企业、集体、农民和社会筹资办教育的多元投资机制。同时可将一部分扶贫资金用于增加对贫困地区农村劳动力就业技能的培训。

——强化九年制义务教育。国家宪法赋予了每个公民接受教育的权利和义务。但在一些地区尤其是经济不发达尚未摆脱贫困的地区，由于受多种因素的影响，一些7～15岁本应正常学习的少年却过早地进入劳动领域，或失学、辍学在家，其结果必然造就一批新时代的“文盲”。因此，应采取切实可行的措施，强化九年制义务教育，把普及义务教育的重点放在贫困地区。

——调整农村教育结构，发展农民职业技术教育。目前，农村教育基本上是应试教育，已办起来的农村职业学校所学课程往往是理论与实际脱节，缺乏实用性，对学生吸引力不强。教育部门应抓住国家教育由应试教育向素质教育转变的契机，兴办一些种植业、畜牧业、渔业、建筑、电子、食品、加工等各类职业学校，大力普及实用型的先进技术知识，造就一批农村技术型、管理型人才，提高农村劳动力的素质。

（三）加快农村非农产业发展，拓宽农村剩余劳动力就业转移的渠道

——大力发展乡镇企业，不断增强对农业剩余劳动力的吸纳能力。目前山西乡镇企业存在着规模小，布局分散，管理和技术水平低等问题，部分乡镇企业还严重地污染环境。为此各级政府应为乡镇企业的发展创造条件，使其走上规模化和集团化的发展道路，充分地发挥吸纳农业剩余劳动力主渠道的作用。

——加快小城镇建设步伐，为农业剩余劳动力提供广阔的转移空间。小城镇的建设与发展可以在一定程度上改善农村的生产、生活环境，改善当地的投资环境，同时，小城镇是农村工业相对集中建设和进一步发展的载体，也是发展第三产业最适宜的腹地。第三产业对劳动力素质的要求弹性大，吸纳劳动力的能力强，是农村剩余劳动力转移的重要出路。根据发达国家经验，每增加一名第二产业

人员，就要相应增加2～3名第三产业人员。

——加快旅游业的发展，促进农村劳动力就地、就近就业。旅游业是一项综合性的产业，它的发展能带动和促进交通、通讯、能源、商业、餐饮、轻工、文化等相关行业的发展。据有关方面测算：旅游业每收入1元就能带动社会收入5元，旅游业每就业1人就能带动解决社会就业4.7人，能为农村劳动力提供更多的就业机会。山西有着得天独厚的旅游资源，各地应根据实际，采取切实有效的措施，把开发旅游资源，兴办旅游业作为山西国民经济跨世纪发展战略的产业，为农村劳动力转移开启新的途径。

（四）发挥农业生产部门作为农村剩余劳动力蓄水池作用

农业和城市传统部门往往发挥着剩余劳动力蓄水池的作用。在一些发展中国家和地区，由于农村土地占有的高度不平等，农村剩余劳动力大量涌入城市，城市传统部门成为农村过剩劳动力的蓄水池，这在一些国家和地区引发了严重的城市病。在我国城乡就业矛盾都非常突出的情况下，为了防止农村人口过度涌入城市，诱发城市病，各地必须充分挖掘农业内部的就业潜力，使农业部门能够继续充当起农村过剩劳动力的蓄水池的作用。

从总体上讲，山西农业生产条件比较脆弱，农业基础设施老化失修严重，农业抗灾能力不强。尤其是广大贫困地区农业生产条件更差，这些地区经济实力弱，地方政府和群众对基础设施进行投资的能力也较差，而这些地区恰好是今后农村剩余劳动力就业压力最重的地区。应抓住当前农产品充裕和国家财政加大基础设施投资力度的机遇，进一步扩大以工代赈、以粮代赈的规模，加大对贫困地区改善农业生产条件的支持力度，如支持农田水利基本建设，兴修旱涝保收基本农田，开展小流域治理，加快荒山绿化，加强农村交通建设，将贫困地区的经济开发与改善生产条件和生态环境结合起来，可大大缓解这些地区农村劳动力过剩的压力。

（五）利用国际国内市场，拓展农村劳动力转移流动空间

根据目前省内及国内部分地区的包容度和人口吸纳能力存在差异的实际情况，积极引导劳动力有序流动，实现农村剩余劳动力的跨地区转移。省内经济发达地区以及部分乡镇企业发展比较好的地区，国内的东南沿海地区，对劳动力的需求量都较大，要抓住时机，通过与这些地区建立互惠互利的经济关系等措施，加大对这些地区劳动力输出的力度，合理分流农业剩余劳动力。要求各级政府加强对农业剩余劳动力跨区域流动的组织化程度。一是积极引导农业剩余劳动力在本地区、本县范围内流动，打开小城门。二是强化身份证的管理功能，以证件管理方式替代目前的户籍管理制度，使流动人口的管理规范化。三是对跨区农业剩余劳动力的流量、流速、流向开展预测工作，用宏观调整手段进行预告和疏导。四是在输出地建立外出劳动力档案，既为劳务输出地提供信息，也为输出地管理决策提供依据。五是建立农业劳动力的培训体系。六是发展城市的民间房地产业，提供大量价格低廉，适于农民工居住的房屋，为农业剩余劳动力转移提供良好的环境。

对外输出劳务，提高国际劳务市场的占有率也是一个不可忽视的有效利用农业剩余劳动力的有效渠道。我国人口资源占世界人力资源总额的1/5，而劳务输出仅占世界劳务输出总额的2～3%，因此，输出潜力还很大。要根据发达国家及发展中国家对劳动力的不同需求，分别组织和培训大批农业劳动力出国。还可以充分发挥劳动力价格相对较低的优势，发展“三来一补”的外向型工业，在国内实现对外国劳务的输出。

（六）完善农村劳动力就业服务体系

克服农民自发流动就业的消极影响，关键是大力发展多种形式的劳动就业中介组织，逐步形成包括就业信息、咨询、职业介绍、培训在内的社会化的就业服务体系，帮助农村居民对转移成本、收益、风险做出正确的判断，以减少因盲目流运而遭受的损失。具体要做到：一要大力发展联接劳动力供求双方的职业介绍机构；二要加快农村劳动力市场信息网络建设；三要采取政府和民间等多种形式，开展农村劳动力的专业技术培训、文化培训和职业教育，增强农民的就业适应能力；四要对劳务输出人员进行跟踪服务和管理，保护劳务输出人员的合法权益。

重庆农村劳动力就业研究

重庆市农调队住户处　刘启义　陈清明　李长春

就业是民生之本，也是宏观经济基本的政策目标。长期以来，我国推行以城市为中心的工业化战略，农业积累的低效率与低效益问题日趋突出，农村劳动力就业与转移问题已成为影响我国经济发展和社会进步的重大战略问题。大力促进农村劳动力就业与转移是经济社会全面协调可持续发展的基本要求，是实现全面小康建设目标和构建和谐社会的迫切需要。为此，重庆市农调队对 1800 个农户的抽样调查资料进行了分析，以期为党政部门认识和解决农村劳动力就业与转移问题提供有益的参考。

一、农村劳动力的数量与结构

重庆市是一个大城市带大农村的特殊直辖市，农村劳动力数量庞大，占全社会劳动力的比重高，劳动力就业与转移的任务艰巨。据户籍统计资料，2004 年末全市总人口 3144.23 万人中，乡村人口占 77.1%。农村从业人员 1361.54 万人，占乡村人口的比重达到了 56.1%，占重庆市全部就业人员的比重达到了 79.4%；农村从业人员的人口负担系数为 1.78 人。

据重庆市农调队对 1800 个农村住户的抽样调查，2004 年重庆市农村劳动力结构表现出四个方面的特征：

农村劳动力中男性多于女性。在农村劳动力中，男性占 53.1%，女性占 46.9%；男女性别比为 113.3 ∶ 100.0。

农村劳动力大龄化。在农村劳动力中，16～20 岁的劳动力占 7.4%，21～30 岁的劳动力占 17.8%，31～40 岁的劳动力占 25.1%，41～50 岁的劳动力占 20.2%，51 岁以上的劳动力占 29.5%。21～40 岁年龄段的壮劳动力占 42.9%，41 岁以上的劳动力占 49.7%，劳动力呈现大龄化的特点。

农村劳动力文化素质低。在农村劳动力中，不识字的劳动力占 7.5%，小学文化的劳动力占 37.6%，初中文化的劳动力占 47.1%，高中文化的劳动力占 7.4%，大专及以上文化的劳动力占 0.4%。

农村劳动力缺少专业培训，缺乏非农业的劳动技能。在农村劳动力中，仅有 7.3%的劳动力接受过专业培训，多达 92.7%的劳动力未接受过专业培训。

农村劳动力的区域分布呈现出显著的经济地理特征：经济发展水平越低的地区，农村劳动力数量越大；经济发展水平越高的地区，农村劳动力数量越少。2004 年重庆市都市经济圈、渝西经济走廊、三峡库区生态经济区的人均 GDP（按常住人口计算）依次减少，分别为 16536 元、9893 元、6131 元；而农村从业人员数量渐次增加，分别为 136.21 万人、469.82 万人、755.51 万人。

二、农村劳动力就业与转移的现状

（一）农村劳动力就业与转移的三个基本特征

农村劳动力就业的区域主要集中在当地农村，

向城镇的转移率低。2004年全市农村劳动力中，在本乡镇内就业的人数为977.23万人，当地就业率为71.8%；在本乡镇外就业的人数为384.31万人，异地转移率为28.2%。农村劳动力异地转移的实质是在城市或城镇的非农行业就业。

农村劳动力就业的主要产业是一产业，向非农产业的转移率较低。2004年全市农村劳动力中，在一产业就业的劳动力为888.54万人，农业内部就业率为65.3%；向二产业转移的劳动力267.18万人，向三产业转移的劳动力205.82万人，总共向非农产业转移的劳动力473.00万人，非农化转移率为34.7%。

农村劳动力当地就业的主要产业是一产业，而从事非农产业以三产业为主；异地转移的农村劳动力绝大多数从事非农产业，其中从事二产业的人数较多。在当地就业的农村劳动力中，从事一产业的劳动力886.59万人，占90.7%；从事二产业的劳动力38.51万人，占3.9%；从事三产业的劳动力52.13万人，占5.4%。在异地就业的农村劳动力中，从事一产业的劳动力1.95万人，占0.5%；从事二产业的劳动力228.67万人，占59.5%；从事三产业的劳动力153.69万人，占40.0%。

(二)农村劳动力异地转移的概况

1. 农村劳动力异地转移的主要方式是自发转移和亲属朋友介绍。重庆市异地转移的农村劳动力中，29.9%的劳动力通过自发转移方式实现了转移；68.9%的劳动力通过亲属朋友和中介机构介绍方式实现了转移；1.2%的劳动力通过政府组织方式实现了转移。三种方式实现转移的结构表明，重庆市农村劳动力异地转移的组织化程度不高，主要依靠农村劳动力自发转移和依托传统的血缘地缘人缘关系转移，仍然存在相当程度的盲目性和随意性。近两年来重庆市各级政府大力加强了对农村劳动力技能的培训，积极组织和引导农村劳动力转移，政府组织将对农村劳动力转移发挥重要作用。

2. 农村劳动力异地转移的主要区域在市外。2004年全市农村转移出乡外的劳动力中，转移到市外的劳动力249.89万人，占65.0%；转移到市内的劳动力134.42万人，占35.0%。农村劳动力从业人员向市外的异地转移率为18.4%，向市内乡外的异地转移率为9.9%。市外地区成为重庆市农村劳动力非农化就业的主要区域。

东部地区是农村劳动力异地转移人数最多的区域。改革开放以来，东部地区得到国家政策和资金的重点扶持，投资大幅度增加，基础设施建设大力推进；借助全球经济结构调整和劳动密集型产业向中国转移的时机，利用自身的区位优势，积极引进外资；依靠我国劳动力成本优势，工业生产能力迅速扩张，第三产业也随之快速发展，率先实现了经济起飞。由于劳动力需求旺盛，东部地区成为吸纳农村劳动力最多的地区。2004年重庆市异地转移的农村劳动力中，转移到东部地区就业的人数占54.2%，转移到中部地区就业的人数占2.1%，转移到西部地区就业的人数占43.7%。

西部地区吸纳农村劳动力转移的能力后来居上。随着国家经济结构的调整，西部大开发的大力推进，以及"东企西移"、"外资西进"，东部地区提供的新增就业机会正在逐步减少，而西部地区的劳动力需求迅速增大，重庆市农村劳动力向西部地区转移的速度明显加快。2004年当年转移的农村劳动力中，转移到东部地区的人数占46.8%，转移到中部地区的人数占2.9%，转移到西部地区的人数占50.3%。当年转移到西部地区的人数所占的比重超过东部地区高3.5个百分点。西部地区已成为重庆市农村劳动力转移的新的热点地区，在2004年西部地区(含本市)吸纳农村劳动力的比重仅低于东部地区2.8个百分点。

3. 大中型城市是农村劳动力异地转移的主要依托，小城镇吸纳劳动力转移的能力有待加强。由于大中型城市与小城市(镇)产业聚集能力的差距较大，大中型城市吸纳农村劳动力的能力远远大于小城市(镇)产业，数量上数倍于大中型城市的小城市(镇)吸纳农村劳动力的数量仍然少于大中型城市。2004年重庆市外出农村劳动力中，转移到直辖市和省会城市的人数占44.0%，转移到地级市的人数占23.6%，转移到县级市的人数占21.5%，转移到建制镇的人数占7.2%，转移到其他地区的人数占3.7%。

私营及外商投资等非国有中小企业是农村劳动力异地转移的主要经济载体。随着改革开放向纵深推进，私营企业、外商投资企业和个体企业等非国有企业得到了长足的发展。这些非国有中小企业大多属于劳动密集型的传统产业，对劳动力的需求量大，同时对劳动力的素质要求相对较低，成为吸纳农村劳动力就业最多的经济实体。据市农调队街头拦截调查，2004年末在重庆市区为法人或自然人打工的农民工中，在企业规模不到20人的企业打工的人数占31.7%，在企业规模在100—499人的企业打工的人数占13.3%，在企业规模达到500人以上的企业打工的人数占20.0%。

4. 农村劳动力异地转移从事的主要行业是建筑业和工业，以及方便居民生活的服务业。 2004年异地转移的农村劳动力中，从事农业的劳动力占0.8%，从事工业的劳动力占31.5%，从事建筑业的劳动力占28.3%，从事交通运输业的劳动力占2.5%，从事商业的劳动力占2.7%，从事住宿、饮食业的劳动力占6.3%，从事居民服务的劳动力占7.8%，从事其他服务业的劳动力占20.1%。

农村劳动力异地转移的职业特点是体力劳动者，绝大多数从事劳动密集型产业。农村劳动力异地转移有两种情形：为他人打工和自营劳动。但无论是哪种情形，由于自身文化素质低，缺乏能够依赖的技术和资金，其从事的行业绝大多数属于劳动密集型产业，从事的职业与体力劳动紧密相联。如从事建筑业的重体力劳动、工业的简单体力作业、人力运输和搬运、小商小贩、餐饮业住宿业的营业员、鞋匠、保姆、理发洗头等服务。农村劳动力异地转移所从事的行业和职业具有很强的可替代性。

5. 农村劳动力异地转移由季节性转移向常年性就业转变。 过去，农忙务农、农闲外出务工是农村劳动力异地转移的主要形式。随着国家出台鼓励和保护农村劳动力外出务工的政策，户籍制度放宽；土地承包制度进一步完善，可以将土地转包给他人耕种，或出钱请人代耕，农村劳动力外出务工的外部条件和内部条件都有了很大的改善，因此农村劳动力不再像以前那样一到农忙季节就要急匆匆地赶回家去抢种抢收，而是相对固定地常年性地在外务工。2004年重庆市外出农村劳动力人均工作时间达到了8.4个月。在外出农村劳动力中，工作时间不足3个月的劳动力占2.5%，工作时间在3～6个月的劳动力占8.6%，工作时间在6个月以上的劳动力占88.9%。那些临时性、季节性的务工人员主要是在县内乡外的一些短期性或规模较小的工程项目中务工，离家较近，往往是干完一个工程后再去寻找另外的务工机会。

（三）农村劳动力就业与转移与其素质高度相关

总体而言，农村劳动力文化程度低，缺乏非农业劳动技能。在我国劳动力市场供给严重大于需求的环境下，农村劳动力向非农产业的就业与转移受到市场需求和自身素质的双重制约。因此，大量素质较高的农村劳动力从农村和农业中转移出来，实现了非农化就业与转移；而素质较低的农村劳动力非农化就业与转移面临更大的困难，仍然滞留于农村，从事农业生产。

重庆市农调队对1800个农村住户的抽样调查表明：素质较高的农村劳动力异地转移率较高，而素质较低的农村劳动力当地就业率较高；农村劳动力的转移，带来了农村当地劳动力结构的重大变化。主要表现在三个方面：

1. 男性劳动力异地转移的数量多于女性劳动力，当地就业的数量少于女性劳动力。 在农村劳动力从业人员中，男性的异地转移率为21.4%，女性的异地转移率为10.3%；男性的异地转移率较女性高11.1个百分点。

在异地转移的劳动力中，男性占67.6%，女性占33.4%；男性数量多于女性数量1.1倍。

在滞留在当地的劳动力从业人员中，男性占46.5%，女性占53.5%，男性与女性性别比为86.8：100.0；而重庆市农村劳动力的性别比113.5：100.0。由于农村劳动力的转移，当地农村从业人员发生了由男多女少向女多男少的逆转。

2. 青壮年劳动力异地转移的数量多于高年龄劳动力，当地就业的数量少于高年龄劳动力。 在农村劳动力从业人员中，16～20岁劳动力的异地转移率为55.4%，21～30岁劳动力的异地转移率为66.6%，31～40岁劳动力的异地转移率为42.7%，41～50岁劳动力的异地转移率为16.7%，51岁以上劳动力的异地转移率为5.1%。随着劳动力年龄的降低，劳动力异地转移率升高。

在异地转移的劳动力从业人员中，16～20岁的劳动力占12.9%，21～30岁的劳动力占37.7%，31～40岁的劳动力占33.9%，41～50岁的劳动力占10.7%，51岁以上的劳动力占4.8%。在异地转移的劳动力中，有50.6%的劳动力的年龄在30岁以下，有84.6%的劳动力的年龄在40岁以下，异地转移的劳动力大部分是青壮年劳动力。

在滞留在当地的劳动力从业人员中，16～20岁的劳动力占4.8%，21～30岁的劳动力占8.7%，31～40岁的劳动力占21.0%，41～50岁的劳动力占24.6%，51岁以上的劳动力占40.9%。随着劳动力年龄的增大，滞留在当地的高年龄劳动力数量越多，年龄在41岁以上的劳动力达到了65.5%。

3. 较高文化的劳动力异地转移的数量多于较

低文化的劳动力，当地就业的数量少于较低文化的劳动力。在农村劳动力从业人员中，不识字劳动力的异地转移率为8.5%，小学文化劳动力的异地转移率为18.2%，初中文化劳动力的异地转移率为43.8%，高中和中专文化劳动力的异地转移率为45.0%，大专以上文化劳动力的异地转移率为33.3%；较高文化的劳动力异地转移率较高。

在异地转移的劳动力从业人员中，不识字的劳动力占2.0%，小学文化的劳动力占21.7%，初中文化的劳动力占65.3%，高中和中专文化的劳动力占10.6%，大专以上文化的劳动力占0.4%。异地转移的劳动力文化程度相对较高，初中文化以上的劳动力达到了76.3%。

在滞留在当地的劳动力从业人员中，不识字的劳动力占10.0%，小学文化的劳动力占45.0%，初中文化的劳动力占38.7%，高中和中专文化的劳动力占6.0%，大专以上文化的劳动力占0.4%。滞留在当地的劳动力文化程度很低，不识字和小学文化的劳动力达到了54.9%。

(四)农村劳动力的就业与转移与当地的经济发展水平高度关联

由于经济发展水平较低地区的区位条件较差、农村劳动力绝对量大，非农产业发展相对缓慢，文化教育事业相对落后，因此，经济发展水平较低地区的农村劳动力在第一产业就业和在本乡镇就业的人数较多，向非农产业的转移率较低，而向乡外的转移率较高。经济发展水平较高地区农村劳动力的就业与转移情况正好与此相反。

2004年重庆市都市经济圈、渝西经济走廊和三峡库区生态经济区的农村劳动力在第一产业就业的人数分别82.37万人、298.97万人和507.20万人，在第一产业的就业率分别为60.5%、63.6%和67.1%；农村劳动力向非农产业转移的人数分别为53.84万人、170.85万人和248.31万人，向非农产业的转移率分别为39.5%、36.4%和32.9%。

2004年重庆市都市经济圈、渝西经济走廊和三峡库区生态经济区的农村劳动力在本乡镇就业的人数分别为101.09万人、314.34万人和514.67万人，在本乡镇的就业率分别为74.2%、66.9%和68.1%；农村劳动力向乡外转移的人数分别为35.12万人、155.48万人和240.84万人，向乡外的转移率分别为25.8%、33.1%和31.9%。

三、农村劳动力就业与转移存在的问题与不利影响

(一)农村劳动力就业与转移存在的问题

1. 农村劳动力、特别是落后地区农村劳动力在农业内部就业的富余人数多，隐性失业率高。重庆市大量的农村劳动力滞留于农业，而基本的生产资料——耕地严重不足，并呈现逐年减少的趋势。2004年末重庆市常用耕地面积140.1万公顷，在现有的生产力水平下，一个劳动力至少能够耕种4亩耕地，需要劳动力525.38万人。在重庆市现有的886.59万第一产业从业人员中，有361.21万人处于就业不充分状态，隐性失业率达到了40.7%。经济落后地区劳动力需求量较小，劳动力素质较低，在当地就业和向异地转移面临的困难较大，富余劳动力更多。2004年重庆市都市经济圈、渝西经济走廊、三峡库区生态经济区农业内部富余的农村劳动力分别为38.53万人、116.79万人、207.98万人，富余劳动力数量渐次增加。

2. 农村劳动力非农化转移的速度较为缓慢。重庆直辖以来，农村劳动力转移速度呈现加速的趋势。1996～2004年非农化转移率提高了15.7个百分点，年均提高1.8个百分点；1990～1995年非农化转移率提高了12.8个百分点，年均提高1.3个百分点。但是，相对于实现农村劳动力充分就业的目标来看，农村劳动力转移速度仍然缓慢。即使不考虑将来的耕地减少、新增劳动力和科技进步减少单位耕地面积需要的劳动力数量等因素，要将现有的361.21万农村剩余劳动力从一产业中转移出来，达到较为充分的就业状态，非农化转移率应由2004年的34.7%提高到61.3%的水平。按照非农化转移率每年提高1.8个百分点计算，需要15年左右的时间才能完成农业富余劳动力的转移。

3. 农村劳动力在非农产业的就业不充分。2004年重庆市在本乡镇从事非农产业的劳动力有90.64万人，由于农村经济发展水平低，对产品和劳务的有效需求不足，较多的从业人员竞争较少的就业机会，其一年中的从业时间不足，达不到充分就业的时间要求。异地转移的劳动力有384.31万人，因为劳动力市场严重供过于求，必然有部分农村劳动力处于动态失业状态；因项目完工或劳资关系紧张等原因从解除劳动协议到重新找到工作存在的时间差，这部分农村劳动力处于时段性的失业

状态；在产品和劳务供过于求、竞争激烈的市场环境下，以销定产成为企业的基本经营手段，生产定单不足与季节性波动等经营方面的原因，导致劳动力在就业期间也存在工作时间不足的问题。2004年异地转移的农村劳动力人均工作时间为8.4个月，其中有2.46%的劳动力工作时间不足3个月，有8.60%的劳动力工作时间在3～6个月。

4. 农村劳动力在非农产业的工作不稳定、权益缺保障。在劳动力严重供过于求的市场环境下，农村劳动力始终处于弱势地位；而我国劳动保护方面的司法执法存在严重的不足，对农村劳动力就业的保护不力。农村劳动力非农化就业与转移的主要载体是私营及外商投资等非国有中小企业，利润最大化是其最高经营目标，由于违反国家劳动保障有关规定的机会成本很小，这些用工单位大多不同程度地存在侵害农民工权益的现象。非国有中小企业大多违规不与农民工签定用工合同和为农民工办理劳动保险，为随意解雇农民工和侵占农民工权益提供方便。据市农调队街头拦截调查，2004年末在重庆市区为他人务工的农民工中，73.3%的农民工与用工单位之间没有签定用工合同和享受劳动保险的待遇。由于企业生产或服务的定单不足与季节性波动是频繁发生的经营现象，农民工就业不稳定也随之发生。这些用工单位普遍采取低工资、延长劳动时间不增加工资等手段侵占农民工权益，拖欠农民工工资、歧视甚至虐待农民工的现象也时有发生。

5. 农村劳动力就业与转移的效益低下。在农业内部就业方面，2004年重庆市一产业劳动力人均创造的纯收入为2752元，相当于全市城镇经济单位职工平均工资14357元的19.2%；城镇职工的收入是农业内部就业人员收入的5.2倍。在异地转移方面，2004年重庆市农村非农产业劳动力人均收入4095元，相当于全市城镇经济单位职工平均工资14357元的28.4%；城镇职工的收入是农村非农产业劳动力收入的3.50倍。即使在同一城市，农村劳动力外出务工的收入也低于城市劳动力。据市农调队调查，2004年在重庆市区打工的农民工人均工资收入8200元，较重庆城镇经济单位职工平均工资低42.9%。

6. 农村劳动力转移导致农业内部劳动力质量降低，人口结构的劣化。如前文所述，异地转移出去的农村劳动力以男性、青壮年、较高文化的劳动力为主，滞留在农村的劳动力以女性、大年龄、较低文化的劳动力为主，农业内部劳动力质量大大降低。相应的，农村人口结构发生了变化，主要由女性、老人和未成年、较低文化的人口构成，产生了缺少男性、青壮年、较高文化人口的断层。

（二）农村劳动力就业与转移问题的不利影响

1. 社会人力资源的浪费严重，农业劳动生产率降低。劳动力作为不可或缺的生产要素，是重要的人力资源，但重庆市农业内部富余劳动力数量大，达到361.21万人，相当于资源闲置率达到了40.7%，这表明存在人力资源的重大浪费现象。劳动力是物质财富的创造者，其创造社会财富的能力关系到一个国家或地区的整体劳动生产率水平以及人均物质财富拥有量。由于农业内部富余劳动力的大量存在，农业劳动生产率因此降低了四成。2004年重庆市一产业从业人员人均创造的增加值为4962元，相当于二产业从业人员人均创造的增加值39189元的12.7%，相当于三产业从业人员人均创造的增加值19322元的25.7%。农业与非农业劳动生产率水平之间的巨大差距，严重影响了全市社会劳动生产率的提高。如果农业内部劳动力充分就业，则农业从业人员人均创造的增加值将增加3432元，达到8394元的水平。

2. 人口城镇化进程缓慢。农村劳动力的就业状况，特别是农村劳动力向城镇转移数量少、速度缓慢，且在非农产业就业不充分，决定了重庆市城镇化水平不高。由于户籍制度的制约，以及城市企业与单位迫于优先解决城市劳动力就业的压力，农村劳动力就业的要价低廉；工作不稳定、权益缺保障，并难以享受城镇职工同等的社会保障；就业与生活中时常遭遇社会歧视，农村劳动力在就业与心理方面融入城镇的进程缓慢。农村劳动力没有城镇化的归宿感，并产生对就业与转移的失落感，对土地的依赖程度虽有降低，但仍然视土地为生活的根本保障和可靠退路。按总人口是农业人口或非农业人口测算，按总人口的居住地是城镇或农村测算，2004年重庆市人口的城镇化率不到30%。

3. 农民收入增长缓慢，城乡居民和东西部地区农民收入差距继续扩大。农村劳动力就业状况导致农民收入增长缓慢，1997—2004年重庆农民人均纯收入年均递增6.9%，而同期城市居民可支配收入年均递增7.9%；农民人均纯收入的年均递增速度较城市居民低1.0个百分点。2004年重庆市农民人均纯收入2535元，其中来自一产业的收入1328元，来自工资性收入和家庭经营二三产业

1052元，效益低下的一产业仍然是农民收入的最主要的来源；农民收入低，人均纯收入相当于城市居民人均可支配收入9221元的27.5%。由于农民收入增长缓慢，城乡居民人均收入的差距由1996年的3544元扩大到2004年的6686元；城乡居民的收入比由1996年的3.40∶1上升到2004年的3.64∶1。与东部地区相比，由于重庆市农民收入增长速度略快，与东部农民的收入比由1995年的1.67∶1略微下降到2004年的1.61∶1.，但与东部地区农民收入的绝对差距额由1995年的857元扩大到2004年的1342元。农民收入低、增长缓慢，不利于农村人口的生活水平的提高和自身发展能力的增强，不利于开拓农村市场扩大内需。城乡居民和东西部地区农民收入差距继续扩大，不利于维护社会稳定和促进文明进步。

4. 农村劳动力转移削弱了农业生产能力，引发了人口结构问题，对农村经济社会发展产生负面影响。主要表现在三个方面：一是农村劳动力异地转移后，滞留在农村的劳动力以女性、大年龄、较低文化的人口为主，农业内部劳动力质量大大降低，削弱了农业生产能力。而当前重庆市农业生产的机械化和科技化水平还比较低，靠天吃饭的状况还没有得到根本转变；加之山地面积广，劳动强度大，因此精壮劳动力大量外出明显地影响了农业生产能力。二是滞留在农村的劳动力文化素质较低，思想保守落后，接受新观念和新知识的能力减弱，一定程度上影响了农业结构调整和产业化经营的推进。三是农村人口结构产生了缺少男性、青壮年、较高文化人口的断层，老人的赡养和子女的教育问题趋于突出。

总之，农村劳动力就业与转移问题既是经济问题，也是社会问题，反映了我国经济社会发展存在区域不平衡、城乡不协调、经济与社会不同步的问题。解决好农村劳动力就业与转移问题，将有力地促进国民经济保持健康快速的发展和中国社会的文明进步，有利于推进全面小康进程和建设和谐社会。

四、农村劳动力非农化就业与转移面临的困难

今后几年内农村劳动力非农化就业与转移面临非常严峻的就业形势。

（一）城镇现有失业人口数量庞大

假定1990年中国城镇人口的从业率56.44%为充分从业率，那么2004年我国54282万城镇人口充分就业的劳动力应当为30637万人。扣减城镇人口的从业人数后，2004年我国城镇失业劳动力约有4000多万人，失业率达到了7.4%。今后几年城乡新增劳动力将以每年2400万人增加，如果中国经济保持近几年的增长速度大约每年能新增1000万个就业岗位，每年劳动力供需缺口约为1400万人。

（二）农村劳动力非农化就业与转移存在制度性障碍与非制度性壁垒

建国以来我国推进工业化战略制定的户籍制度导致了城乡分割的二元经济格局，成为农村劳动力向城镇和非农产业转移的重大障碍。现在户籍制度虽然有所松动，以缓解鼓励农村劳动力进城务工的政策矛盾，但户籍制度尚未真正打破，进入城市农民工仍然未被城市接纳。城市迫于解决失业人员再就业和新增劳动适龄人口就业的压力，出于保护城市劳动力优先就业的目的，制定了一系列歧视性的限制农民在城市就业的规定，对城乡劳动力就业实行“双重标准”，农村劳动力未能享受到城市劳动力同等的就业待遇。即使在同一个企业工作，农民工未能享受到城镇职工在社会保障方面的待遇。农民工权益缺保障，说明了农村劳动力非农化就业与转移存在严重的非制度性壁垒。大中型城市为了保证人口质量、提高城市竞争力规定迁入人口需要具备的基本条件，比如在城市拥有住房、学历在本科以上、有固定的职业和稳定的收入等，成为多数农村劳动力难以跨越的门槛。

（三）农村小城镇建设缺乏产业支撑，人口聚集效能不足

近年来，国家提出了大力发展农村小城镇建设、推动农村劳动力转移和农村经济发展的战略。重庆市实施了“百个经济强镇战略”，经过两年的建设，重点建设的小城镇初具规模。但是，由于国家投资和扶持的力度不足，小城镇在资金、技术、人才等资源要素方面存在先天不足，有能力发展的支撑产业受到市场需求和竞争的约束，培植支撑产业和完善城镇功能需要一个较为漫长的过程。在可以预期的一段时期内，小城镇能够提供的新增就业岗位少，人口聚集效能不足。

（四）农村劳动力素质低下，就业局限大、竞争能力弱

随着技术进步，就业对劳动力素质提出了更高的要求，这对农村劳动力转移构成了重大制约。今

后几年内我国就业形势严峻，农村劳动力非农化就业与转移面临城镇失业劳动力就业的竞争，对素质低下、缺乏非农产业劳动技能的农村劳动力构成重大的压力。

五、农村劳动力就业与转移的思路和对策思考

农村劳动力就业与转移的基本思路是以全面、协调、可持续发展的科学发展观为指导，坚持“统筹城乡发展、统筹区域发展、统筹经济社会发展、统筹人与自然和谐发展、统筹国内发展和对外开放”，实行扩大就业的政策，大力发展二三产业，积极推进工业化、城镇化和市场化，多渠道多方式促进农村劳动力非农化就业与转移。

农村劳动力就业与转移的基本出路有四条：一是大力提高农业劳动生产率与经济效益，提高农业内部就业质量。二是大力扶持农村小城镇建设，加快城镇化步伐，培植和扩大接纳农村劳动力当地就业与转移的载体。三是大力发展有利于扩大就业的城市经济，加快经济结构调整，进一步推进经济体制改革，畅通农村劳动力异地就业与转移的渠道。四是积极拓展境外劳务输出渠道，增加劳动力就业机会。

主要有六个方面的对策：

(一)以完善农业产业化经营为突破口，提高农业内部就业质量

农村劳动力的转移受到城镇严峻的就业环境和自身素质与劳动技能不足的双重制约。重庆市农村富余劳动力数量庞大，要在短期内实现全部富余劳动力的转移是不可想象的，在今后相当长的时期内，大量富余劳动力还只能在农业内部就业。因此，盘活农村劳动力资源，从深度和广度两个方面拓展农业发展空间，提高农业劳动生产率与经济效益，是促进农村劳动力就业的现实选择。应进一步改革和完善农业产业化体制，大力推进农业产业化经营，切实增强农业生产适应市场的能力。以提高农业科技水平为着力点，大力扶持农业产业化龙头企业，加快传统农业的改造，大力推进农业现代化。以增强农产品市场竞争力为目标，根据比较优势的原则优化农业区域布局，继续调整农村经济结构及产品结构，大力发展特色农业与加工业，努力发掘潜在的市场需求，积极开拓国际市场。进一步完善农村基础设施，改善农业生产条件。

(二)以农村小城镇建设为载体，促进农村劳动力当地就业与转移

在今后相当长的时期内，我国大中型城市吸纳数量庞大的农村富余劳动力是不现实的。虽然农村小城镇目前人口聚集效能不足，但从经济社会发展的要求和趋势看，小城镇建设将是我国最终解决农村劳动力就业与转移的根本出路，应把农村小城镇作为经济社会全面协调可持续发展的一项重大战略来抓。农村小城镇建设要以扩大就业为前提，结合城市网络布局通盘规划小城镇的功能与主导产业定位，加大小城镇建设的财政投入，政策引导资金、技术、人才等资源要素向小城镇集聚并实现合理配置，大力培植小城镇的特色经济和支撑产业。进一步完善小城镇基础设施，引导乡镇企业和民间投资企业向小城镇集中。积极推动乡镇企业进行经营体制和管理体制的改造，鼓励和扶持乡镇企业二次创业。结合当地的物产优势和农业产业化，大力扶持农副产品加工企业和劳动密集型产业。发展个体经济，鼓励外出务工积累了一定资金和技术的劳动力回流办企业，促进农村二、三产业的发展。

(三)扩大城市就业需求，畅通农村劳动力异地就业与转移的渠道

从目前农村劳动力异地转移的情况看，大中型城市是是农村劳动力异地转移的主要依托，私营及外商投资等非国有中小企业是农村劳动力异地转移的主要经济载体，扩大大中型城市的就业需求是农村劳动力就业与转移的有效途径。我国三产业发展滞后，2004 年重庆市第三产业从业人员占全部从业人员的比重为 31.8%，而发达国家的这一比重达到了 70%，三产业是扩大就业的主要出路。从扩大就业的要求出发，加快城市经济结构调整，大力发展三产业，重点发展劳动密集型产业，扶持中小企业，鼓励发展非公有制经济。进一步推进经济体制改革，破除户籍制度及其相关的“双重标准”对农村劳动力向城市转移的束缚，建立城乡统一的劳动力市场，充分发挥市场在资源配置中的作用，允许农村劳动力资源自由流动；完善社会保障制度，使农村劳动力享有与城镇劳动力同等的就业机会和待遇。

(四)建立全国劳动力供需信息网络，加强就业信息服务

快捷方便的劳动力供需信息能够极大地提高用工单位与劳动力达成劳动协议的效率，降低双方

的盲目性和交易成本，而现代计算机信息技术为此提供了现存的操作平台。为了促进劳动力就业，国家应尽快建立全国劳动力供需信息网络，建立就业供需信息的发布中心。由有关部门先行对用工单位和农村劳动力进行资格审查，再发布到信息网络，并提供用工单位与劳动力基本情况的证明。劳动力供需信息网络的终端应延伸到农村乡镇，及时为求职的劳动力查询信息。为了提高用工信息的成功率，基层政府应切实关心农民的利益，主动与用工单位联系，进一步了解用工单位的要求，并与之达成可行的用工协议，组织更多的劳动力外出务工。

（五）加强农村基础教育和职业教育，提高农村劳动力素质

劳动力素质是影响社会劳动生产率和生产力的重要因素，提高劳动力素质是增强劳动力工作能力与就业能力的基本途径。应加大农村基础教育投入，改善农村教育设施，充实师资力量，提高农村教育水平。要从及早培养农民子女入手，使农村学龄人口全部接受九年义务教育，并尽量使其接受更高的教育，确保农村人口的整体文化素质逐年提高。特别是要解决好异地转移农民工的子女入学问题，允许农民工子女凭暂住证按城市学生的费用标准就近入学。以就业为导向，大力开展农村劳动力职业教育，着力提高农村劳动力的工作技能。结合劳动力市场需求与就业订单，有针对性地举办劳动技能培训班，增强劳动力的专业技术和适应能力。

（六）积极拓展境外劳务输出渠道，增加劳动力就业机会

从国际劳动力市场来看，一些国家劳动力资源不足，而我国是人口大国，富余劳动力资源多，劳动力价格低廉，劳动力境外输出具有一定的条件。但由于境外劳务输出涉及国与国之间的复杂关系，目前我国向境外劳务输出的规模很小。劳务输出作为国际贸易的一个组成部分，劳务的对外经济交往与合作应予以适当重视。应在主管对外贸易的部门设立专门的工作机构，负责承办劳务输出的有关事宜；同时，外交工作对境外劳务输出予以配合和促进。对可利用加入 WTO 的条件，加强与缺乏劳动力的国家和地区协商沟通，签定双赢的劳务输出协定。各城市可利用与国际间友好往来城市的联系，积极促进境外劳务输出。

新疆农村劳动力就业面临的主要问题

新疆自治区农调队　杨江涛　易　滨

新阶段农民收入的来源日趋多元化和多样化。虽然农业收入仍是农民收入的重要基础，但来自非农业和进城务工的收入已成为农民收入增长的主要来源。农民增收由过去主要靠增加产量、提高价格转向主要靠提高效益、扩大就业。新阶段促进农民增收，既要向农业的广度和深度进军，提高效益；又要继续推进农村劳动力外出就业，加快农业劳动力转移，在农村外部寻求增收途径，全方位开辟农民就业和增收的渠道和途径。为了适应新阶段促进农民增收的思路和方式的调整变化，我们开展了新疆农村劳动力就业问题专题研究，通过对新疆农村劳动力的总体状况和就业特征的量化分析，剖析了新疆农村劳动力就业存在的问题，并就扩大新疆农村劳动力就业提出政策建议，以供决策参考。

一、农村劳动力总体状况

（一）2004年新疆乡村从业人员总数

据统计，2004年末新疆农村劳动力为417.67万人，比2003年的405.70万人净增11.98万人，增长2.95%。乡村从业人员数为395.06万人，比2003年的382.27万人净增12.79万人，增长3.35%。

（二）劳动力年龄

2004年在全疆农村劳动力中，16～20岁的占14.53%，21～30岁的占30.22%，31～40岁的占19.65%，41～50岁的占18.89%，51～60岁的占16.70%。从以上数据看出，当前新疆的农村劳动力中19～40岁的青壮年占64.41%，这一方面说明新疆农村劳动力大军中多数正处于体能最佳时期，对发展农村各业生产、振兴农村经济很有利；另一方面也说明新疆农村中学生辍学及童工现象得到了有效的遏制。

（三）劳动力性别比例

2004年全疆乡村从业人员中，男性劳动力占55.1%，比重与2003年持平；女性劳动力占44.9%，比男性所占比例低10.2个百分点。

（四）农村劳动力的文化水平

2004年新疆农村每百个劳动力中文盲为7人，小学程度42人，初中文化程度41人，高中文化程度8人，中专及以上程度的2人。以上数据显示出，当前新疆农村劳动力的文化水平还相当低，小学及以下文化程度的人数占到了近一半。新疆农民因文化水平总体偏低，很不利于农村经济的健康发展，农村教育任重而道远。

二、农村劳动力三次产业就业情况

（一）农林牧渔业仍然是农村劳动力从事的主要产业

据抽样调查资料，2004年末全疆从事第一产业的农村劳动力达339.41万人，比2003年增长2.58%，占乡村从业人员总数的85.9%。在全疆14个地、州、市中，第一产业劳动力占总量比重高于全疆平均水平的有5个，即：吐鲁番地区（17.32万人，占88.5%）、阿克苏地区（45.76万人，占

90.6%)、喀什地区(72.43万人,占91.1%)、和田地区(42.73万人,占87.3%)、塔城地区(22.66万人,占90.3%)。数据显示,农林牧渔业仍然是农村劳动力从事的主要行业,从事第一产业劳动力比重大的地区主要分布在南疆。2004年农村第一产业从业人员中从事粮食等种植业生产的有295.13万人,比2003年增长2.08%,占第一产业从业人员的87%,占乡村从业人员总数的74.7%。从事畜牧业生产的有40.27万人,占第一产业从业人员的11.9%,占乡村从业人员总数的10.19%,增长7.76%。

(二)4.6%的劳动力从事第二产业的工业和建筑业生产

资料显示,2004年末全疆从事第二产业的农村劳动力达18.27万人,比2003年增长5.5%;占乡村从业人员总数的4.6%。在全疆14个地、州、市中,第二产业劳动力所占比重超过全疆平均水平的有9个,即:乌鲁木齐市(0.44万人,占6%)、哈密地区(0.56万人,占5.9%)、昌吉州(1.94万人,占5%)、伊犁州直(3.36万人,占6%)、阿勒泰地区(0.7万人,占7.2%)、博州(0.57万人,占6.9%)、巴州(0.92万人,占5.4%),克州(0.64万人,占6.3%)、和田地区(3.07万人,占6.3%)。从事第二产业劳动力比重大的地区主要分布在北疆。

2004年从事工业生产的农村劳动力为10.61万人,比2003年增长1.4%,占第二产业农村劳动力的比重为58.1%,减少了2.3个百分点;占乡村从业人员总数的2.7%,与2003年持平;从事建筑业的劳动力为7.66万人,增长11.8%;占第二产业农村劳动力的比重为41.9%,增长了2.3个百分点,占乡村从业人员总数的1.9%,上升了0.1个百分点。

(三)9.5%的劳动力从事交通运输、批发零售、餐饮服务等第三产业

资料显示,2004年末全疆农村中从事第三产业的农村劳动力达37.38万人,增长25.6%;占农村劳动力总量的8.9%,低于全国平均数6.4个百分点。在全疆14个地、州、市中,第三产业劳动力所占比重高于全疆平均水平的有6个,即:乌鲁木齐市(1.74万人,占23.5%)、哈密地区(1.06万人,占11.8%)、昌吉州(5.73万人,占15.0%)、伊犁州直(5.16万人,占9.4%)、阿勒泰地区(0.8万人,占9.0%)、博州(0.71万人,占9.1%),从事第三产业劳动力比重大的地区主要是北疆。

三、转移劳动力就业特征

据对新疆30个县(市)所属1550户农户的4000多个农村劳动力的调查,2004年全区有2.95%的农村劳动力实现流动。其中,男性劳动力约占80.6%,女性劳动力约占19.4%。从总体上看,新疆农村劳动力的流动呈以下基本特征:

(一)流动者就业仍以区内为主

近年来,自治区提出农村劳动力转移和劳务输出主要应立足于区内,支持农民就地,就近转移,由从事种植业向养殖业、林果业转移;由从事农业向二、三产业转移;由农村向小城镇转移;由南疆向北疆;由地方向兵团转移。据测算,全区转移的农村劳动力几乎全部是区内地县间的转移。其中:转移到乌鲁木齐市的占4.86%,转移到地级市的占6.25%,转移到县级市的占43.75%,转移到建制镇的占17.36%,转移到其他地方的占27.08%。

(二)第一产业是农村剩余劳动力转移的主要行业

据2004年抽样数据显示,从转移的行业看,转移到第一产业的比重为47.92%,转移到第二产业的比重为20.83%,转移到第三产业的比重为31.25%。

(三)青壮年是农村劳动力转移的主体

中青年身体素质好,思想开放,实现自身价值的愿望强烈,他们不苟封闭的生产、生活环境,敢于冒风险。因此,他们是转移农村劳动力的大多数。据抽样调查资料显示,各年龄段转移农村劳动力的比重是:16～20岁的占8.33%;21～45岁的占68.75%;46～50岁的占5.56%;50岁以上的占17.36%。

(四)劳动力转移以亲属介绍外出居多

在目前劳动力市场还不发达的情况下,新疆农村劳动力主要靠"三缘"(血缘、人缘、地缘)关系,家庭成员带领,亲朋好友介绍,本地外出人员的示范,以及自行外出闯世界等方式。据抽样调查数据显示,通过政府有关部门组织的外出务工人数占外出劳动力的21.53%,亲属介绍外出人数占65.97%,自发外出劳动力占11.81%。

四、农村劳动力就业面临的问题

(一)对战略性结构调整的认识还不完全到位,

导致非农产业发展滞缓，吸纳劳动力就业能力低下

长期以来，在新疆农村三次产业结构方面，第一产业的比重都偏高，而二三产业发展相对不足。虽然新一轮农业结构调整已经起步，但仍有一些地方对战略性结构调整的认识还不充分，许多地区的结构调整还没有跳出以往适应性调整的思维定式，在内容和范围上，仅仅局限于农业内部粮经作物面积产量的增增减减，对通过结构调整促进农业资源的优化配置，特别是对于如何充分合理的利用农业劳动力，大力发展二三产业，繁荣城乡经济，加快农村城市化步伐等深层问题更多的还是停留在一般号召上，缺乏具体的实质性的推进。2004 年全疆农村非农劳动力仅占乡村从业人员总数的 14.1%，比 1993 年增加 5.2 个百分点。虽然如此，新疆从事二、三产业的非农劳动力比重在全国各省、市、区中依然名列倒数次位。

（二）小城镇建设进程滞后，乡镇企业发展水平不高，大大弱化了吸纳农村剩余劳动力的功能

大力发展乡镇企业和加快小城镇建设是我国解决农村剩余劳动力的长久途径。但由于多方面原因，新疆小城镇建设进程与全国平均水平相比还有较大差距，乡镇企业发展水平也不高，这就大大弱化了吸纳农村剩余劳动力的功能。从小城镇建设进程来看，改革开放以来，新疆农村小城镇建设取得了很大成就，据统计，2004 年全疆共有 228 个建制镇，占乡镇总数的 26.4%，但与全国平均水平还存在较大差距。这主要体现在人口规模小、城镇功能单一，特色产业建设起步缓慢，潜在的经济优势还未形成，作为农村劳动力吸纳器的功能还处在比较弱化的阶段。

乡镇企业是农村经济的重要组成部分，对农村劳动力转移就业做出了巨大贡献，但是上世纪 90 年代以来，农村剩余劳动力向非农产业转移速度比起 80 年代明显放慢。究其原因：其一，新疆的区域条件和农村的经济现状较难推进农业规模经营，因而乡镇企业分散经营的布点使其没有具备工业集中的集聚效应。其二，新疆乡镇企业的发展较全国落后，规模小，经营内容和方式单一，制约了其吸纳农村剩余劳动力的能力。

（三）城市自身的就业压力，制约农村剩余劳动力向城市转移

近年来随着下岗分流人员的增加，城市安排再就业的压力增大，加之大量区外劳动力的流入，更加重了城市再就业的负担。在这种情况下，农村剩余劳动力进城寻找就业岗位的难度将会越来越大。

（四）劳动力输出缺乏规范性

农村劳动力外出，大部分是自发的，而由政府职业介绍部门统一组织安排的很少。劳动力转移仍处于半无序状态，这种状况带来的主要弊端是不利于政府宏观控制和管理，缺乏对农村劳动力就业的组织与指导，同时也影响了劳动力转移的效果。因而农村劳动力外出只好是“八仙过海，各显神通”。此外，劳动力流动的服务体系及中介组织建设也比较滞后，因缺乏有关信息或信息不准致使农村劳动力出现盲目流动。

（五）劳动力素质和技能低下，是影响外出劳动力就业的关键

现代人力资本理论认为劳动力资源是一切资源中最重要的资源。在经济增长中处于决定性意义。劳动力素质是衡量社会进步的重要指标，它与劳动力的年龄、性别、文化水平、观念、体力、技能等密切相关，劳动力的文化素质、身体素质、心理素质、技术素质，是衡量劳动者生产能力和能否实现行业转移的综合指标。新疆农村劳动力资料显示，农村劳动力素质低主要表现：一是文化程度普遍较低；二是接受技术技能培训的劳动力较少。据调查，目前对劳务人员进行培训的有教育部门的职业技术教育学校、劳动人事部门设立的劳务中心、农业部门的农广校等，这些培训机构之间缺少相互协调和衔接，难以整合资源。在培训内容上缺乏系统性，有些只用很短时间讲些外出常识和安全问题，而很少涉及劳动技能和劳动法常识及维权方面的内容，使培训流于形式。

目前对劳动者技能、技术要求较高的工种工资待遇较高，而从新疆转移的劳动力的素质来看，中小学水平偏多，文盲也不同程度的存在，因而只能从事一般性，对技能、技术要求不高的工种，一是导致就业范围狭窄，二是影响收入水平。

（六）农村劳动力转移成本越来越高使其转移行为处于不利地位

务工者外出务工时首先需要一定数量的车船费和中介费用等，一般少则五六百元，多则千多元。劳务输出机构或单位也缺少应有的启动资金和解决务工者缺少资金的措施，往往因筹钱困难而取消外出务工的打算。另外，城乡分割的二元户籍制度虽然有所松动，但农民的身份仍未从根本上改变。农民进城务工经商在住房、户口、子女入学就业、劳动保险、法律服务等方面面临诸多困难，经常在就业市场竞争中处于不利地位。这不仅加大了农民进城的成本，也不利于融入城市社会，造成其转移行为短期化。

五、扩大农村劳动力就业的对策建议

(一)优化农业内部结构，发展现代集约农业、扩大农业内部的就业容量

一是及时调整农业生产力布局，努力提高林牧业从业人员比重。当前新疆农业生产的突出问题是种植业从业人员比重过大，林牧业从业人员比重过小，不利于降低农业生产经营的风险。在发展高产、优质、高效农业的前提下，应及时调整农业生产力布局，努力提高林牧业从业人员比重。目前，新疆粮、棉、油料等土地密集型农产品的生产与流通在市场竞争中价格品质上都不具优势，而具有劳动密集型特点的农产品在国内外市场上还是具有相当的比较优势，这为畜牧业、渔业、林果业、蔬菜、瓜果业等产业的发展提供了空间，所以今后的农业应更多地依靠比较优势来安排生产，更多地以市场为目标调整农业生产结构。从而达到扩大就业，降低风险的目的。

二是加强基础设施和生态建设，消化农村劳动力。水利、土壤、生态、气候等农业条件是发展农业生产的前提，当前应抓住退耕还林还草的有利政策和农业劳动力充沛的有利时机，组织农村劳动力大力开展农业基础设施建设和生态环境治理，一方面增强农业抵御自然灾害的能力。另一方面，可以吸纳相当数量的劳动力就业。

三是推进农业产业化经营，延长农业产业链，推动农村劳动力向二、三产业转移。农业产业化经营是适应农业分散经营、聚集农业生产要素、降低农业生产风险和市场风险、增加农民收入的有效组织形式。农业产业化以市场为导向，以农户为依托，以科技服务为手段，将农户和公司有机结合在一起，实行种养加、产供销、农工商一体化经营，是农业现代化的发展方向，为农业发展注入了新的活力。在发展农业产业化经营中要着力抓好三个方面工作：一是要因地制宜，确定不同区域的主导产业；二是要加强龙头企业建设，进一步壮大现有龙头企业，使它们的产值规模继续增长。积极培育新的龙头企业，使龙头企业的行业更广泛、布局更合理；三是加强农产品市场和中介组织建设，搞活农村商品流通，发展为农民提供产销、科技等多种服务的专业协会、联合会、运销专业户等中介组织，沟通产销关系，促进产业发展。

(二)大力发展乡镇企业，增大就地转移农村劳动力的载体

目前新疆的乡镇企业发展速度放慢，但其承载剩余劳动力的作用无法替代。新疆特殊的地理条件使得其建厂办企业相对而言空间较大。此外，新疆发展乡镇企业在技术、人才等方面无法与沿海等省份相比，但也有自己的优势，如新疆是有名的瓜果之乡，吐鲁番葡萄、哈密瓜、库尔勒香梨、阿图什无花果、喀什巴旦木等享誉很高，如能大大改善品种、保鲜、贮藏、运输等方面的制约因素，再加工成罐头等食品，有可能实现全年供应市场及产品的再增值。另外，近些年新疆的红色产业(辣椒、番茄、枸杞子、红花、葡萄等)也很红火，生产加工出来的各种酱、油、酒、色素、茶、花粉等产品颇受公众欢迎，有的远销国外市场，发展潜力也很大。如果能抓住这些优势下大力气投入，不但可以使乡镇企业得到发展，吸纳数量可观的农村劳动力，同时农民的收入也将大大增加。

(三)加快农村城镇化的进程，拓宽农村劳动力转移空间

新疆的发展现状决定了现有的城市不可能容纳大量的剩余劳动力，依靠发展小城镇的二、三产业进行吸纳，是最有效、最经济的办法。小城镇是一定地域政治、经济、文化、交通的中心，是城市连接农村的桥梁和纽带，是农村发展非农产业的基本载体，是乡镇企业集中的地方。新疆地广人稀，城市少，且城市与乡村的距离相对较远，农民进城就业又受到重重约束，故周围附近的建制镇是离农农民就业的理想之地。当然，建制镇成立的审批手续有关部门应当从严掌握，不能只求“建制镇”的数量，一定地域内的非农人口数、非农经济成分等达不到要求时，绝不能“撤乡建镇”，以免国家建设资金等的浪费。

(四)着力加强农村劳动力职业技能培训，为农村剩余劳动力转移创造前提条件

农村劳动力素质低是制约农村劳动力转移的一个重要因素，随着新疆经济的发展，经济结构升级，这一制约将更为明显。但是，要改变这种状况不是一朝一夕的事。因此，近期要着力加强对农村劳动力专业技能的培训工作，根据劳动力市场需求，有针对性地传授一些专业技能，培训一批符合市场需求的具备专业技能的农村劳动力。多渠道、多形式的加强农村劳动力的文化教育，尤其是发展发展新疆少数民族汉语教育，通过多种形式的教育和培训，最终提高劳动力的素质，以满足市场对劳务输出人员的要求。从长远来看，发展农村教育，造就一代新型农民才是治本之策。

（五）减缓人口生产，减轻农村劳动力的就业压力

我国的农村人口出生率高于城市，新疆农村中少数民族人口占大多数，生育率更高于全国农村平均水平（新疆每年增加人口近30万，差不多是新疆一个大县的人口），每年新增的农村劳动力即达十几万人，使农村的后备劳动力数量居高不下。减少劳动力供给的措施一是坚持计划生育的基本国策，实行晚婚晚育，严格控制超计划生育人口的增长；二是降低青少年劳动力参与率，严禁个体、私营企业使用童工。政府应当一方面向青少年和失业人员提供教育培训机会，在广大农村确保九年义务教育的实施，扩大高中以上的教育规模，延缓青少年过早进入社会，减轻劳动就业和社会压力；另一方面应当通过统一的劳动力市场的竞争压力和利益驱动，促使劳动者丰富自身文化、科技知识，提高劳动力的综合素质，延缓就业。

（六）创新机制，确立保障，切实解决务工者的后顾之忧

农村劳动力的转移，土地是一大障碍。针对这一情况，应积极采取有效方法，利用多种途径，创新土地经营机制。一要尽快完善承包土地流转办法。对转移出去的农村劳动力，要尊重他们“离土不离乡”或“离土又离乡”的选择，帮助他们协调好税费上缴，土地流转等问题。要从农民的长远利益出发，依法维护土地所有权，稳定承包权，搞活使用权。将土地流转与农业结构调整相结合，推进土地向种田大户、经济能人和龙头企业集中。二是要呼吁有关部门尽快采取措施，清除和整顿城市各种排他性的劳动就业制度和户籍管理制度，取消各种不合理的收费政策，降低劳动力转移成本，给农村劳动力一个平等的就业机会。三要做好“引凤还巢”工作。目前已出现一定规模的民工回潮现象，他们带回一定的资金、技术和先进的观念回乡创业，既可以促进自己的事业发展，又可以带动当地经济的发展，实现“输出人员，引回人才，输出劳动力，引回生产力”的“双赢”目标，促进了农村经济和社会的快速发展。四要加强组织领导，引导农民从事季节性打工。通过这些有组织的打工形式，不仅使农民获得可观的收入，更主要的是开拓其视野，转变其落后的思想观念。

（七）搞好信息中介组织建设，加强信息服务，引导农村劳动力转移有序流动

针对中介职业机构少，信息不畅，不能满足农民务工需求的现状，要加强职介机构建设。一是要审批新的职业介绍所，开拓新的职介渠道，并与现有职业介绍所形成竞争。二是要加强对外联络，广派驻外务工信息联络机构。要加强电子信息网络建设，利用互联网广泛搜集用工信息。三是加强组织引导，全方位、多形式拓展劳务创收之路。要抓住加入WTO的机遇，积极开拓境外劳动力转移市场，要将在境外劳动力转移的典型通过各种媒体进行宣传，通过洽谈和合作，建立农村劳动力培养和输出基地。

青海牧区劳动力就业格局分析

青海省农调队住户处

内容摘要：青海省农村牧区劳动力绝对数量大，存在严重隐性失业，行业分布失衡，一产比例偏高，就业充足率较低。通过农村牧区劳动力在行业间流动、向省内外流动，可多渠道吸纳、消化农村牧区富余劳动力，从而提高就业充足率，改善农村牧区劳动力就业状况。因此，应通过进一步调整完善政策、降低农村牧区劳动力流动成本等措施予以推进。

改革开放以来，农村剩余劳动力外出打工谋生的由少到多，逐渐形成汹涌澎湃的"民工潮"，充分反映了农村居民对充分就业的追求和对增加收入的渴望。随着我国加入世贸组织，劳动力流动、就业的运行规则将在有限的时间内与国际接轨，提高农村劳动力就业充足率已经成为我们不得不予以正视、并且必须尽快下大气力加以解决的紧迫问题。青海省地处偏远，经济发展滞后，农村牧区劳动力就业状况更值得关注。

一、青海省农村牧区劳动力就业现状

从全国来看，农村居民的就业问题一直未被充分重视。农村联产承包责任制的实行，在极大调动农民生产积极性、促进农业生产率提高的同时，也使农民的就业问题日益突现出来。农民获得了生产经营自主权，也获得了择业流动的权利，加上国家限制农民流动政策的调整，导致农村劳动力行业间、区域间流动的大规模展开，农村劳动力就业结构出现了积极的变化。然而，目前全省农村牧区劳动力的就业问题依然是十分严重的。其中突出的有两方面：

(一)劳动力绝对数量庞大，隐性失业严重

我国农村人口众多，劳动力队伍数量也非常庞大。青海省虽说是人口小省，2004 年末全省人口 539 万，但全省农村人口为 354 万，已占到总人口的 65.7%，乡村劳动力资源总数 198 万人，乡村从业人员总数 185 万人。据专家测算，按我国农业劳动者目前生产力状况和农资、农产品等价格水平，每个劳动力经营 20 亩土地可保本，经营 30 亩土地才有钱可赚。据此推算，2004 年末，青海省耕地约 813 万亩，从事种植业的劳动力达 95 万人，按保本经营规模需劳动力约 41 万人，农村从事种植业劳动力过剩约为 54 万人；若按较低赢利规模(30 亩)经营则仅需劳动力 27 万人，农村从事种植业劳动力过剩劳动力高达 68 万人。另据青海省专家推算，目前全省农村牧区剩余劳动力总数量应在 100 万人左右，2010 年将会增加到 160 万人左右。随着农业生产率的提高以及农业产值在国内生产总值中所占比重的下降，退耕还林还草进度的加快，农业生产所需劳动力的数量还会减少，若城市化进程所带来的对农村牧区劳动力的吸纳不能全部将其消化，则意味着今后若干年内农村牧区剩余劳动力的数量还会攀升。农村牧区人口众多，劳动力数量巨大、隐性失业严重所导致的生产要素大量闲置，是造成农牧民人均收入水平较低的基本原因。

(二)行业分布失衡，一产比重畸高

由表 1 可知，全省农村牧区从业人员由 1990

年的136万人增至2004年的185万人，年均递增2.2%。由图1可以看出，全省农村牧区从业人员中，从事第一产业的劳动力比重逐年下降，从事第二、三产业的劳动力比重则呈逐年上升趋势。2004年全省农村牧区从业人员中，有71.4%从事农业生产，达132万人，占了绝对多数；第二产业仅占12.4%，23万人，其中工业为5.4%，10万人；第三产业所占比例为14.0%，25万人。

表1 青海省主要年份农村劳动力从业情况

单位：万人、%

	1990年		1995年		2000年		2004年	
	人数	比重	人数	比重	人数	比重	人数	比重
乡村劳动力资源总数	136	—	167	—	181	—	198	—
其中：劳动年龄内	—	—	156	—	167	—	182	—
1.乡村从业人员总数	136	100.0	153	100.0	172	100.0	185	100.0
其中：劳动年龄内	—	—	—	—	161	93.8	171	92.4
2.当年外出人员	2	1.3	2	1.5	5	3.0	78	42.2
其中：县内乡外	—	—	—	—	—	—	38	—
省内县外	—	—	—	—	—	—	26	—
国内省外	—	—	—	—	—	—	10	—
按部门分组	—	—	—	—	—	—	—	—
1.农林牧渔业	120	88.1	132	86.4	142	82.7	132	71.4
其中：种植业	93	68.2	103	67.8	111	64.3	95	51.4
牧业	22	16.3	25	16.4	28	16.4	32	17.3
2.工业	4	2.9	6	3.7	6	3.6	10	5.4
3.建筑业	2	1.8	3	2.2	5	2.9	13	7.0
4.交运仓储和邮电业	3	2.2	4	2.5	4	2.3	6	3.2
5.批发零售业	2	1.2	3	1.8	4	2.1	5	2.7
6.其他非农行业	5	3.8	5	3.4	11	6.4	15	8.1
按文化程度分组	—	—	—	—	—	—	—	—
1.不识字和识字很少	—	—	—	—	—	—	46	24.9
2.小学	—	—	—	—	—	—	74	40.0
3.初中	—	—	—	—	—	—	51	27.6
4.高中及以上	—	—	—	—	—	—	14	7.6
按性别分组	—	—	—	—	—	—	—	—
1.男性	69	50.8	78	51.1	89	51.6	98	53.0
2.女性	67	49.2	75	48.9	83	48.4	87	47.0

资料来源：1990～2004年青海省农村全面统计报表。

农村牧区劳动力的这一分布状况，是由历史原因和农村牧区三次产业现实发展水平所决定的。我国具有悠久农耕历史，占人口绝大多数的农民世代以土地为生。解放后实行严格的户籍管理制度和粮油计划供应制度，农民被牢牢地禁锢在土地上，只能从事农业生产。改革开放后随着农村二、三产业的发展，农村非农产业对劳动力的吸纳能力逐渐增强，有不少农民在土地以外获得了自己谋生、致富的途径。然而目前农村二、三产业的发展程度还不高，与一产相比明显滞后，特别是中、西部地区相当落后，对劳动力的吸纳能力也有限。

2004年末，青海省农村牧区人均耕地仅2.3亩、劳均耕地仅4.1亩，人均可利用草场325亩、劳均可利用草场581亩，仅靠耕作这样有限的耕地，放牧有限的草场的确难以致富，许多人实际处于隐性失业、半失业状态，但许多农牧民仍不愿、也无法离开他们赖以生存的小片土地，对多数农牧民来说，离开土地也就意味着失去已经习惯了的基本谋生手段。

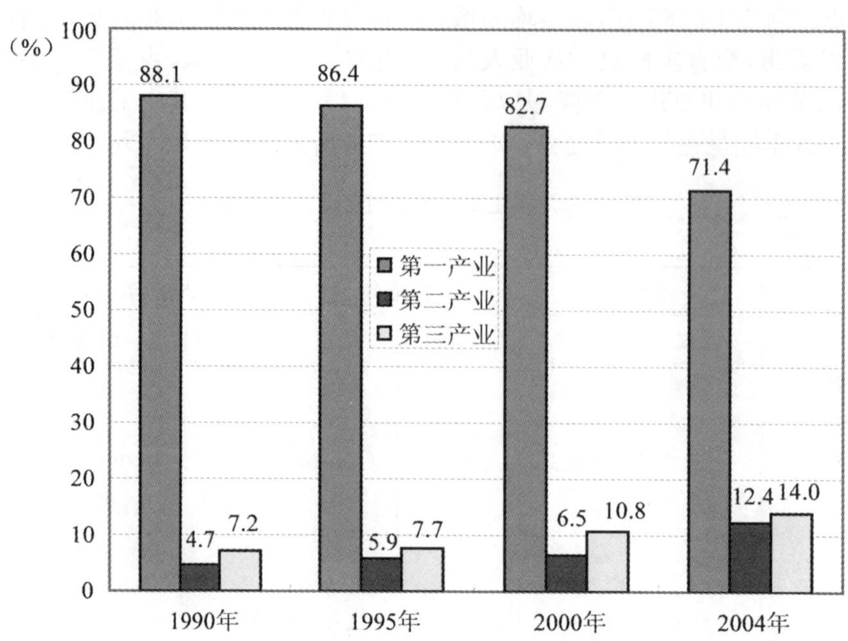

图 1 青海省主要年份农村牧区劳动力行业分布

表 2 2004 年全省农村牧区劳动力不同分组就业及收入结构

单位:%

	按农牧民分组		按五等分分组				
	农户	牧户	20% 低收入户	20% 中低收入户	20% 中等收入户	20% 中高收入户	20% 高收入户
一、就业劳动力	100.0	100.0	100.0	100.0	100.0	100.0	100.0
1、第一产业就业劳动力	81.6	96.7	84.5	84.8	85.2	84.5	82.6
2、非农产业就业劳动力	18.4	3.3	15.5	15.2	14.9	15.5	17.4
外出就业劳动力	24.1	1.7	20.1	21.9	21.3	20.8	13.0
二、纯收入	100.0	100.0	100.0	100.0	100.0	100.0	100.0
1、工资性	32.7	2.7	30.7	33.4	28.4	27.4	16.3
2、家庭经营	59.7	95.8	61.9	59.0	61.7	63.5	78.6
其中:第一产业	45.4	94.9	54.4	51.4	56.6	52.5	62.0
非农产业	14.3	0.9	7.5	7.6	5.2	11.0	16.7
3、财产、转移	7.6	1.5	7.4	7.6	9.9	9.1	5.1

资料来源:2004 年青海省农村住户抽样调查资料。

青海省农村牧区劳动力的行业分布,对农牧民的收入状况产生很大影响。表 2 显示,无论是农户还是牧户,还是处于不同收入水平的农牧户,其 80%以上的就业劳动力都集中在第一产业,而非农产业劳动者不足 20%,在牧户中非农产业劳动者比例则更低,仅有 3.3%,由此也决定了农牧民人均纯收入的主要组成部分即是家庭经营中的第一产业收入,牧户中第一产业收入占纯收入的比重更是高达 94.9%,农户中第一产业收入占纯收入的比重相对较低,占 45.4%,这也从一个侧面反映出种植业的低效益,农产品附加值较低;另外还可以看出,在不同收入组中,非农产业就业劳动力占就业劳动力比重是随着收入水平的提高而增加的,虽说这个比重还不高,但它所带来的非农收入对农牧民纯收入的贡献是不可小视的。

形成今天这一格局,主要还是受青海省农村牧区传统、单一的种养生产结构的影响。虽然改革开放以来，青海省的经济结构发生了巨大变化，产业结构不断调整，初步形成了新的现代经济格局，第一产业比重持续下降，第二、三产业比重上升，一、二、三产业在国内生产总值中的比重由 1949 年的 80.5：5.7：13.8 发展为 2004 年的 12.4：48.8：38.8，但在广大农村牧区并未真正做到农、工、商综合经营、协调发展。结果，表面上看似在发展（与历史比），而实际上与全国平均发展水平差距越拉越大，1990 年青海省农牧民人均纯收入与全国平均水平相差 127 元，2004 年青海省农牧民人均纯收入与全国平均水平差距已拉大到 931 元。

农村牧区劳动力就业结构的上述问题，极大影响了农牧民收入水平的提高，就业结构对收入水平的影响，一是由劳动力就业充足率所决定的，目前农村牧区劳动力就业充足率相当低，由于劳动力利用率低下，隐性失业严重，大量农业劳动力处于闲置状态，导致劳动效率、效益的低下；二是由行业产品附加值所决定的，农产品附加值较低，二、三产业附加值较高，从业人员收入差距也因此而拉开。据专家测算，目前农业劳动的平均工价最低，为每工 12 元，农村非农业劳动力工价为 14 元，外出劳务则可达 24 元。因此可以说，农村牧区中农业劳动力所占比重畸高，是全省农牧民人均收入水平偏低的重要原因。

二、加速农村牧区劳动力流动，提高农村劳动力就业充足率

农业生产要素的有限性，决定了农业所能容纳劳动力的有限性，且其规模随着农业科技进步而不断缩小；某地生产要素的规模，决定了该地农村容纳劳动力的规模；而农村其他产业的发展，为农村劳动力的就业提供了新的机会。因此说，农村劳动力流动是提高就业充足率必须选择的有效途径。

（一）农村劳动力流动的主要途径

1. 农业内部行业间流动。由于长期计划经济的影响，我国农村经济单一化现象相当长时间内比较严重，导致农村富余劳动力集中积压在主要产业上。青海省最严重的是在农区，种植业积压了农村富余劳动力的绝大多数，畜牧业等产业发展很不充分；牧区劳动力则集中在畜牧业发展上。农区畜牧养殖业、牧区林草业等农村多种经营的发展，提供了农村富余劳动力产业内转移消化的便捷途径。

2. 流向本地二、三产业。这是指农村富余劳动力脱离农业，进入本地以乡镇企业为主要形式的非农产业。目前，这是发达地区农村富余劳动力转移的主要途径，也是中、西部地区农村富余劳动力转移的重要途径。虽然乡镇企业吸纳劳动力的增速趋缓，但今后相当长时间内，仍将是农村富余劳动力分流的主渠道之一。

3. 流向外地。指农村富余劳动力流出县境寻找就业机会。由于本地就业机会有限、就业收入较低，一些劳动力选择了远走他乡寻求发展的就业途径，这在中、西部地区较为普遍。据抽样调查显示，2004 年全省农村劳动力外出就业率为 19.5%，比 2000 年提高 6.8 个百分点。可见，去外地就业是中西部农村富余劳动力流动的另一条主渠道。

（二）农村劳动力流动的方式

1. 按流动的性质划分为两类：一是“离土不离乡”二是“离土又离乡”。在青海省，前者仍是一种重要流动方式，大多表现为兼业经营，农忙时务农、农闲时务工经商，充分利用劳动力资源和其它农业生产要素，具有较好的经济及社会效益，生命力很强；另一种是进入非农产业就业，但仍生活在家乡农村。“离土又离乡”是上世纪 90 年代农村劳动力流动出现的新景观，并将随着城市化战略的推进成为主要的流动方式。但目前全省农村劳动力的这种流动方式，尚不能使他们彻底脱离农业和农村，在城、镇落户定居，而更多的只是去外地城、镇打工，长期工作、生活在外地，逢春节等重大节庆才回乡团聚，具有不稳定性。

2. 按就业方式划分为两类：自主创业和打工。前者是农民独立或合伙创办个体私营企业、合伙企业、股份制企业等，这要求创业者有一定的经济实力、管理水平和技术特长，加上长期以来政策限制，这种形式转移的劳动力相当有限，成功的创业者、企业家还不太多。后者才是全省农村富余劳动力流动转移不得不选择的主要就业形式，而且会在今后一段时期存在和发展。

三、加速农村劳动力流动的可行性

农村劳动力的流动转移，虽然存在诸如农村劳动力素质偏低、某些限制农村劳动力流动的政策规定及制度尚未完全取消、劳动力市场发育不充分，社会就业岗位供不应求、农村劳动力的流动成本较高等许多不利因素，但随着改革开放的逐步深入，

政府相继出台与实施了一系列惠农政策，如2004年由政府公共财政支持的，旨在"提高农村劳动力素质和就业技能，促进农村劳动力向非农产业和城镇转移，实现稳定就业和增加农民收入，推动城乡经济社会协调发展，加快全面建设小康社会的步伐"的"阳光工程"的启动，使得农村劳动力流动的加快具有了充分的可行性。

（一）农村劳动力的流动意愿明显增强

由于受行业间的收益落差影响，许多农民为获取更高的收益，宁愿承担一定风险选择流动转移，农村劳动力流动倾向进一步增强，为加速农村劳动力流动转移提供了良好的动力机制。

（二）适合农村劳动力就业的岗位广泛存在

农村劳动力虽然总体素质偏低，但具有吃苦、耐劳、廉价、易管理等优点，因而适合其就业的岗位相当多。每年8000万左右农民工跨区域流动的现实本身，就说明目前适合农村转移劳动力就业的岗位大量存在。

（三）城乡经济结构的调整，为农村劳动力转移提供了更多、更有吸引力的就业机会

伴随着农业结构的调整提升、二三产业的长足发展，可以为农村富余劳动力在农业内部、及向农村二三产业转移提供数量可观的岗位。西部大开发战略的实施，将引起西部经济结构和西部农村产业结构的重大调整，牵动中、东部经济结构的调整，如促进为西部大开发服务的产业、行业的发展，由此导致对劳动力需求的增加。此外是城市化战略的推进，将促进城市二三产业的大规模发展和为城市服务的农业生产的发展，这将导致对劳动力需求持续不断的增加，吸纳数量庞大的农村转移劳动力。

（四）农村劳动力流动转移的成功实践，为进一步加速推进劳动力转移作好了铺垫

在实践中，政府初步积累了对流动劳动力管理、引导的经验，不少企业、单位、地方获取了使用、接受转移劳动力的好处；农民不仅尝到了流动转移的甜头，也取得了不少经验教训，不仅激发起流动转移的积极性，也在逐步减少、消除流动转移中的盲目性，提高流动转移的成功率和效益。这些对进一步扩大农村劳动力流动转移规模、提高其水平是非常有利的。

四、促进农村劳动力流动的对策措施

（一）全面实行鼓励农村劳动力流动的政策

一是进一步清理各类限制农村劳动力流动转移的政策规定，该调整的调整，该取消的取消。二是制订出台鼓励农村劳动力流动转移的政策措施。在流动、择业、投资经营权力，收益保障、社会福利待遇，居住、落户、子女受教育资格，流动中的管理、协调等方面，给予农民工与城市居民基本平等的地位，从而真正鼓励农村劳动力在全社会范围流动。

（二）加快城乡经济结构和产业结构的调整

通过城乡结构、产业结构的调整，创造更多的就业机会。一是稳定、保护农业，加速农业结构调整；二是大力发展农村二三产业；三是加快推进城市化步伐。

（三）健全、完善城乡一体的劳动力市场

扩大劳动力市场的覆盖面，完善劳动力市场的运行调控机制，建立健全劳动力市场运行、调控的法律规范，消除封锁分割，实现全国劳动力市场的统一，建立有效的全国联网的劳动力供求信息网络，并能及时提供准确信息，促进和方便农村劳动力的合理流动转移。

（四）降低农村劳动力流动的成本

首先取消农民外出务工经商的各种不合理收费，确有必要收取的费用要本着合理、有限和等价交换的原则照章收取；其次取消对农村劳动力转移的各种人为限制。

（五）采取措施积极提高农村劳动力的素质

从长远看要大力发展农村九年制义务教育，继续抓好农村扫盲工作，提高农民的文化水平，为全面提高农民素质打好文化基础。从近期看则应将农村成人教育、职业技术教育作为重点来抓，以农村劳动力转移择业实用技术作为培训教育的主要内容，以求立竿见影地提高劳动者流动就业的能力。从城市看应充分发挥教育资源较丰富的优势，积极发展适合外来农民工需要的各类职业技术教育，有针对性地对农民工进行职业培训、技术培训，帮助农民工提高自身素质，增强就业适应能力。这类职业技术教育在今后相当长时期内，可作为一个很有价值的产业予以大力发展。

贵州农村劳动力就业现状

贵州省农调队

农村劳动力能否充分就业，就业结构是否合理，事关农民增收和农村社会经济的持续稳定发展。本文通过对贵州农村劳动力的就业现状、问题的分析，在此基础上提出拓宽农村劳动力就业渠道的对策建议。

一、贵州农村劳动力基本情况

当前贵州劳动力呈现如下特点：一是中高年龄的劳动力占大多数。据省农调队对农村劳动力的调查测算，2004 年全省共有整半劳动力 2190 万人，其中，16 岁以上、30 岁以下的青年劳动力占 34.6%，40 岁以上的中高年龄劳动力占 42.1%，在 40 岁以上劳动力中，50 岁以上的高年龄劳动力占 21.6%；二是男劳动力多于女劳动力。男劳动力为 1164 万，占总劳动力的 53.1%，女劳动力为 1026 万，占 46.9%。三是小学以下文化程度劳动力有所减少，所占比重下降，初中以上文化程度劳动力有所增长，所占比重上升。调查表明，与 2003 年相比，不识字或识字很少的劳动力为 380 万，减少 4.9%，占总劳动力的比重为 17.4%，下降 1.2 个百分点；小学文化程度的为 853 万，增长 1.5%，所占比重为 38.9%，下降 0.3 个百分点；初中以上文化程度的为 957 万，增长 5.7 %，所占比重为 43.7%，上升 1.5 个百分点。

二、贵州农村劳动力就业状况及特点

(一)贵州农村劳动力总体就业状况

从就业地点来看，在乡内和省外就业劳动力占大多数，在乡内就业人数占总劳动力数的 80.4%，在省外就业人数占 16.2%，在县内乡外和省内县外就业人数分别仅占 1.2%和 2.2%。从行业分布来看，以从事第一产业为主，但从业人数减少，所占比重下降；从事第二产业人数增幅回落，所占比重略有上升；从事第三产业劳动力有所增长，但所占比重变化不大。据调查测算，2004 年贵州农村劳动力在第一产业就业人数约为 1649 万人，比 2003 年减 0.1%，占劳动力总数的比重为 75.3%，下降 1.7 个百分点。第一产业从业劳动力几乎都集中在种植业，从事农业(种植业)的劳动力为 1637 万人，占 99.3%，从事林业、牧业、渔业的劳动力分别仅占 0.1 %、0.5%和 0.1%。第二产业从业人数为 314 万人，增 9.4%，增幅比 2003 年回落 41.2 个百分点，占劳动力总数的比重为 14.4%，上升 1 个百分点。第二产业从业劳动力以从事制造业和建筑业为主，采矿业、制造业、电力煤气水的生产及供应业、建筑业从业劳动力分别占 5.7%、61.3 %、1.5 %和 31.5%。第三产业从业劳动力为 227 万人，增 9.6%，占总劳动力的比重为 10.3%，上升 0.7 个百分点。在第三产业从业劳动力中，从事居民服务和其他服务以及其他行业的劳动力占多数，从事居民服务和其他服务、其他行业的劳动力分别占21.2%和42.7%，从事交通运输、批发和零售贸易、住宿和餐饮、教育、卫生及社会保障和社会福利、文化及体育和娱乐等的劳动力分别占7.3%、9.4%、6.7%、8.2%、3.2%、1.3%。

(二)贵州农村劳动力转移状况、特点

近几年来，由于国家西部大开发战略的进一步实施，以及贵州扶贫开发力度的进一步加大，基础设施建设不断加强，乡镇企业发展和小城镇建设步伐加快，为贵州农村劳动力从事二、三产业创造了有利条件。另一方面，贵州各级政府把农村劳动力输出作为大产业来抓，2003年，在精简机构、紧缩编制的情况下，贵阳、遵义两市专门为劳务开发机构开了"口子"，下编制、给经费、配人员，建立了55个街道、乡镇劳动力保障机构，使基层劳务开发工作的组织领导得到落实。都匀市与广州、深圳、海口等地的企业建立了定向输出农村劳动力的关系。有的县加强了对农民工的管理和服务，把劳务输出纳入规范化、制度化建设的轨道。凤冈县探索通过小额信贷发展劳务输出的方法，出台了《关于发放小额信贷资金进行劳务输出的实施意见》。罗甸县县委、县政府多年来把劳务输出作为扶贫攻坚的重大措施来抓，还由就业办出面贷款，帮助外出打工农民解决路费，极大地促进了该县的劳务输出工作。贵州驻外地机构建立了法律援助体系，提高农民工的法律法规意识，切实维护农民工的合法权益。2000年以来，贵州驻外机构协助当地劳动部门处理劳务纠纷，追讨拖欠民工工资。贵州省劳动保障部门先后在东莞、深圳、上海、厦门等地设立了劳务管理机构，主动协调解决劳务纠纷和伤亡事故。2004年贵州进一步加大对外出务工劳动力的培育力度，为保障外出务工农民的合法权益，建立了乡镇劳动保障所876个，街道劳动保障所85个，取消了一些针对外出务工人员的不合理收费，这些措施的实施，调动了农民外出务工的积极性，农民外出务工积极性高涨。

据调查测算，2004年贵州农村劳动力转移人数达546万人，比2003年增9.4%。其中，在乡内从事二、三产业半年以上(下同)的劳动力为117万人，比2003年减20.1%，但比2002年增6.6%；到县内乡外务工的为27万人，比2003年减24.4%，但比2002年增13.9%；到省内县外务工的为47万人，比2003年减21.3%，但比2002年增27.5%；输出到省外的为355万人，增38%。其特点：

一是贵州农村劳动力转移仍以向省外输出为主，输出劳动力增幅大，所占比重提高，省内转移劳动力减少，所占比重下降。省外特别是东部地区，经济较发达、就业机会相对较多、打工收入相对较高，仍然对多数外出打工者有着较强的吸引力。但随着一些国家大中型建设项目的逐步竣工，农民工在省内从事建筑业的机会减少，以及为保护资源，全省进一步加大对小型采掘企业的关停力度，从事采掘业的劳动力减少。另外，由于农牧业产品价格上涨，调动了农民种植、养殖业生产的积极性，有一部分已经转移到非农产业或外出务工的劳动力重新返回到农业。据测算，2004年约有54万人从非农行业返回到农业，比2003年返回数增61.4%。2004年，输出到省外的劳动力占劳动力转移总数的65%，比2003年上升了13.5个百分点；在乡内从事二、三产业的占21.5%，下降7.9个百分点；到县内乡外打工的占4.9%，下降2.2个百分点；到省内县外打工的占8.6%，下降3.4个百分点。

二是转移劳动力以从事第二产业为主但所占比重变化不大。基础设施建设的加强给从事建筑业的农村劳动力务工提供了就业机会，到省外务工的劳动力以从事第二产业为主。在转移劳动力中，从事第二产业的劳动力为314万人，占转移劳动力总数的57.6%，上升0.3个百分点。而从事第一产业人数为5万人，人数及所占比重均与2003年基本持平；从事第三产业的为227万人，增9.4%，所占比重基本未变。

三是转移劳动力整体素质略有提高。由于2002年部分农户遭受较为严重的自然灾害，粮食减产以及因退耕还林耕地减少，部分年纪较大的农民也加入到打工队伍中，2003年中老年劳动力增幅较大，而由于劳动力市场竞争以及农牧业产品价格上涨，一部分素质较低的劳动力相继返回到农业，转移劳动力整体素质提高。2004年不识字或识字很少的劳动力为24万，占转移劳动力总数的4.5%，下降0.3个百分点，仅增1%；小学文化程度的为163万，占29.8%，下降0.1个百分点，增9.2%，初中以上文化程度的为359万人，占65.7%，上升0.4个百分点，增长10%。另外，受过培训的劳动力所占比重有较大幅度上升，占转移劳动力总数的17.6%，比2003年提高7.3个百分点。

四是农民工资性收入得到较大幅度增长，并有力地拉动了农民人均纯收入的增长。2004，贵州农民人均工资性收入达 505 元，增长 10.1%，其中，在本地劳动得到的收入为 183 元，增长 5.6%；常住人口外出从业得到的收入人均为 246 元，增长 15%。农民人均工资性收入占农民人均纯收入的 29.3%，所占比重与 2003 年接近。因此，工资性收入成为拉动农民纯收入增长的重要力量。

三、贵州农村劳动力转移就业的主要问题

(一)劳动力就业渠道狭窄，结构不合理

当前，农民收入增长已由主要依靠增加农产品产量和提高价格向依靠调整结构和发展非农产业转变，但贵州农业结构调整受到资金和技术等方面的制约，工业化和城镇化水平低，农村劳动力就业渠道极为狭窄，结构很不合理。农民要想增加收入，除了在农业之外寻求增加收入的途径别无选择，而在农业之外寻求增加收入的途径就意味着寻求非农就业的机会。非农就业机会一类是当地的非农就业机会，另一类是外地的非农就业机会。乡镇企业和小城镇是为农民提供本地非农就业机会的主要阵地。

贵州乡镇企业普遍规模小，效益低，发展极不稳定。近年来，贵州加大招引资力度，省外民营企业纷纷进入贵州，但很多是高能耗、高污染企业，这类企业短期行为明显，以获取最大利润为主要目的，在人员使用上，这些企业的管理人员，技术人员都是自己带来的，只在当地招收少量的农民工，而农民工在这些企业从事的都是最苦最累的粗活、重活。因而这类企业虽然建成周期短、见效快，但在吸纳当地农民工就业方面所起的作用有限，有的还对环境造成一定程度的破坏以及造成资源浪费等，大量引进这类企业不利于农村经济的持续稳定发展。相反，能促进农业产业化经营，加快农业产业化步伐，调整农村产业结构，有利于农村经济可持续发展的农业企业因为周期长，见效慢，制约因素多而不被重视，在历年的建设项目完成投资额中，农业建设项目所占比重微乎其微。就是在遵义县这样的农业大县，农业企业也没有受到足够重视。因而，乡镇企业在吸纳农民工就业方面的作用没有充分发挥出来。

贵州在小城镇发展方面同样存在着一些问题，主要问题：一是小城镇数量多，分布广，但规模偏小、经济实力弱。2002 年，贵州有县城 69 个，其他建制镇 628 个，69 个县城中只有 31 个人口在 3 万人以上，其他建制镇仅有 34 个达到万人以上，大部分在 5000 人左右。二是资金紧缺，资金来源单一，地方财政拿不出资金支持小城镇基础设施和公用事业建设，不少地方水、电、路等基础设施建设都是单纯依靠出让土地使用权来完成的。由于交通等基础设施方面的制约，外地企业也难以在本地落户。三是一部分小城镇缺乏产业支撑，既没有便捷的交通等区位优势，又没有地方特色，既引不来外地客商，也吸引不了本地农民进城就业。由于这些原因，贵州小城镇建设步伐缓慢，2002 年贵州城镇化水平为 24.3%，比 2001 年仅提高 0.4 个百分点，比全国平均水平低 14.8 个百分点，同时也低于周边的一些省区市。

由于以上种种因素的制约，贵州农村劳动力在当地从事非农就业机会受到影响，多年来主要是依靠向省外输出寻求非农就业机会。但由于其本身素质等方面原因，在日益激烈的劳动力市场竞争中，贵州农村劳动力越来越处于劣势。因而，贵州农村劳动力就业渠道极为狭窄，就业结构极不合理，极大地制约农民增收和农村经济发展。2002 年，贵州农民人均耕地面积为 1 亩，比全国平均水平少近一亩，在西部 12 个省区中，仅略高于四川和重庆。但近 80% 的劳动力都集中在第一产业，而在第一产业中，又有 99% 以上的劳动力聚集在传统的种植业上，也就是说在土里刨饭吃，而从事林、牧、渔业的劳动力不到 1%，因而，前几年遭受到不同程度的自然灾害，农产品产量受到影响，加上价格不稳定，烤烟等支柱产业正在逐步失去其优势，农民收入受到了较大影响。从事第二产业的劳动力仅占劳动力总数的 14.4%，从事第三产业的劳动力仅占劳动力总数 10.3%。且从事第二产业和第三产业劳动力又集中在一、两个行业。在 2240 户调查户中，纯农业户(按从业劳动力比重计算)占 52.9%，农业兼业户占 16.8%，非农业兼业户占 25.1%，非农业户仅占 5.2%。

(二)农村劳动力素质低，转移难

农村产业结构的调整，农业科学技术的推广应用，农村劳动力向非农产业转移，都是以劳动力素质的提高为前提的，素质高的劳动力有着更多的选择就业的机会，能适应难度较大但收入相对较高的工作，而低素质的劳动力只能从事脏、累、险，收入低的工作，甚至难以找到工作。农村劳动力素质高

低与农民收入密切相关。近年来，贵州农村劳动力文化素质虽有所提高，但与全国其他省区市比较仍然较低。据调查，2002年贵州农村劳动力中文盲、半文盲占19.7%，仅低于西藏、青海；小学文化程度的劳动力占39.4%，仅低于重庆、云南、西藏、新疆；初中文化程度的劳动力占35.3%，仅高于云南、西藏、青海；高中文化程度的占3.7%，仅高于西藏。2004年贵州农村劳动力中小学及其以下文化程度的劳动力所占比重略有下降，初中以上文化程度的略有上升，但小学及其以下文化程度的劳动力所占比重仍高达半数以上。从劳动受培训的情况看，2004年贵州各级党政领导非常重视对农村劳动力的培训，在调查的劳动力中，受过培训的占7.7%，比2003年提高3.5个百分点。但还远远不能适应社会经济发展的需要，还需进一步加大培训力度。

(三)农村劳动力外出务工的盲目性很大

贵州人多地少，劳动力资源丰富，加快农村劳动力转移是增加农民收入，促进农村经济发展的必然趋势，但农村劳动力转移及外出也存在一些问题。首先是政府对农村劳动力转移就业的服务不到位。虽然近年来，各级领导在农村劳动力转移上做了一些工作，但还远远不够，农村劳动力外出务工的盲目性很大。2004年由政府或单位组织外出的劳动力仅占0.6%，由亲属介绍外出的占65.3%，其他形式外出的占34.1%。二是由于素质低，缺乏劳动技能，在省内转移的劳动力大部分都是所谓“背篼”，靠从事简单体力劳动维持生计，这部分劳动力收入极低且不稳定，生活水平很低，多数人只够自己糊口，没有多余的钱带回家，甚至有的人连自己的生活都难以维持。三是部分农村劳动力的就业取向与劳动力市场需求不相对应。在城市，有老人和孩子需要照顾的家庭都有普遍的感受，就是保姆难找。与之相反的是一些农村女青年，自身文化素质较低，但她们认为当保姆又苦又累，收入低，待遇差，不愿干。她们向往的是进工厂，干轻松、体面，收入高的工作，因而被人利用，上当受骗的事情屡见不鲜。四是在努力促进农村劳动力向非农产业转移的同时，一些地方农村劳动力大量外出带来的负面影响不容忽视。由于没有探索出灵活适用的土地经营流转方式，外出劳动力大都保留着全部或部分承包地，在省内务工的部分农民工还能兼顾到打工和种田两方面，而出省在外的农民工则难以办到，即使有少量的农民工农忙时回家种地，往返费用也很高，甚至得不偿失。在这种情况下，家中种地、喂养牲畜的担子大都落在老、弱、妇、幼肩上。据调查，2004年，在从事第一产业的劳动力中，50岁以上的劳动力占27.6%，比2003年上升2.4个百分点。小学以下文化程度的占64.0%，留守在家中的劳动力相对素质较低，精力有限，农业适用技术和优质良种难以得到推广，影响农业的可持续发展。一些地处边远、偏僻山区的农户，由于生产生活条件差举家外出，但又没有固定的职业和居所，没有能力供子女在城里上学，使之沦为捡垃圾儿童和儿童搬运工(小背篼)；有的家庭夫妻双双外出打工，把孩子留给老人，而老人没有精力也没有能力担负起教育后代的责任，对孩子的健康成长极为不利。这些问题的存在，应引起重视。

四、拓宽农村劳动力就业渠道的对策建议

贵州是一个劳动力资源丰富的省份。据调查测算，2004年贵州有农村劳动力近2200多万，每年都要增加二、三十万，而劳均耕地只有1.3亩左右，低于全国平均水平，这就决定了贵州农业生产将受到耕地资源的制约，因而，劳动力资源优势不能转变为经济优势。随着农业适用技术的推广应用和小型收割机、脱粒机等小型农业机械的普及，农业劳动生产率将逐步提高。每个劳动力负担耕地扩大到3亩左右是完全可行的，也就是说从事种植业的劳动力约需900多万，加上从事林、牧、渔业的劳动力约有12万左右，尚有剩余劳动力1000多万，2004年转移的农村劳动力近550万，还有约700万的劳动力没有实现充分就业。随着退耕还林工程的稳步实施，基础设施建设的加强，以及小城镇建设步伐的加快，耕地将会进一步减少，失地农民和剩余劳动力还会进一步增加，劳动力资源优势得不到充分发挥，因而以农业生产为主的家庭经营收入无法成为农民收入持续增长的源泉。如何发挥劳动力资源优势，关系到贵州农村经济的持续稳定发展和农民收入的稳步提高乃至整个国民经济的健康发展。

要实现贵州农村劳动力充分就业，将劳动力资源优势转化为经济优势，必须拓宽农村劳动力就业渠道，改变众多的劳动力聚集在土地上搞饭吃的状况。

(一)多渠道广泛筹集资金，加快小城镇发展，

扩大镇区面积,增强经济实力和吸纳能力

在小城镇投资建设上,不能搞遍地开花,撒胡椒面,资金投入要向重点镇、特色小城镇倾斜,让那些有产业支撑、有区位优势的重点镇、特色小城镇优先发展起来,发挥其辐射和带动作用。创造条件,吸引民间资金的投入,特别是对私营业主到那些有产业支撑、有区位优势的小城镇经商、办实业给予支持。制定优惠政策,鼓励多渠道、多形式投资兴办小城镇基础设施和公有事业,完善小城镇功能,增强小城镇吸纳农村人口,带动农村发展的能力。

(二)积极推进农业产业化经营,延长农业产业链

立足农业省份的实际,对那些能促进贵州农村产业结构调整,推进农业产业化进程,广泛吸纳农村劳动力就业的农产品生产和加工龙头企业,在资金、政策等方面予以扶持,使之形成新的主导产业,带动区域经济发展,引导农村劳动力就业,尤其是要大力发展农村个体私营等非公有制经济,并在税收、投融资、资源使用、人才政策等方面给予支持,支持城镇居民、工商企业到农村创业。

(三)建立健全农民工外出务工的管理和服务体系

继续抓好农村劳动力向省外输出,建立农民工外出务工的管理和服务体系,把劳务输出纳入制度化、规范化的轨道;建立劳务输出基地,搭建劳动力转移就业平台及信息服务机构,加强信息网络建设,提供准确及时的就业信息;建立法律援助体系,保障农民工合法权益。

(四)加强劳动力培训,提高劳动力素质

黔府办发[2004]38号文件对农民工培训的有关问题进行了部署。2004～2005年,贵州将对农民工进行引导性培训40万人,并对其中的20万人进行职业技能培训。2004年28万的培训任务已经完成,其中,引导性培训20万,职业技能培训8万。据了解,有的农民工对培训心存疑虑,一是担心有的单位借培训之名行乱收费之实,二是担心花钱培训却找不到工作,三是有的外出务工人员想参加培训却交不起必须的培训费用。针对这些问题,有关部门要引起重视,应对劳动力市场需求开展一些摸底调查,由市场引导培训,使培训出来的劳动力应尽量能适应劳动力市场需求的变化。有的地方采取"订单"培训的方式,取得了很好的效果,值得借鉴和推广。除了开展职业技能培训外,开展基本权益保护、法律知识、城市生活常识的培训,提高其遵纪守法意识、社会公德意识、思想品德意识和转变择业观念也是非常必要的,另一方面,对培训机构资质、培训收费等方面也应进行规范,避免借培训之名坑害农民工的事情发生。同时,培训并不仅仅是针对外出务工农民,对从事种养业的农村劳动力开展农业适用科学技术的培训同样重要。

(五)利用贵州自然资源优势,改善农业内部就业结构

贵州有较为丰富的林地、牧草地和荒山荒坡,随着退耕还林还草工程的稳步实施,林地、牧草地面积还会扩大,贵州省委、省政府立足贵州实际做出了把贵州建设成畜牧养殖大省的决定,为扩大农村劳动力就业,改善劳动力就业结构开辟了一条新途径,但在品种改良和牲畜疫病防治等方面受到资金和技术等方面的制约,还需要进一步加大投入。

(六)积极探索灵活适用的土地经营流转方式

据调查,贵州农村土地流转虽较为普遍,但都是自发的,随意性很大,不规范,主动权掌握在出租方,租入方的权益得不到保护,影响到农民承租土地的积极性。因此,对那些外出务工多年而且在外面已经有较为稳定的职业和住所的农户,在其自愿的前提下,由政府出面,动员他们把承包耕地有偿转让出来,交给那些劳力多、耕地少或无耕地的农户或种田能手经营,并且通过书面合同的形式保护转租双方农民的合法权益,既可提高耕地的利用率,又解决了外出务工人员的后顾之忧。

总之,农村劳动力就业问题,是一个事关农民、农业和农村经济发展的问题,解决好了这个问题,就为解决"三农"问题打下了良好的基础,需要各级领导充分重视。

2

农村劳动力外出务工

农村外出务工劳动力的数量、结构及特点

国家统计局农村司　盛来运　彭丽荃

为了客观反映农村劳动力外出情况和特点，为制定农民工政策提供依据，国家统计局农调总队利用农村住户调查资料及相关调查资料对2004年农民外出务工总量、结构及其变动情况进行了初步分析，主要结果如下：

一、农村外出务工劳动力数量

（一）2004年全国农村外出务工劳动力近1.2亿

据对全国31个省（区、市）6.8万个农村住户和7100多个行政村的抽样调查，2004年农村外出务工劳动力11823万人，比2003年增加433万人，增长3.8%，增幅比2003年下降5个百分点。其中，农村常住户①中外出务工的劳动力9353万人，增加393万人，增长4.4%；举家外出②务工的劳动力2470万人，增加40万人，增长1.6%。农村外出劳动力占全国农村劳动力的比重为23.8%。

（二）中部地区农村外出务工劳动力数量高于东部和西部

从不同地区看，中部地区外出劳动力比重高于西部地区，西部地区外出劳动力比重高于东部地区。2004年，东部地区外出务工劳动力占劳动力的比重为19.8%，中部地区外出务工劳动力占劳动力的比重为27.2%；西部地区外出务工劳动力占劳动力的比重为25.4%。从近两年数据看，中部地区外出务工劳动力增加较快。2004年东部地区外出务工劳动力3934万人，比2003年增加123万人，增长3.2%；中部地区外出务工劳动力4728万人，增加205万人，增长4.5%；西部地区外出务工劳动力3161万人，增加105万人，增长3.4%。

表1　不同地区外出务工人数及占农村劳动力的比重

	2004年			2003年		
	比重（%）	数量（万人）	其中：举家外出（万人）	比重（%）	数量（万人）	其中：举家外出（万人）
全国	23.8	11823	2470	23.2	11390	2430
东部	19.8	3934	746	19.5	3811	775
中部	27.2	4728	1047	26.4	4523	1022
西部	25.4	3161	677	24.8	3056	632

（三）河南和四川两省外出务工劳动力超过1000万人

从分省区外出人数看，江苏、安徽、山东、河南、湖北、湖南、广东、广西、四川等省区外出务工劳动力数量较多，2004年外出务工劳动力人数均在500万以上，其中四川和河南超过1000万人。

外出务工劳动力占乡村劳动力比重高于30%以上的有5个省（市），主要分布在中西部地区，分

① 农村常住户是指长期（一年以上）居住在乡镇（不包括城关镇）行政管理区域内的住户，还包括长期居住在城关镇所辖行政村范围内的农村住户。户口不在本地而在本地居住一年及以上的住户也包括在本地农村常住户范围内。

② 举家外出是指有本地户口，但举家外出谋生一年以上的住户。无论是否保留承包耕地都不包括在本地农村常住户范围内。

别是安徽、江西、湖北、重庆、四川；占乡村劳动力比重在20～30%之间的省（区）有11个，分别是江苏、福建、河南、湖南、广东、广西、贵州、陕西、甘肃、青海、宁夏；所占比重在10～20%之间的省（区、市）有10个，分别是北京、天津、河北、内蒙、辽宁、吉林、黑龙江、上海、浙江、山东；低于10%的省（区）有5个，分别是山西、海南、云南、西藏、新疆。

二、农民工流向及就业地域分布

在目前城乡及各地区依然存在着很大差别的情况下，农村劳动力流动的主要方向是由欠发达地区向发达地区流动、由农村向城市流动。从东中西部地区看，当前农民工主要是由中西部地区向东部地区流动，在东部地区务工的农民工50.8%来自中部、西部地区，在中部地区务工的农民工10.8%来自东部和西部地区，西部地区务工的农民工仅有6%来自东部和中部地区。

(一)70%的农民工在东部地区务工

农村常住户中，在东部地区务工的农民工6511万人，占全部外出务工农民工的比重为70%；在中部地区务工的农民工1343万人，占外出农民工的比重为14.2%；在西部地区务工的农民工1472万人，占外出农民工的比重为15.6%。

外出农民工进一步向东部地区集中。2004年在东部地区务工的农民工比2003年增加448万人，增长7.4%，占全部外出农民工的比重由68%上升到70%；在中部地区务工的农民工增加13万人，增长0.9%，所占比重下降0.5个百分点；在西部地区务工的农民工减少72万人，减少4.7%，所占比重下降1.5个百分点。

表2　农民工就业的地区分布

单位：%

输出地	输入地					
	2004年			2003年		
	东部	中部	西部	东部	中部	西部
全国	70.0	14.2	15.6	68.0	14.7	17.1
东部	96.6	2.1	0.8	96.3	2.4	0.9
中部	65.2	32.8	1.8	64.0	33.9	1.8
西部	41.0	2.9	55.8	37.0	2.9	60.0

从外出务工农民工的就业省区看，主要分布在几个东部省市。2004年在广东务工的农民工占28.4%，在浙江务工的农民工占8.1%，在江苏务工的农民工占6.8%，在山东务工的农民工占4.7%，在上海务工的农民工占4.4%，在福建务工的农民工占4.2%，在北京务工的农民工占3.8%，在河北务工的农民工占3.6%。

在广东务工的农民工达2600多万人，而在整个中西部地区务工的农民工也不过2800多万人，全国超过1/4的农民工在广东务工。在东部沿海地区务工的农民工无论是所占比重还是绝对数量都呈上升趋势。

(二)50%以上的农民工跨省流动

2004年农村常住户中，跨省流动（离开本省到外省务工）的农民工4770万人，占外出务工农民工的51%。从东中西部地区分析，东部地区经济发达程度高，劳动力外出就业的流动距离较近。东部地区跨省流动农民工占27.5%，在县内乡外和省内县外就业的农民工占近70%以上；中西部地区由于经济发展水平较低，农村劳动力外出就业的流动距离较远，中部地区跨省流动农民工所占比重高达70.5%，西部地区跨省流动农民工占53.5%。

分省看，跨省流动农民工占外出农民工的比重在60%以上的省有：安徽（85%）、江西（86%）、河南（64%）、湖北（71%）、湖南（73%）、广西（76%）、重庆（64%）、四川（63%）、贵州（80%）等省（区、市）。

(三)六成以上农民工在地级以上大中城市务工

从农民工就业的地点看，2004年外出农民工中，在地级以上大中城市务工的农民工占62.4%。其中，在直辖市务工的农民工占9.6%，在省会城市务工的农民工占18.5%，在地级市务工的农民工占34.3%。

表3　2001～2004年农民工在不同类型地区就业的分布

单位：%

	2004年	2003年	2002年	2001年
直辖市	9.6	9.5	8.4	8.2
省会城市	18.5	19.6	21.2	21.8
地级市	34.3	31.8	27.2	27.2
县级市	20.5	20.4	21.1	21.0
建制镇	11.4	11.6	12.9	13.0
其他	5.7	7.1	9.2	8.7

2001年以来，在县级市和建制镇务工的农民工的比例逐步下降，进入地级以上城市的农民工比

例不断上升，但进入省会城市的比例呈下降趋势。

三、外出农民工基本情况

(一)外出农民工以青年男性为主

从性别看，在外出务工人员中女性占1/3。男性外出农民工占66.3%，女性占33.7%。在东部地区务工农民工中，女性比例明显要高于中西部地区女性比例，2004年东部地区农民工中女性占37.4%，中部地区农民工中女性占26%，西部地区农民工中女性占23.6%。

从年龄看，外出农民工以青壮年为主，平均年龄28.6岁。其中，16～20岁的农民工占18.3%；21～25岁的农民工占27.1%。26～30岁的农民工占15.9%，31～40岁的农民工占23.2%，40岁以上的农民工占15.5%。在东部地区务工的农民工平均年龄为28岁，中、西部地区分别为31岁和32岁。

表4　外出农民工平均年龄及年龄结构

单位：%

	2004年	2003年	2002年	2001年
平均年龄(岁)	28.6	28.2	28.3	27.8
16～20岁	18.3	19.5	20.2	22.2
21～25岁	27.1	27.8	26.1	26.8
26～30岁	15.9	15.6	15.9	16.1
31～40岁	23.2	23.0	24.0	22.2
40岁以上	15.5	14.1	13.8	12.7

表4显示，近几年外出农民工平均年龄有所上升，比较明显的是16～20岁的农民工所占比重由2001年的22.2%下降到2004年的18.3%，30岁以上的农民工所占比重则提高了3.8个百分点。

(二)多数农民工没有接受过任何形式的技能培训

2004年外出农民工中，文盲占2%，小学文化程度占16.4%，初中文化程度占65.5%，高中文化程度占11.5%，中专及以上文化程度占4.6%。总体上看，外出农民工的文化程度要高于农村劳动力平均水平。外出农民工中，初中及以上文化程度占81.6%，比全国农村劳动力平均水平高18.3个百分点。

2004年外出农民工中，掌握了一定的专业技能、接受过技能培训的农民工占28.2%，2001年这一比例为17.1%，2002年为17.4%，2003年为20.7%。近两年这一比例提高较快，2004年比2003年提高7.5个百分点。表明《2003～2010年全国农民工培训规划》的实施已初见成效。从参加培训的方式来看，通过政府组织参加培训的农民工占10.7%，参加企业组织的培训的农民工占30%，自己去参加培训的农民工占59.3%。

71.8%的外出农民工从来没有接受过任何形式的技能培训，他们主要靠体力来挣钱。在这些民工中，导致他们没有接受技能培训的主要原因有：本地区没有开展劳动技能培训，占27.7%；有18.7%的农民工认为没有必要参加任何形式的培训班；7.6%的农民工没有时间去参加培训；5.3%的农民工是因为交不起培训费而没有参加培训；另有4.9%的农民工认为培训的内容不需要。在没有参加过培训的农民工中，有76.3%的农民工表示愿意参加培训班。

(三)外出农民工主要从事制造业和建筑业

2004年外出农民工中，从事制造业的农民工所占比重最大，占30.3%，其次是建筑业，占22.9%，社会服务业占10.4%、住宿餐饮业占6.7%、批发零售业占4.6%。从事制造业的农民工2002年占22%，2003年占25.2%，2004年上升到30.3%；从事建筑业的农民工2002年占16.6%，2003年占16.8%，2004年上升到22.9%。从事制造业和建筑业的农民工比重逐年上升。

分地区看，在东部地区务工的农民工以从事制造业为主，占37.9%，在中、西部地区务工农民工以从事建筑业为主，分别占30.1%和37%。

表5　农民工在不同地区务工从事的主要行业所占比重

单位：%

	全国	东部地区	中部地区	西部地区
采矿业	1.8	1.0	4.3	3.4
制造业	30.3	37.9	14.1	11.2
建筑业	22.9	18.3	30.1	37.0
交通运输、仓储和邮政业	3.4	3.2	4.0	3.7
批发零售业	4.6	4.1	5.7	5.4
住宿餐饮业	6.7	5.9	9.5	7.4
服务业	10.4	10.2	11.9	10.0

(四)老乡亲友介绍依然是农民工外出的主要方式

2004年外出农民工中,通过政府部门组织和中介组织外出的农民工分别占1.9%和12.6%,65.3%的外出农民工是经老乡亲友的介绍或带领下外出务工。表明农民工外出的基本方式依然是依托地缘亲缘基础上的社会网络来启动和展开的。15%的劳动力是第一次外出,以前没有外出经历。

(五)外出务工时间在6个月以上的农民工比例增加

2004年农民工年均外出务工时间为8.3个月,在东部地区务工的农民工平均务工时间为8.7个月,在中部地区和西部地区务工的农民工平均务工时间为7.2个月和7.1个月。2004年外出务工时间在6个月以上的农民工占81.3%,2003年这一比例为77.6%,2002年这一比例为74.9%。

四、农民工外出务工收入及消费特征

(一)农民工外出务工收入呈上升趋势

2004年农民工外出务工月平均收入780元,比2003年增加78元,增长11.1%,比上年增幅快4.6个百分点。其中,在东部地区务工的农民工月平均收入798元,比2003年增加89元,增长12.6%;在中部地区务工的农民工月平均收入724元,增加81元,提高了12.6%;在西部地区务工的农民工月平均收入701元,增加57元,提高了8.9%。

表6 农民工在不同地区务工月均收入

单位:元

	2004年	2003年	2002年
全　国	780	702	659
东部地区	798	709	669
中部地区	724	643	623
西部地区	701	644	589

(二)超过1/3的农民工月收入水平在500～800元之间

2004年,月均收入在300元以下的农民工占7.6%,比2003年下降2.3个百分点;月均收入在300～500元的农民工占17.8%,下降4.7个百分点;月均收入在500～800元的农民工占37%,下降1.5个百分点;月均收入在800～1000元的农民工占16.4%,上升4个百分点;月均收入在1000元以上的农民工占21.2%,上升4.5个百分点。

(三)不同就业地区和不同年龄组的农民工收入水平有差异

在东部地区务工的农民工收入高于在中西部地区务工的收入。2004年在东部地区务工的农民工月平均收入为798元,比在中部和西部地区务工的农民工月平均收入水平分别高74元和97元。从东部各主要省市看,北京、上海、江苏、浙江、福建的农民工月均收入高于东部地区平均水平,而河北、山东、广东则低于平均水平。在广东务工农民工月收入702元,比东部地区平均水平低96元,其收入水平相当于在西部地区务工的平均水平。

在直辖市和省会城市务工的农民工收入高于在地级以下中小城市务工的收入。在直辖市务工的农民工平均月收入为911元,在省会城市务工的农民工平均月收入809元,明显要高于在地级及以下中小城市务工的收入。在地级市、县级市和建制镇务工的农民工平均月收入分别为752元、740元和739元。

高年龄组农民工收入水平要高于低年龄组的收入水平。16～20岁的农民工平均月收入为627元,21～25岁的农民工平均月收入为739元,26～30岁的农民工平均月收入为850元,31～40岁的农民工平均月收入为882元,41岁以上的农民工平均月收入为883元。

(四)东部地区农民工生活消费支出相对较高

东部地区农民工六成以上是在地级以上大中城市务工,而近年来城市主要消费品价格的大幅上涨,加大了农民外出务工的迁徙成本。2004年农民工月均生活消费支出为291元。其中,东部地区的农民工月均生活消费支出为304元,比中部地区高67元,比西部地区高53元。

(五)农民工跨区域务工的消费支出高于在本地区务工的消费支出

表7显示,中部地区农民工在本地务工的月均消费支出是224元,而到东部和西部地区务工的月均消费支出分别是282元和235元;西部地区农民工在本地务工的月均消费支出是248元,而到东部和中部地区务工的月均消费支出分别是322元和283元。中、西部地区的农民工去东部地区务工不仅收入低,而且开销大。

表 7　2004 年跨区域流动农民工收入和消费支出比较

单位:元/人/月

		在东部地区务工	在中部地区务工	在西部地区务工
东部地区外出劳动力	收入	892	1115	1337
	生活消费支出	311	349	427
	收入结余	580	766	910
中部地区外出劳动力	收入	698	682	717
	生活消费支出	282	224	235
	收入结余	416	458	482
西部地区外出劳动力	收入	723	859	688
	生活消费支出	322	283	248
	收入结余	401	576	440

(六)中西部地区农民工在东部地区务工收入结余少

如表 7 所示,扣除生活成本,2004 年农民工平均收入结余 489 元,在东部、中部和西部地区务工的农民工平均收入结余分别为 494 元、487 元和 450 元。而中部、西部地区农民工在东部地区的平均收入结余分别是 416 元和 401 元,都明显低于在本地区务工的农民工平均结余。中部地区农民工在中部、西部地区务工比在东部地区务工多获得 42 元和 66 元;西部地区农民工在中部、西部地区务工比在东部地区务工多获得 175 元和 39 元。

(七)农民工的低收入无法支撑他们在城镇定居

2004 年农民工的平均月收入水平为 780 元,根据劳动工资统计,城镇职工的平均月货币工资为 1335 元,农民工收入水平仅相当于城镇职工的 58%。农民工在城镇务工的平均月生活消费支出为 291 元,比城镇居民低 308 元,仅相当于城市居民的 49%。城市居民享受的教育、医疗、住房等隐形的福利还不包括在内。农民工当前的收入水平还无力承担城镇住房、子女教育和其他消费支出,更谈不上在城市定居,绝大多数农民工只是每年像侯鸟似的往返于城乡之间。

五、农民工外出过程中的主要问题

(一)拖欠工资现象仍然存在,参加劳动保险、签定劳动合同比例低

在 2004 年外出农民工中,有 6.1%的农民工工资被拖欠,人均拖欠额 1806 元。有 66%的民工与用工单位签定了用工合同,而有 34%的民工则没有。另据调查,农民工反映拖欠工资的花样不断翻新,不少企业每月扣留 20～30%工资作为风险抵压金,做满三年且这三年中不能出差错,否则不能返还,民工说,这些钱一般都拿不回,老板会想尽办法挑刺,扣掉或找茬让你呆不下去,如果你“主动”提出离厂,上千元或几千元的血汗钱被作为违约金扣除。

有 88.5%的农民工用工单位没有为其购买劳动保险,79.3%的外出农民工没有与用工单位签定劳动合同,劳动合同签约率低,使得农民工在就业中处于不利的处境,发生劳务纠纷时,没有法律依据,农民工的权益难以得到保护。

(二)超出法定劳动天数和时间的现象比较突出

湖南调查的 243 位进城务工的农民工,2004 年平均每周工作 6.3 天,平均每天工作 9.7 小时,最高的是每周工作 7 天,每天工作 12 个小时。河南被调查的 187 位进城务工农民中,平均每人每周工作 6.5 天,平均每天工作 10 个小时以上。据对四川调查,平均每周工作 6.1 天,平均每天工作 9.5 个小时。

(三)就业交费项目较多,农民工负担仍较重

据对湖南调查,外出的农民工反映,目前农民外出劳务前,首先在当地乡镇办理流动人口证和计划生育证明等(未婚的要办未婚证)正常收费只有几十元,但实际收费高出几倍,达到两百多元左右。其次在务工地,国家现已规定取消办理暂住证外的其他各种不正常收费,然而有些地方变相收费,虽暂住证收费标准由原来的几百元减到了几十元,但转过头来对房东征收租房管理费，结果是“羊毛出在羊身上”，最终还是转嫁到租房的打工者头上，农民工意见很大。被调查者中，25.5%的农民工向用人单位交了押金、保证金等费用，平均额度达620元，最高的交了2000元，最低的交了200元。

(四)农民工外出务工缺乏必要的组织和信息引导，存在明显的自发性、盲目性

通过政府部门组织和中介组织外出的农民工分别仅占1.9%和12.6%，多数外出农民工是经老乡亲友的介绍、带领下外出务工，或自己外出。农民工外出仍然是以“血缘、人缘、地缘”关系为主，存在明显的自发性和盲目性。由此带来的弊端：一是不能进行有效的宏观调控。即缺乏对农村剩余劳动力的总需求、总供给的调节，缺乏对农村劳动力就业的组织与指导；二是农民由于缺乏就业信息，加大了外出务工的成本和风险，加剧了流动与稳定的矛盾。由于制度不健全、机制不完善，不少中介组织很难发挥好中介服务作用。与此同时，社会上盈利性民办中介机构却过多过滥。不少所谓搞劳务输出的中介机构，根本不具备做中介服务的基本条件，甚至坑骗求职者。

(五)接受过专业技能培训、有一技之长的农民工缺乏

据调查，尽管2004年接受过专业技能培训的农民工所占比重由2003年的20.7%上升到了28.2%，但仍然偏低。外出务工的农民大多未经过专门的技术培训，也决定了他们的就业范围窄，待遇低。没有接受过技能培训的农民工月均收入为745元，比接受过培训的农民工低115元。目前，为什么存在一边是企业急着招用工人，另一边却是民工急着找工作，主要原因是许多企业都提高了用工的“技术门槛”，需要招收大量熟练的“技术型”民工，对单纯干体力活的农民工需求量逐步减少。

六、政策建议

(一)完善最低工资标准，提高东部地区农民工工资

提高东部地区农民工工资不仅有利于解决“民工荒”问题，而且有利于推动产业结构调整和技术升级。关键是制定和完善农民工最低工资制度。从前面的分析我们看到，扣除生活成本，2004年，中、西部地区农民工在东部地区的收入结余人均分别是416元和401元，都明显低于在本地区务工的农民工收入结余。目前部分省区已开始着手上调农民工工资和制定最低工资标准，但步子和幅度不统一，缺乏制度约束。有关部门要尽快制定和出台分省或分地区的农民工最低工资标准和实施办法，并建立监督检查制度。

(二)制定税收、信贷等优惠政策，推动东部沿海地区产业结构升级

“民工荒”虽然是局部地区劳动力供求结构上的失衡，但它传导了一个非常明显的信号，即东部地区廉价劳动力无限供给的时代即将结束，以此为基础的竞争优势在缩小，是应该考虑优化产业结构和技术升级的时候了。经过20余年劳动密集型产业模式的原始积累，东部地区制造业已经基本具备了发展资金密集和技术密集企业的条件和资本，应当加快调整步伐，否则，将有可能失掉竞争优势，错过进一步融入经济全球化求得发展的历史机遇。为此，首先要在产业政策和发展规划上进行调整布局，预留发展空间；其次要尽快制定优惠政策，如财政、银行等部门应在企业的技术改造和引进上给予支持，税务部门要通过实行差别税率给予转型企业税收优惠；地方政府要积极主动地对待和处理劳动力就业和产业升级的关系。

(三)改善投资环境，加快劳动密集型产业向中西部地区转移

从总量供给上，我国仍是劳动力资源丰富的国家，发展劳动密集型产业的优势不能丢，而应顺应经济发展的梯度理论和劳动力成本的比较优势，将东部地区劳动密集型产业向中西部地区转移。中西部地区劳动力的迁移成本和生活成本比东部沿海地区至少具有200元的月工资优势，象玩具鞋帽等低附加值企业有动力向中西部迁移，就像当年这些工厂从美国、日本和新兴工业体迁入到中国一样。因此，国家的产业政策也必须适时作出调整和相应的制度安排。当前要加大国债资金向中西部地区的倾斜力度，进一步加强中西部地区的交通、通讯、教育等基础设施建设，适当降低税率，大力提高政府依法行政的效率，改善投资环境，提高对东部地区企业的吸引力。要加强东、西部地区对口支援和合作，出台优惠政策，鼓励东部地区以劳动密集型企业转让的方式，支援中西部地区发展。

(四)加大对农民工的培训力度和减免中西部地区农村学龄儿童学杂费，用十年的时间培养出一代有文化有技术的新型农民

随着东部地区产业升级的推进，和中西部地区劳动密集型企业的成长，对民工的知识和技术的要求更高，因此有关方面必须早做安排。人力资本理论认为，教育和培训的投资效益是最高的，政府有责任为经济的起飞加大教育投资的力度。建议国家用十年的时间培养出一代有文化有技术的新型农民。为此需要做两方面工作：一是加大对目前40岁以下(重点是25岁以下)农村劳动力的技术培训。培训资金由政府、企业和农民共同负担。国家在农民工培训方面已经做了很好的安排，现在的关键是抓好落实；要出台一些鼓励性的优惠政策，调动企业培训农民工的积极性，增加对农民工培训的投入。二是强制实行农村学龄儿童九年制义务教育，争取高中教育。建议调整扶贫资金的使用方向，将扶贫资金重点用于减免中西部地区农村学龄儿童的学杂费支出，保障所有儿童都能享受义务教育。目前中西部地区农村有1亿学龄儿童，扣除40%中高收入家庭的孩子，有6000万左右中低收入家庭的孩子需要助学，按小学生平均学费支出每人每年200元、中学生400元标准计算，这部分学生每年的学费支出总额是180亿。2003年国家用于农村的扶贫资金是277亿左右，据贫困监测资料测算，这笔钱农民直接受益不多，大部分被地方政府截留或由于扶贫项目选择不当而损失。如果把扶贫资金的70%用于中西部地区中低收入家庭学龄儿童的学费支出，不仅能直接减轻这些家庭的致贫负担，而且能提高扶贫资金的使用效益，真正实现新世纪扶贫规划纲要提出的“直接面向穷人”的扶贫目标。如果不从根子上解决中西部地区孩子失学辍学问题，10年或20年以后，一批新的文盲或半文盲将成长起来，成为新的贫困人口。

(五)改善用工条件，切实保护农民工的合法利益

农民工长期供过于求，使不少企业不知珍惜，只是一味地掠夺性、消耗性使用。低工资与超过10小时的每日工作时间，严重损害了农民工的利益。“民工荒”也反映了民工用脚投票的一种理性选择。因此，要依据《劳动法》，规范劳动合同，改善用工条件，加强劳动监察的力度，及时查处违反《劳动法》和侵犯民工权益的行为。从长远看，国家应该加快实行城乡一体化的发展战略，在条件成熟时尽快给予农民工完全的国民待遇，从而建立起全社会保障体制。同时，要鼓励东部沿海地区和中西部城市调整户籍、教育、医疗等政策，逐步把进城的农民工作为市民来对待，以真正体现城乡统筹和协调发展的要求。

(六)加强劳动力市场信息的交流，保证劳动力供需双方的联系畅通

政府应设立专门机构，随时掌握农村劳动力外出务工情况，了解外出打工人员数量、分布地区、外出时间、工作状况、健康状况等，及时了解最新动向，分析和研究农民外出务工归来和趋势。可建立农民工信息系统、农村劳动力数据库，对农村劳动力的外出务工、转移情况及时登记，并掌握农村富余劳动力的资源情况。

另一方面，地方政府应积极与吸收富余劳动力空间较大的大中城市的政府和用人单位联系，建立长期的劳务输出关系，一旦用人单位需要农民工，地方政府便可以根据数据库的信息，马上组织农民工向用人单位输送，可建立专门提供劳务输出信息的网站，向农民提供更全面详细的信息，还可以在一些企业培育一批拥有一定的知识水平和工作能力的人员作为信息员，收集企业用工情况，及时了解企业的用工动态，以保证劳动力的供需平衡。

农村劳动力就地转移模式和启示

山东省农调队①

妥善解决“农民工”问题，加快农村富余劳动力转移，是破解“三农”问题，消除城乡二元结构，全面建设小康社会的战略选择。近年来的“民工荒”，凸现了“农民工”群体的社会地位和利益保障问题。“农民工”就业环境差、收入低及社会地位不对等等问题，已成为未来社会和谐发展的“掣肘”。山东在破解“农民工”问题上有着可借鉴的经验和启示，走出了一条就地就近转移的路子，取得了明显的经济效益和社会效益，为农村的稳定发展、和谐社会的构建做出了重大贡献。本文从山东农村劳动力转移现状及特点入手，对农村劳动力就地转移模式和启示进行了探究；在分析面临的挑战和机遇的基础上，提出了如何加快农村劳动力就地转移的对策和建议。

一、山东农村劳动力就地转移的现状及特点

（一）转移规模不断扩大

2004 年末，全省转移到非农产业的农村劳动力 1574.1 万人，比 2000 年增长 33.7%；占农村劳动力比重为 41.9%，提高 9.6 个百分点。从劳动力转移的轨迹分析，自 20 世纪 80 年代以来有三轮较快转移。20 世纪 80 年代中期（1985～1988 年），随着市场化改革和乡镇企业的起步发展，农村劳动力开始大规模转向非农产业，年均转移规模达 100.5 万人，年均递增 18%，占农村劳动力比重为 25.7%，比 1980 年提高 18.7 个百分点。20 世纪 90 年代初期（1992～1996 年），市场经济目标确立，改革进程加快，乡镇企业“二次创业”，经济又进入一轮高速增长期，农村劳动力转移也进入较快转移阶段，年均转移 46.1 万人，年均递增 4.7%，占农村劳动力比重为 30.6%。进入 21 世纪以来，经济发展进入经济周期的上升阶段，民营、外资等非公有制经济发展迅速，经济总量迅速扩张，农村劳动力转移规模扩大、速度加快。年均转移 118.2 万人，年均递增 8.9%。

（二）就地“消化”能力增强

近年来，随着胶东半岛城市群的迅速崛起和“促强扶弱带中间”区域发展战略的深入实施，山东逐步形成了东中西联动发展的新格局，农村劳动力转移就地“消化”能力增强。2004 年，山东农村劳动力在省内转移就业的人数为 1440 万人，比上年增 8.3%，占转移总规模的比重高达 91.5%。县及县以下容纳的转移劳动力占到 70%以上。其中，乡外转移的劳动力中，转向省会城市的占 14.2%，转向地级市的占 33.5%，转移到县（市）的占 30.7%。

山东东部发达地区区域一体化化进程加快，农村劳动力就地转移和异地输入同向增长。到 2004 年底，青岛、烟台、威海三市就地转移 240 万人，比上年增长 6.3%，占转移劳动力总数的 80%以上。其中，青岛市当年就地转移达 99%。经济越发达，

① 课题组成员：王象永、李方平、杨志东、金立娟、柳菁。

劳动力就地转移的比例越高,吸纳外来劳动力的能力越强。目前,青岛市异地输入劳动力累计达56万人,占全市非农产业劳动力的38%;威海市27万“农民工”中,市外占43%,其中,省外占27%。省外主要来自河南、安徽、江苏、辽宁、四川等地,省内主要来自临沂、聊城、菏泽、济宁等地。

西部欠发达地区经济快速发展,就地吸纳农村劳动力的能力不断增强,本地就地就近转移的特征显著。2004年,山东西部的菏泽、聊城、德州、滨州四市累计就地转移劳动力195万人,比上年增长9.3%,占转移劳动力总量的56%,提高5.7个百分点。

(三)返乡创业成为新态势

近年来,山东进一步优化发展环境,鼓励干事创业的浓厚氛围逐渐形成。一些率先外出就业,有一定成就的技术人才和有一技之长的农民工,从外出打工赚钱,开始返乡投资创业,带动家乡致富。2004年底,济宁市返乡创业者达2.3万人。其中,兴办具有一定规模的企业280家,投资16亿元,带动当地农村劳动力就业8.4万人。菏泽郓城县黄安镇农民陈传雪利用在外打工所学技术,回乡创办了郓城县第一家木材加工企业,带动全镇兴办木材加工企业3100家,从业人员4万多人。外出民工返乡创业,带动了当地更多的农村劳动力实现就地转移。

(四)转移层次向知识型、技能型提升

随着技术进步加快和劳动密集型向资本和技术密集型转化,乡镇工业劳动代替资本的程度越来越弱化,企业对知识型、技能型人才的需求大量增加。许多农民特别是农村的年轻一代,通过各种职业教育,通过参加各种专业技术培训,掌握了一定的知识和技能,成为较高层次的打工族。2004年,全省农村乡外转移的农村劳动力中,以18～30岁年龄段最为集中,占69.3%;受过专业培训的人数已占30.7%,较上年增加了5.6个百分点;具有高中以上文化程度的人数占21.3%,提高0.9个百分点。

(五)转移的组织化程度提高

过去农民外出就业主要依托传统的血缘、地缘和人际关系网络,转移行为比较盲目。近年来,山东各地十分重视农村劳动力转移就业工作,出台了一系列城乡统筹就业的政策措施,优化就业环境,实行资源共享,农民工过去盲目流动、无序转移的状况有所改观,逐步向规范、有序转变。从全省看,2003年以前,全省转移农村劳动力组织化输出占8.3%。2004年,组织化输出则达到15.6%,提高7.3个百分点。聊城市2000年前有组织输出的比例不到20%,2004年已达到60%以上。

(六)“兼业性”特征突出

近年来,山东通过发展壮大县域经济,实行"离土不离乡"的就地向非农产业转移,避免了地区之间、城乡之间劳动力的大流动。"离土不离乡"就地转移,转移劳动力并没有切断与土地的联系,具有"兼业性"的特征。2004年,山东纯农业户、以农为主兼业户、以非农为主兼业户和非农户比重分别占44.4%、19%、25.6%、11%。农业户为提高收入增强积累能力而兼营其他职业;非农兼业户为了职业的保障安全感而兼营农业劳动。兼业性还体现在劳动力转移存在一定的间隔性,今年外出,而明年可能不外出;农闲外出,农忙回乡。在今后相当长的一个时期内,农村劳动力的转移仍将以钟摆式流动作为基本形式。

二、农村劳动力就地转移的主要模式与启示

近年来,山东省委、省政府紧紧抓住重要战略机遇期,以科学发展观统领全局,深入贯彻中央宏观调控政策,按照全面建设小康社会的总目标,正确处理好经济发展和促进就业的关系,实施积极的就业政策,大力发展经济,为农村劳动力就地转移创造了良好条件和环境。山东各地在发展经济中,发挥优势,突出特色,走出了各具特色的发展路子,创造了一些行之有效的农村劳动力就地转移模式。

(一)龙头企业带动型

“培植壮大一批农业龙头企业,创新农业产业化经营机制,推进农业产业化进程”,是山东加快农村经济结构调整,扩大农业内部就业空间,增加农民收入的重要举措,也是实现农村富余劳动力就地就近转移的最直接渠道。一是把培植壮大农业龙头企业作为关键环节来抓,积极落实国家级和省级龙头企业的扶持政策。近几年,山东省每年拿出5000万元财政专项资金用于农业龙头企业的贷款贴息,从财政、税收、信贷等方面给予扶持。二是积极鼓励工商资本、民间资本和外资等投资于农产品加工业,多渠道、多形式培育发展农业龙头企业,拉长科研、生产、加工、销售一体化的产业链。三是大力加强农业产业化基地建设。把基地建设、主导产业的形成与龙头企业的发展密切结合起来,发挥比

较优势，大力发展专业村、专业镇和专业经济带，引导农户按照龙头企业和国际市场的标准进行原料生产，加快发展优质专用和无公害农产品，实现基地建设的区域化、专业化和农产品的标准化。四是大力发展农村专业合作经济组织和农产品行业协会，组织引导农民在民主、自愿的基础上发展农村专业合作社或专业协会，提高农民进入市场的组织化程度，特别是支持鼓励农村能人、基层涉农单位、供销社等领办各类合作组织。五是创新农业产业化经营机制，完善龙头企业与基地、农户的利益分配机制，保护农民利益。实施"龙头带动"，龙头企业带基地、基地带农户，成为吸纳农村富余劳动力就业的主要模式。目前，全省农业产业化经营组织发展到8716个，其中销售收入过100万元的龙头企业6822个，过亿元的684个。各类农业产业化组织共吸纳149万人就业，带动基地农户978万户，占全省农户总数的48%。

（二）市场带动型

通过培育专业批发市场，搞活商贸流通，发展营销大军，带动区域专业化生产和产加销一体化经营，促进农村劳动力就地就近转移。2004年全省各类农产品批发市场已达1300家，其中常年交易、规模较大的批发市场700多家，年交易额超亿元的110家，有27家被农业部确定为鲜活农产品批发市场上市交易。

享有盛名的"中国蔬菜之乡"寿光市，从抓流通、发展蔬菜批发市场入手，推动了支柱产业的形成和规模的膨胀。从1992年开始累计投资2亿多元，形成占地600多亩，年成交量15亿公斤的蔬菜批发市场，带动基地55万亩，18万农民，并建立了销售网点，发展各种专业运销实体1.7万个，常年从事农产品经营、运销的农村富余劳动力达到10万多人，产品销往24个省市区的190个大中城市，成为全国最大的蔬菜交易中心、信息交流中心和价格形成中心。

苍山县以打造"山东南菜园"为宗旨，把培育发展农民流通大军作为拉动蔬菜产业乃至整个经济发展的重要力量。全县拥有各种形式的农民运销组织和中介服务组织4000多家，有10万农民、3万台车辆搞运销，苍山菜占据了上海、苏州等地大多数市场80%以上的份额。在蔬菜运销队伍的带动下，全县外出务工经商农民达到18.6万人。山东两个大菜园，北有寿光，南有苍山，一个北上（北京、天津），一个南下（上海、南京），都是市场带动型的成功范例。

（三）民营经济拉动型

近年来，山东始终把民营经济、外经外贸作为经济发展的"亮点"来抓，大力支持民营经济参与国有企业改革，扶持一批核心竞争力强的优势民营企业做大做强，鼓励扶持一批有头脑、懂技术、善经营的企业家和各类能人创办企业。以招商引资为突破口，坚持引进大项目与发展劳动密集型产业并举，着力吸引跨国公司和世界500强企业参与国有企业重组改造，吸引国内民营大企业投资，大力发展加工贸易。民营、外资等非公有制经济的迅速崛起，吸纳了当地大量农村劳动力转移就业。2004年，全省个体私营经济发展到193.6万户，从业人数达735万人。烟台市161万民营经济从业人员中，"农民工"占到48%以上；威海市"农民工"中，民营、外资企业吸纳的占55%以上，其中外资企业中占到25%以上；青岛市转移的农村劳动力大部分在合资、私营和乡镇企业务工，在国有企事业单位务工人数较少。德州市2004年全市民营经济总户数发展到17.5万户，吸纳劳动力78.1万人。

（四）城镇辐射型

城市化是山东推进经济发展的四大战略之一。在城市化建设上，山东实施了"工业向园区集中，人口向城镇集中"，走新型工业化道路、加速农村城镇化进程、实现城乡统筹发展的战略，促进了人口和经济的聚集，拓展了经济发展空间，吸纳能力和辐射能力增强，成为农村富余劳动力转移就业的重要载体。

一是积极推进县城和中心镇建设，增强辐射能力，吸引农村劳动力向城镇转移。德州市到2004年底，10个县城建成区面积发展到近100平方公里，承接农村富余劳动力近20万人。广饶县大王镇是山东省规划的237个中心镇之一。2004年，城区面积已发展到5.6平方公里，驻地人口达4万多人，成为全国小城镇建设示范镇，转移农村劳动力2万人左右。

二是做大做强园区经济。按照科学定位、节约土地、产业聚集、高效管理的要求，高标准规划和建设富有地方特色、功能定位独特的工业园区，以经济园区化、园区产业化、产业集群化为主攻方向，促使工业企业向园区集中，吸纳更多的农村富余劳动力向园区转移。济南市济阳县加快建设工业园区，吸引企业向园区聚集，目前已有200多家企业落户济北工业开发区和台湾工业园，就地吸纳农村富余劳动力4150人。临清市烟店镇，是一个专业生产、批发轴承的特色中心镇，是全国著名的轴承加工基地和交易中心。该镇规划建设了轴承工业园，入园企业106家，形成了"骨干带群体、群体促骨干"的良性发展局面，吸纳了大批农村富余劳动力经商创业。

三是大力发展现代服务业。围绕城镇建设，加快完善市场体系和社区服务体系，大力发展商贸流通、交通运输和餐饮服务等传统服务业，突出发展现代物流、房地产、旅游、社区服务、信息咨询等现代服务业，增强城镇综合服务功能，吸引农村富余劳动力进入城镇从事第三产业。济南市充分发挥省会优势，第三产业发展迅速，2004年全市以贸易服务业为核心的第三产业增加值达到757.8亿元，在三次产业中的比重上升到46.8%，对地方财政的贡献份额达51.5%，吸纳城乡劳动力就业145.9万人，其中吸纳农村富余劳动力达45万人，约占全市三产从业人员的30%。

山东推进农村劳动力就地就近转移的模式和经验，可以得出以下几点启示：

启示一：农村劳动力就地就近转移是符合中国国情的城市化道路的必然选择。

中国是一个地域广大、多数人口居住在农村、人地关系高度紧张的大国。在4亿多农村劳动力中，约有3亿人需要转移，相当于两个俄罗斯的人口。如果3亿多人连同他们的家属约6亿人口（占世界人口的1/10）全部流到大中城市，或者他们在省际和大中城市之间流动，我国城市住房、就业、基础设施、社会治安以及城市间的交通都将无法承受，因此，就地就近转移就成为必然的选择。就地就近转移，一是有利于降低转移成本。农村富余劳动力就地转移，既缩短了转移的距离，避免远距离跨区域的流动就业，减缓交通压力，节省来往的费用；又减少了转移就业的盲目性，以及不能及时就业的等待费用，从而大大降低了就业成本。二是有利于充分就业。就地就近向非农产业及小城镇转移，尤其在乡镇内转移，使农村劳动力兼业性的比例很高，在外出务工的同时，可以充分利用早晚时间从事农业生产，这种兼业性较大程度上实现了农村劳动力的充分就业。三是有利于避免大城市病。因为大中城市都有自己的承载容量，一旦超过这个容量，就会造成城市资源紧张、生活条件、生活质量和生活环境恶化。据估计，山东流向省内大中城市的农村劳动力不到总量的20%，没有给城市发展造成压力，从而没有出现大城市病。四是有利于社会稳定。近几年来"民工潮"规模的逐年扩大，全国大范围、跨区域的流动性增加，以及拖欠农民工工资使其上访事件时有发生，也带来许多社会不稳定因素。而农村富余劳动力的就地就近转移，较大程度上避免了这些问题的发生，对维护社会稳定发挥了极为重要的作用。

启示二：加快区域经济发展，增加就业岗位，是实现农村劳动力就地就近转移的必要前提。

农村劳动力由传统的农业部门转向现代工业部门，转向二、三产业，前提是必须要有广阔的就业空间，有充足的就业岗位。而增加非农就业岗位的前提，则是必须大力发展区域经济。实践表明，凡是劳动力集中输入地，如珠三角、长三角、环渤海等地区，都是区域经济发达地区。山东农村劳动力90%都实现了就地就近转移，甚至还吸纳了周边省份的农村富余劳动力。这正是因为山东省委、省政府长期以来把发展作为执政兴国的第一要务，制定实施了一系列正确的战略措施，如近年来，山东在突出青岛龙头地位的基础上，实施了"东部突破烟台、中部突破济南、西部突破菏泽"的"三个突破"战略，推进全省经济持续快速协调健康发展，为农村劳动力就地就近转移提供了基础和平台。

启示三：大力发展县域经济，加快小城镇建设，是实现就地就近转移的基本途径。

县域经济和小城镇是吸纳农村劳动力的主要渠道。从80年代开始，山东即确定了一批改革开放试点县，探索县域经济发展的路子。实现县域工业化，大力发展乡镇企业，繁荣发展民营经济，加强以县城为中心的小城镇特别是中心镇建设，推动乡镇企业向园区集中，农村人口向县城集中，已成为上下共识。近年来，山东在发展县域经济，统筹城乡就业，促进农村劳动力转移方面又采取了"促强扶弱带中间"的县域经济发展战略，即"突出抓好30个经济强县和30个欠发达县，促强扶弱带中间，推动县域经济全面发展"的"双30"工程。对强县简政放权、强化激励措施，推动经济强县加快发展。对欠发达县加大财政转移支付力度、投资重点倾斜，重点帮扶。"双30"工程的实施，促使县域经济发展活力明显增强，30强和30弱其主要经济指标增幅均超过了全省平均水平。2004年经济强县对口吸纳欠发达县劳动力2万多人，县域经济成为吸纳农村富余劳动力的主要阵地。山东农村劳动力转移70%在县域范围内，正是依托了山东县域经济迅速崛起和小城镇的快速发展。

启示四:降低转移成本,提高劳动者素质,是实现农村劳动力从"转"到"移"关键环节。

农村富余劳动力就地转移存在的主要问题就是兼业人员占大多数,劳动者仅实现了劳动形态上的"转",未实现居住地点上的"移",离土不离乡是主要形式。造成这一现象的主要原因主要是进城成本高,劳动者自身素质低。解决这一矛盾,这就需要进行农村土地产权制度、城市土地供给制度、户籍管理制度、社会保障制度的改革探索,同时整合教育资源,加大对农民教育和培训的投入,切实搞好农村劳动力培训。通过双管齐下来解决农村富余劳动力就地转移中存在的突出矛盾。如,山东实施"西输东接"工程,即"建立区域间就业岗位对口援助和输出的稳定转移机制,实现东部资金、技术、项目与西部劳动力资源的有效结合",较好地缓解了这些矛盾。一是东部直接向西部地区输出项目,直接吸纳当地农村富余劳动力就业。近年来,实施了"百个项目进菏泽"、半岛 8 市和省直部门相应帮扶菏泽 8 县等措施,引导更多的项目和企业向菏泽地区转移。二是通过召开现场招聘会、用工洽谈会等多种形式,引导西部农村富余劳动力到东部转移就业。2004 年以来,济南、青岛等 7 市 1000 多家企业赴菏泽召开现场招聘会,集中举办用工洽谈会 12 次,提供就业岗位 19 万个,当地参加应聘人员达 30 万人次。菏泽市农村转移劳动力有 50%以上是通过"西输东接"工程实现省内就近转移就业的。三是突出打造劳务品牌,大力开展农村劳动力转移就业培训。第一,健全完善农村富余劳动力就业培训网络。充分发挥各类职业学校、技工学校、培训中心等教育资源优势,通过实施"阳光工程"、"绿色证书"、"双提培训"和"新世纪青年农民培训工程"等,积极开展对农民的科学技术和专业技能培训。第二,培训与输出相结合,增强培训的针对性。山东坚持"先培训,后输出"的原则,充分发挥各类职业培训教育机构的作用,瞄准市场和用户需求,按照不同区域、不同行业、不同工种的用工技能要求,有针对性地开展"订单式"、"定向式"和"储备式"培训,提高了农村富余劳动力的就业技能和就业率;第三,实施品牌战略,提高山东劳务的知名度。山东各市结合本地特点,精心设计、创新经营,努力打造各具特色的劳务品牌。菏泽市以宋江武术院、菏泽卫校、曹州武馆、汽运技校、高等技工学校为基础,建立了布局合理、优势互补、专业齐全、特色鲜明的职业技能培训体系,成功打造了"天将保安"、"天香园艺"、"天使家政"、"天巧焊接"四大劳务品牌;临沂市以沂蒙红嫂实用人才培训中心等为基地,成功打造了"沂蒙红嫂家政服务"、"沂蒙铁军保安"等劳务品牌。到目前,全省年品牌劳务输出已达 7 万多人。第四,加大政府投入,实施农村劳动力转移"绿色通道"培训计划。近几年来,各级政府均加大了对农村劳动力转移培训的投入力度,将农民培训经费列入年度财政预算,山东 2004 年安排了 500 万元财政专项主要用于西部地区农村劳动力培训补助,各市县也相应拿出一定的财政资金用于这项工作。第五,引入竞争和市场化运作机制,促进农村劳动力技能培训多元化。各级政府积极营造公平竞争环境,鼓励民间组织和民营企业参与农村劳动力转移培训工作。济南市蓝翔高级技工学校是全国知名的民办技工培训学校,涉及厨师、服装、美容美发、汽修等 9 大门类 60 多个专业,已为社会培训各类专业技能人才 20 多万人。

启示五:推进制度创新,保护农民工权益,是政府不可推卸的重要责任。

近几年来,尽管党中央、国务院加强了对进城务工人员的权益保护,特别是恶意拖欠农民工工资问题得到了遏制,但是,他们的权益如养老、失业、工伤保险仍不能得到保障。这些现象的存在,说明推进制度创新,建立进城农民工的社会保障体系,加强对进城务工人员的权益保护,仍然是政府的重要职责。需要从法律上、制度上、管理上、监督上等各个方面,保护进城务工人员的合法权益,使他们真正享受到与城市职工和市民相同的待遇。山东在保护农民工权益方面加大了工作力度。一是建立健全政策法规体系。如实施小城镇户籍制度改革,实行全省城乡统一的户口登记制度、外来人才居住证和人才户籍城乡自由流动政策,取消"三投靠"人员户口迁移条件限制,全面放开县域内户口迁移;对已转移到城镇的农村富余劳动力,纳入城镇社会保障体系,妥善安排其子女就近就地入学入托;清理取缔了农村富余劳动力进城务工的各种不合理规定和收费;建立了失地农民优先就业和养老保险制度;制定了外出民工返乡创业税费减免政策。二是加强服务体系建设。建立健全了省、市、县、乡四级服务网络,加强了基层劳动保障工作平台建设,把劳动管理和就业服务延伸到乡(镇)、村,为农村富余劳动力转移搭建就业工作平台。如聊城市"三定一参与"(定向输送、定向轮换、定向培训、参与用工企业员工管理)的市场化运作模式,提高了农村富余劳动力转移的组织化程度。三是切实维护农民工合法权益。加大劳动保障监察力度,认真清理农民工工资拖欠问题,基本做到了新帐不欠,旧帐还清。规范企业用工行为,引导企业建立合法的用工制度。大力整治劳动力市场,将劳动力市场整治工作纳入制度化、规范化轨道,严厉打击非法职业中介活动,保障了农民工的合法权益。到2004年底,累计清欠建筑业农民工工资30.7亿元,被征地农民补偿费9.5亿元。

三、农村劳动力转移面临的挑战与机遇

山东在就地转移农村劳动力方面做了大量工作,取得了显著成效。但由于山东农业大省和人口大省的基本省情,农村劳动力转移的任务仍然十分艰巨,按现有的生产力水平测算,未来5～15年,山东仍有1000多万农村富余劳动力需要转移,每年100万人,未来就业压力仍然较大。

(一)农村劳动力就地转移存在的制约因素

1. 对农民工问题的认识还不到位。农村劳动力转移是我国工业化、城市化过程中必须完成的艰巨任务,也是全面建设小康社会,实现现代化过程中必须解决的历史难题。我们必须站在统筹城乡发展、建设和谐社会的高度去把握和认识这一问题。但由于受长期形成的城乡分割二元结构的影响,整个社会对这一问题的认识还不到位。“农民工”称谓本身就内含有对这一群体的歧视。首先是对进城农民工的历史地位和贡献认识不够,一些城市社会阶层还存在着漠视、歧视农民工的现象,大多数农民工还没有享受到最基本的市民待遇,社会上还没有形成关注、尊重、帮助农民工的浓厚舆论氛围,总是把他们看成是“外来人”和不稳定因素,农民工群体还处于社会弱势地位。同时,由于二元社会结构的制度惯性,一些制定政策的部门,很少根据流动人口增加的实际,研究探讨和提出针对农民工的公平待遇和公共服务。城市政府所提供的公共产品和服务还没有覆盖到农民工。如居住、医疗卫生、子女教育、培训等需求都被排除在规划之外。在政治上,农民工无法得到工人的身份和应有的权利,大量的农民工得不到基本的养老、工伤等保险;在经济上,农民工和正式工同工不能同酬,不能享受城市市民的各种福利待遇;在社会方面,农民工因为没有城镇居民的户籍,外来工无法获得真实的城市市民身份,在城市打工多年,却只能是城市的边缘群体,实际上使城乡二元结构在城市里重新复制。

2. 制度性壁垒近期内难以消除。当前多数农村劳动力流动还处于只“转”不“移”的初级阶段,在农村和城市间形成“钟摆式”民工潮流动。劳动者仍然保留着农民身份,无法实现农村人口由农村向城市、城镇的转移。造成只“转”不“移”的主要原因,是由于农民工进城仍然存在着制度性壁垒。包括户籍制度、就业制度、人口迁徙制度、土地制度、城市管理制度等方面,都不利于农村劳动力转移。现行户籍制度与住房、消费、教育、社会保障等利益直接挂钩,不同的户籍有不同待遇,加剧了社会分化,阻碍了城乡统筹。目前户籍制度虽然进行了一些改革,但大中城市的准入条件仍然很高,形成了农民进城的巨大障碍。住房问题难解决是进城农民工“进得来,留不下”的主要原因。是进城农民需要支付的最大成本。目前商品房农民买不起,而面向低收入者的经济适用房和廉租房又没有向农民供应。土地是农民转向非农产业后抵御市场风险的最后一道防线,许多农民即使已经有了新的职业,也不会轻易放弃土地。农民工社会保障制度的不完善使得已转移和待转移的农村劳动力始终无法割舍与土地的联系,使得农村富余劳动力转移不彻底。只有建立完善的社会保障制度,才能通过替代土地的保障功能从根本上切断转移者和农业的联系;而户籍制度改革的最终完成和覆盖城乡的社会保障体系的形成,才能消除农民变市民的障碍。

3. 现行财政、金融体制和土地制度制约县域经济发展。县域经济发展是农村富余劳动力就地转移的根本途径。但现有的一些制度障碍使县域经济发展面临着多方面制约。一是现行财政体制不利于县域经济的发展。近十多年来,财权不断上收,事权不断下放,县以下政府可用财力严重削弱,县级财政多数是“吃饭财政”,甚至是饭也吃不饱的财政,既无力向本地居民提供基本的公共产品和服务,也难以对县域经济发展提供财政支持,尤其是经济欠发达县更是如此。二是现行金融制度不利于县域经济的发展。目前中小企业贷款难的问题十分突出,乡镇企业和民营经济发展很难得到金融支持。县以下居民存款50%以上都流入了大中城市,县级银行没有贷款审批权。三是土地征用制度不利于县域经济发展。从山东情况看,县域经济发展快的地区,招商引资的项目,民营经济新上项目

都存在着用地困难，导致部分项目流失。四是由于在城市化进程中长期存在着大城市偏向，政府对县城和中心镇建设投入资金不足，县乡财政自身薄弱，也无力投资，导致小城镇布局分散，规模不大，公共设施不足，制约了城镇经济的发展和劳动力吸纳能力的增强。

4. 农村劳动力文化素质低、转移层次上不去。农村劳动力素质低是影响转移规模和速度，特别是转移层次的重要因素。农村劳动力素质低主要表现在三个方面：一是文化素质低。据调查，山东省农村劳动力文盲、半文盲占6.1%，高中以上文化程度的仅占17.5%，平均受教育年限为8.3年，外出务工人员多数为小学或初中文化。二是劳动技能素质较低，不少农民工缺少一技之长。三是思想观念落后。许多农民受传统观念和小农意识影响，市场经济意识仍很薄弱，竞争意识不强，宁可守着自己的一亩三分地过紧日子，也不愿走出家门务工挣钱。在这种情况下，大多数人只能从事脏、苦、累的简单体力劳动，劳动报酬低，就业稳定性差。农村劳动力素质低，一方面造成他们向二、三产业转移的困难，许多技术要求高的工作岗位无法适应；另一方面，即使已经进入二、三产业或城镇的从业人员，由于其工资报酬低，支付的生活成本高，也无法在新岗位和城镇长期留下来，实现真正意义上的转移。随着我国经济增长从粗放型向集约型的转变，企业对劳动者的素质和技能的要求会越来越高，而众多低素质、无技能的农村劳动力则无法实现由传统农业部门向现代工业部门和城镇的转移。

5. 农民工合法权益保护力度不够。随着进城农民工人数的增多，农民工作为新的城镇工人群体，日益成为产业工人中的主力军，为中国的工业化、城市化和社会主义现代化建设做出了巨大贡献。但是由于体制的惯性，政府部门对农村劳动力转移的管理和服务存在着"缺位"，对外来农民工的合法权益保护不够。一是面对农村劳动力这一日益扩大的社会弱势群体，大多数地方至今没有专门归口管理的机构，社会管理和监督薄弱。导致农民工这一庞大的社会群体处于"谁都管"又"谁都不管"的混乱状态。二是农民工合法权益缺乏有效保障，工作环境差、劳动强度大、劳动合同签约率低，对农民工侵权事件屡有发生。解决这些问题，有待于政府职能的转变和体制、机制的变革。

（二）农村劳动力转移面临的新机遇

从经济发展进程分析，山东经济社会发展进入一个重要战略转型期，同时也是山东农村劳动力能否实现顺利转移的关键时期。农村劳动力转移既面临挑战，也面临机遇。

一是以人为本执政理念的贯彻，将为农村劳动力转移开创新局面。新一届中央领导集体高度重视民生问题，提出了以人为本，树立全面、协调、可持续的发展观，努力构建和谐社会的新理念。在新的历史条件下，如何有效破解"三农"难题，如何解决好一亿多流动于城乡之间农民工的生存困境问题，是构建和谐社会必须面对的问题。没有和谐的劳动关系，就没有和谐的经济社会环境，也就不可能构建起和谐的社会，甚至可能给社会埋下不稳定隐患。和谐社会要求我们必须要从城乡分割走向城乡整合，逐步改变城乡二元结构格局，实现城乡协调发展。以人为本执政理念的贯彻，将会在全社会形成对弱势群体的关注、关心和支持。特别是在加快农村富余劳动力的转移，在农民工培训和就业、子女教育、社会保障、住房等方面将会逐步创造良好的环境，消除农村富余劳动力进城务工的后顾之忧，为农村富余劳动力顺利转移提供有力保障。确立以人为本的执政新理念，必将为农村富余劳动力转移开创新的局面。

二是城市化进程加快，将为农村劳动力转移开辟新空间。世界经济发展的规律证明，人均GDP1000美元到3000美元，是经济发展的腾飞阶段，也是工业化、城市化加速发展阶段。山东从2001年到2004年城市化水平平均每年提高1.4个百分点，转移农村人口约500万人。按照这样的速度发展下去，到"十一五"末期，城市化水平将超过50%，到2020年，将超过60%，可以转移1000多万农村劳动力。山东将初步实现由以农村人口为主的社会向以城市人口为主的社会转型。在这一转型过程中，首先是国家的工业化、城市化战略将发生重要变化，即由过去的城市利益为导向，提取农业剩余以支持工业和城市发展，转变以解决"三农"问题为导向，工业反哺农业、城市支持农村的城乡良性互动的发展战略。在这一转变过程中，农村富余劳动力的转移，重点将不再是通过打工将"劳动"转到城市，而是通过流动将农村的"劳动力"移到城市，即实现农村富余劳动力转移的工作中心与重点由"转"到"移"的变化。农村人口向城市和城镇的迁移，将是未来工业化和城市化过程中最艰巨的任务。在城乡二元结构体制下所产生的"农民工"这一带有歧视性的称谓，也将成为历史。移入城市的农村居民将成为真正的产业工人和城市市民，实现其生产、生活方式和职业角色的真正转换。

三是经济发展进入新增长期，将为农村劳动力转移搭建新平台。2004 年山东人均 GDP 达到 2045 美元，“十五”前四年年均增长达到 12%以上，2004 年和 2005 年一季度都超过了 15%，已进入新一轮经济发展的高速增长期。就业和经济发展是紧密联系的两个方面，一般来讲，经济增长将增加对劳动力的需求；反之，经济衰退将减少对劳动力需求。山东的经济增长加速可以从投资与工业成长性两个方面表现出来。首先，生产性投资大幅度增加。“十五”前四年，山东一、二、三产业投资占全社会固定资产投资的比重分别为 3.4%、53.8%、42.8%。其中制造业投资占全社会投资的 40.7%，占第二产业投资的 75.7%，占工业投资的 79.3%，制造业投资年平均增长速度达到 51.7%，其次，工业成长性良好。工业化进程加快，工业行业日益壮大，2004 年，全省工业增加值占 GDP 的比重达到 50.3%，增长速度达到了 21.1%。工业企业集群正在加速崛起，电子信息、生物技术及制药、新材料三大新兴高新技术产业和食品、纺织、石化、机械装备、造船、汽车、家电七大产业链呈现出快速健康发展态势。经济的快速增长和发展，将为农村富余劳动力转移搭建新的平台。

四是产业结构升级，将为农村劳动力转移和素质提高提供新契机。目前，山东工业发展正处于一个总量加速扩张和质量提高的关键时期，必然要形成新的支柱产业和新的经济增长点，支撑经济的持续快速增长；与此相适应，产业整体结构也出现了大的升级趋势，并引发了消费结构、服务结构的调整升级，带动了各行各业的协调发展。产业结构的优化升级对社会劳动力结构提出了新的要求。首先，农业结构的调整优化要求农村劳动力不但要掌握一定的适应市场需求的农业技术，还要具有加工、处理市场供求信息的能力。其次，非农产业对劳动力素质的要求越来越高，即使是传统制造业，随着自动化程度的日益提高，对操作者的受教育程度和技术能力也有了较高的要求。一方面，劳动密集型产业将会减少，农村低素质的劳动力就业机会也将减少，新的外出打工难有可能重新出现。另一方面，产业的升级和资本有机构成的提高，对有劳动技能和高素质的劳动力的需求将增加，从而对农村劳动力的培训和转移提出了新的要求和新的课题。各级政府必将把农村义务教育水平的提高，农村职业教育的发展，现行教育体制的改革和资源的整合，农村新增劳动力的技能培训等问题提上重要日程，加大投入，从而为提高农村富余劳动力素质、加快转移提供了新的契机。

五是体制改革深化，将为农村劳动力转移创造新环境。长期以来，我国实行城乡分割的就业制度，形成了对进城务工农民的许多歧视性政策，在就业、社会保障、教育、医疗等方面受到不公正的待遇。政府为了改变不利于农村劳动力就业的环境，不断研究新情况、解决新问题，做到自觉地把思想认识从那些不合时宜的观念、做法和体制的束缚中解放出来，进行了一系列的体制改革。许多地区已经实行城乡统筹的就业政策，取消农民进城务工的种种限制，将进城务工农民纳入包括养老保险、工伤保险等内容的城市社会保障体系，对其子女入学免收借读费、择校费，对农村富余劳动力进行就业技能培训，清理拖欠农民工工资，等等。今后，随着体制改革的深化，特别是户籍制度、就业制度、土地制度、社会保障制度改革的演化，劳动力市场的进一步完善以及相应法律法规的健全，必将为农村劳动力的转移创造一个新就业环境。

四、推进农村劳动力就地转移的对策与建议

加快农村富余劳动力就地转移，是经济社会发展的客观要求，是全面建设小康社会的现实需要，是消除城乡二元经济社会结构的战略举措。因此，必须坚持与时俱进，按照科学发展观的要求，积极探索农村富余劳动力转移的新途径、新方法，实现农村劳动力就地转移的新突破。

（一）统筹城乡发展，把加速农村劳动力转移放在更加突出的位置

统筹城乡发展的最终目标是打破传统的“二元经济社会结构”建立起新兴的城乡一体经济、社会协调发展的制度。要实现这一目标，现阶段最重要的认识就是把农村劳动力尽快向城镇转移。各级要切实树立统筹城乡协调发展的观念，坚持以工促农，以城带乡。国家在制定“十一五”规划时，要着眼城乡统筹发展，明确列入农村劳动力转移的阶段性目标任务，明确提出做好农村劳动力转移工作的总的要求。从统筹城乡发展的角度，制定政策措施，对农民工的培训、就业服务等，中央和地方财政都应安排预算给予资金补助。各级要将做好农村劳动力转移就业工作，作为关系本地经济社会发展

大局的重要工作，作为增加农民收入和培训城市新的产业大军的战略举措，摆上重要议事日程。在制定国民经济发展计划、确定国民收入再分配、研究重大经济政策过程中，把实现农村富余劳动力转移就业放在优先地位加以考虑。在壮大县域经济的过程中，注重发展劳动密集型产业和民营企业，增强企业吸纳农村劳动力就业能力；在城镇化建设过程中，注重充分发挥城镇对农村的辐射作用，增强城镇吸纳就地转移能力；在深化社会保障等制度改革的过程中，要考虑农民工的利益，积极推进城乡一体化进程。同时，把改善农民工就业环境，实现农村富余劳动力的稳定转移作为义不容辞的责任，从城乡一盘棋的大局出发，彻底改革影响劳动力有序转移的体制性障碍。建立健全监督约束机制，保障各项政策措施落到实处。解决农民工问题要坚持城乡统筹、统一规划、协调配套、市场运作，同时也要坚持总体设计、突出重点、先易后难、逐步完善。建议国务院以2006年1号文件下发关于妥善解决农民工问题的意见，并在几年内连续制定出台文件，完善有关农民工的相关配套政策。

(二)抓住关键环节，发展县域经济，最大限度地促进农村劳动力就地转移

县域经济是农村劳动力就地转移的主要载体。改革现行财税体制增强县乡财力、发展县乡企业增强企业的实力、搞好小城镇规划建设是激活县域经济的关键。第一，中央和省要适当扩大县级财政税收的留成比例，加大对县乡财政的扶持力度。1994财税制度改革以来，特别是农村税费改革和出口退税政策调整以来，地方政府尤其是县以下政府可用财力严重削弱，在事权不变的情况下，县级政府常现匮乏之态，极大地制约了县域经济的发展。国家应尽快调整现行财税政策，加大对县级财政一般性转移支付的力度，提高政策性资金用于县乡的比例，提高省、市转项资金用于县乡的比例。一是提高增值税地方留成比例，将现行的“75：25”比例调整为“65：35”，同时不再先征后返，直接留给地方；二是调低地方承担的出口退税比例。三是省级也要做相应的调整。省级营业税除省投资的跨市经营企业外，全部下划所在县(市)；省级企业所得税除重点企业、特殊行业、跨省经营集中纳税企业和跨市经营企业外，其他企业所得税全部下划所在县(市)；省级个人所得税全部下划所在县(市)。除养路费、货运附加费、各项航运规费外，取消省、市两级对县(市)非税收入分成，改变县(市)的财政状况，为县域经济发展注入新的力量。第二，重点解决贷款难、用地难问题，进一步增强民营经济、中小企业的规模效应和劳动力的吸纳能力。首先要调整金融政策，彻底解决民营企业、中小企业贷款担保难的问题。国有银行和国有控股金融机构在加强风险管理的同时，给县级分支机构以信贷权；银监会加大监管力度，阻止各金融机构把农村贷款转走；中央财政拨出专款，并相对集中散落在各系统的用于支持中小企业发展的专项资金，设立以财政投入为引导并辅以适当市场方式的中小企业担保基金。针对中小企业资本金不足、风险相对较高的特点，允许商业银行办理账户质押贷款，对企业生产、销售全过程实施账户监督，把适当放宽贷款条件和严格贷款监督结合起来。其次要出台政策保证民营企业、中小企业必要的建设用地。在城镇和集镇土地利用规划中，预留民营企业、中小企业建设用地；在集镇规划区内的中小企业生产性项目，免收集镇基础设施配套费。对民营企业租用工业区内土地办企业的，实行“零租金起步”政策。第三，加大扶持力度，促进小城镇扩大规模，健全功能。全面开展新一轮(2005－2020年)小城镇规划编制工作，合理确定小城镇空间布局，为产业发展和城镇建设留出空间。鼓励农村新办企业向小城镇特别是中心镇集中，新上项目原则上均应进入中心镇工业区，存量项目逐步转移，同时严格控制在小城镇工业区以外新批工业用地和工业增量项目。加大对小城镇规划建设的扶持力度，中央和省财政安排小城镇规划建设专项资金，主要用于补助小城镇的规划编制、支持小城镇基础设施与公共服务设施建设，市、县按一定比例配套。允许镇驻地外的村庄将集体土地置换到镇规划区内搞建设，对国家重点镇、省级中心镇在建设用地上予以适度倾斜。中央、省、市有关部门安排用于农村公益事业的资金，向重点镇和中心镇适度倾斜。深化小城镇建设投融资体制改革，积极开展城镇资产运营。

(三)整合教育资源，重点加强义务教育和职业培训，全面提高农村劳动力素质和就业技能

一是在全国范围内普遍实施免费九年义务教育制度。目前全国的九年义务教育覆盖率为93.6%，但并不是实际意义上的免费教育，费用负担较重仍然是造成农村中小学辍学的主要原因。实行免费义务教育已经成为全球的共同趋势。国家应根据我国经济发展和整体财力的状况，争取在“十一五”期间实行免费九年义务教育制度。二是大力开展职业教育和技能培训。实行劳动预备制制度，推行“8＋1”或“9＋1”教育试点，即义务教育后再增加一年职业技能培训，使农村劳动力掌握一技之长，提高就业能力。职业技术教育要形成完整的教育鼓励和支持社会力量，尤其是一些具有特色的民办培训机构，按照市场需求，开展相关的职业技能培训。加强就业信息对职业培训的引导，充分利用城市职业供求信息和工资价位信息的发布系统，推进劳动力市场信息网与职业教育培训网的联接，搞好市场就业服务与职业培训的衔接，“以转移带培训，以培训促转移”。三是以县、乡为重点，对现有教育资源进行整合。通过有效整合、充分发挥现有教育和培训资源的作用。每一个县级政府集中财力投入至少建立1所规模大、设备先进、用途广泛的实训基地，有针对性地开展灵活多样的培训。既能够满足个人的需求，也能够适应企业的发展。四是要将农村劳动力纳入各级公共财政的支持范围，增加各级政府用于农村劳动力培训的投入。县级政府在安排使用农村科技开发经费、技术推广经费和扶贫资金时，要有一定的比例用于农村劳动力培训；在安排使用农业基础设施建设投资时，要有一部分用于各类培训机构建设；在实施职业教育“十、百、千”工程中，要重点扶持为农村劳动力培训服务的职业教育、培训机构。

（四）深化制度改革，推进制度创新，彻底清除农村劳动力进城障碍

解决农民问题的现实选择是把农村富余劳动力尽快转移出去，靠实施城市化战略将农民转变为真正的城市居民。农村土地制度、户籍制度、社会保障制度是农村富余劳动力转移就业的主要体制性障碍。政府应积极创新户籍制度、社会保障制度和农村土地流转制度，出台相应政策，使转移就业长期化、稳定化，从而使农民工的利益得到根本保障。第一，改革完善土地制度，赋予农民承包农用地和使用集体建设用地的物权性质。按照“明确所有权、稳定承包权、搞活使用权”和“依法、自愿、有偿”的原则，通过转包、转让、联合服务等办法，允许和鼓励外出农民依法转让、转租、入股、抵押农用地承包权和转让宅基地使用权，使集体农用地承包权和建设用地使用权能够进入市场流转，推动土地资本流动。在发挥土地社会保障功能的同时，充分发挥土地的要素功能，尽快调整《中华人民共和国土地管理法》、《中华人民共和国农村土地承包法》、《中华人民共和国担保法》等有关法律的规定，解除集体农用地承包权和建设用地使用权进入市场流转的法律障碍。对进城农民工进行以土地换保障、以土地换住房的试点。第二，加快户籍制度改革步伐，消除城乡居民自由迁徙的制度壁垒。在全国范围内打破农业非农业户口界限，实行城乡统一的户口登记制度。凡在城镇有稳定职业和住所的农村人口可按当地规定在就业地或居住地登记户口，并依法享受当地居民应有的权利，承担应尽的义务。加快与户籍制度改革相配套的行政管理体制改革，进一步剔除附着在户籍关系上的种种限制和歧视，解决进城农民子女入托、入学等方面的问题，保证进城农民与城镇居民同等待遇，享有平等的发展机会和统一的社会身份。第三，建立健全农民工的社会保障体系，为进城农民解除后顾之忧。改变以往城乡分割的社会保障体系，消除城乡劳动用工界限，凡与企业签订劳动用工合同的从业者，都要纳入社会保险范围，给予办理社会保险。全国按统一的政策搞社会养老保险，建立以农民工社会保障个人账户为主的保障模式，一人一个账户，使进城务工人员不再需要经历“退保”、“参保”等繁琐的程序，不论迁移那里都能与城镇职工一样享受到社会保障待遇。建议在全国范围内实行社会保障一卡通，可先在具备条件的省份试点并逐步在全国范围内推开。第四，改革住房制度，为农村劳动力留城打好基础。农村人口进城，除了就业以外，较大的问题是安居问题。要把城市农民工视同常住人口对待，把他们对住房等设施的需求纳入城市建设规划。可考虑集中兴建进城务工者居住区。政府要无偿或低价提供土地为进城务工人员低收入者建设经济实用房和廉租房，对此类房地产开发商要免收城市建设费和维护费。进一步扩大公积金缴存范围。农民进城务工可以申请缴纳住房公积金且连续足额6个月以上缴纳住房公积金就可以与城镇职工一样享有住房公积金贷款资格。

（五）完善各项服务，加大管理和监察力度，切实维护农民工的合法权益

农民工的合法权益能否得到保障，是农村富余劳动力实现由“转”到“移”转变的根本所在。只有完善服务，加强管理，严格监察才能保障农民工的合法权利得到切实维护。

一是健全城乡统一的劳动力市场，完善农民工管理制度。要逐步建立城乡统一的劳动力市场，逐步构筑城乡统一的劳动力市场服务网络。政府要充分发挥失业保险促进转移就业的作用，把更大比例的失业保险基金用于劳动力市场建设，构建多层次、多形式的职业介绍体系，真正实现城乡就业的统一、开放、竞争、有序。在新形势下，实现有序转移，要更多地依靠市场的力量，通过发挥各类市场主体的作用，提高农民转移就业的组织化程度。政府部门的职责，主要是加强信息引导，提供公共服务，建立市场规范，发挥好市场作用，同时依法加强对市场的监管。政府要制定城乡统一的就业准入政策，建立城乡劳动者平等的就业制度，农民工只要凭身份证和劳动力档案即可进城务工。逐步完善流入地“属地化管理”的农民工管理制度，把农民工的属地化管理纳入公共管理范围，实行统一的社区管理。将农民工管理等有关经费纳入地方各级财政预算支出范围。对基层财政困难地区，中央财政在一般性转移支付中考虑帮助解决。

二是发挥社区和非政府组织的作用，促进农民工与市民的融合和认同。在进城务工人员中普遍建立工会组织，使之依法维护自身权益；各级党团组织应寻求积极有效的方式，加强对“农民工”流动党团员的管理，安排他们正常参加组织生活。对长期进城居住的农民工，应在居住地赋予其选举权和被选举权，使之能够参与社区政治事务和社区管理。

三是严格约束企业，落实保障农民工权益的各项政策法规。要用法律法规严格约束企业行为。用工单位必须与农民工签订劳动合同，使农民工了解自己应有的权利和应尽的义务，尤其要了解工资支付标准、支付形式、支付时间等内容。企业要认真落实《劳动法》关于工资、工时、休息休假的规定。对违反《劳动法》、《工会法》、《工资法》等法律的行为，要加大制裁力度。

四是加大执法监察力度，切实维护农民工的合法权益。维护农民工合法权益，是促进农村富余劳动力跨地区就业的根本保证。要进一步加大执法监察力度，重点解决就业歧视、恶意拖欠和克扣农民工工资、农民工子女就学、职业病防治、劳务纠纷和侵权案件等问题。要把建筑领域拖欠和克扣农民工工资问题作为维权行动的重点，严厉查处恶意拖欠、克扣农民工工资的违法行为。要彻底清理对农民工的各种不合理收费，坚决遏制各种乱收费和超标准收费。坚持推行就近入学的原则，坚决取消针对农民工子女进入公办学校的借读费、择校费，城市优质教育资源要全部向农民工子女开放，确保农民工子女有学上。同时要充分发挥舆论监督的作用，及时对侵害农民工合法权益的案件予以曝光，营造农民工跨地区就业的良好舆论氛围。

北京郊区经济的协调发展及劳务输出

北京市农调队　郭　宏　方晓丹　周建武

随着首都郊区经济的发展和产业结构调整的进一步深化，北京市农村劳动力转移规模扩大，速度加快。农村劳动力的转移和流动已成为农民增收亮点。本文首先阐述了北京市农村劳动力就业现状和转移特点、外出劳动力转移流动的基本特征、劳动力转移对农民收入的影响；其次分析了北京市农村产业结构调整、乡镇企业发展、农村城市化进程和劳动就业制度等影响劳动力转移流动的重要因素；重点研究北京市地域间经济发展在规模、速度，质量上的差异性对劳动就业的影响，并得出一些结论，提出建议；最后探讨在劳动力转移过程中存在的一些问题。

一、京郊农村劳动力就业现状和转移特点

(一)京郊农村劳动力就业现状

从产业分布看，京郊农村劳动力在三次产业中流动情况为，大量农村劳动力已完成向非农产业的转移，尤以从事第三产业劳动力居多。据农村住户抽样调查，2004年，在2670个农村调查户中，整半劳动力总数6223人，就业劳动力5837人，就业率93.8%。按产业划分，从事农业的劳动力比例为33.3%；非农产业劳动力占66.7%。非农产业中第二产业劳动力占26.7%，第三产业劳动力占73.3%。

从地域分布看，京郊农村劳动力就业地点以乡内就业的劳动力为主，2004年乡内就业的劳动力占89.87%，本市内跨乡或跨区就业的占10.04%，本市农村居民在外省市就业的极少，仅有0.09%，无出国就业的。北京市农村劳动力流动范围有限，绝大部分人是在本乡本土内就业，以行业性转移为主。

农村劳动力转移速度逐年加快，城近郊区加快了城市化进程，城郊一些农民居民身份速变，转换为城镇居民。历史资料显示，转移时间在半年以上的劳动力从1997年的占农村劳动力45.9%增加到2000年的49.6%，年增速分别为0.3%，0.5%和2.9%，呈逐年递增趋势。特别是2000年，结构调整取得明显效果，转移速度有较大提高。2002年，京郊农村有4.21%的劳动力由第一产业转向了第二、三产业，转移速度比上年提高了2.16个百分点。2004年转移的劳动力已占就业劳动力的64.9%，其中99.6%的劳动力在非农产业就业。

(二)外出劳动力转移特点

1. 外出劳动力以青壮年男劳力为主。数据显示，2004年外出男劳力465人，占外出劳动力总数的68.4%。从年龄结构看，处于21～45岁年龄段青壮年外出人员占77.9%。

2. 随着农村基础教育事业的发展，北京市农村劳动力的文化层次和综合素质总体上呈现逐年上升的变动趋势。(见下表)。

北京市农村外出劳动力的文化素质相对总体更高。外出劳动力素质与转移的难易程度密切相关。2004年外出劳动力中小学文化程度及以下的劳动力只占5.4%，初中文化程度的劳动力占46.5%，高中及以上文化程度的劳动力占48.1%，

北京市农村劳动力文化程度构成

单位：%

文化程度	1997 年	2000 年	2003 年	2004 年
文盲、小学	26.2	13.4	11.1	9.9
初　　中	57.1	59.3	53.6	52.8
高中及以上	16.7	27.3	35.3	37.3

超过了初中文化程度的比重，同比全市总体高10.8百分点。

近些年，北京市农村外出劳动力技能培训得到逐步加强，外出劳动力掌握了一些专业技能，2004年外出劳动力受过专业技能培训的占56.9%，比全市总体高13.4个百分点。

从全国范围看，北京市农村外出劳动力文化素质高于全国平均水平也是一个显著特征。2003年小学以下文化程度外出劳动力所占比重比全国平均低13.8个百分点，初中低19.2个百分点，而高中以上文化程度的高出全国平均33个百分点。

农村劳动力素质的提高，是适应首都城乡统筹和农村经济结构调整对人才的需求，促进了农村劳动力由乡村向城市、由劳动密集型向知识密集型的行业和部门的流动。

3. 外出劳动力主要流向第三产业。郊区非农产业的快速发展拓展了就业空间。2004年，外出劳动力从事非农产业的人数占95.7%，从事农业的劳动力仅占4.3%。外出劳动力不是以往集中于一些简单体力劳动的行业，而是在非农产业中不同行业都有分布。表现了北京市外出农村劳动力素质决定的，在行业分布上具有广泛性和层次性的特征。数据显示，外出劳动力在二产业就业的占29.8%，三产就业是主流，占65.9%。从行业分布情况看，二产业中制造业（15.7%）、建筑业（11.2%）以及三产业中交通、运输、仓储、邮电通讯业（16%）和居民服务业（15.7%）的从业人员相对较多。外出劳动力在其它行业分布的比重都在10%以下，且均匀分布于各行业中。

4. 外出劳动力在外就业状况相对稳定，在维护自身利益方面还有待加强。2004年，外出劳动力从业时间累计半年以上的占83.7%。大部分外出劳动力的工作和生活较安心、情绪稳定，每个外出劳动力务工时间平均达9个月。北京市农村外出劳动力在维权方面相对外来务工人员情况好一些，但还需加强。本市农村外出劳动力与雇主签订劳动合同的占46.3%，参加劳动保险的占41.3%。

5. 劳动力转移的组织化程度不高，多数人还是依靠血缘、地缘、人缘关系获得劳动力市场供求信息。从外出方式看，以自发的和亲友介绍外出务工的人居多，占76.2%。由政府组织引导或中介机构介绍的转移方式偏少，分别为12.4%和11.4%。

6. 农民外出务工经商获得可观收益，为家庭经济收入作出了贡献。资料显示，外出劳动力务工经商人均获得总收入，2003年为10583元，2004年达到10760元，其中为家寄回或带回现金7900元。北京市农村外出劳动力在外务工经商收入几乎全部（99.4%）是在本市辖区内取得的。

7. 北京市农村劳动力外出主要目的是为多挣钱补贴家用，在外省吃俭用。2004年外出劳动力生活消费人均支出为2234元，不足全市人均生活消费的一半；其中食品支出1074元，占48.1%；衣着占16.6%；居住占7.2%。交通通讯和医疗费用支出份额分别为21.7%和3.5%。该五项基本生活消费支出总和占生活消费支出的比重高达97.1%，包括文化娱乐活动等其他消费的比重不足3%。

二、乡镇企业快速健康发展、郊区产业结构调整不断深化、城市化进程加快、劳动就业政策及社会保障制度的逐步完善，这些因素都有效地促进了农村劳动力向非农产业的快速转移，增加了农民收入

近些年，郊区乡镇企业紧紧围绕就业富民这一主线，继续为农村剩余劳动力转移作出积极贡献。乡镇企业保持了快速、健康的发展态势。企业规模不断扩大，企业个数由2001年的13.3万增加到2003年的15.1万；效益不断增加，主要经济指标实现了两位数增长。2003年乡镇企业的从业人员达到120.8万人，其中新增本地农村剩余劳动力就业5.6万人。2004年乡镇企业又为本市农民提供非农就业岗位5.5万个。2001至2004年间，企业提供新增就业岗位近20万个，平均每年提供新增就业岗位5万个。乡镇企业已成为郊区农民就业增收的主要载体。据调查，2004年农民从乡镇企业获得收入人均达到1956元，同比增长9.7%，拉动收入增幅上升2.7个百分点。

郊区产业结构调整不断深化，大量农村劳动力向非农产业快速转移。2003年郊区生产总值820

亿元，其中农业增加值95亿元；非农产业增加值725亿元，占郊区增加值总额的88%，对经济增长的贡献率达到97%，郊区产业结构调整对农村劳动就业结构变动产生的影响使农村非农产业劳动力大量增加，2003年郊区非农产业劳动力为110万人，比重达65%，比2001年提高了6.4个百分点。

乡镇企业的发展和农村产业结构调整对农村劳动力转移的作用偏重于行业性转移。2003年，郊区农村从业人员169.6万人，比2001年增加4.9万人。按产业分，农业从业人员进一步减少。2003年农林牧渔从业人员59.5万人，比2001年减少8.8万人，农业从业人员比重由2001年的41.5%下降至2003年的35.1%，降低6.4个百分点。非农产业人员大量增加。从2001至2003年间，由新增的农村劳动力4.9万人和脱离农业转向非农产业的劳力8.8万人，共计13.7万农村劳动力实现了向非农产业的转移。

农村劳动力就业结构的变动相应地引起农民收入结构的变动，农民收入来源渠道多元化、多样化，增收基础的稳定性得到加强，收入增长加快。2004年农民人均纯收入达7172元，比2001年增长36%，连续多年收入增长率都在10%以上。在农民生产性纯收入中，来自非农产业的收入比重逐年增大，2000年为76%，2001年为83.4%，2004年达到87.5%。非农产业对农民增收的贡献增大，2004年非农产业收入拉动农民收入增幅上升8.3个百分点。

农村城市化进程步伐加快。1997至2003年间，是北京市小城镇数量、规模发展最快的时期。到2003年，不包括县城，小城镇个数从1997年的115个增加到132个，行政区划面积从0.84万平方公里扩大到1.27万平方公里。农村地区的小城镇所具备的聚集人口、吸纳农村剩余劳动力的功能得到一定的发挥。总人口由198万人增加到413.9万人(其中外地来京82.3万人)，从业人员由87万人增加到171.5万人(其中外地来京42.8万人)，增加了84.5万人。2003年包括县城在内的143个农村城镇行政区划面积已达1.32万平方公里，总人口457.8万人(外地来京88.6万)，从业人员182.6万人(外地来京45.6万)。

2003年，京郊农村城市化综合指数接近60%，比2002年提高了近5个百分点。然而京郊农村地域间的城市化进程在水平和速度上存在着较为明显的差距，农村城镇(包括县城共143个)地域间的土地利用效率不同。远郊山区县的镇域面积为0.89万平方公里，是平原镇域面积的两倍。平原地区的增加值产出338.9亿元，却是远郊山区县的1.81倍。单位土地面积上的产出，平原地区每万平方公里788亿元，是远郊山区县3.7倍。

地域间宏观经济发展的不均衡性对人口和劳动力聚集作用突出。数据显示，农村平原地区城镇在聚集人口、吸纳劳动力作用方面强于远郊山区县。平原地区的镇域人口311万人(其中外地来京27.5万)，从业人员124.1万人；远郊山区县的镇域人口146.8万人(其中外地来京9.6万)，从业人员58.5万人。平原地区的镇域人口和劳动力都是远郊山区县的2.1倍，人口密度每平方公里723人，是远郊山区县的4倍多。从农村城镇中外地来京劳动力的分布情况看，平原地区劳动力就业空间的拓展潜力较大，提供的就业机会的能力要远大于远郊山区县。

农村城市化进程快速推进过程中存在的农民就业问题，引起了各级政府的高度关注，积极采取措施落实农村富余劳动力就业登记制度，并加强对农村富余劳动力的职业指导、职业培训、职业介绍等就业服务。2004年培训农民工10万人次；住户调查显示，受过专业技术培训的农村劳动力占43.5%，比上年增加6.5个百分点。由于国家鼓励非公经济发展、鼓励农民自主创业，农民积极主动地参加各种实用技术培训，在政府组织、企业组织和自发参加三种培训方式中，农民自发参加的专业培训比例达到49.2%。

通过培训农民文化素质得到了提升。外出劳动力文化素质比全市平均水平高。2004年，外出劳动力中高中以上文化程度的占48.1%，高出全市平均水平10.4个百分点；农民掌握了更多的致富实用技能，农民外出务工择业面变宽、就业机会增多，收入增加。2004年，农民外出务工经商和提供其他劳务获得的人均收入达1256元，同比增加295元，增长30.6%，拉动收入增速上升4.5个百分点。

从劳动就业制度改革和完善农村社会保障体系上入手，促进城乡社会经济协调发展。

深化户籍制度改革，逐步放宽了农民进入城镇就业和定居的条件。2003年已有33个中心镇5个卫星城开始办理农转非，郊区农转非年龄由35周岁调整为30周岁。2004年，市有关部门拟在14

个卫星城33个中心镇的规划区范围内，具备一定条件的本市农业户口的，均可根据本人意愿办理城镇户口。并根据有关规定，做好本市新生儿办理城镇户口及在校中等专业学校学生的农转非工作。在此基础上进一步放宽政策、降低门槛，加大农转非力度。

当前郊区农村最低生活保障、养老、医疗等社会保障体系正在加紧完善，覆盖水平显著提高，为本市农民进城务工解除后顾之忧。2003年，合作医疗覆盖率达到64%，比上年提高了23.4个百分点。同时为农民进城务工设立的工伤、医疗强制保险措施，又为本市和外来农民进城务工经商提供了公平环境。

三、贯彻"五统筹"，促成城乡社会经济协调发展，加快边远山区农村劳动力转移速度，是有效增加农民收入的有效途径

首都城镇经济投入力度大于乡村经济。2001年乡村及以下农村固定资产投资额为93.7亿元，仅为全社会固定资产投资总额的6.1%，2002年农村这部分投资的比例下降为5.6%，2003年间，乡村和农户投资额加大，比上年增长了一倍，达到215.1亿元，但这一数字也仅仅是当年全社会固定资产投资总额的1/10。

经济重心偏于城镇，功能过于集中，形成了城镇与乡村经济实力差距，造成近郊平原地区与远郊山区区域之间经济发展的不协调。2003年，全市GDP总额3798.9亿元，城近郊区（四城区加朝、丰、石、海）的国土面积只占8.2%，GDP产出却占全市GDP总额的74.3%，地方财政收入份额占75.7%，平均每平方公里GDP产出2.06亿元；远郊区县的国土面积占91.8%，GDP产出份额为25.7%，地方财政收入份额占24.3%，地均GDP每平方公里只有0.06亿元；地均GDP，城近郊区比远郊区县多出两亿元。六个山区县拥有全市66%的国土面积，GDP份额只有12%，地均GDP每平方公里只有0.04亿元。土地利用效益呈现出城区—近郊—远郊平原—山区梯级递减的格局。

从全国范围看，各省市在地域经济发展战略规划上都有所侧重，各地区或多或少地存在着地域经济发展不均衡的问题。我们试用衡量城乡居民收入均衡程度的指数—基尼系数的测算原理和方法，描述宏观经济发展不均衡的严重程度，暂且称之为经济均衡系数。根据北京市2002年经济发展情况，绘制经济均衡曲线如下：

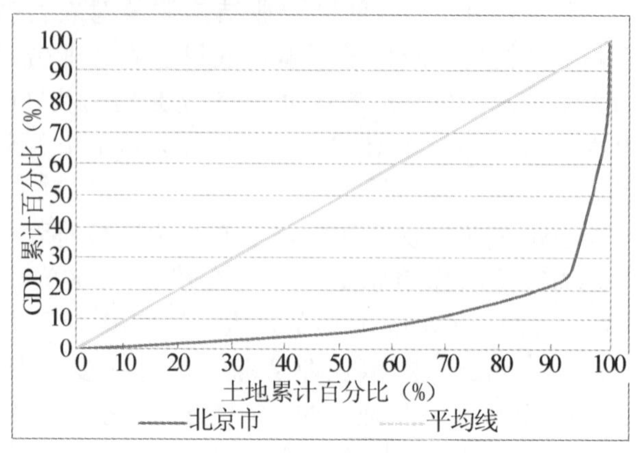

经济均衡曲线

图形显现，北京市的经济均衡曲线远离45度平均线（45度平均线的含义是：一定份额的土地面积产出相同份额的GDP），表明北京市地域间经济发展的不均衡程度较大。图示中：当土地份额累计到66%时，GDP份额只有9.8%；累计到92%时，GDP份额才到23%；北京市城市核心四城区土地面积只占0.5%，GDP产出却高达26.7%。

地域经济均衡系数取值0和1之间，实际测算值越靠近1，表明地域经济内部发展失衡越严重。经测算，北京市地域经济均衡系数已很靠近1，2002年为0.7945，2003年为0.7899。北京市地域间经济发展的不均衡性较为明显。这种不均衡性主要是由地域间自然地理环境差异和区县功能定位的不同所决定的。

首先，远郊山区县的土地绝大多数属于山地，林木和作物的环境效益大于经济效益，单位山地面积上的农业产出价值无法与城近郊区和平原地区的现代制造业和现代服务业的产出价值相比。

其次，山区的基础设施、劳动力素质和投资效益对生产要素的聚集作用与平原比存在相当大的差距。2003年农村乡村及以下的固定资产投资额只是全社会投资总额的1/10。从房屋建筑竣工面积指标看，2002年远郊区的房屋建筑竣工面积415.9万平米，只占全市的13.3%。远郊区县的房地产、商业和服务业等相关产业发展相对缓慢，限制了对当地农村劳动力的吸纳作用。而且，地域之间若干年的投资差异积累数量也相当可观。1997年远郊区新建住宅竣工面积与城近郊区相差608万平米，至2002年差额扩大为1646万平米，六年间累计竣工面积相差高达4771万平米。那么，由

投资引发的，远郊山区与近郊平原地域间在基础设施完备程度、经济发展规模和水平、生产能力储备、劳动就业空间增长潜力上的差距逐年扩大，相应地在经济总量和居民收入水平上也拉大了距离。而投资拉动经济增长，居民收入和购买力水平不断提升使市场容量得以扩充，进一步又吸引投资上升。这种互为因果，循环往复的作用机理，使得城近郊区和东部平原地域内的经济不断增温，对人口和劳动力的聚集能力逐渐增强。远郊区县的经济发展与上述情况正好相反。

再次，远郊山区的定位主要是生态涵养功能区，其规划和产业政策制定原则和目标某种程度上限定了山区经济规模的扩充。

近几年，首都经济在保持两位数的年增长率持续发展的过程中创造了大量的就业岗位，2003 年末全市从业人员达到 703.3 万人。2001 至 2003 年末累计新增 74.4 万个就业岗位。由于城乡经济和地域间经济发展的不均衡性，造成城乡间对人口和劳动力聚集作用的强弱差别。在城镇，随着改革开放的不断引向深入，股份制、外商投资、港澳台及个体等各种经济成份的企业蓬勃发展和城镇下岗人员再就业工程都带动了城镇就业空间的拓展，城镇经济提供就业岗位的能力要大于乡村经济。2003 年末城镇从业人员为 533.7 万人，比 2001 年末累计增加了 69.5 万人，平均每年实际新增就业岗位 34.75 万人，两年间城镇实际新增就业岗位的贡献率高达 93.4%。与城镇经济对比，2003 年末乡村从业人员为 169.6 万人，比 2001 年末累计增加仅有 4.9 万人，平均每年增加 2.45 万人，远远落后于城镇从业人员平均增长速度；城镇新增的就业人数是乡村的 14.2 倍。

郊区地域间经济发展的差异主要影响农村劳动力地域性转移。以山区为 1，2003 年近郊区、平原、山区间的地均 GDP 比值为 35.62：2.98：1。2003 年郊区乡村从业人员 169.6 万人，比 2001 年新增 4.9 万人。乡村从业人员地域分布：近郊区 25.4 万人，平原 72.4 万人，山区 71.8 万人；新增劳动力的地域分布：近郊区 2.7 万人，平原 3.9 万人，山区减少了 1.7 万人。近郊和平原地区经济发展规模提供就业岗位的能力远大于山区。这种就业容量差形成了远郊山区的农村剩余劳动力向近郊平原地区进行地域性转移的趋势。数据还显示出远郊平原地区新增劳动力数量最多，这与地域间的人口密度差异存在一定关系，近郊区人口稠密，每平方公里 5388 人，劳动力承受就业竞争压力较大。远郊平原四区人口密度为每平方公里 710 人。受新的首都社会经济总体规划中“两轴两带”的影响，未来北京市东部平原地区的就业空间将进一步扩大。

依据首都发展规划，城市的部分功能将逐步向外延伸扩展，西北部山区独立开发，则投资成效偏低。而且边远山区地广人稀，人口仅占全市乡村总数的 15%，经济发展成果的受益人口相对偏少。山区主要定位是生态涵养功能区域，宏观调控政策和煤、电、油、运供给紧张的状况要求西北部山区经济要有重点、有特色，且有利于城乡协调、统筹发展。

人口学理论中“人口流动高位移规律”认为，劳动力总是由低层次向高层次转移，由农村向城市转移，由生存条件差的地方向生存条件好的地方转移，由劳动效益低向劳动效益高的区位转移，由简单劳动向复杂劳动转移。农村劳动力转移方向和趋势都是遵循这种必然规律。

推进京郊平原地区经济发展，合理规划、加快山区重点乡镇和小城镇建设，发展山区特色经济和促进山区劳务输出。

1. 促进东南部平原地区经济发展。

京郊东部平原地区现有的基础设施、人口和劳动力素质、以及相对发达的经济、文化、社会条件下，投资回报要高于山区。而且经济发展惠及人口众多，东部顺义区新城建设目标为容纳百万人口，强烈的人口聚集作用将有效地缓解城市中心的人口就业压力，同时也将牵动毗邻地域的农村经济发展和劳动就业机会的增长。而另一方面，东南部平原地区经济发展也强烈地吸引着外埠劳力的涌入。数据显示，2003 年从外来人口增长幅度看，远郊区县外来人口增幅最高，达 23.1%，近郊区的增幅只有 2.3%，城区则减少了 19.6%。远郊区县的外来人口 86.9%集中在房山、通州、顺义、昌平、大兴五区。外来人口形成由近郊区向远郊区扩散的趋势。

2. 合理规划、加快山区重点乡镇和小城镇建设。

位于山区（县）的中心城镇和小城镇对山区社会经济发展也起着不可低估的示范和带动作用。一是为周边地区和边远地区农民就近外出务工提供就业机会；二是解决边远山区生存环境恶劣条件下的移民搬迁农民创造就业机会；三是西部和北部中心城镇和小城镇目前还只是人们休闲、旅游度假、工作会议等作短暂停留的好去处，随着基础设施不断完善和生态环境改善，那里也将逐步形成宜居地带，可以提供向西、北疏散城市人口的方向，有效地缓解特大型城市经济中心地带所承载的就业竞争压力。

3. 发展山区特色经济和促进山区劳务输出。

深度挖掘山区资源优势，充分发展山区绿色种养和旅游特色产业。促进山区劳务输出，边远山区的农村劳动力可实现地域转移，增加劳务收入。据调查，2001 年农民纯收入中，在农民外出劳务收入这一项，山区为 412 元，比平原多 113 元；但到了 2003 年，山区农民外出劳务收入 414 元，几乎没有增加，却比平原地区少了 181 元。加大山区劳务输出是必要的和迫切的。因此，应有意识地加强农民实用技能培训，及时提供劳务市场信息。

依据科学发展观，统筹城乡，实现以城带乡、城乡联动。首都将逐步形成城近郊区、东南部平原、山区具有梯度层次、功能结构各异、优势互补、相互促进、协调发展的新格局。

四、劳动力转移过程中存在的问题及政策建议

2004 年开展了一项对 5855 个京郊农村劳动力、1047 个外地来京务工人员的就业现状和就业意向调查，结果显示出劳动就业过程中存在的一些问题。表现了现阶段北京市劳动力市场对劳动者的就业能力和综合素质提出的更高要求。

1. 农民就业以自发就业为主，劳动力市场信息利用率不高。政府组织引导农民就业不足，政府组织的和乡镇、村委会安排的占 24.2%；通过媒体信息和职介机构渠道就业的劳动力比例更小，仅占 3.1%；农民通过朋友介绍、自主创业和自谋职业的就业方式占多数，达 59.8%。其他方式就业的有 12.9%。

2. 劳动力市场还需规范，劳动用工制度存在漏洞。处于弱势地位的农民，其自我保护意识和法律维权意识有待加强。数据显示，在就业的劳动力中，与用工单位签定了用工合同的只有 24%，未签定用工合同的却占 76%，外地民工未签合同的占外地民工总数的 82.6%。一旦农民工与用工单位产生各种经济或法律纠纷，则农民的权益得不到完全保障。此外，农民工与用工单位未办理任何保险的占 66.3%，不清楚此事的占 6.8%，两项合计占 73.1%，外地民工该两项比例高达 90.6%。受本市劳务市场供大于求的现状影响，农民就业挣钱成为考虑要素，无专业技能的农民工选择余地较小。另外，与受雇企业的经济类型相关，经济类型不同的企业，其劳动用工制度的合理合法性也不尽相同。本市农村劳动力受雇于比较正规的国有、集体、股份制、港澳台和外商投资企业的人数占 42.7%，私营企业占 22.9%，其它企业 34.4%；外地民工这三项数字分别是 14.3%、42.6% 和 43.1%。本市劳动力受雇的用工单位办理完成基本医疗保险和养老保险的比例分别为 19.2% 和 18.3%，外地民工两项保险办理完成率只有 3.6% 和 2.7%。

3. 农民素质决定就业能力，是农村劳动力转移的关键因素，提高农民文化素质和专业实用技能是第一要务。数据显示，北京市农村劳动力大部分为初中文化程度，比例为 55.1%，其次为高中文化程度，占 26.7%；北京市农村劳动力文化综合素质要高于外地劳工，高中及以上文化程度的劳力所占比重比外地高出 24.6 个百分点(详见下表)。抛开劳动力个体与受雇单位之间的社会关系和劳动力价格因素不谈，仅就文化程度差异而言，北京市农村劳动力在劳动就业市场中处于较为主动和优势地位，有更多的机会选择劳动用工和保险制度合法健全、福利待遇较好、管理正规的企事业单位。

劳动力文化程度构成

单位：%

文化程度	合计	本市	外地
不识字或识字很少	1.52	1.37	2.39
小学	10.01	8.08	20.82
初中	55.06	53.41	64.28
高中或中专	26.73	29.55	10.98
大专及以上	6.68	7.60	1.53

调查中，在回答政府解决农民就业方面应做哪些事情时，第一提及中排列第一位的，即农民迫切需要的就是职业技能培训，占 45.9%。本市与外地劳工在此问题上的回答结果基本相同。排列第二位的才是推荐工作，占 26.3%。

在回答农民就业存在的主要问题时，第一提及中列第一位的是没技能，占 44.6%，列第二位的是文化低，占 16.5%，这两项反映劳动力素质的比例合计达 61.1%。说明了实用专业技能在劳动就业中显得更为重要。

在就业的劳动力中，北京市农村劳动力就业培训状况也好于外地，本市农村劳力参加过职业技能培训的人数过半，达 50.3%，外地劳工参加过职业技能培训的人数只有 30%。

4. 农民职业技能培训意向。在第一提及中，希望得到的职业技能培训的确定种类，按比例大小排序为，种植（13.5%）、汽车修理（10%）、会计（7.6%）、养殖（7.5%）、服装（7.1%）、电工（6.3%）、家政服务(5.6%)。

农民职业培训费用，除政府负担外，农民能承受的培训费用在 400 元以下的人数占 71.5%，培训费在 600 元以下的占 87.2%。可以说在本市，600 元的培训费用是多数农民能够承受负担的上限。

针对上述问题，应以统筹城乡协调发展为切入点，按照“政策支持，市场规范，信息引导，强化培训，市场化运作”的基本思路。建立全市统一的农村劳动力资源信息库和市场需求信息库，及时准确地为用工单位和农村劳动力提供劳务供求信息。

鼓励社会各阶层投资兴建合法规范的劳务中介组织，形成开放、有序、规范的劳务社会性化服务体系；鼓励企业和用人单位直接参与农村职业技能培训，开展定向培训，搞好自我服务。

成立农民就业服务中心，为全市农村富余劳动力转移提供就业信息、政策法律咨询、职业道德和职业技能培训以及跟踪维权服务。

辽宁农村劳动力外出务工现状

辽宁省农调队　温炳林

“三农”的核心是农民收入问题。当前乃至今后相当长时期内，农民增收的关键是农村剩余劳动力的转移。只有加快推进农村剩余劳动力向非农产业转移，才能从根本上解决“三农”问题。近年来，随着市场化程度的提高、招商引资的持续增长和基础设施建设力度不断加大，给农民提供了难得的就业机遇。这不但有效缓解了农村劳动力剩余的矛盾，也拓宽了农民的收入渠道。深入分析和研究辽宁省农民外出打工族的现状、特点和存在的问题，提出切实可行的引导农民外出务工的对策建议，对转移农村剩余劳动力，增加农民收入具有重大的现实意义。

一、外出务工农民现状

(一)外出务工群体逐年扩大

由于近年来农产品价格在较低位徘徊，农民种粮效益下降，加之城市工业经济持续稳定发展，促使农民外出打工者逐年增加。据抽样调查推算，辽宁省外出务工农民 2000 年约 145 万人，占农村劳动力的 10.4%；2004 年约 185 万人，占农村劳动力比重为 13.2%。四年来，外出务工者增加了近 40 万人，务工人员占全部农村劳动力的比重提高了 2.8 个百分点。务工群体以大中城市务工为多，2004 年到地级以上大中城市务工的劳动力占 64.9%，到县级市务工的占 21.6%，初步形成了以省内各大中城市为主要务工场所的农民打工族。

(二)外出务工收入不断增加，贡献率逐年扩大

近年来，辽宁省农民外出务工收入呈现了快速增长的良好态势，已成为农民收入的重要渠道和增收的主要来源。2000 年辽宁省农民外出打工收入人均 154 元，占全部纯收入的比重为 6.5%；2001 年、2002 年农民外出打工收入分别为 168 元和 200 元，占农民年纯收入比重分别为 6.6% 和 7.3%。2004 年辽宁省农民外出打工收入约 70 亿元，人均达 298 元，占农民收入比重提高到 9.0%。调查数据显示，在辽宁省农民收入增长中，外出务工收入的贡献率逐年扩大。1999 年和 2000 年，辽宁省连续两年遭受历史上罕见的特大干旱，粮食大幅度减产，农民收入连续两年下降，但农民外出打工收入则保持稳步增加的态势。2002 年，辽宁省农民人均纯收入比上年增加 193 元，其中农民外出务工收入增加 33 元，对农民收入增长的贡献率达 17.1%。而在 2003 年，打工收入对农民收入增长的作用更加明显，在农民收入比上年增加的 183 元中，有 74 元的收入是通过外出务工增加的，占农民收入增加额的 39.3%。在 2000 年至 2004 年的五年间，辽宁省农民收入平均每增加 100 元，就有近 20 元是外出务工增加的。

(三)与外省区比较外出务工规模和收入差距较大

尽管辽宁省农村外出务工规模逐年扩大，务工收入不断提高，但与全国平均水平相比仍有较大差距，与外出务工大省相比差距更大。2003 年我国农村外出劳动力约 1.14 亿人，占劳动力比重为

23.2%，高出辽宁省10.5个百分点；全国跨省区流动的劳动力比重为49.9%，不少省区流动到省外劳动力超过外出劳动力的半数，而辽宁省仅占1/10。外出务工收入差距也十分明显，2002年辽宁省农民外出务工收入占全部纯收入的比重为7.3%，比全国12%的平均水平低4.7个百分点，外出务工收入额仅为全国平均水平的67.2%。在31个省(区、市)中，辽宁省农民人均纯收入位居第9位，而外出务工收入却列第21位。安徽、广东、江西、江苏、四川、重庆、福建、湖南、广西等省区农民外出从业收入均超过辽宁省一倍以上，其中不少收入是在辽宁省地域获得的。目前辽宁省农民外出从业收入与外出务工大省相差5～6年，这显然与辽宁省经济基础雄厚的老工业基地和密集的城市群，具有吸纳劳动力优势的地位不相称。

二、农村居民外出务工的意义

与城市和国外相比，我国农村落后的根本原因在于人多地少的矛盾相当突出，劳动力大量剩余，就业难，劳动生产率低下。农村剩余劳动力指现有劳动力资源减去需要量，它是一个动态的、相对的概念，随着耕地面积、机械化程度、科学技术条件等多方面因素的变化而变化。根据测算我们对目前辽宁农村剩余劳动力数量认定为500万左右。这是基于目前农村劳动力和农业容量，按照平均每一劳动力10亩耕地的标准，以现有的1000多万农村劳动力中仅需要620万人务农，另外的500万算作相对剩余的基础上得出的结论。今后二三年将是上世纪80年代末期人口生育高峰出生的人口进入就业的时期，到2006年全省农村剩余劳动力总量还会增加。在当前小城镇发展滞后、农村二三产业和乡镇企业吸纳劳动力有限的情况下，农民外出务工大大缓解了农民的就业压力，同时也获得了可观的收入。2003年辽宁省平均每个外出务工劳动力获得总收入5950元，与全省农村劳动力全年获得3966元的平均收入水平相比高出50%。

需要特别提出的是，贫困地区自然灾害频发，土地瘠薄，从事种植业的劳动力创造的收入明显低于其他地区，而这些地区农民外出务工获得的收入占全部收入的比重则远远高于其他地区，劳务输出对当地经济发展和增加收入的作用也更加明显。辽西北是辽宁省农村经济欠发达地区，十年九旱，农民收入不及辽南发达地区的一半，是辽宁省农村贫困人口较为集中的地区。这一地区外出务工群体庞大，约占辽宁省农村外出务工总数的40%，获得的打工收入是全省平均水平的两倍多，占全部收入的比重高出全省平均水平10多个百分点。恶劣的自然环境和频发的自然灾害常使贫困地区农民家庭的农业生产所收无几，相比之下，外出务工不受灾害的影响，收入也稳定得多。务工收入对发展当地经济、减少贫困发生率、提高生活水平起到了至关重要的作用，正所谓“外出一人，致富一家；外出一批，带动一地”，劳动力外出务工已成为农民家庭摆脱贫困的重要途径，使贫困地区农民在脱贫致富的进程中迈出了可喜的步伐，减轻了财政和民政部门的压力，也为缩小地区间收入差距作出了贡献。

尤其重要的是农民通过外出开阔了视野，学到了技能，增长了才干，更新了观念，增强了市场和商品意识。他们中的部分人拉家带口，长期在城市务工，具有了稳定的收入，已与城市居民融为一体，彻底脱离了土地的束缚，随着城乡一体化进程的推进，他们将率先成为城市居民的一员，为我国城市化进程作出贡献；他们中的部分人获得了可观的收入后，也掌握了一技之长，将回到乡镇所在地创业和发展，将有力地推动小城镇建设和发展，改变目前小城镇建设因资金短缺等原因导致的发展滞后的局面。另外，农村剩余劳动力向外输出，有效缓解了农村劳动力的就业压力，有利于农村劳动力资源的整合，提高了劳动生产率，部分打工者将承包地转租出去，向种田能手集中，便于农村土地的集约化和机械化、产业化经营，为逐步实现农业现代化创造条件。同时，农村外出人员将城市的生活方式、消费理念与有关信息带回农村，对改变传统的生活方式，提高消费水平与生活质量，逐步缩小城乡差别起到积极的作用。因此，农村剩余劳动力的有效转移是关系到国民经济和社会发展全局的战略问题。

三、农民外出务工的特点

(一)就近务工者居多，跨省区流动的少

与安徽、江西、四川等外出务工大省相比，辽宁省农民外出务工就近者居多，跨省区流动的少，绝大部分人选择在省内务工，流动半径小。据抽样调查，2004年辽宁省外出务工农民中在本省内务工者占九成，其中在县内乡外的占务工者的27.1%，省内县外的占62.9%，到省外创业和寻求发展的

仅占外出务工者的10%。按我国东部、中部、西部地区分，辽宁省外出务工者中，在我国东部地区务工者占全部务工人数的95.2%，到中部地区的仅占4.1%，而到西部地区的尚不足1%。在辽宁省各城市中，外省在辽宁省打工者随处可见；而在我国其他省份，来自辽宁的打工者可谓凤毛麟角。虽然辽宁省密集的城市分布群和雄厚的工业基础，具有吸纳劳动力的基础和优势，但从务工意识上看，辽宁省农民出家不远行的传统习俗仍未打破。

（二）孤身外出的多，举家外出的少

据调查，在辽宁省有外出务工农民家庭中大部分是一人单独外出，约占务工农民家庭的79.5%，家庭中2人外出的占17.4%，举家外出的家庭仅占3.1%。我国中西部外出务工大省的农民离开多年耕作的田园，携妻带子全家外出的比例明显高于辽宁省。他们常年在外，彻底摆脱了土地的束缚，不但获得了可观的收入，也为当地农民扩大经营耕地面积、实施集约化经营创造了条件。在这方面，辽宁省的差距也是比较明显的。

（三）盲目流动的多，组织引导的少

目前辽宁省农民外出基本上是自发或靠亲属、朋友介绍，有关部门缺乏必要的组织和引导。据抽样调查，2004年辽宁省外出务工的农民中，自发外出的约占32.6%，通过亲朋好友介绍的占60.3%，而政府或单位有组织向外输出的仅占外出者的7.1%。由于缺乏有组织的、必要的和有针对性的培训，农民大多数文化素质较低，缺少基本的劳动技能，因此自发外出具有较大的盲目性，劳动力转移基本上处于散兵游勇的无序状态，很难在竞争激烈的劳务市场中找到工作，不但白白花费了交通费，还影响了农民外出务工的积极性。

（四）从事体力劳动的多，从事技术行业的少

辽宁省外出务工农民受教育程度普遍较低，平均受教育年限为9.2年。抽样调查显示，初中文化程度的农民构成了目前辽宁省农民打工族的主体，比例高达70.4%；其次是小学文化程度，占12.8%；高中及以上文化程度者仅占外出从业人员的16.4%。此外，还有少量务工者属文盲或半文盲。而辽宁省农村全部劳动力中，受过专业培训的仅占9%，绝大多数农民未接受过系统的技能培训。由于缺少一技之长，外出务工人员大都从事体力劳动，从事技术工作的很少。江浙地区外出务工农民带有明显的经济性和技术性流动的特点，主要从事商贸、餐饮、工业和服务业。他们商品意识强，吃苦耐劳，勇于开拓，善于经营，外出务工的历史也比辽宁省农民长，因此获得的收入也比辽宁省农民多。目前，辽宁省各大中城市中，在诸如房屋装饰、电器维修、服装裁剪等高技术、高收入行业，辽宁省农村外出务工者很少涉足，而江、浙、粤等南方省份务工者却早已捷足先登，租柜台、开餐馆者也不鲜见，这些人外出不单是劳务，更多的是创业，基本上在城市中立稳了脚跟，掌握了主动权。相比之下，辽宁省务工者则以力工为多，从事技术行业工种的少，工作不稳定，劳动强度大且报酬低。

（五）外出务工具有明显的兼业性

在外出务工的农村劳动力中，有近四成打工者并非常年在外。即使常年在外，他们中绝大多数还保留着对土地的承包权。每年除在外务工外，春耕和秋收等农忙季节很多务工者都要回乡从事农业生产，属亦工亦农型的兼业性和季节性转移。抽样调查资料显示，2004年辽宁省农村劳动力外出从业时间在3个月以下的约占8.8%，3～6个月的占16.8%，6个月以上的占74.4%。兼业长短因家庭劳动力的多少与从事劳务的行业和收入的高低而异，一般来说，家庭劳动力较多、劳务收入较高且较稳定的，在外时间较长。辽宁省农民外出务工创业的历史相对较短，很多农民还没有比较稳定的务工场所和收入，因此他们还不愿或不敢放弃赖以生存的土地。城市郊区还活跃着一支每天到城市中找活干的务工大军，他们骑车到市里的零工市场挂牌等活，有的还自备午饭，晚上回家住宿，主要从事力工和家政服务等，利用农闲时间挣点零花钱，弥补生活之需。

（六）建筑业是农民外出务工的主要行业

据抽样调查，2004年辽宁省农村外出6个月以上劳动力中从事第二产业的占外出劳动力的一半左右，其中建筑业是吸纳劳动力最主要的行业，约占外出务工者的29.4%，制造业和采矿业分别占17.6%和5.1%。从事第三产业的劳动力约占45.3%，三产业中从业比重最大的是餐饮住宿业，约占外出劳动力的13.3%；其次是居民服务和其他服务业，约占9.5%；批发零售贸易业和交通运输仓储业分别占6%和4.7%。

四、外出务工中存在的主要问题

（一）劳动强度大，劳作时间长

目前，城市自身也存在大量待业和下岗失业人员。在农村外出打工者文化程度普遍偏低的情况下，能在竞争激烈的城市就业市场找到立足之地，是由于他们大都从事脏、累、险等城市下岗人员都不爱干的工作。据调查，外来务工者平均每周工作6天，且每天工作时间在8小时以上，有的长达12小时，很难享受到正常的作息时间，节假日和加班加点也往往得不到相应的报酬。

(二)工资兑现难的问题仍然存在

去冬今春以来，各级政府加大力度，着力解决用工单位和雇主拖欠农民工工资问题，并已取得了明显成效，农民工劳动报酬兑现难的矛盾有所缓解，但工资难以及时兑现的现象仍然存在。据最近对辽宁省90个外出务工者进行现场调查反映，1/3的务工者不能按时得到工资，其中拖欠7个月以上的占10%。民工们反映，建筑行业是使用农民工最集中最辛苦的行业，同时也是拖欠工资最严重的行业，寻找各种借口克扣农民工报酬的现象也时有发生。

(三)合法权益得不到有效保障

按我国《劳动法》规定，用工单位在用工前必须与务工者签订用工合同，但目前用工单位普遍没有与农民工签订劳动合同，从事危险工种的农民工得不到医疗、保险等政策保障，有的甚至向农民工乱收费。据朝阳市调查，务工农民中仅有10%的打工者与用工单位签订了用工合同，大多数只是口头协定而已，务工过程中遇到纠纷时缺乏法律保护。农民工说，我们身在他乡，势单力薄，属弱势群体，在与用工单位和雇主发生矛盾时，吃亏的往往是我们自己，只能听天由命。还有一些常年在外的农民工在原籍的土地承包权、住宅所有权得不到保障。这些问题，都严重制约了农民工的合理流动，影响了农民外出务工的积极性和稳定性。

据调查，农民外出务工的主要困难，40.6%的农民回答缺乏技术特长，不易找到工作；31.1%的农民回答工作强度大，劳动报酬低；担心工资不能及时兑现和克扣的占18.9%；回答缺少安全感和稳定感的占8%。可见，文化素质低、外出找活难是影响农民外出务工的最大障碍。

五、引导和加强农民工流动的对策建议

农村剩余劳动力向非农产业合理转移和向城镇的有序流动，已成为农民增收的重要渠道。农民打工族在增加收入的同时，也为城市建设和经济发展做出了重要贡献。正确引导、合理组织农村剩余劳动力外出务工，千方百计解决他们的实际困难，切实维护他们的合法权益，对打破城乡对立的二元经济结构，落实党的十六大提出的统筹城乡经济社会协调发展，实现全面建设小康社会的宏伟目标，意义十分巨大。为进一步引导农民外出务工，有效加强农民工流动服务工作，我们建议：

(一)从体制上善待农民工

应大力推进以户籍制度为中心的户籍改革，彻底打破维系多年的城乡二元经济结构，从体制上消除农民进城务工经商的障碍。当前要本着对农民“多予、少取、放活”的方针，简化农民外出就业手续，进一步清理、取消各种针对农民进城就业的歧视性政策和不合理收费，减轻农民务工成本，降低农民外出务工的门槛。建立城乡劳动者自主择业、平等竞争的市场竞争机制，逐步实现城乡劳动力市场一体化，使农民工享有与城市公民同等待遇和就业权利。要允许进城务工者的子女正常入托、入学，与普通市民的子女一样享受义务教育等方面的政策待遇，取消非平等限制。

(二)大力开展对农民的技能培训

随着产业结构升级和现代化建设步伐加快，务工单位对务工者的素质要求越来越高。农民工基本素质普遍较低，缺乏必要的劳动技能，就业能力差、机会少，这是影响农民工流动和就业的主要因素，有计划有组织地大力开展对农民的技能培训已是当务之急。各级政府和相关部门要在统一组织农民工基本就业知识与技能培训的基础上，积极调动社会力量，根据农民工择业的实际需求，有针对性地免费开展专业技术培训，增强农村劳动力自主就业能力，扩大农民工就业范围和领域，提高农民的劳务收益。全省农村工作会议提出的2004年实现培训20万人次的目标要抓紧落实。加强农村基础教育，防止产生新的文盲。同时强化农村职业高中教育，将实用技术作为一门重要课程，为培养有知识、懂技能的劳动者积蓄后备力量。

(三)依法保障农民工的合法权益

要进一步制定和完善保护农民工合法权益的法律法规，给外来务工者创造一个良好的务工环境。凡使用农民工的单位都要与农民签订用工合同，凡是未签订用工合同的，都视为违法行为，要追究用工单位的法律责任。用工单位要及时足额发放农民工工资，不得随意压低他们的劳动报酬。用工单位要主动为农民工办理医疗、工伤等社会保

险，维护农民工的人身和财产安全。对从事危险、有毒有害等特殊岗位的农民工，应按照国家有关规定给予经济补偿和劳动保护措施。各级政府要对外来务工者提供法律援助，加大《劳动法》执法力度，以震慑那些有法不依、明知故犯、侵害农民工利益不法行为的单位和个人。有关部门对涉及农民工的投诉案件要及时受理，对违反法律法规侵害农民工合法权利的，要坚决予以纠正，维护农民工的正当权益。对严重侵害农民工合法权益的违法行为，新闻舆论部门及时予以披露和曝光。进一步明确转移出来的农村剩余劳动力的土地承包政策，切实保障农民工的土地承包权、经营权、转让权以及其他土地的流转权利，解除他们的后顾之忧。

（四）逐步建立为农民工流动服务的新机制

为了更好地为农民工提供流动就业的信息咨询服务，促进农民工合理流动，各级政府要研究有利于农民工流动的政策措施和组织形式，提高农民工流动的组织化程度。各地应组建农民工流动咨询中介组织，在农民工与用工单位之间架构桥梁，搭建平台，在相关媒体上发布用工信息，对农民工流动就业过程中的政策、法律问题和用工单位相关信息等提供咨询服务；进一步加强和完善劳务市场的管理，使之制度化、规范化；组织农民工与用工单位之间的联系和协调工作，对双方发生的各种纠纷进行协调处理与仲裁；为农民工提供技能培训、就业推介等。

湖南农村劳务输出的成效和特点

湖南省农调队　贺有斌　郑红梅　朱跃进　罗　曼

党的"十六大"报告指出:"统筹城乡经济社会发展,建设现代农业,发展农村经济,增加农民收入是全面建设小康社会的重大任务。""农村富余劳动力向非农产业和城镇转移,是工业化和现代化的必然趋势。"要"引导农村劳动力合理有序流动"。湖南是一个中部农业大省,农村劳动力资源丰富,近几年在湖南省委、省政府的正确领导下,湖南农村劳务经济不断发展,农村劳务输出成效显著。

一、劳务输出是实现富民强省的重要途径

湖南省农业人口占总人口近70%,全省资源禀赋和产出状况存在较为突出的"一多"、"一少"、"一缺"、"一低"特征。

"一多",就是农村劳动力多,由于耕地面积的不断减少和技术水平的提高,农业领域存在庞大的劳动力大军,全省剩余劳动力在1000万以上,而劳动力市场价格不及美国1/30,香港地区1/10,大量廉价的劳动力是农业省区潜在的可以转化和利用的巨大优势。"一少",就是土地资源少。湖南省农业人均耕地不及世界平均水平1/3,而且人均耕地资源还呈持续下降的趋势。"一缺",主要缺乏资本这一现代经济发展必需的核心要素。湖南城乡居民人均储蓄、人均固定资产投资、人均利用外资、都不及全国平均水平。"一低"即劳动生产率低,主要是种田比较效益低,种田边际成本提高。"种田划不来","种田亏本"是农民普遍反映。耕地抛荒的不少。

出路是扬长避短,在众多劣势中充分发挥自己的比较优势,通过对外劳务输出和引导农业劳动力向二三产业、向城镇有序有效转移,才能化包袱为财富、从根本上走出困境。

二、湖南农村劳务输出的显著成效和特点

湖南省的劳务输出始于上世纪80年代中期。20年来,在省委、省政府的正确领导下,通过采取一系列行之有效的措施,全省劳务输出已经形成"组织机构健全,管理服务一体,内外信息沟通,培训转移配套,数量规模稳定"的基本格局,已经成为湖南省经济的一个新的增长点和一项新兴产业。全省外出务工人员遍布五湖四海,是全国最大的劳务输出省份之一。

20年来,全省农村剩余劳动力出现过两次转移高峰。第一次是1984年至1988年。随着广东沿海地区政策开放,大量外资企业进入珠江三角洲地区,迫切需要吸收大量外来劳动力。这一期间,湖南省农村劳动力外出务工以年均16.6%的速度增长,湖南省"民工潮"现象由此发端。第二次是在1992年以后。由于区域经济发展不平衡,城乡收入差别进一步扩大以及农业增产不增收等因素的影响,湖南省农村剩余劳动力出现了第二次大规模的转移就业。据抽样调查,2000年全省农村外出务工者达到842.32万人,约占全省乡村劳动力总数的29.97%。在外出务工者中,到外地的劳动力已达到606.09万人,其中,到外乡的人数为92.66

万人，到外县的人数 110.12 万人，到外省的人数 403.31 万人，分别占全部外出务工人数的 11%、13.1%、47.88%。而在本地从事劳务的人数相对不多，为 236.23 万人。

2004 年，在湖南省委、省政府的正确领导下，全省各地各有关部门认真贯彻落实中央一号文件精神以及省委、省政府《关于加快发展劳务经济的决定》，使得农村劳务经济继续呈现良好的发展趋势。

(一)全省农民外出务工的规模持续扩大

据农村住户抽样调查测算，2004 年湖南省农村外出务工总人数(含本乡、镇)达 1291.76 万人，比上年增加 92.35 万人，增长 7.7%。在外出务工者中，到异地劳务的人数达 967.11 万人，比上年增加 90.38 万人，增长 10.3%，其中到外省的达 641.12 万人，比上年增加 61.45 万人，增长 10.6%；到外县的人数达 179.92 万人，比上年增加 9.89 万人，增长 5.8%；到外乡的人数达 146.46 万人，比上年增加 19.44 万人，增长 15.3%；在本地劳务的人数达 324.65 万人，比上年增加 1.61 万人，增长 0.5%。

(二)外出务工农民人均劳务收入有所增长

据抽样调查推算，2004 年全年湖南省农民外出务工总收入(含本乡、镇)达到 600.59 亿元，比上年增收 60.97 亿元，增收幅度为 11.3%。外出务工农民人均劳务收入达到 4649 元，比上年增加 149 元，增长 3.3%。

(三)现阶段农村劳动力外出务工的基本特征

1. 外出务工者以中青年为主，出现了年轻化的趋势，且男劳动力明显多于女劳动力

2004 年农村外出务工者中，30 岁以下的约占 68.8%，31～45 岁的约占 25.4%，46 岁以上的约占 5.8%。其中，21～30 岁的占 47.8%，比重上升 3 个百分点。男劳动力占 60.3%，女劳动力占 39.7%，男劳动力所占比重比上年上升 1.2 个百分点。

2. 外出务工者文化素质相对提高

2004 年外出务工者中受过专业培训的人数占 35.5%，比重比上年提高 9.7 个百分点。

2004 年农村外出务工者中，大专及以上文化程度者占 1.3%，中专文化占 4.8%，高中文化占 16.8%，初中文化占 63.9%，小学文化占 12.6%，文盲或半文盲占 0.6%。

初中、高中、中专、大专以上文化程度的比重分别提高 1.8 个，0.7 个，0.3 个和 0.1 个百分点，小学和文盲或半文盲的比重则分别下降 2.8 个和 0.1 个百分点。这表明具有初中及初中以上文化程度的劳动力已经成为目前湖南省农村外出劳动力的主体。

3. 外出务工者分布区域广，沿海地区仍是转移的重点

2004 年全省外出务工人员中，49.6%的在外省，主要分布在广东、海南、福建，其次是浙江、江苏、上海、北京，随着西部大开发战略的实施，陕西、新疆、西藏等边远地区也有湖南农村的打工者。

2004 年湖南省农村外出劳动力中前往东部沿海地区从业的占 69%，比重同比上升 2 个百分点；到中部地区从业的占 31.9%，比重同比下降 2.2 个百分点；到西部地区从业的占 1.3%，比重同比上升 0.2 个百分点。

4. 外出务工仍主要靠“三缘关系”，但有组织外出比重有所提高

从总体上看，湖南省外出打工主要还是靠“血缘、人缘、地缘”关系，家庭成员带领，亲朋好友介绍，本地外出人员的示范，以及自己外出闯世界等方式各显其能，存在明显的自发性和盲目性。

2004 年湖南省农村外出劳动力中，有组织外出务工的占 15.9%，组织化程度比上年同期提高了 2.5 个百分点；亲友介绍外出务工的占 35.6%，比重下降 1.1 个百分点；自发外出务工的占 48.5%，比重下降 1.4 个百分点。

三、农村劳动力外出务工中存在的主要问题

目前湖南省农村劳动力外出务工仍处于自发、分散、组织化程度低的初级阶段，农民就业环境亟待继续改善。在劳动力外出务工过程中仍然存在着以下值得重视和必须解决的问题：

(一)农民外出就业空间需要进一步拓展

从农业本身来看，目前湖南省农村劳动力人均的耕地面积呈逐年下降趋势，随着农业集约经营的不断发展，农业劳动生产率的不断提高，农业作为农村劳动力的“蓄水池”功能必将削弱。从二产业来看，不论是城市工业还是农村工业，市场竞争激烈，经济增长方式都在转变，资金密集和技术密集程度不断提高，集约化程度提高，对农村劳动力特别是低素质劳动力的需求将会减少，加上近年来乡镇企业的发展速度趋缓，进一步缩小了吸纳农村劳

动力的容量。从三产业来看，尽管近些年大中城市第三产业发展速度明显加快，对劳动力的需求也有所增加，但受城市发展数量、人口饱和程度、城市基础设施等客观条件的制约，导致城镇的集聚功能不强，难以提供更多劳动力转移空间。

（二）劳动力文化素质偏低，有碍于劳务经济的发展

农村劳动力文化素质不高是湖南农村劳动力结构的重要特征之一。据抽样调查，目前湖南省农村外出劳动力中，初中文化程度的占 63.9%，小学及以下文化程度的占 13.2%。贫困地区的农民文化素质相对更低。低水平的文化科技素质，并且缺乏专业知识和新技能、新技术的培训，对一些较先进设备的岗位难以胜任，影响农村劳力的深层次转移的竞争力。目前湖南农村劳力外出务工大多集中在劳动密集度较高的的制造业、建筑业、服务业、批发和零售贸易餐饮业，分别占外出劳动力人数的 51.2%、12.2%、12%和 7.9%。特别是农村劳力转移经过这些年的发展，素质相对较高的劳力大部分已转移出去，剩下的劳力由于素质相对较低，外出务工的难度将更大。

（三）农村劳动力要素市场发展滞后

一是外出务工缺乏必要的组织和信息引导，存在明显的自发性、盲目性。由于制度不健全、机制不完善，不少中介组织很难发挥好中介服务作用。与此同时，社会上盈利性民办中介机构却过多过滥。不少所谓搞劳务输出的中介机构，根本不具备做中介服务的基本备件，甚至坑骗求职者，严重扰乱了劳力市场秩序。二是务工人员合法权益难得到保障。目前全国各地对劳务市场的管理尚未形成完善的体系，务工人员的利益在受到业主侵害时，往往很难找到相关部门帮助调解和处理，增加了农村劳动力转移的风险。三是农民外出务工办证乱收费。据调查外出的农民工反映，目前农民外出务工前，首先在当地乡镇办理流动人口证和计划生育证明等(未婚的要办未婚证)正常收费只有几十元，但实际收费高出几倍，达到两百多元左右。其次在务工地，国家现已规定取消除办理暂住证外的其他各种不正常收费，然而有些地方阳奉阴违，变相收费，虽暂住证收费标准由原来的几百元减到了几十元，但转过头来对房东征收租房管理费，结果是“羊毛出在羊身上”，最终还是转嫁到租房的打工者头上，农民工意见很大。四是缺乏对农民的专业技能培训。据调查受过专业技能培训的仅占劳动力总量的 5%，由于缺乏专业技能，影响了农民向国内城镇转移。

（四）配套政策和管理不完善与农村劳动力流动的不相适应

一是突出表现在户籍制度的残余影响。虽然湖南已经实行了全面改革，撤除了横亘在城乡之间的屏障，但由于传统体制的惯性，进城入户的农民仍在就业、上学、社会保障等方面受到不公正待遇。特别是部分大中城市为了保护本地劳动力就业还推出了对外来劳动力就业的各种限制政策，设置了新的“壁垒”。二是由于耕地流转制度不够完善，外出务工人员可能要蒙受因转让承包权造成的额外经济损失，因而阻碍了农民的弃农决策，大部分外出务工的家庭仍选择了“兼业”的经营方式，造成了农民外出务工户承包土地粗放经营，甚至弃耕抛荒。湖南省邵阳县对全县 637 个村及 13 个含农业人口居委会耕地抛荒调查情况汇总，2003 年全县抛荒面积约 6 万亩。2004 年由于实行粮食补贴政策和市场经济影响，粮食价格上扬，农民种粮积极性大大提高。目前，全县耕地抛荒面积下降到 20026 亩，仍有占耕地总面积 3%的抛荒面积。

四、加快农村劳动力转移的若干对策建议

（一）充分认识发展劳务经济，加快农村剩余劳动力转移就业的重大意义，加强对这项工作的领导

首先，必须在思想、认识、观念上有一个新的突破。一要突破重产业经济，轻劳务经济，不重视农村劳动力转移就业的观念，把发展劳务经济，加快农村剩余劳动力转移就业放到突出位置来抓。二要突破重城市，轻农村的二元经济框架，把发展劳务经济，加快农村剩余劳动力转移就业放到国民经济社会全局发展的高度来考虑，各级政府要加强对此项工作的领导，继续出台有利于劳务经济发展，加快农村剩余劳动力转移就业的举措和办法。三要突破“以农为本”、“以土立业”的守旧观念，教育农民克服“小富即安”的守旧观念，鼓励和引导更多的农民从土地中分离出来，从传统农业中分离出来，向现代农业的产前产中产后服务过渡，向非农产业的广阔领域进军，向小城镇和城市加速流动。其次，要建立和完善发展农村劳务经济和农村劳动力转移就业的管理体制，设立专门的领导协调机构和办事机构，省、市(州)、县(市、区)、乡镇要有领导和办事机构来抓此项工作。第三，要将发展劳务经

济，加快农村剩余劳动力转移就业纳入国民经济发展计划，做好长远规划和短期安排。

（二）逐步建立和完善城乡统一的劳动力市场

以省级牵头协调，市（州）为中心，县（市、区）为骨架，广大乡镇为基础，建立统一的省、市、县、镇乡四级劳动力就业市场。

乡镇侧重提供劳动力供给信息；县、市、省三级侧重搜集整理提供大量省内外劳务需求信息。要抓好就业服务，提供就业指导、职业培训、代管档案、代办社会保险、调处劳资纠纷等多项目、多方位的服务，并做好劳务需求的动态监测工作。要健全管理制度，规范市场运作，保证劳动力市场的统一和运作有序，促进劳务市场健康发展。

（三）加强职业技术培训，为农村剩余劳动力转移创造前提条件

强化职业技术培训，首先必须明确职责，由主管部门负责，有关部门积极配合，政府负责各项协调和保障工作，强化对转移前的劳动力进行职业技术培训为主的各项培训工作，尤其要加强对贫困地区劳动力的职业技术培训。其次要加大对农村教育的投入，从基础教育、职业教育、成人教育三个环节同时入手，加强职业技术培训，提高农民的整体文化水平。要提倡并积极推行学历文凭和职业培训资格证书并重的劳动用工制度。

（四）拓展劳务经济发展空间，千方百计壮大转移就业载体

要大力发展农村二、三产业，突出扶植壮大农业产业化龙头企业，扩大农村内部就业载体。一是要加快乡镇企业的发展。二是要支持和鼓励农民经营和发展二、三产业。

要加大农村公益事业和基础设施建设的力度，扩展农村劳动力就业空间。要加快小城镇建设步伐，积极开拓农村剩余劳动力就近就业的劳务空间。

（五）加快城镇化建设，增加城镇人口，减少乡村人口，实现以城镇化为主的农村劳动力转移

全面建设小康社会到2020年，全省城镇化水平要达到55％，要使大约1600万乡村人口逐步转变为市镇人口。首先，要有大城市建设目标，实施长株潭融城计划，使其成为一个吸纳农村人口的典范；要围绕交通发展和基础设施建设前景，搞好重点城市的规模扩大建设，其一是长江水道上的岳阳市，其二是铁路交通交汇地怀化市；还要在益阳、娄底、邵阳、永州中选择1～2个市，重点搞好城市规模的扩大建设。发展目标是要使全省百万人口以上的大城市扩大到8个以上，甚至12个。其次是对县级市镇实施扩张性建设，吸纳农村人口。再次就是要实施小城镇发展战略，中小城镇是连接城市与农村的纽带，是工农、城乡的交汇点，加速中小城镇的建设有利于发展和繁荣城乡生活，增加就业。

（六）优化转移就业环境，为加快农村劳动力转移就业创造必要条件

要深化土地政策改革。在明确界定集体产权的基础上，实施土地所有权、承包权和经营权的三权分离，推动农村土地流转制度的建立。具体可以考虑以下土地流转形式：推行土地股份制，农民以土地折股，建立土地股份合作社或股份制农业企业。或允许土地转让，允许农民将30年的土地承包权一次性有偿转让第三者或村委会使用，受让人同转让方的农户达成协议支付转让费。还可以实行土地置换的办法，即政府建立土地置换公司，进城农民可以将农村承包土地使用权与城市住房基地按照一定比例等具体情况置换。

要改革社会保险制度。在农村，要积极建立社会保障制度，将劳动力的有序流动与养老保险、失业保险制度有机结合起来，解决农民脱离土地就业的后顾之忧。在城市，要从建立城乡统一劳动力市场需要出发，将进城的农民工纳入社会保险的范围，建立城市包括下岗职工和进城农民在内的就业困难群体扶助体系和制度。

吉林农村劳动力外出务工特点

吉林省农调队住户处

当前,农村劳动力转移不仅仅是农村问题,而且是一个关系国计民生的,全社会经济发展的重大问题,成为当前社会各界普遍关注的热点。象吉林省这样一个农业比重大、农村劳动力转移相对较慢的省份,如何使农村劳动力资源得到充分合理配置和优化组合是一个很值得研究的问题。

本文从分析吉林省农村劳动力外出务工的现状、特点着手,研究当前农村劳动力外出务工和就业中存在的问题,分析农村劳动力转移的特征及促进转移的动因,总结转移的成效。在此基础上,进一步分析农村劳动力供需形势,研究转移的制约因素,从而提出促进农村劳动力转移的对策建议。

一、现状和特点

(一)农村劳动力外出务工的现状

吉林省农村劳动力外出务工发展演变过程大致经历了农业剩余劳动力的出现、到剩余劳动力的转移、再到劳务经济的形成和发展三个时期。

改革初期,由于农村家庭联产承包责任制的实施,极大地调动了农民的生产积极性,劳动生产率大幅度提高,农业劳动力开始出现剩余。

上世纪 80 年代中、后期,乡镇企业的迅速发展为农村剩余劳动力的转移提供了一定的空间。到 1990 年末,吉林省农村劳动力总量中,非农行业从业人员达到 73.2 万人,比 1983 年增加了 42.7 万人,非农化率为 14.9%。这一时期,农村剩余劳动力的转移还只是量的积累。

从 90 年代初期开始,随着整个国民经济的不断发展及城乡经济的互动,大量的农业剩余劳动力不断向非农行业转移,由量变开始向质变演变,逐步形成了劳务经济这个新兴产业。据有关调查资料推算,2004 年吉林省农村外出劳动力为 204.3 万人(包括短期外出打工),占农村劳动力总数的 30.0%,比 1990 年提高 15.1 个百分点。

由于农村剩余劳动力转移的快速增长,农村劳务经济也得到了较快发展。据全省 19 个县(市) 1600 个农户的抽样调查资料,农村人均劳务收入由 1990 年的 75.7 元增加到 2004 年的 458.60 元,增加了 5.1 倍,占农民纯收入的比重也由 9.4%提高到 15.3%,提高了 5.9 个百分点。这一时期是农村劳动力向县城、城市、省外以及国外全面输出,稳定增加的时期,有相当一部分转移的农村剩余劳动力已完全脱离农业生产,劳务经济已成为农民家庭收入的主要来源之一。

(二)农村劳动力外出务工的特点

1. 农村劳动力外出务工周期短,呈明显的阶段性特征,形式仍属兼业性。在转移到非农产业的劳动力中,多数是在不放弃家庭经营生产的前提下,寻找临时性的打工机会,农忙时回家务农,农闲时外出打工。还不能实现完全转移。据抽样调查资料推算,2004 年吉林省外出劳动力中,外出 1~5 个月的短期劳务人员,占转移劳动力总数的 60%以上,这种非正式就业方式,仍属兼业性质。

2. 农村劳动力外出务工的方式多表现为自发性。由于农村劳动力市场发育还很不完善,大多数农村劳动力转移还没有达到有组织状态，农民为了获得更多的预期收入，改善生活状况，主要还是依靠自己或社会关系、亲属关系和邻里熟人寻求就业机会，转移方式仍是以自发流动为主。这种流动方式，表明农村劳务经济是农民自己开创和发展起来的，是在实现新的发展方式过程中逐步提高认识的。

3. 农村劳动力外出务工在行业分布上具有相对集中性。由于农村剩余劳动力自身素质的制约，吉林省外出劳动力大多集中在建筑业、矿产开采业、服务业以及技术含量较低的加工业等产业，基本上是靠出卖体力而获取劳务报酬。据抽样调查，在转移劳动力中，90%以上从事的是纯体力劳动。

4. 农村劳动力外出务工半径小，表现出明显的转移流向的就地性特征。据抽样调查，在2004年吉林省农村外出务工劳动力中，仅有30.1%的劳动力是在省外就业，其余69.9%的转移劳动力均是在省内的城市、县镇就业。近年来，随着社会经济的发展，区域间经济发展的不平衡性日显突出，城乡差别逐步拉大，造成了不同地区、城乡之间就业机会不均等的差异，促使农村劳动力流动开始逐步向外扩张。

二、农村劳动力外出务工供需形势分析

（一）农村剩余劳动力转移及演变过程分析

1. 建国初期到改革开放以前吉林省农村劳动力供给与需求的演变过程

——由相对短缺到隐蔽性的总量过剩（1949～1978年）。

不同的国家、不同的区域在不同的历史时期，对劳动力资源的开发利用形式、演变过程和速度是有很大差别的。吉林省在历史上属于农业开发较晚的省份，直到建国初期，农业基础仍然很薄弱，农业资源开发也很不充分。那时从全国范围看，吉林省相对来说还属地多人少的省份。因此，从建国初期到70年代末期（改革开放初期），农村劳动力资源在整个农村经济发展中的地位和作用，表现为由"相对短缺"、"趋于饱和"乃至于总量过剩的演变过程。

自新中国建立到1978年党的十一届三中全会，这一长达30年的历史时期里，吉林省的农业经济同全国一样，也是在"以粮为纲"方针指导下运转的。具体地说，是一种以粮食生产为主体的单一化的农村经济模式。随着人口的不断增长，日趋庞大的农村劳动力大军长期被禁锢在有减无增的耕地上，剩余劳动力的转移几乎始终处于停滞状态，甚至还出现过人口和劳动力由城市向农村大规模"倒流"的不正常现象。

（1）相对短缺阶段（1949～1957年）。这一阶段正是新中国经济发展史上的国民经济恢复时期（1950～1952年）和第一个五年计划时期（1953～1957年）。和全国一样，吉林省的国民经济恢复工作也是在十分复杂和困难的条件下进行的。农村已实行土地改革，广大农民实现了耕者有其田的愿望，从而使农村中长期处于分离状态的两个重要的生产要素——土地和劳动力，在吉林省农村中得到了结合和重新组合配置，形成了新的生产力。农民从事生产的积极性空前高涨，农业生产力得到高速发展。这一时期，一方面由于吉林省农村经济是在落后的小农经济基础上发展起来的，整个农业生产过程仍处于人、畜力为主的生产阶段，这期间农业动力机械和农业用电在农业生产中的作用还很小；另一方面，由于吉林省农业资源开发较晚，农业生产条件落后，所以农村生产力的提高和经济发展的快慢主要决定于劳动力投入的多少。这期间，在全省农村劳动力人数增长了8%的情况下，平均农业总产值增加了39.1%。在劳动力这样大量增加的情况下，劳动生产率仍能以更大的幅度提高，这表明了当时向农业追加劳动力投入的回报（即当时的农业边际效益）是相当高的。籍此，可以肯定这一时期劳动力仍是农业生产要素中的短缺资源，至少在当时的土地和生产工具的配置状况下农业劳动力还是一种相对短缺的生产资源。事实上，吉林省农业是在近代史中才开始逐步开发的，并且到建国后很长一段时期，也始终是伴随移民流入的过程而发展的。

（2）趋于饱和阶段（1958～1966年）。这一阶段正是国民经济第二个五年计划和经济调整时期。由于国民经济恢复时期和第一个五年计划的成就，在全党和全国范围内滋长了骄傲自满情绪。这表现在农村生产关系变革方面，把农村的合作化事业急速地推向公有化程度更高的人民公社化运动。人民公社化采取了一些超现实的"左"的经济政策，如取消自留地、建立公共食堂，刮起了"一平二调"的共产风。从而使一度被解放了的劳动生产力又被禁锢起来。表现在用工上的浪费和出工不出力。造成了人力资源的浪费。这些都严重地影响了农村经济的发展。自1958年起全省粮食产量逐年下

降，1959 年为 52 亿公斤，比上年减少 1 亿公斤，1960 年下降到 39.5 亿公斤，1961 年仍徘徊在 40 亿公斤。1961 年吉林省按中央的指示精神，及时对国民经济实行了调整政策，才使农村经济有所转机。1962 年粮食产量恢复到 43.5 亿公斤，直到 1966 年粮食总产量才达到 59.7 亿公斤。

这一阶段吉林省农村耕地总面积略有减少，由 1958 年的 6739 万亩减少到 1966 年的 6446.5 万亩，减少 4.3%，而同期农村劳动力却增加了 20.2%。与此同时，全省农业机械总动力增加近 8 倍，但同期人均粮食产量仅增加 5.5%。这表明，土地和劳动力这两项资源在数量上的一减一增的相对变化，已根本改变了吉林省农村劳动力的短缺状态，劳动力在生产要素的配置中趋于饱和。

(3)隐蔽性的总量过剩阶段(1967～1978 年)。这一阶段正是国民经济的第三和第四个五年计划期间(1966～1975 年)的 10 年，也正是"文革"浩劫的十年，吉林省农村的生产建设也遭到很大摧残。政治压倒生产，只算政治帐、不算经济帐。此时新中国已成立 20 多年，建国初期人口生育高峰中出生的人已开始大量进入劳动年龄，即随着人口的自然变动形成了大量的新增劳动力资源。再加上同时期人口的机械变动——即 60 年代初期的城镇职工及家属精简回乡和自 1968 年开始的城镇知识青年大批"上山下乡"，两种农村人口及劳动力增量的叠加，使全省农村劳动力总量增加 14.3%，很快使吉林省农村劳动力进入了总量过剩阶段。同时，这期间吉林省农村耕地面积减少了 6.7%，约减少 370 万亩，人均耕地面积减少了 24.7%。这就加剧了劳动力过剩的程度，但由于农业管理体制和政策的偏差，劳动力总量过剩的情况被掩盖了起来，使得这种过剩变得扑朔迷离。

我们知道，现代农业经济结构包括三个层次：一是种植业内部的粮、棉、油等农作物种植结构；二是大农业内部的农(种植业)、林、牧、渔业构成的大农业经济结构；三是农村中大农业、工业、交通运输业、建筑业、商业、服务业等构成的农村经济结构。由于农业问题，特别是粮食问题，长期制约着我国的经济发展，使得种植业内部结构难以合理调整，因此，也制约着农村经济结构在第二和第三层次上的调整。然而，针对这一问题所采取的措施却尤如雪上加霜。在劳动力边际生产率小于零的情况下，让大批的劳动力集中在农村，特别是种植业中，其本身所消耗的粮食份额越来越大，结果在自给自足、自然经济的指导思想下，把农村的大量劳动力长期禁锢在有限的耕地上，农业劳动力的就业空间越来越小，使整个农村经济走入了死胡同——有限耕地上的劳动力严重过剩，而耕地以外的大量资源却被闲置。

但是这时期的劳动力总量过剩却始终被"大帮哄"式的集体劳动形式下的低效率用工所造成的农产品短缺掩盖着。到 70 年代中期在农业机械总动力增加近 7 倍，农村用电量增加近 6 倍的情况下(见表 1)，却出现了农村劳动力严重短缺的现象。每年不仅要求农村青、壮年劳动力保持很高的出勤率，而且还组织老弱劳动力及学生参加劳动，甚至组织大批城镇人员支农，这显然是违反常规的。之所以出现这种情形，其根源就在于人民公社体制下集体劳动的低效率和城乡分割、"以粮为纲"等一些"左"的思想束缚。特别是十年"文革"期间推行的一卡(卡工匠外出务工、经商)、二割(割家庭副业等多种经营的资本主义尾巴)、三收(收回自留地、自留山、自留畜)等一系列极"左"政策，极大地挫伤了农民生产积极性，从而阻碍了劳动生产率的提高，也导致了劳动力的人为紧张和不足。可见，管理体制及政策对劳动力资源开发利用的干扰，严重制约了农村经济的发展。

表 1　吉林省 20 世纪 60 年代到 70 年代中期农业生产条件提高情况

年　度	1962	1965	1970	1975
农业机械总动力(万千瓦)	11.69	23.83	34.42	188.29
农用大中型拖拉机(混合台)	2466	3468	5434	12644
农用小型及手扶拖拉机(台)	2	25	954	9331
大中型机引农具(万部)	0.78	1.20	1.51	3.51
农用排灌机械(万台)	0.29	0.42	1.48	3.46
排灌机械动力(万千瓦)	4.31	5.55	15.96	43.07
联合收割机(台)	80	42	64	104
农用载重汽车(辆)	218	290	329	1138
农村用电量(亿千瓦小时)		0.95	2.29	6.43

2. 改革开放以后吉林省农村劳动力转移所经历的三个阶段

纵观世界各国的经济发展过程，农业劳动力向二、三产业的转移都是其经济发展到一定阶段所面临和必须解决的一个重要问题。它是实现社会劳动力在各个产业部门最优配置的前提，也是产业结构合理化进程所必需的。并籍此实现从农业经济向工业经济、现代化经济的演进，从而推动国民经济持续、协调、稳定地发展。

十一届三中全会以后，由于农村经济体制的逐步改革，使过去多年被掩盖的、早在60年代后期就已经客观存在的劳动力总量过剩问题，终于显露出来。与此同时，建国后出现的1962年到1973年的第二个人口出生高峰，恰恰在1979年到1990年期间形成了一个跨越整个80年代的就业高峰，所以，进入80年代以来，劳动力过剩问题便提到吉林省农村经济发展的战略位置上来。到1986年，全省农村劳动力显性剩余已超过100万，特别是进入90年代以后，劳动力剩余更是逐年增加，据农业普查资料提供的劳动力总量资料，结合全省19个县抽样调查资料推算，1996年末，全省农村剩余劳动力已多达177万。占全省农村劳动力资源的1/5。然而，吉林省改革开放以后出现的农村劳动力转移，从80年代一提出来，就存在着严重的历史遗留特征：一是有待转移的劳动力总体规模庞大，多年来，旧的经济体制和经济政策的一个重要特征就是限制农业以及农村的劳动力外流，它犹如一座大坝，把多年来有待转移的剩余劳动力象洪水一样蓄积起来；二是剩余劳动力转移的动力不足，由于农业自身劳动生产率不高，劳动力转移缺乏相应的资金积累；三是劳动力转移渠道不畅，二、三产业基础薄弱，难以提供足够的就业机会，过去是“水”不到而“渠”不成，现在是“水”暴满而渠不畅；第四方面，也是最棘手的，就是不利的人口环境造成的全社会巨大的就业压力，即建国后第二个人口出生高峰所形成的一个跨越整个80年代的就业高峰，致使社会新增就业机会被大量新增劳动力所抵消。在这种特殊的历史背景下，形成了吉林省这一时期农村劳动力转移从无到有、由慢到快，相对停滞再稳定发展的三个阶段。

(1)转移的准备阶段(1979～1982年)。这一时期，是农村旧的经济体制向新的体制急剧演变的时期，也是农村乃至整个国民经济指导思想的转轨过程。具体地说，也就是过去限制劳动力转移的种种旧的政策、体制的樊篱被逐步废除的过程。从经济本身的过程看，这一阶段是农业自身基础得以巩固，劳动生产率逐步提高，为劳动力转移提供物质基础的过程。1982年吉林省农业总产值是1978年的1.6倍，粮食总产量首次超过1000万吨。这时，已经具备了劳动力大量转移的条件。

(2)劳动力转移的高峰阶段(1983～1988年)。我国的国民经济自1979年开始进行调整和整顿，到1983年开始进入一个较高的增长时期(其中农业自1981年开始以较高的速度增长)。

表2　1980～1988年各年国民收入增长速度

单位：%

年　度	1980	1981	1982	1983	1984	1985	1986	1987	1988
国民收入	4	4.4	7.3	24.4	12.1	7.5	6.6	16.3	13.0
农业国民收入	−1.5	12.5	15.2	47.7	4.5	−13.3	3.1	17.1	2.5

由于国民经济特别是农业经济进入较高的增长阶段，农业生产条件的改善也明显加快(见表3)吉林省也同一些发达国家和我国一些发达地区一样，在国民收入达到一定水平、农业生产条件得到根本性的改善以后，自1983年起农业在国民经济中的份额下降。与之相一致的是，自1983年吉林省农业劳动力向二、三产业的转移也明显加快(见表4)。

表3　1978～1988年农业生产条件改善情况

年　份	农业机械总动力(万千瓦)	农用大中型拖拉机(混合台)	农用小型及手扶拖拉机(台)	大中型机引农具(万部)	农用排灌机械(万台)	联合收割机(台)	农用载重汽车(辆)
1978	284.11	18646	24933	4.75	4.35	161	2172
1980	367.54	25961	25873	5.92	5.34	145	2766
1988	552.60	41518	162212	3.34	12.27	157	8776

表 4　1983～1988 年农村劳动力农、非比重变化情况

年　　份	1983	1984	1985	1986	1987	1988
农业劳动力占农村总劳动力的比重(%)	92.7	90.7	88.8	88.0	86.3	85.7
非农劳动力占农村劳动力比重(%)	7.3	9.3	11.2	12.0	13.7	14.3

农村非农劳动力占劳动力的比重 5 年增加 7 个百分点，这种高速度的超常规的转移，在世界各国的劳动力转移过程中都是少有的。这主要是由于我国过去多年来违背经济发展规律，限制劳动力的合理流动，人为地设置了阻碍劳动力转移的制度性中间障碍；当这一障碍被解除以后，这一时期的劳动力转移必然带有一定的恢复性质，从而形成一个超常规转移浪潮。

(3)1989 年以后，劳动力转移规模经历了 2 年缩小后进入稳步发展阶段。随着 1989 年国民经济治理整顿的进行，以及农业劳动生产率的徘徊不前，农村劳动力转移速度也有所放慢，转移规模逐年缩小。1988 年吉林省农村非农劳动力占劳动力的比重达到 14.3%，1989 年下降为 13.1%，1990 年进一步下降为 11.9%，而同期由二、三产业流回到第一产业的劳动力也逐渐增多。这样，在劳动力资源总量继续增长的大背景下，农业劳动力占全部农村劳动力的比重，又由 1988 年的 85.7%回到 1989 年的 86.9%乃至 1990 年的 88.1%。到 1995 年非农劳动力才恢复到 1988 年的水平，非农劳动力占劳动力的比重达到 14.9%，进而进入稳步发展时期，2000 年达到 19.3%，这 5 年增加了 4.4 个百分点。2002 年达到 25.0%，也预示着农村劳动力向非农行业转移又将进入一个较快发展时期。

(二)农村剩余劳动力预测

1. 对吉林省农村剩余劳动力的测算

农村剩余劳动力从广义上讲就是农业剩余劳动力，又因为农业剩余劳动力主要存在于种植业中，所以我们把种植业的剩余劳动力确定为农业剩余劳动力，也就是用种植业劳动力数量减去种植业劳动力需求量，就等于农业剩余劳动力。我们采用目前通用的最佳劳动投入法对吉林省 2001 年农业剩余劳动力进行测算。

我们依据 2001 年度吉林省农产品成本调查资料及有关农业统计资料，测算出吉林省种植和收获各种农作物的总工作量(工日)约为 47693 万个工日，再以每个劳动力一年 240 个工作日为标准，折算出吉林省种植业所需劳动力为 198.7 万人，而 2001 年全省种植业从业人员为 488.4 万人，那么，农业剩余劳动力为 289.7 万人。

这个测算结果，虽说是利用一年的有关数据计算的，但由于吉林省种植结构和种植规模相对来说比较稳定，所以是能够反映吉林省一段时期内农业剩余劳动力状况的。农业剩余劳动力也是吉林省未来几年内发展劳务经济的潜在人力资源。

2. 对农村劳动力外出务工发展趋势的预测判断

首先是随着社会经济的不断发展和壮大，农业剩余劳动力转移将是必然的趋势。就吉林省而言，农村非农劳动力 1995 年为 94 万人，占当年农村劳动力总数的 14.9%；到 2004 年非农劳动力已达到 204 万人，占农村劳动力的比重为 30.0%。

根据 1995 年至 2004 年吉林省农村非农劳动力的比重，得出吉林省农村非农劳动力比重的一元线性回归方程为：

$Y=11.03+1.54X$　(相关系数：$R^2=0.825$)

利用该方程可预测出 2008～2015 年吉林省非农劳动力比重的变化。

表 5　2008～2015 年农村非农劳动力比重预测情况

单位：%

年　份	2008	2009	2010	2011	2012	2013	2014	2015
预测值	32.65	34.19	35.73	37.27	38.81	40.35	41.89	43.43

预测结果表明，吉林省非农劳动力在未来几年将不断增加，占农村劳动力的比重也不断提高，到 2010 年，吉林省非农劳动力占农村劳动力的比重将达 35.7%。非农劳动力的不断增加为全省劳务经济的发展奠定了坚实的基础。

其次是随着劳务经济从业人员数量的增加及所占比重的提高，农村劳务经济将得到不断发展，农民劳务收入也将越来越多。根据 1995 年至

2004年吉林省农民劳务收入及劳务收入占农民纯收入的比重,计算得出吉林省农村劳务收入及劳务收入占农民纯收入比重的一元线性回归方程分别为:

(1)Y=172.98+27.15X

(相关系数:R^2=0.9086)

(2)Y=10.49+0.65X

(相关系数:R^2=0.8902)

预测结果如下表:

表6 2008～2015年劳务收入及劳务收入占纯收入比重变动趋势

年份	2008	2009	2010	2011	2012	2013	2014	2015
劳务收入(元)	553	580	607	635	662	689	716	743
劳务收入占(%)	19.6	20.2	20.9	21.5	22.2	22.8	23.5	24.1

预测结果表明,未来几年吉林省劳务收入将不断增长,到2010年,吉林省农民人均劳务收入将达到607元,占农民纯收入的比重达20.9%;到2015年,吉林省农民人均劳务收入将达到743元,占农民纯收入的比重达24.1%,但即使这样还远没有达到目前全国平均998元的水平。

从以上预测也可以看出,在未来几年内,吉林省非农劳动力及劳务收入均呈匀速增长态势,但是上升和增长的幅度不是很大,且不同步。非农劳动力的比重增加快,而劳务收入占全部纯收入的比重增加慢。我们认为,到2010年,吉林省非农劳动力及劳务收入占总量的比重均应在35%左右才是比较合理的。要达到这一目标,在今后几年内,还应采取一些行之有效的措施。

三、吉林省农村剩余劳动力转移的制约因素

(一)农村劳务经济发展中的几个现实问题

1. 农村劳动力外出务工经济发展总量偏小、速度缓慢。虽说近几年吉林省农村劳动力外出务工有了一定发展,但由于基数低,从总体来看仍是总量偏小、速度缓慢。据农村住户抽样调查资料显示,1998年全国农民人均纯收入中,劳务收入为574元,占纯收入的26.5%,到2004年劳务收入达到了998元,占纯收入的34.0%,六年来,金额增加了451元,在收入结构上增加了7.5个百分点。而吉林省1998年农民人均纯收入中,劳务收入为280元,比全国平均水平低294元,占纯收入的11.7%,2004年劳务收入459元,比全国平均水平低539元,占纯收入的15.3%,六年来,金额只增加了179元,在收入结构上仅增加了3.6个百分点。吉林省平均每年增加30元,而同期全国平均每年增加75元,是吉林省的2.5倍。占农民人均纯收入的比重吉林省平均每年仅增加0.6个百分点,而同期全国平均每年增加1.3个百分点,是吉林省的2倍。与全国平均水平的差距在增大。对比可见吉林省农民劳务收入既存在基数低的实际情况,也有发展慢的问题。这种状况如不尽快改变,吉林省劳务经济发展与全国的差距将进一步拉大。

2. 农村劳动力外出务工结构性问题比较突出。在生产性劳务中,劳动密集型劳务的比重大,技术密集型劳务的比重小。由于受传统生产方式的影响,农民以粮为本的观念根深蒂固,多数农民粮食生产以外的劳动技能低下,以从事简单的生产性劳务为主,不能胜任技术较高的生产性劳务。在服务性劳务中,生活性服务较多,而生产性服务过小,吉林省农村服务性劳务主要集中在满足日常生活需要方面,而对农村工农业产品的采购、贩运、销售等生产性服务过少。

3. 农村劳动力外出务工发展的不稳定及不平衡性。由于目前吉林省外出打工的农民,大多数是属于"有啥活,干啥活,有活就干,无活则散;农忙季节务农,农闲季节打工"的自发的、盲目的、无序流动状态,致使农村劳动力外出务工也缺乏足够的稳定性。农村劳动力外出务工的发展是由社会经济的发展水平决定的,也就是说,社会经济发展较快的地区,农村劳动力外出务工发展也较快,吸纳农村剩余劳动力的能力则强,反之则弱,给农民外出打工带来了空间上的失衡。这种区域间经济发展的不平衡,造成了不同地区、城乡之间就业机会不均等的差异逐步拉大,从而使区域之间、农户之间劳务经济的发展极不平衡。

4. 农民的自身利益不能得到有效保障。农民愈来愈强的外出打工欲望是发展劳务经济积极因素,但就自身利益不能得到有效保障,又打消了农民外出打工的热情。一是缺少必要的安全保障。一些从事建筑施工的农民在高空作业时,施工单位

不给提供必要的安全防护设施及防护用品，安全保护得不到保障。二是在外吃、住环境差，生活艰苦，有些用人单位不能提供住宿条件，只能住在十分简陋的临时工棚。农民工的伙食差。三是子女就学无保障。一些常年在外地打工的农民，其流动性较大，子女上学非常困难，留在村里交亲属照顾又放心不下。

(二)制约农村劳动力外出务工的因素分析

1. 二元社会结构是制约农村劳动力外出务工发展的根本因素。同许多发展中国家一样，我国的经济发展也表现为现代工业与传统农业并存，现代化大都市与分散的农业村落并存的二元经济格局。为了保证城市工业的发展，实行了限制农村人口流入城市的城乡隔离政策。包括户籍制度、住宅制度、生活资料供给制度、生产资料供给制度、婚姻制度等一系列城、乡有别的二元社会结构。这种二元社会结构限制了农村劳务经济的发展空间。近几年虽然已出台了一些政策，放开了过去的种种限制，但从思想观念彻底改变上，仍需一个长期的演变过程。

2. 劳务需求不足是现阶段制约农村劳动力外出务工的主要因素。从宏观经济的角度看，劳动力供给过剩，人口就业压力相当严重。从吉林省情况看，主要表现为“两低”。一是工业化水平较低，特别是农产品加工业严重滞后，乡镇企业发展受阻，吸纳劳动力的能力减弱。二是城镇化水平较低，尤其是吉林省小城镇建设起步晚、发展缓慢，与大城市发展相脱节，联接城乡经济发展的功能不够完善，集中表现为第三产业发展较慢。另外，农村现行土地经营制度使土地过于分散，规模经营难以形成，也影响了农村内部的劳务需求。

3. 劳动力供给能力低下是制约农村劳动力外出务工发展的关键因素。在农村劳动力数量过剩的经济环境下，劳动力素质和就业观念是达成择业愿望的关键因素。目前农民受教育程度总体水平不高，科学文化素质明显偏低，限制了劳务经济的发展。据2004年抽样调查资料显示，吉林省农村劳动力中，高中毕业的只占8.4%，初中毕业的占55.9%，小学以下的占34.0%。其中，在全部劳动力中受过系统职业培训的只有11.2%，说明农村的职业教育和成人培训仍很薄弱。

4. 农民的思想观念陈旧是影响农村劳动力外出务工的又一重要因素。长期以来，粮食生产一直是吉林省农民收入的主要来源，部分农民的农本思想已根深蒂固，依旧是“面朝黄土背朝天，日出而作，日落而息”的耕作方式，在许多农民的心目中，外出打工不是长远之计。据我们对10个县市200户农民的问卷调查，有近60%的农民不想外出打工，而在40%想进城的农民中，只有10%的农民希望在城市落户，28.6%的农民仍打算回乡务农，其余的也只是暂时把打工作为目前增加收入的权宜之计。

四、对策建议

(一)继续实施“就地转移”的政策

1. 调整农业生产结构，增加农产品的劳动含量。吉林省农民人均经营耕地面积5.3亩，比全国人均2.0亩多3.3亩，是全国平均水平的2.7倍。根据近几年的资料计算，吉林省每亩耕地农户投入114元，产出为401元，全国平均每亩投入167元，产出为609元。投入产出比分别是：吉林省为1∶3.52，全国为1∶3.65，基本接近。可是每亩的纯收益吉林省为288元，全国为442元，吉林省每亩地少收入154元。如果排除南方一些省份每年可种植两季或多季的因素，吉林省在种植业生产上，通过进一步优化种植结构、加大科技含量和推广精耕细作，提高农产品质量、提高产量、增加收入的潜力还很大，吉林省人均耕地面积多的优势就会成为吸纳劳动力和促进农民增收的主要动力。

2. 鼓励和扶持农户发展二、三产业。种植业生产的发展受耕地面积的限制，继续发展有一定的局限性，相比之下吉林省在畜牧业和农户二、三产业的发展空间还很大。分析吉林省农民家庭经营收入结构，和与全国平均水平对比情况看，农户二、三产业收入增长明显滞后。2004年全国农民家庭经营二、三产业纯收入人均为348元，占全年纯收入的11.9%，而吉林省为77元，仅占全年纯收入的2.6%。农户二、三产业收入比全国平均水平低271元。如果从结构上分析，吉林省农民人均二、三产业纯收入占纯收入的比重与全国比低9.3个百分点，仅是全国平均水平的1/4左右，差距是很大的。由此可见，吉林省农户二、三产业生产的发展空间还很大，劳动力向二、三产业转移方面还有较大潜力。

(二)加快实施“异地转移”战略

1. 大力推进劳务输出工作。各级政府要把劳务输出作为一件重要日常工作抓紧抓好，加快农村剩余劳动力向大中城市的流动。

2. 逐步打破城乡就业迁移的羁绊。要正确看待农民进城问题，采取有效措施，消除农民进城就业障碍。

3. 构造城乡统一的就业市场。要进一步加快劳动就业制度改革，提高城市和城镇劳动力市场的发育程度，实现用人单位与劳动者双向选择。建立科学的劳动力市场体系，积极做好培育劳动力市场的工作。

（三）稳步推进工业化、城市化进程

1. 加速工业化发展。要重新认识工业化问题。工业化战略就是农村剩余劳动力转移战略。完善工业化发展战略不可忽视农村剩余劳动力的流动和转移问题。要积极促进乡镇企业升级，稳定就业规模，提高吸纳农村劳动力进入企业务工的能力。

2. 加快城市化进程。加快大、中城市市政建设，最大限度地扩大人口容纳能力。加快小城镇和县级市发展，扩大城市规模。谋划发展带状城市，培育吸纳劳动力就业的新增长点。

甘肃农村劳动力外出务工现状及问题

甘肃省农调队　万　千

转移农民是解决"三农"问题的基本思路和重要措施之一。转移农民就是帮助农民从农业中转移出去,从农村地区迁移出去,创造良好的人口流动、迁移、居住的政策环境,赋予他们自由选择工作、选择居住地点的权利,平等相待,友好相处,共同发展。农村劳动力转移是伴随农村改革和农业发展而必然出现的经济现象。甘肃省作为农村人口占70%以上经济欠发达的农业省份,农村劳动力转移问题更为突出,农民要求走出去摆脱贫困的愿望更为迫切,各级政府做好劳动力转移的任务更为艰巨。在社会主义市场经济条件下,如何适应市场经济要求,进一步合理、有序地转移农村劳动力,变劳动力资源优势为经济优势,是关系到甘肃省全面建设小康社会的现实问题。

一、甘肃省农村劳动力资源的现状

甘肃省农村劳动力资源比较丰富。2004年甘肃省农村人口为2063.56万人,农村劳动力为1057.89万人,农村劳动力占农村总人口的51.27%。

从性别构成上看:全省男性劳动力为557.56万人,占农村劳动力总数的52.70%;女性劳动力为500.33万人,占农村劳动力总数的47.30%。男性农村劳动力高出女性农村劳动力5.4个百分点。

从地域分布来看:甘肃省各地区的农村劳动力从业结构也各不相同。农村经济相对欠发达的天水市、定西市、陇南市、庆阳市,其农村劳动力达518.71万人,占全省农村总劳动力的49.03%。分别占全省农村总劳动力的14.62%、12.61%、11.91%和9.88%。这四市农村剩余劳动力所占份额较大,从而说明它们是全省农村劳动力转移的重点地域,而农村经济发展相对较快的酒泉市、张掖市、武威市、金昌市、嘉峪关市的农村从业人员共为184.08万人,仅占全省农村从业人员总数的17.40%,分别占2.78%、5.39%、7.81%、1.28%和0.12%。由此可见,甘肃省农村劳动力转移应以贫困地区作为重点。

二、甘肃省农村外出打工劳动力基本状况

据甘肃省统计局对全省1800户农户的抽样调查资料表明:2000～2004年调查户当年农村外出打工劳动力人数分别为828人、820人、915人、1008人和1000人,分别占调查户劳动力的16.29%、16.29%、18.39%、20.19%和20.15%,以此推算:2000～2004年甘肃省外出打工农民分别为152.22万人、153.45万人、185.43万人、212.08万人和213.16万人,外出打工农民人数每年净增15.23万人,年平均增速为8.78%。从2004年甘肃省农民外出就业劳动力年龄结构、文化程度、外出地区、外出地区类型、外出从业时间情况、外出就业行业等方面分别来看,有以下特点:

(一)外出的劳动力以青壮年为主

2004年甘肃省农村当年外出就业劳动力平均

年龄为33岁，在年龄结构中，40岁以下的人数占78.70%。其中：16～25岁的占27%，26～30岁的占14.5%，31～40岁的占37.2%。

（二）外出的劳动力以初中以上文化程度为主

2004年甘肃省农村当年外出的劳动力中，小学及以下文化程度占31.6%；初中文化程度占52.8%；高中文化程度占14%；中专文化程度占1.2%；大专及以上文化程度占0.4%。

（三）外出劳动力在西部地区打工的人数比重较大

2004年甘肃省当年外出的农村外出劳动力中，在西部地区、东部沿海地区、中部地区打工的人数比重分别为85%、11.8%和3.2%。

（四）外出到中小城镇的比重略高

2004年甘肃省农村当年劳动力外出到省会城市的占26.1%，外出到省内中心城市的占22.3%，外出到县城的占22.3%，外出到建制镇的占11.9%，外出到其他地区的占17.4%。

（五）外出就业行业主要为二、三产业

从外出就业的行业看，2004年甘肃省农村当年外出劳动力到第二产业就业的占50.4%，其中，采矿业占2.6%，制造业占3.6%，电力煤气及水的生产供应业占0.2%，建筑业占44%。转移到第三产业的占39.7%，其中，交通运输仓储及邮电通讯业占2.8%，批发零售贸易业占5.7%，住宿和餐饮业占7.5%，居民服务和其他服务业占9.4%，教育占0.3%，卫生、社会保障和社会福利业占0.8%，其他占12.5%。

（六）农民外出打工具有明显的兼业性和季节性

在省内从事非农行业的劳动力基本上还保留着对土地的承包权，每年除在外务工外，农忙季节都要回家从事农业生产，属亦工亦农性转移，兼业时间的长短因家庭劳动力的多寡与劳务收入的高低而不同，一般情况下，家庭劳动力较多，在外务工时间就长，劳务收入也较高，反之则短。据对1800户农户的调查：2004年当年外出劳动力中从业累计1～3个月人数为163人，占16.3%；从业累计3～6个月人数为217人，占21.7%；从业累计6个月以上的人数为617人，占劳动力人数的61.7%。

（七）农民外出打工的组织方式具有明显的自发性特点

自改革开放以来，由于劳动力市场发育不完善，农民为了获取更多的预期收入，改善生活状况，主要依靠自己寻找门路和依靠亲戚朋友介绍外出打工，依靠自己或社会关系、血缘关系的广泛性和较强的亲和力寻求就业机会。2004年甘肃省当年外出打工的农民工中，自发外出打工占6.8%，依靠亲属亲戚朋友介绍打工的占86.9%，通过（政府、单位）组织外出打工的只有6.3%。

三、农村外出劳动力打工是农民增收的一个亮点

随着外出打工人员的增加，劳务经济对增加农民收入的作用日益突出，逐步成为农民增收的主渠道。调查资料显示：2004年甘肃省农民人均纯收入1852元，人均外出务工收入为252元，占农民人均纯收入的13.61%；2003年农民人均纯收入1673元，人均外出务工收入195元，占11.63%；外出务工收入增加对甘肃省农村居民纯收入增加的贡献率为32%。2003～2004年甘肃省的农民人均纯收入增长幅度分别为5.2%和10.7%，而同年的劳务收入水平却分别增长了11.76%和29.48%。

四、甘肃省农村劳动力输转工作有序发展，初见成效

甘肃省大部分农村人多地少，有约50%的劳动力富余，没有出路。许多地方自然条件恶劣，一方水土养活不了一方人，农民靠天吃饭，生活非常困难，相当一部分农村人口还处在贫困状态，制约着农村经济的发展，也影响着全省国民经济发展的步伐。省委、省政府根据甘肃省农村的现状，适时提出输出和转移农村富余劳动力，解决贫困地区农民的温饱，引导农民脱贫致富。当时由于城乡分割的体制严重制约着农村富余劳动力的合理流动，各种陈旧的观念也束缚着农民走出土地，农村富余劳动力的输出和转移步履维艰。省政府审时度势，于1987年成立了劳务工作办公室，统一协调、指导、组织全省农村劳动力的合理流动，把甘肃省农村劳动力输出和转移工作列入各级政府的重要议事日程。从此，甘肃省的劳务输出进入了新的发展阶段，作为脱贫致富的一项重要措施稳步推进。一是大张旗鼓地进行宣传、教育和动员，帮助农民转变“死守一方、死守一业、死守一家”的陈旧观念；二是采取投亲靠友自主输出、能人带头集体输出、劳务工作机构组织输出等多种形式，鼓励农民走出贫瘠

的土地，开始向非农产业和城镇输出和转移；三是注意从各方面关心输出的人员，帮助解决他们的实际困难，维护他们的合法权益。

近年来，省劳务办克服困难，积极工作，采取各种有力措施，使甘肃省农村劳务输出和转移工作一年一个台阶，劳务输出和转移规模逐年扩大，劳务收入逐年上升，大批农民通过劳务输出和转移摆脱了贫困。劳务输出和转移也成为贫困地区的支柱产业，有力地促进了贫困地区的经济发展。1987年全年输出和转移120万人次，创劳务收入5亿元；到2002年全年输出和转移266万多人次，创劳务收入40多亿元。成规模的劳务输出，不仅使很大一部分农民脱贫，使部分农民开始走向富裕，而且对贫困地区农村经济社会文化的发展都产生了深远的影响。

（一）农民外出打工，节约了家里的口粮

据统计，2002年全省输转266万多人次，节余的口粮相当于1200多万亩良田的产量。劳务输转已经成为贫困地区的“铁杆庄稼”。贫困农户每输出一个劳动力，一到两年就可以脱贫。武山县在“九五”期间劳务脱贫1万余户、4.5万多人，占全县脱贫计划的32%。张家川县“九五”期间劳务脱贫0.5万户、4.2万人，占全县脱贫计划的80%。

在这期间，甘肃省大部分地区持续遭受干旱，但农民群众生活稳定，未出现历史上大灾之年大批群众外出要饭的现象，一个重要的因素就是劳务输出发挥了作用。陇西县1996年至2001年连续遭受历史上罕见的大旱，县委、县政府提出“以劳务补农、以钱补粮”的抗旱自救措施，坚持大抓劳务输出，累计输出农村富余劳动力45万多人次，劳务收入近4亿元，使全县5万多农户平安渡过了60年不遇的大灾之年。

（二）使农民群众拓宽了视野，转变了观念

农民长期贫穷的原因，除了自然条件恶劣外，观念陈旧、信息闭塞也是一个重要原因。农村富余劳动力进入城镇务工，亲历了城市改革开放带来的迅速发展，经受了市场经济和现代文明的洗礼，行为方式、思维方式、价值取向、生活方式都发生了重大变化。农民到省会城市和东部发达地区，特别是到沿海地区打工，等于进了一个全新的培训班，思想解放了，观念更新了，学到了技术，增长了才干，总体素质发生了质的飞跃，迅速成长为适应新时期要求的新一代劳动者。这种培养人才的规模、速度、质量、效果，是任何正规学校都无法相比的。据张家川回族自治县统计，该县劳务输出人员中已经有3000多人通过劳务实践学会了各种实用技术，靠一技之长在城市站住了脚，改变了自己的命运。有400多人先后担任所在企业中上层领导，由一个打工者成长为企业管理者，该县恭门乡女青年张敏就曾担任过深圳某房地产公司的顾问。

（三）弥补了农业投入的不足，促进了产业结构调整

甘肃省农民经济收入低，对农业生产和农业基础设施的建设投入相对较少，农业发展后劲不足，劳务输转带来的收入有效地增加了农民对农业生产和农业基础设施的投入，改善了农业生产条件。同时，由于大量劳务收入积累的资金投入农村，促进了农村产业结构的调整，发展了花卉种植、温室蔬菜、特种养殖、农产品加工等新兴产业。

（四）减轻了农村就业压力，促进了农村社会稳定

随着农业生产进入新的发展阶段，农产品出售难、农民收入增幅缓慢、农民负担过重等问题凸现出来。造成这些问题的原因是多方面的，但农村劳动力不能充分就业，富余劳动力和劳动时间得不到充分有效利用，也是一个重要原因。农村劳动力向城镇转移，改善了农民的就业结构。“九五”期间，甘肃省累计输转农村劳动力1069万余人次，创劳务总收入120多亿元，相当于全省一年的财政收入。由于农村富余劳动力通过劳务输转实现了异地就业，减少了农村的不安定因素，维护了农村社会的稳定。长期困扰农村的“三打”已经逐步被新的“两打”取代，即由打牌（赌博）、打关（喝酒）、打架，变为“打工出门挣钱、打道回府创业”。

（五）促进了乡镇企业和社会公益事业的发展

甘肃省乡镇企业由于受到资金、技术、信息、人才等客观条件的制约，发展比较缓慢。通过劳务输出和转移，一部分农民不但解决了温饱，还学到了现代企业经营管理经验，掌握了技术，积累了资金，返乡创办经济实体，推动了当地乡镇企业的发展，逐步形成了“劳务输出—返乡创业—发展当地农村经济—加快奔小康步伐”的良性循环的路子。临夏州、永昌县、永登县、山丹县等地近年来兴办的建材、化工、制革、毛纺、养殖、旅游等一批相当规模的企业，大都是劳务人员创办的。许多通过劳务输转脱贫致富的农民，积极捐助资金投入当地公益事业，加快了当地农村公益事业的发展。据不完全统计，仅2001年全省劳务人员投入乡镇企业和公益事业的资金达 6.83 亿元，占当年劳务收入的 22.7%。

经过十多年的努力，甘肃省劳务输转工作取得了很大进步，不仅成为贫困地区脱贫的战略举措，而且成为农村实现小康的发展战略。这项措施与国家的“扶贫计划”相比是一项低投资、高回报、见效快的产业。同时，劳务输转减轻了土地的人口负荷，减少了人口对生态环境的压力、对遏制土地的滥垦和水资源的消耗，改善生态环境起到了积极的作用。

五、目前甘肃省农民外出打工存在的问题

（一）转移多呈盲目性

甘肃省农村外出劳动力转移主要是农民自发的个人行为，带有较大的盲目性。虽然近年来各级政府部门在组织劳务输出方面做了不少工作，但工作缺乏连续性、灵活性，对劳动力市场需求和劳动力素质要求的变化缺乏及时的了解和掌握，对农村外出劳动力转移缺乏有效的指导，没有采取必要的措施帮助他们做好转移前的培训和准备，对实现转移后的人员关注也不够，致使一些农村外出劳动力进城后在户口、就业、子女入托、上学、工商登记等方面遇到自身无力解决的问题，迫使部分人又重新返乡务农。调查资料表明：2004 年甘肃省农村当年返乡劳动力人数占当年农村外出就业劳动力人数的 9.2%。

（二）转向非农产业的劳动力工资低、劳动强度大、安全设施差

随着民营经济、个体私营经济不断发展，单位用工逐年增加，为农村外出劳动力转移提供了广阔的前景。但由于劳动用工工资、劳动安全管理方面政策、法规往往滞后，不少用工单位工作场地简陋，生产设备陈旧，缺少安全防护，存在着诸多隐患。多数经营者只重视眼前效益，擅自延长工作时间，压低劳动报酬，不少民工甚至辛勤劳作一年，到头来领不到工钱，被人肆意盘剥，这种现象又导致已转移的农村外出劳动力返乡务农。2004 年甘肃省当年农村返乡劳动力因要不到工资、缺乏安全感人数占当年农村返回劳动力人数的 3.26%。

（三）自我脱贫的竞争意识不强

甘肃省农民人均纯收入水平居全国较低位次，2004 年甘肃省农民人均纯收入为 1852 元，居全国第 30 位，排序倒数第二。因此，摆脱贫困、尽快致富是甘肃省广大农民的迫切愿望，也是各级政府着力解决的问题，但由于长期以来一些地方养成等待政府发救济、给补助的“等、靠、要”思想，自我脱贫的主动性不强，没有像发达地区的农民那样想方设法寻找致富途径，千方百计提高自身素质，学习一技之长。

（四）劳动力市场发育不成熟，外出转移组织化程度低

当前，劳动力市场供需脱节、信息不灵、管理不规范的问题十分突出。一些地方、一些行业劳动力不能满足市场需求，“有活没人干”和“有人没活干”的现象同时并存，劳动力市场还不是统一开放的市场，仍然由城乡分割的二元劳动力市场所构成，农民不能平等就业，制约了农村外出劳动力的转移。一些地方对转移农村外出劳动力重视不够，信息服务滞后，管理收费重重，挫伤了农民转移的积极性。已经转移的农村外出劳动力大多是自发的，有组织转移的不多。由于这种自发性、分散性，当转移后其自身权益受到侵害时，势单力薄，他们迫切需要有组织的转移。2004 年甘肃省农村当年外出劳动力中，通过政府（单位）组织外出的只占 6.3%。

（五）外出打工农民的合法权益没有保障

一是绝大部分外出打工农民没有参加劳动保险；二是绝大部分外出打工农民没有与雇主签订劳动合同，一旦遇到意外事故，最后吃亏的还是农民自己；三是拖欠农民工工资的现象仍然存在。2004 年调查资料显示：外出打工农民中只有 2.6%的农民参加了劳动保险，只有 9%的外出打工农民与雇主签订了劳动合同，还有 6.2%的外出打工农民拿不到工资。

六、农村劳动力转移对甘肃省社会经济发展的影响

改革开放以后特别是进入上世纪 90 年代，甘肃省农村劳动力转移逐步触及经济、社会生活的各个层面，对改革、发展、稳定的全局已经和正在产生极为重要的影响。

（一）对“三农”的影响

1. 有利于推进农业现代化。有序地转移农村劳动力，是农业现代化的必然要求。只有把农村劳动力转移到非农产业或城镇，大量减少农民，土地的使用和农业的经营才更具有规模效益，农业才能实现现代化。

2. 有利于提高农民素质。农村劳动力转移，不仅使农民“挣了票子”，而且使一部分人“换了脑子”。在打工、服务、经商过程中，农民接受了市场经济、现代工业和城市文明的“洗礼”，开阔了视野，学到了本领，增长了才干，素质有了明显提高，有一些成了农村脱贫致富的带头人。

3. 有利于农村的稳定。农民在外劳动所得，除自身消费支出小部分外，大部分都转回迁出地。由此提高了当地农民的消费水平，改善了他们的生活，增强了农村社会购买力，带动了相关产业的发展。著名经济学家厉以宁教授说：“全国 8000 万民工，自己在培养自己，国家没花一分钱，这是巨大的人力资源投资。8000 万民工，只要回去 1/3 或 1/4，家庭就要起变化。”农村劳动力转移对于提高农民收入，改善农民生活质量是一个极大的促进，无疑有助于密切城乡关系，维护农村社会的稳定。

（二）对城市发展的影响

城市化的重要标志是农村劳动力转移带动人口由农村向城市聚集。没有农村劳动力的大量转移，城市的发展必然要受到制约。大量农村剩余劳动力的转移，对城市的发展起着极为重要的推动作用。

1. 降低了城市发展的成本。农村劳动力转移进城，使城市增加了大批廉价的劳动力，改善了城市部分领域，劳动力资源紧缺的状况，满足了城市高速发展起步阶段对低层次劳动力的需求。城市的建设离不开农民，城市的运转也离不开农民。如果没有农村劳动力，城市的保洁、托运、修理等苦、脏、累、险行业，也许就会陷于瘫痪。在许多城市，外来民工已经在很多行业占据了绝对优势，春节期间大量民工离城返乡，已经影响到城市生活。可能昨天我们还在埋怨农村劳动力的进城，打扰了原本宁静、舒适的生活，可是今天却发现城市生活越来越离不开他们。

2. 促进了城市的改革。农村劳动力的流动，冲击了城市旧的管理体制，催生了劳动力市场的发育，形成了由市场配置劳动力资源的新机制，从而大大推动了城市劳动用工及工资制度的改革。它降低了城市劳动力成本，有利于劳动力资源的合理配置和有效利用，对劳动力市场的发育具有不可估量的作用。并以此为开端，带动了城市的社会保障、计划生育管理、户籍管理、住房制度管理等方面的改革。

3. 拓展了城市发展的空间。大量农村劳动力转移进城，形成了一个庞大的消费群体，繁荣了城市的商业、旅游业、电信业、房产业等行业，推动了城市经济的发展。同时，对生活水平仍很低的广大农民来说，转移到城镇从事二、三产业，获得比在农村从事种植业高得多的收入，将大大提高农民的消费能力，消费又刺激生产，这就为工业的发展拓展了新的空间。可以肯定，如果没有农村劳动力的转移，城里人就不能享受相对廉价的服务，生活质量就不能得到提高；如果没有农村劳动力的转移，城市市政建设、经济发展和社会进步的速度就不可能像现在这样快。

（三）对宏观经济的影响

1. 推动了城乡二元结构的转变。长期以来，高度的计划经济体制和城乡分割的户籍管理制度，使城乡人口处在两种完全不同且又难以跨越的社会环境中，形成了典型的城乡二元经济社会结构。这种结构产生的直接结果是社会财富在城乡之间分配的明显不公，即比重很大的农村人口只拥有或享受比重很小的社会财富，而比重很小的城市人口却拥有和享受比重很大的社会财富。农村劳动力转移，对改变这种明显的社会不公，打破城乡分割的局面，做出了积极的贡献。一方面，减少了农民在农业的就业份额，使农民有机会分享更多的社会财富；另一方面，大大冲击了计划经济体制下形成的各种管理制度，社会经济生活中许多方面封闭的结构变成了开放的结构。可以说，农村劳动力转移是农民为打破二元经济社会结构，实现城乡一体化迈出的重要一步。

2. 优化了人力资源配置。市场经济的基本特征，就是市场在资源配置中发挥基础性作用。人是生产力诸要素中最活跃的因素，人力资源是第一资源。劳动力在产业间和地区间的自由流动和组合，是市场经济发展的客观要求。如果没有数以千万计的农民在全国范围内的流动，农村和城市，东中西地区间的收入差距会更大。农村劳动力加速转移，不仅激活了生产要素，沟通了城乡关系，使劳动力资源配置初步实现了城乡通开，而且促进了包括劳动力在内的各种生产要素在更加开放的条件下，在更大的区域范围内自由组合。

七、加快甘肃省农村外出劳动力转移的建议

加快农村外出劳动力转移，是关系甘肃省经济社会发展的重要问题，抓好这个问题，就抓住了发

展的要害，就抓住了农民增收的重点，实践证明这是解决“三农”问题的根本性措施。其途径和方法：

（一）突出政府职能

各级政府特别是县乡两级政府要集中精力抓，政府相关部门和工、青、妇等群众团体配合抓，采取主动出击走出去，团结互助结对子，广泛联系订合同等方法，形成固定的劳动输出渠道。

（二）加强劳动力培训体系建设，不断提高劳动者的素质

一是建立多类型的劳动力培训体系。各级政府要主动建立多渠道、多层次、多形式的技术培训体系。二是积极开展形式多样的实用技术性强的职业技能培训。鼓励各种不同形式的办学力量，举办各种类型的实用技术培训班，使甘肃省由单纯的劳动力输出变为具备较高素质与技能的人力资本输出，提高市场竞争力。三是把实施劳动预备制度与加强新生劳动力资源管理、调节就业需求和推动职业培训结合起来，加大对新生劳动力就业前的培训力度。四是各行业主管部门要积极采取措施，对外出劳动力的定级、评职称等方面简化手续，提供优质服务。

（三）积极推进相关制度创新，为劳动力转移创造良好的环境

首先是加快建立城乡统一的劳动力就业体系。在就业制度上，应建立起“企业自主用人、劳动者自由择业、竞争上岗”的市场化就业制度。取消不合理的行业、工种限制，打破区域性封锁，形成统一、开放的劳动力市场体系。其次是加快建立有利于农村外出劳动力转移的土地政策。对进城落户的农民，可根据本人意愿，保留其承包土地的经营权。积极鼓励他们以转让、租赁、抵押或作价入股等形式，依法有偿转让土地经营权；有条件的地方，可以考虑以村为单位成立“土地托管中心”，统一负责土地经营，以解决农民“身在曹营心在汉”的问题，放心流出。实行有利于农民向小城镇集聚的土地政策，在坚持土地有偿使用和严格用途管制的前提下，允许集体土地使用权通过转让、出租、作价入股、以地换地等方式直接进入小城镇土地市场。再次是加快建立支持灵活就业的劳动保障制度。适应劳动关系多元化、流动性和就业变动频率大的特点，建立起既可以保障劳动者权益，又方便操作的就业登记、劳动合同管理、社会保险接续制度，采取分期分批的办法，逐步解决进城农民的社会保障问题。对那些长期在外务工自愿退出土地的农民，政府应通过土地流转所获得的部分收益建立土地基金，或采取政府、集体、个人共同出资的办法建立保险基金，专门用于解决退地后失业保障问题，消除他们的后顾之忧。

（四）深化甘肃省劳动力市场化改革

用科学发展观，加大劳动力市场化改革的进程。突破户籍制度对甘肃省农村外出劳动力转移造成的禁锢，扫除劳动力自由流动的体制性障碍。城市特别是小城镇都要为农村外出劳动力转移敞开大门，降低门槛，他们只要在城里有了安身立足之地，不论打工、经营、都应当获得与城市同样的待遇，同样享受到城市人的各种权利，使他们开阔眼界，增长知识，掌握信息，提高自身素质。从这个意义上讲，农村外出劳动力进城本身就意味着脱贫。

（五）加快农村城市化进程，推进农村小城镇建设

从甘肃省城乡经济结构和体制看，加快农村城市化进程，积极推进农村小城镇建设，则是解决农村外出劳动力转移的最好的出路之一。农村小城镇可以成为吸纳农村外出劳动力的蓄水池，可以促进农村产业结构的调整和优化，使从事第一产业人口下降，从事二、三产业从业人口增长。这样不仅可以搞活城乡流通，打破农村的封闭性，而且可以使商家和农户直接组合，从而启动农村的消费市场，加快农业结构调整和农产品质量的提高。

（六）加大政策扶持力度，落实农民技能培训的优惠政策

以农业部等六部委组织实施的“农村外出劳动力转移培训阳光工程”为契机，从2004年到2010年，每年转移培训农民5～10万人，对全省农村外出劳动力开展转移就业前的职业技能培训，对新增劳动力开展转移就业前的引导性培训，加快向非农产业及城镇转移，促进农民增收。在实施“阳光工程”中，甘肃省将开展农民工劳动权益保护、法律知识、城市生活常识、选择就业岗位等知识的引导性培训，及家政服务、缝纫、保安、餐饮、酒店服务、建筑、制造、电脑等工种职业技能培训。

3

农村劳动力转移

农村劳动力转移面临的主要问题与对策建议

国家统计局农村司　阳俊雄

我国农村转移劳动力已超过农村劳动力总量的1/3,为农村经济发展和农民增收作出了重要贡献。但是,近年来农村劳动力转移的速度有所放慢。

一、农村劳动力转移基本情况

(一)2003年末已转移农村劳动力约1.7亿人

据对全国31个省(区、市)6.8万个农村住户和7100个行政村的抽样调查,2003年末,农村转移劳动力达16950万人(约1.7亿),比上年增加490万人,增长3%。转移劳动力占农村劳动力的比重为34.9%,比上年提高1个百分点。

(二)1997年以来农村转移劳动力年均增长4%

改革开放以来,我国农村劳动力转移经历了两个高潮期:一是1984～1988年,转移农村劳动力的数量平均每年达到1100万人,年均增长23%;二是1992～1996年,平均每年转移农村劳动力超过800万人,年均增长8%。1997年以来,农村转移劳动力数量的增长速度呈逐年下降趋势,1997～2003年年均转移500万人左右,年均增长约4%,但2003年仅增加490万人,增长3%,低于近年平均水平。

(三)县域经济是吸纳农村转移劳动力的主体

在转移劳动力中,县域经济吸纳了11050万人,占65%;地级以上大中城市吸纳了5900万人,占35%。在县域经济吸纳的转移劳动力中,县级市吸纳的劳动力1370万人,占12.4%;建制镇吸纳730万人,占6.6%,乡镇地域内非农企业吸纳8950万人,占81%。在转移到地级以上大中城市的劳动力中,转移到直辖市的劳动力约1000万人,占17%;转移到省会城市的劳动力约2000万人,占34%;转移到地市级城市的劳动力约2900万人,占49%。

(四)第三产业吸纳了60%的农村转移劳动力

在农村转移劳动力中,转移到第二产业的劳动力占40%,转移到第三产业的劳动力占60%。在转移到第二产业的劳动力中,转移到制造业的劳动力占67%,转移到建筑业的劳动力占22%,转移到采掘业的劳动力占8%。在转移到第三产业的劳动力中,转移到批发与零售贸易业的劳动力占17%,转移到居民服务业的劳动力占15%,转移到交通运输业的劳动力占12%,转移到包括住宿、餐饮、娱乐、文化、教育、体育等其他行业的劳动力占56%。

二、农村劳动力转移中的主要问题

(一)县域经济吸纳农村转移劳动力的能力减弱

近年来,县域经济吸纳农村转移劳动力的能力有所减弱,主要表现在两方面:一是近年农村劳动力转移主要以进城务工为主。在2003年新增的转移劳动力中,靠进城务工实现转移的劳动力约340万,占新增转移劳动力的70%。二是从县域经济返回农业的劳动力逐年增多。从返回劳动力情况看,2003年,县域经济吸纳的劳动力返回农业的人数占全部返回农业劳动力的51.3%,比上年提高2个百分点。其中,从县级市返回农业的劳动力占22.5%,从建制镇返回的劳动力占14.9%,从乡镇地域内非农企业返回的劳动力占13.9%。

县域经济吸纳农村转移劳动力的能力减弱,使长期以来农村劳动力"离土不离乡"的转移模式发生转变,"离土离乡"的农民逐年增多。这一转变不仅催生了我国每年春节波澜壮阔的人口大迁移浪潮,使得我国的运输系统不堪重负,而且,也加大了农村劳动力自身的转移成本。

(二)农村转移劳动力素质较低

从文化素质看,已转移的农村劳动力仅有20%左右具备高中以上文化程度。其中,文盲劳动力占1.5%,小学文化程度的劳动力占16.5%,初中文化程度的劳动力占61.7%,高中文化程度的占13.6%,中专及以上文化程度的占6.7%。而且,这些劳动力中85%以上没有接受过专业技能培训。由于文化素质低,又不具备专业技能,使得农村转移劳动力的就业空间狭小,只能选择从事一些简单的体力劳动,造成这些岗位就业竞争激烈,工资水平低下。从2003年调查的情况看,因找不到工作而返回农业的劳动力占返回农业劳动力的16%。

(三)农村城镇化发展滞后

农村城镇化发展滞后主要表现在两方面:一是小城镇发展滞后。县域经济吸纳农村转移劳动力主要靠乡镇地域内的非农企业,在县域经济吸纳的农村转移劳动力中,县级市吸纳劳动力1370万人,占12.4%;建制镇吸纳劳动力730万人,占6.6%,乡镇地域内非农企业吸纳劳动力8940万人,占81%。二是城镇化进程慢于农村劳动力转移的速度。改革开放以来,农业劳动力占全社会劳动力的比重下降了25个百分点,而城镇人口比重只上升了20个百分点。农村城镇化发展滞后,造成农村第三产业不能随农村工业化的推进而发展,使农村非农产业结构升级缓慢,延缓了农村劳动力转移的步伐。

(四)中西部地区农村劳动力转移滞后

东部地区转移劳动力占农村劳动力的比重为41.7%,比全国平均水平高6.8个百分点;中部地区转移劳动力占农村劳动力的比重为29.5%,比全国平均水平低5.4个百分点,比东部地区低12.2个百分点;西部地区转移劳动力占农村劳动力的比重为26.5%,比全国平均水平低8.4个百分点,比东部地区低15.2个百分点,比中部地区低3个百分点。

(五)部分地区出现农业劳动力不足现象

农村转移劳动力以青壮年劳力为主。在已转移的农村劳动力中,未满18岁的劳动力占3.5%,18～40岁的劳动力占81%,40岁以上的劳动力占15.5%。在一些经济不发达地区,农村劳动力转移的方式是以进城务工为主,由于青壮年劳力大量转移,家庭农业生产经营劳力不足。

三、对策建议

(一)促进二三产业发展,壮大县域经济

县域经济是吸纳农村转移劳动力的主体,县域经济吸纳农村转移劳动力的能力减弱,一方面是乡镇企业吸纳能力减弱,另一方面是县城和镇的吸纳能力不强。提高县域经济的吸纳能力,首先是要加强县城和中心镇建设,充分发挥其产业聚集和经济带动的功能,培育和发展一批小城市和小城镇,提高县城和中心镇的吸纳能力;其次是要推进乡镇企业的结构调整和体制创新,使乡镇企业适应新阶段农村经济发展新的环境,再造辉煌;再次是要大力发展私营经济。

(二)给农民平等就业机会,提高大中城市的吸纳能力

在当前县域经济吸纳能力减弱的情况下,农村劳动力实现转移的方式发生变化,"离土离乡"成为了近年实现农村劳动力转移的主要方式。在当前形势下,要加快农村劳动力转移的速度,必须提高大中城市的吸纳能力。农村劳动力向城市转移目前还存在许多政策性、制度性的障碍因素,根本的是没有给农村劳动力平等的就业机会。因此,要尽快消除这些不平等因素,培育和发展城乡统一的劳动力要素市场。

(三)加快农业发展,提高农业劳动生产率

在一定的农业劳动生产率条件下,农业劳动力剩余是有限的,农业劳动力转移要以农业劳动生产率提高基础上的农业剩余产品不断增加为前提。因此,只有加快农业的发展,提高农业劳动生产率,才能使农村劳动力的转移可持续,才能使已转移的农业劳动力不重返农业。

(四)加快中西部地区农村非农产业发展

中西部地区农村劳动力转移滞后,主要原因是农村非农产业发展滞后，城市化水平低。中西部地区农村非农产业要实现加快发展，要抓住两个机遇：一是抓住国家促进区域经济协调发展，加大对中西部地区投入，逐步扭转地区差距扩大趋势的政策性机遇；二是要抓住东部地区产业结构升级的经济发展机遇，引导东部已失去竞争力的产业向中西部地区转移。

（五）着力提高农村劳动力就业技能

农村劳动力素质低是制约农村劳动力转移一个重要因素，随着我国经济的发展，经济结构升级，这一制约将更为明显。但是，要改变这种状况不是一朝一夕的事。因此，近期要着力加强对农村劳动力专业技能的培训工作，根据劳动力市场需求，有针对性地传授一些专业技能，培训一批符合市场需求的具备专业技能的农村劳动力。从长远来看，发展农村教育，造就一代新型农民才是治本之策。

江苏农村劳动力转移:在增强理性中推进

——对江苏近年农村劳动力转移情况的观察与思考

江苏省农调队住户处

"农村富余劳动力向非农产业和城镇转移,是工业化和现代化的必然趋势",是解决"三农"问题的根本出路,也是全面建设小康社会、构建和谐社会的一个战略举措。为此,全国各地、从上到下都加大了工作力度,千方百计扩大劳务输出、加快农村劳动力转移,对社会经济发展特别是农民增收产生了巨大推动作用,但与此同时也引发了一些矛盾,有些矛盾对实现社会经济全面、协调、可持续发展构成了越来越明显的影响。在这样的情况下,如何促进农村劳动力转移向既快又好的方向发展,是迫切需要进一步研究解决的问题。

本文对江苏近年农村劳动力转移及相关情况通过抽样调查、全面统计、专题调查等多方面掌握的数据资料进行描述和分析,在此基础上就当前农村劳动力转移过程中较突出的社会性问题、成因及其缓解对策进行探讨。

一、近年江苏农村劳动力转移主要特点

跨入21世纪特别是党的十六大以来,江苏高度重视农村劳动力转移工作,把促进劳动力转移作为农民增收、实现"两个率先"(在全国率先建设全面小康社会、率先基本实现现代化)、构建和谐社会的重要措施来抓,全省农村劳动力转移呈现进一步发展的新局面。主要表现为以下几个特点:

(一)农村转移劳动力的比重显著提高,规模不断扩大

抽样调查资料①表明,江苏农村劳动力中转移劳动力②的比重由上个世纪90年代末的40%左右,上升到本世纪初头两年的50%左右,2004年这个比重已达到53.5%。2000年农村劳动力中转移到本乡镇以外的人数占16.6%,2004年这个比重已达24.5%,增加7.9个百分点。2004年全省农村劳动力中在本乡镇以外从业的总人数已达699万人(省农调队全面调查资料),比2000年增加230多万人。

(二)省内转移是主体,但向省外、境外转移的空间得到了拓展

作为东部沿海经济较发达省份,江苏农村转移劳动力在地域分布上以省内为主。抽样调查资料显示,2004年,江苏农村外出从业劳动力中在本省内转移的占67.5%,转向省外和国外的占22.5%。近年来,在国家西部大开发的实施、北京申奥成功、上海申博成功、西电东输、西气东输、南水北调、青藏铁路等重大项目相继开工,以及经济日益全球化的新形势下,江苏各地抓住机遇,向省外和国外拓展了劳动力输出空间,到省外、境外打工的农村劳动力稳步增加。从省外转移的情况看,尤其是到我

① 文中抽样调查资料除注明外都为江苏省农调队根据国家农村住户制度调查取得。

② 农村转移劳动力,本文指从事二、三产业和到本乡镇以外从事农业的劳动力。

国东部地区省市打工的人数增加较多、比重较高。近年向省外转移的劳动力中属东部地区占90.0%左右，在东部地区各省市中以转移到上海的居多，其次是北京、浙江等地。向省外转移的劳动力中以从事建筑业的居多。

(三)外出劳动力转移到大中城市的多、到小城镇的少

近年由于加强城乡统筹发展，各地逐步取消了一些对进城务工农民的限制性政策、歧视性规定和不合理收费，降低了农民进城务工的“门槛”，加上大中城市在二、三产业快速发展中打工机会相对较多，因而成为众多农民工的选择。2004年，江苏农村外出打工人员中转移到直辖市的占15.6%、到省会城市的占13.5%、到地级城市的占39.8%，转移到地级市以上大中城市的合计占68.9%，比2002年增加2.2个百分点；而到县(市)级以下小城镇的仅占31.1%，其中外出农村劳动力转移到建制镇的只占6.6%，比2002年下降5.0个百分点。这说明在城市化加快推进过程中，作为城市化初级阶段的农村小城镇目前对江苏农村劳动力的吸引力和接纳能力并不强。

(四)转移行业继续倾向于工业、建筑和社会服务

本世纪以来在经济持续较快发展过程中，我国制造业和大中型建设工程规模扩大，工业化和城市化进程的加速，使得工业、建筑和社会服务等行业容纳劳动力的能力增强，对农村劳动力也呈现着较强的吸纳能力。2004年江苏农村外出从业的劳动力中，从事工业的最多、占36.8%，其次是批零贸易、餐饮及居民服务业占17.6%，再次是建筑业占18.6%，比重与2000年相比分别提高3.3、1.8和4.3个百分点。

(五)转移劳动力进一步年轻化、知识化和技能化

从年龄结构看：转移劳动力中青壮年占绝大多数，并且比重仍呈扩大之势。2004年在从事二、三产业的农村劳动力中，45岁以下的所占比重达75.0%，较前几年有所提高；在外出从业农村劳动力中，45岁以下的所占比重更是高达86.4%。

从文化层次看：2004年在转移劳动力中，初中以上文化程度的占82.3%，比重较2000年提高了3.3个百分点，其中高中及以上文化程度的占20.0%，比重提高1.5个百分点。

从技术、技能看：转移劳动力中接受过专业技能培训的比重提高。2004年江苏农村转移劳动力中实际接受过专业技能培训人员的占33.6%(比当年全部农村劳动力受培训的比重21%高12.6个百分点)，比重较2003年的28.2%增加5.4个百分点，其中劳务输出人员中受过专业技能培训的占40.1%，比重较上年增加约13个百分点。

(六)全省特别是经济发达地区吸纳省外的农村劳动力越来越多

江苏人口抽样调查资料显示，目前在全省城镇就业的农民中来自于省外的占50.0%左右，其中地处“长三角”腹地经济发达的苏南地区是省外民工的主要输入地。随着外来资本的加速积聚，新一轮经济大发展对各类人才、劳动力的需求迅速上升，该地区外来务工人员数量迅猛增加。据统计，2003年，苏南外来务工农民总数达到222万人，其中来自省外的有112万人，占50.5%。无锡市作为经济发达地区，历来是外来劳动力趋之若鹜的“宝地”。据该市公安部门2004年一季度末的统计数据，全市外来人口达135万左右，其中来自外省的86万人、占63.7%。据常州武进区统计局2003年末对外来人员的专题调查，当地22.5万外来从业人员中仅来自于安徽、四川、河南等九个省区的达15万人、占66.3%。这说明江苏作为农村劳动力接纳大省的特征十分显著。

(七)劳动力转移的地区差异十分显著

由于苏南、苏中、苏北的经济发展水平很不平衡，特别是苏南工业化程度明显高于苏中和苏北，在农村劳动力的转移上也存在相当大的差异。从转移的程度看，2004年苏南农村劳动力中已实现转移的比重最高，达70.9%，苏中次之为58.7%，苏北仅44.7%。从转移方式看，苏南以就地转移为主，而苏中则是以就地转移和异地转移相结合，苏北则以异地转移为主。2004年，苏南83.5%的农村转移劳动力为就地转移，16.5%为异地输出；苏中就地转移和异地输出约一半对一半，47.8%为就地转移，52.2%为异地输出；苏北为三七开，28.2%为就地转移，71.8%为异地输出。

(八)农村劳动力转移对农民增收的作用继续加强

本世纪以来江苏农民收入呈现恢复性增长的良好态势，增幅由2000年的2.9%逐步上升到2003年的6.1%，2004年则实现了自1997年以来的最高增长，增幅达12.1%。从农民收入的构成看，属于劳动力转移性质的收入(农民外出打工和就地从事二、三产业的收入,下同)增长较快、比重最大,是增收的主要来源。2004 年,农民人均收入 4754 元中劳动力转移收入 3093 元、占 65.1%,比重较 2000 年提高 4.4 个百分点,其中农民外出打工收入 854 元,占农民收入的 18.0%,比重提高 4.8 个百分点。农村劳动力转移的不断推进已成为江苏农民持续增收的重要保障。

(九)农村劳动力转移的工作力度进一步加大

近年来大力转移农村劳动力已被江苏各级政府和部门摆到了社会经济发展和农村工作更为突出的位置。比较典型的是,省里将增加农村劳务输出作为现阶段最大的农民致富工程来抓,从 2003 年起,准备用 8 年时间,每年新增劳务输出 50 万人,力争达到 70 万人,实现 500 万农民由“农到工”的大转移。为了保证这一目标的实现,省委、省政府已推出一系列措施。一是省里专门成立了农村劳务输出工作协调小组,加强组织协调,要求各地特别是经济薄弱的苏北要像抓招商引资、就业再就业工作那样,高度重视劳务输出,并将其作为一项主要考核指标。二是开展南北挂钩协作,组织苏南、苏北有关市县签订目标责任状,推动苏北劳动力向苏南有序转移。三是建设城乡一体的劳动力市场,全省启动了劳动力市场信息网“镇镇通”工程。四是加大资金扶持力度。省财政 2003 年拨出专款 2000 万元,2004 年增加到 4000 万元,用于资助百万农民工技能培训计划。五是大力改善劳务输出人员就业环境。

二、农村劳动力转移力度加大背景下凸显的社会问题

在转移力度加大、农村劳动力更大规模流动的情况下,越来越多年轻力壮、综合素质较高的劳动力离开农业、离开乡村,随之带来的诸如农业生产、城镇就业和社会治安、子女教育、农民工权益保护、农村社会可持续发展等新老矛盾也日益凸现,并逐步成为一些令人忧虑的社会性问题。根据近期江苏各级统计部门调查反映的情况,归纳起来主要表现在以下方面:

(一)农村、农业生产领域素质较高的劳动力过多流出

随着农村转移出去的劳动力进一步年轻化、知识化和技能化,农村、农业发展所需素质较高的劳动力生产要素也越来越稀缺,多方面的不良影响趋于扩大。

1. 农业劳动力素质较低的矛盾进一步显现。

由于农村越来越多的青壮年男女纷纷外出打工,留在家乡的“老弱病残”成了务农主角,农业生产老年化、女性化和“半劳力”化更加突出。抽样调查资料显示:从年龄看,2003 年江苏农村 30 岁以下的劳动力中从事第一产业的不到三成,而 45 岁以上的占 55.0%,50 岁以上的占 37.6%;从性别看,第一产业中女性劳动力占 62%,比重较 1988 年上升 8 个百分点;从整半劳动力的情况看,第一产业中“半劳力”约占 50%,比重较 1988 年上升 20 个百分点。在农业经济比重较大、经济薄弱的苏北地区这种“三化”问题尤其突出。在农业生产仍主要靠人力的今天,素质较高劳动力流出过多,有碍于科学知识的普及、良种的推广、土壤的改造、新技术的采用,也不利于农村产业结构的调整和向农业的深度、广度开发。近年江苏农业结构调整和产业化成效不十分显著、农产品国际国内市场竞争能力不强、现代化程度难提高的现象,不能不说与目前农业劳动力素质较低有一定关系。

2. 农村二、三产业和其它社会事业的发展受到了影响。

除了农业生产所需素质较高劳动力大量流出外,农村二、三产业和其它社会事业的发展同样存在素质较高的劳动力短缺问题。近年各地在劳务输出不断扩大的情况下,由于“能人”基本外出打工,一些地区农村家庭经营二、三产业发展后劲不足,小城镇二、三产业加快发展困难;有些乡村难以找到合适的基层干部,党支部书记和村民委员会主任(村长)的人选更难确定,从而导致农村中的计划生育、公益劳动、法纪教育、义务教育、治安管理等项工作无法较好落实,影响了农村社会正常发展。

3. 大量素质较高农村劳动力的输出,使经济欠发达地区社会经济加快发展的难度加大。

由于大量素质较高农村劳动力外出打工,一些经济欠发达地区出现了招工难的现象,使本地经济加快发展受到了劳动力生产要素的制约。

苏北地区是江苏经济欠发达、农村劳动力最富余地区,但近年却出现了苏北企业本地招工难的现象。据地处该区域的徐州、淮安、宿迁等市统计局于 2004 年初进行的调查:近年来随着招商引资的不断深入,民营经济迅速发展,当地企业用工需求增长较快,特别是新增企业,亟需大批工人。然而,在农村劳务输出不断扩大的情况下大量剩余劳动

力特别是综合素质较高的青壮劳力纷纷外出，留在本地并且符合企业用工需求的劳动力缺乏，导致企业在本地招工困难。有的企业在当地招不到所需用工的1/4；有个县四所职业中学每年毕业600多人，大都去了经济发达的苏南企业。这使得不少到苏北利用劳动力投资的私营企业大失所望。大规模劳务输出引发当地具备一定素质与技能劳动力的不足，已成为苏北地区接受产业转移、迅速实现工业化、加快社会经济发展、缩小与发达地区差距的制约因素。

（二）民工的权益保障和在外生活状况堪忧

从总体看，近年在各级党委和政府的重视关怀下民工的处境有所改善。但由于种种主客观原因，不同地区、不同行业、不同所有制企业间还存在着较大差异，民工的权益保障现状仍不容乐观。据对苏南外来劳动力的抽样调查，被调查的外来务工人员月平均工资830元左右，基本从事苦、脏、累工作，劳动强度大，而且工作时间较长，平均每周工作6.4天，每天工作9.3小时，其中52%的人没有休息天，42%的人日工作10小时以上，超过了《劳动法》规定的时间，且得不到相应的劳动报酬。58%的外来民工没有与用工单位签定用工合同，79%的人反映用工单位没有为其办理过劳动保险。

不仅工资较低、待遇较差、劳动权益得不到保证，民工在外生活中也有着许多无奈与辛酸。调查中有60%以上的民工反映居住条件较差，有些被调查民工是十几个人合住二三十个平方米，有的民工租的是破旧平房，居住环境较差，住房简陋，无卫生设施。不少民工辛辛苦苦工作一年，结果到年头连基本的工资都拿不足或拿不到，回家过年的钱都没有。有时弄不好还要遇到各种处罚、克扣、歧视等严重侵犯人身权利的事。他们远离家乡和亲人、从事高强度劳动、缺少社交活动，得不到充分理解和尊重，不能被输入地真正接纳，产生生理或心理问题的民工明显增多。

（三）民工子女的教育和成长问题令人忧虑

首先，农村"留守"子女的教育问题越来越突出。近年来随着农村劳务输出的扩大，但那些常年在外打工能携带子女到打工地上学或进行身边教育的人还为数不多，民工们那些留在农村的孩子短期或长期失去了直接监护人，形成了诸多事实上的"单亲"家庭或"隔代教育"现象。

其次，外出民工子女就学难。由于对外来打工人员的歧视，农民子女到外地入托、上学难。许多民工为子女上学不得不花费巨额的赞助费、借读费和学杂费，远远超出了他们的经济承受能力，有的地方虽有民工子弟学校，但教育设施和条件难与当地一般学校相比。由于外出民工更大程度上忙于生计，子女教育和成长中的问题也比较突出。

针对民工子女教育和成长出现的问题，有些基层干部指出，大量农村劳动力外出务工的最大成本是牺牲了下一代人的教育，虽言之较重，但不能说没有一定根据和道理。

（四）民工输入地承受着外来人口涌入带来多方面的较大压力

农村劳动力转移中形成的大规模劳务输出，虽为输入地经济建设提供了丰富的廉价的劳动力资源、创造了大量的财富，但也带来了多方面的问题。较为突出的表现是：大量民工的涌入，对输入地的劳动就业、交通和社会治安、基础设施和环境卫生等各个方面带来了一定的压力。

武进是苏南地区外来民工较多的地区，2003年全区各类企业（包括个体工商户，下同）中外来劳动力的总量达224602人，占企业全部从业人员的29.5%。由于武进区劳动力资源从总量上来说比较富裕，加上外来劳动力在结构上的不合理，因此在武进区的外来劳动力有相当一部分不能够马上就业，由于个人条件比较差，因此不愿意进入有关政府管理部门提供的正规劳务市场，于是这些急于寻找工作的外来劳动力就在街头巷尾组成非法劳务市场，这不仅严重影响了当地的交通，也影响了武进区的城市环境卫生。另外，一些外来劳动力由于一时找不到工作，为了生存采取偷盗、抢劫等手段，滋生了地区性打架斗殴等破坏社会秩序、危害公共安全的违法犯罪行为，严重影响了武进区的社会治安和稳定。据当地公安部门统计，2003年武进区查获的各类刑事案件中，外来涉案人员高达69.7%，比2002年提高5.0个百分点，呈上升趋势。如果按照外来人口与本地人口比例计算，2003年外来人员刑事涉案的比例是本地人的6倍以上。苏州、无锡等外来民工较多的地区也存在类似情况。

此外，农村劳动力转移过程中产生的一些社会性问题还表现在：由于亲人成年累月外出打工，缺少亲情、情感缺失和观念冲突正在冲击着一些农村家庭结构。因为单独外出打工使夫妻产生矛盾导致家庭解体的现象增多。由于子女常年外出打工，老年人体弱多病无人照料，农村人口的老年化问题日益突出。

三、农村劳动力转移负效应成因再分析

经济快速发展、农民收入稳步提高，农村劳动力转移功不可没。但不可否认，农村劳动力加快向二、三产业和城镇转移对社会经济发展和农民增收等多方面产生了巨大积极作用的同时，确实给农业、农村、城市协调发展带来了一些消极影响（或称负效应），这种情况在江苏存在、在全国范围也具有普遍性。作为社会经济发展的必然趋势，江苏和全国农村劳动力转移必将不断向前推进。对此，正确的态度应该是高度重视，深入分析产生负效应的原因，从而有助于采取措施将负面影响降低到较低程度。

（一）市场机制作用和客观事物的两面性

这是农村劳动力转移负效应产生的基本原因。在市场经济条件下，生产要素的流动和组合必然带有一定程度的盲目性。只要是市场化就业，部分民工选择就业机会的某种盲目性就是无法避免的。目前我国经济特别是劳动力要素流动的市场机制虽未完全形成，但一定程度已经开始发挥作用。

用辩证的观点看问题，任何客观事物都具有两面性，因而农村劳动力转移存在负面影响是不可避免的。纵观世界各国，无论发达国家还是发展中国家，在由农业、乡村社会向工业化社会转型，农村劳动力向非农产业和城市转移过程中，都不同程度地产生了一些矛盾和问题。比较典型的是不少发达国家出现过的“城市病”。

劳动力供求关系失衡、总量过剩是全国和江苏的一项基本国情、省情。这是由人口众多、经济不发达、发展不平衡、就业容量有限等特点决定的。当前农村劳动力转移与流动已触及到社会、经济生活多个方面，是个复杂的系统工程，因而产生一些矛盾和问题从根本上来说都是发展中的问题，是可以缓解但却是不可能完全避免的。

（二）管理工作跟不上、服务不到位

这是农村劳动力转移负效应产生和放大的一个重要因素。农村劳动力就业转移是个系统工程。从掌握劳动力资源、提供就业信息和就业培训，到维护劳动者的合法权益，都需要政府部门提供完善的管理和服务。但是目前政府的这种职能尚待完善。政府还不能比较完全掌握农村劳动力资源及转移的基本情况。在公共培训和技能培训上，政府部门还没有特别行之有效的措施，同时再加上经费短缺、部门分割，培训的效率不高，接受培训的农民工比较少。在就业制度中，政府还没有完全把农民工纳入劳动就业体系，导致农民工有组织外出的比例较低。在维护农民工合法权益上，对用人单位没有形成一套完整的约束机制，导致农民工合法权益受到侵害的现象屡见不鲜。

目前各地统一开放、城乡一体的劳动力市场尚未形成，供需脱节、信息不灵的问题仍然突出。就业歧视在一些地方仍然存在，虽然改革了户籍制度，但依附在户籍上的劳动用工、教育、社会福利等制度的相应改革还跟不上。

（三）转移工作中存在一些偏向

这是劳动力转移负效应产生和扩大的另一个重要因素。当前各地在促进农村劳动力加快转移工作方面主流是好的，但明显存在一些偏向，主要表现在：

一是只看到农业、农村劳动力数量的剩余，看不到农业、农村发展所需素质较高劳动力的欠缺。似乎认为农村和农业的发展不需要素质较高劳动力。最明显的是，各方面在分析测算农村剩余劳动力时基本上是从数量方面进行的，而没有能从质量方面充分研究。对农村和农业生产的发展需要多少素质较高的劳动力少有深入分析，因而难以引起领导和决策部门的高度重视。

二是将农村劳动力就业、转移简单化、片面化。农村劳动力转移，可以分为农村内部转移和农村外部转移（外出打工和外出创业）两种情况。内部转移在产业分布上，是第一产业向二、三产业的转移，在地域分布上是由村组向本集镇的转移，基本特征是“离土不离乡、进厂不进城”。外部转移，有两种形式：一是农村劳动力离开农业和农村直接迁居城镇，即人口的城市化；二是农村劳动力外出务工和外出创业，即“离土又离乡”进行劳务输出。广义而言，向农业生产的深度和广度进军也是农村劳动力就业、转移的重要途径。由于情况不同，大到省（市）、地区，小到县（市）、乡（镇）村，农村劳动力就业、转移的渠道和途径也应该不拘一格。但目前在实际工作中，一些地方讲到农民就业问题就是转移农村劳动力的问题，讲到劳动力转移问题首推的办法就是劳务输出，形成转移渠道和途径过于单一的局面，不仅影响了农村劳动力转移的实际效果，还加剧了各方面的矛盾。

三是存在“急功近利”、“拔苗助长”现象。出于加快经济发展、增加农民收入等良好愿望，有一些

地区和部门不切实际地对农村劳动力转移特别是劳务输出人数层层下指标、定任务，结果事与愿违，由于劳动力综合素质较低、技术技能培训效果不好等原因，外出打工所需基本条件不具备，一些外出人员不得不回流。少数地方为了完成指标甚至产生了弄虚作假行为，虚报农村劳动力转移（劳务输出）人数，以此赢得政绩。这些不按客观规律办事的现象，不仅没有给“三农”带来多少实惠，还给农村劳动力转移相关管理和服务工作带来了更大压力和被动。

四是重输出轻管理和服务。表现为对做好农民进城务工就业服务和帮助他们解决实际困难重视不够。

（四）现行制度建设进展缓慢，存在缺陷

这是劳动力转移种种负面影响产生和放大的深层原因。突出表现如：现行土地政策，一定程度上制约着农民流动。现行的农村土地承包政策，30年不变，加上当前土地流转机制不活，外出打工者一心挂两头，只好根据农业生产季节特点，农忙时在家种田，农闲时在外干的“季节型”和春节后离家，春节前回家的“候鸟型”，造成了农村外出打工者断断续续，给户籍的管理和对社会劳动力的宏观调控和管理加大了难度。

城乡二元结构，使农村劳力流动渠道不畅。虽然城乡管理制度的改革使得农村人口有机会进城务工经商、居住生活，这与改革前相比有很大的进步，但目前农村劳动力的自由流动在改革城乡分割制度方面仍存在诸多障碍。就内部环境而言，在各级组织中劳动力转移的中介机构不仅少，而且有的信誉度较低，缺乏对劳动力转移的协调、服务、培训等项工作；就外部环境而言，农民外出打工，在户籍管理、婚姻、子女入学等方面受到限制，他们即使工作生活在城市，却无法融入城市社会，不能跟城市居民享受同等的国民待遇。

造成农村劳动力转移特别是农民工问题的不是单项制度，而是一整套的制度设计和安排，包括户籍制度、土地制度、社会保障和福利制度、劳动就业制度、人事制度、组织制度、人口迁移制度、教育制度、财政制度、住房制度乃至政治制度等，这些具体制度中的不合理因素仍在起作用。

可见。农村劳动力转移中产生消极影响的原因是复杂的、多方面的，既有客观事物两面性和市场经济规律的不可避免，也有转移工作中“急功近利”、管理、引导工作跟不上、配套措施不到位等多方面因素，更有制度建设方面的问题。

四、农村劳动力转移要在增强理性中推进

农村劳动力转移有其内在的运行规律和运行原则，其进展的快慢受到多方面因素的制约，是个较长的过程。在全社会总劳动力中，如果以从事农林牧渔业的劳动力的比重由75%降到10%左右作为初步完成农业劳动力转移的标志，那么完成这个过程英国大致用了300年，法国用了120年，加拿大、美国、日本用了100年左右。我国是个人口众多、农村人口比重大的发展中国家，真正完成农村劳动力的转移也要经过相当长的时间，不可能一蹴而就。目前在江苏和全国其它地区农村劳动力转移中凸显的一些负效应及其成因再次表明，促进农村劳动力转移同样要坚持实事求是、按客观规律办事。根据科学发展观的要求，就是要在推进农村劳动力转移过程中增强转移的科学性与合理性，将负面影响降到较低程度，从而促进社会经济全面、协调、可持续发展。

为此，当前要进一步端正思想认识，在深化政治、经济体制改革、加快各项制度建设、加强综合管理和服务的同时，妥善处理好各方面的关系，创新农村劳动力转移及相关工作的思路，不断提高农村劳动力就业、转移工作水平。

（一）因地制宜、多渠道开辟农村劳动力转移和就业之路

农村劳务输出是解决农民就业问题的重要途径，但不是唯一途径。推进农村劳动力转移，要坚持异地输出与就地转移结合，就业与创业并重，职业转移与身份转移结合。对于某一个地区、某个市（县）、某个乡（镇）、村组、甚至家庭而言，农村劳动力转移要因地制宜，选择最合适的途径。近年来江苏苏南地区为此进行了积极探索，主要有：工业领域安置，第三产业吸纳，各企事业单位使用，自主创业带动，劳务输出转移，农业产业化和结构调整内部消化，农村劳动力转移和就业工作取得了较好效果。由于坚持多渠道转移农村劳动力比较充分地实现了就业，近三年该地区农民人均纯收入年平均增长7.5%，增幅比全省同期水平高约2个百分点。这方面的经验值得借鉴。

（二）将支持农民创业作为促进农村劳动力转移的重要举措

就业是民生之本，创业是就业之源。浙江致富

农民的最大经验就是“百万农民创业，带动千万农民就业”，使得农民普遍得实惠，长期得利益。这也可以成为江苏及其它地区加快农村劳动力转移、解决农民就业问题的重要选择。从扩大就业来说，中小企业包括中小服务业，是扩大就业的主渠道。目前最有活力的中小企业是民营企业和“个私”经济，而农民创业就是其中的一支重要生力军。他们的创业带动了更多农民的就业，他们的致富，带动了更多的农民走上富裕之路。对此，要在大力发展民营、“个私”经济中给农民以热情关心和支持。

近几年来，随着农村劳动力转移呈现加快的势头，江苏和全国各地有一大批农村人才脱颖而出，他们带着多年积累的资金、技术、经验和信息回到了家乡，创办企业，实现了由打工仔、打工妹到创业者、企业家的跳跃，也带动了更多的劳动力从农业中转移出来。对此，应当不失时机地建立全面引导农民工外出与回乡创业的机制。要抓住有利时机，把引导外出农民回乡创业与加快小城镇建设结合起来。要根据各地农民回乡创业的意愿、市场的情况及当地的条件，抓好城镇建设规划，加强城镇基础设施建设，制定优惠政策，开展优质服务，以创造比较适合农民回乡创业的投资环境。当前对经济不发达地区、欠发达地区而言要像抓项目一样，一方面抓农民输出，另一方面抓打工农民回乡创业，培育当地经济发展的新的增长点。

（三）从现代化的战略高度，充分重视提高农村发展和农业生产领域劳动力的素质

素质较高劳动力的不足是农村、农业现代化中必须解决的一个问题。农村和农业要发展，就必须有部分青年农民立足本土，或者从城里回乡创业，带动一方。就江苏而言，尽管农村发展、农业生产领域劳动力素质偏低的问题由来已久，但至今并没有得到较好解决。近年来有关促进劳务输出的政策、措施、办法不少，而有关如何在转移农村富余劳动力过程中吸引、留住部分素质较高劳动力的不多。为此，各级政府部门应从实现社会经济全面、协调、可持续发展的高度出发，出台政策和措施，进一步加大对农村和农业的扶持力度，使高素质劳动力在农村也不难找到致富途径，从而留住人才、吸引人才，实现农业和农村发展的良性循环。当前在对农民进行技术、技能培训中，要第一产业与第二产业相结合。不仅进行二、三产业方面的就业培训，还要进行“种养”等“一产”方面的培训。不仅要为农村劳动力转移服务，还要为农业发展服务；不仅要培训转移技能，还要培训发展种养的选进技术。就经济欠发达和不发达地区而言，今后相当数量的农民仍要靠种养业增加收入，因此，加强种养业技术的培训对他们更现实、更实用。

（四）法治与德治并举，提高解决农民工权益保护问题的实效

一是建立一整套完善保护农民工的政策法规，做到有法可依；二是要有一个强大的执法机构，主要是劳动执法机构；三是引导农民工自身要有强烈的依法自我保护意识；四是要在全社会形成理解、尊重、关爱社会弱势群体的良好风气。

解决好农民工权益保障问题，牵涉到方方面面，而政府在其中则起着决定性的作用。首先，保护和解决社会弱势群体的生存及发展问题，正是政府的基本行政责任之一；其次，作为一个法制社会的政府，在制定相关的法律法规时，必须充分考虑到保护社会弱势人群的权益。因为在法制社会，只有法律是这一群体保护自己生存与发展的武器；第三，政府应作为社会弱势群体的“保护伞”，加大对侵犯他们利益的行为的惩治力度，同时在社会上大力倡导“平等互助”、“扶弱济贫”的精神。只有通过法治与德治结合，逐步解决城乡、强弱、贫富差距这些问题，农民工的权益才能得到合理而有效的保障。

安徽农村剩余劳动力转移及制约因素初探

安徽省农调队课题组[①]

改革开放以来，农村劳动力的输出与转移引发了农村社会生活、经济生活的重大变革。以劳动力转移为标志的劳务经济为农村经济乃至整个国民经济的发展作出了巨大的贡献，受到各级党政领导部门及全社会的关注。2000年以来，我国进入全面建设小康社会的新时期，农村经济及整个国民经济步入稳定、快速发展的新阶段。安徽省是一个农业大省，重要的商品粮生产基地，每年粮食总产量占全国的5%左右，其他主要农产品产量也位于全国的前列。由于本地工业化程度低，经济发展水平不高，人口众多，耕地人均占有量低，存在着大量的农村剩余劳动力。运用生产函数（Cobb－Douglas模型）方法，根据3100户农村住户抽样调查资料，测算出目前安徽省大约存在农村剩余劳动力1000万左右。

农村剩余劳动力转移的规模和速度，对农村经济的快速发展和农民收入的增加产生着重要的影响。农村剩余劳动力的增加和累积，一方面，加剧了本来就十分紧张的人地矛盾；另一方面，土地的条块分割，过度分散经营，使得农业生产效率低下，阻碍了农业的规模经营与集约经营，导致农村劳动力的边际效益低，农民增收困难，严重制约了农村经济快速发展。据安徽省农调队测算，安徽省人均农业耕地面积最优规模在2.20～2.40亩，而现实中远达不到这个标准。从近几年安徽城乡居民收入对比看，与农民增收困难相伴随的是城乡差距的进一步拉大，农村人均纯收入与城镇居民可支配收入的比例从2000年的1∶2.74增至2003年的1∶3.19，且继续呈不断扩大的态势。受城乡比较效益的驱动，大量农村剩余劳动力流向其他产业、其他地区，形成了规模宏大的民工潮，并且势头越来越猛。根据2003年安徽省人口抽样调查，调查时外出人员占劳动力总数的31.1%，也就是说，平均每三个农村劳动力有近一人外出，安徽已经成为劳动力输出大省。

随着农村经济结构继续优化和调整，农村产业结构将继续发生深刻的变化。农村经济的发展，技术的进步，劳动生产率的提高，农村劳动力的剩余仍然会继续增加，并呈现出许多新的特点和发展趋势。新阶段农村剩余劳动力的转移成为增加农民收入，解决三农问题的关键所在，农村剩余劳动力转移问题仍将是一个长期研究的战略问题。

一、新阶段安徽省农村劳动力转移的现状与特征

近几年来，特别是十六大以后，安徽省委、省政府认真落实党中央、国务院关于促进农民增收的各项措施，加快农业产业结构调整，推进规模化、集约化经营，加大劳动力转移力度，安徽省已经初步形成农业与非农产业，农民与市民，农村与城市的良性转换与互动。随着改革的深入，经济的发展，安

① 课题主持人：毛孟毓；课题组成员：陈新华、李燚、苏晓斌、王晓梅、王丹、陈肖玲、邢焕新；执笔：邢焕新。

徽省农村剩余劳动力转移呈现出许多新的特征。通过对2003年3100户农村住户抽样调查资料分析，我们得出以下结论：

（一）从劳动力转移的行业方向看，到非农产业中的就业人数大幅增加

农村住户调查中劳动力就业人数2000年为8560人，2003年为8670人，只增加了110人，增长1.3％，变动不大。而到非农产业就业人数2000年为2224人，到2003年激增到3160人，三年共增加了936人，年均增加312人，年递增14％。二、三产业成为安徽省农村剩余劳动力的就业首选，而且开始由被动转移向主动转移转换。

（二）从劳动力转移的地区方向看，在乡内就地转移的劳动力数量逐年减少，大范围的跨区域转移人数快速增加

调查资料表明，就业地点在乡内的农村劳动力2000年为7140人，占总就业人数的84.3％，之后逐年下降，到2003年降至6399人，平均每年减少241人，占总就业人数的比例也下降到73.8％，比2000年下降了近10个百分点。从业地点在县内乡外的人数也是逐年下降，由2000年的248人降到2003年的120人，降幅达51.6％。从业地点在省内县外的人数则是小幅增长，2000年到2003年共增加了45人，年均增加15人，增长率为8.5％。而到省外的就业人数变化较大，2000年为998人，2001年1243人，2002年1542人，到2003年更是一下子猛增到1930人，较上年增长406人，增幅达26.6％。与2000年相比增加932人，增长93.4％，将近一倍。可见，大范围、跨区域转移已经成为安徽省农村剩余劳动力转移的趋势。大多数农民尤其是年轻农民生存基础发生了变化，他们已经摆脱了“恋土”情结，不满足于现状，敢于抛开传统农业生产方式，摆脱土地的束缚，寻求新的发展空间。这种思维方式的改变对农民来说，可谓是一次天翻地覆的大革命，标志着安徽省的农村发展将步入一个新的阶段。

（三）转移劳动力以青壮年为主，劳动力素质有所提高，但是大部分缺少职业技能培训

2003年外出就业人数以31～40年龄段的居多，为681人，占当年外出就业总人数的25.2％；其次为19～22岁年龄段，为607人，占当年外出就业总人数的22.5％；16～18岁的为281人，占当年外出就业总人数的10.4％。19～40岁这一年龄段总计为2090人，占当年外出就业总人数的77.3％，是转移大军的绝对主力。外出就业劳动力文化素质大部分为初中文化，占了72％还多，高中

表1　2003年安徽省农村外出就业劳动力年龄构成变动情况

外出就业劳动力的年龄	单位	2003年	2002年	比上年变动情况	增幅(％)
16～18岁	人	281	229	+52	22.7
19～22岁	人	607	570	+37	6.5
23～25岁	人	373	315	+58	18.4
26～30岁	人	429	349	+80	22.9
31～40岁	人	681	594	+87	14.7
41～50岁	人	238	170	+68	40.0
50岁以上	人	95	76	+19	25.0
合　计	人	2704	2303	+401	17.4

表2　2000年与2003年转移劳动力的文化构成对比

单位：％

文化素质 / 年份	文盲半文盲	小学	初中	高中	中专	大专及以上
2000年	2.0	18.2	67.3	9.0	2.4	1.3
2003年	3.0	14.3	72.0	8.0	2.1	0.5

文化的仅占总数的8.0%，大专以上的仅占总数的0.5%。与2000年相比拥有初中文化的外出就业劳动力所占比重上升了近5个百分点，但是拥有高中及大中专文化的劳动力所占比重却有所下降，并且2003年受过职业技能培训的劳动力仅占劳动力总数的12.8%。随着经济的发展，科技的进步，就业岗位对劳动力的素质要求将会越来越高，文化素质低缺乏职业技能的劳动力将面临巨大的就业挑战。

（四）农民收入来源由传统的以农业收入为主逐渐向多层次、多渠道转化

特别是农民的工资性收入增长较快，并且在纯收入中占据了相当大的比重，逐渐成为农民纯收入的主体。

表3　2000～2003年安徽省农村工资性收入、农业收入所占比重变动表

指　　标	2000年	2001年	2002年	2003年
纯收入(元/人)	1934.6	2020.0	2117.6	2127.0
工资性收入(元/人)	547.8	610.7	707.7	819.0
工资性收入占纯收入的比重(%)	28.3	30.2	33.4	38.5
农业收入(元/人)	802.8	814.5	843.7	705.0
农业收入占纯收入的比重(%)	41.5	40.3	39.8	33.2

由表中可以看出：近几年农民工资性收入逐年上升，农业收入逐年下降。农民工资性收入2000年人均547.8元，占纯收入的28.3%，2003年达到819元，占纯收入的比重上升到38.5%，比2000年增加了10.2个百分点，增长十分迅速。与之相对应的是2000年人均农业收入为802.8元，占纯收入的比重为41.5%，到2002年仅增长了41元，达到843.7为元，占纯收入比重下降到39.8%，2003年则因受自然灾害的影响下降到705元，占纯收入的比重更是下降到33.2%，比2000年下降了近8.4个百分点。而且2002年农民工资性收入与农业收入已经相差不大，2003年则是工资性收入819元，第一次超过农业收入114元，所占比重高于农业收入5.3个百分点，成为农民纯收入的主体。这其中虽然有因自然灾害导致的农业减产的因素在内，但是从近几年农业收入所占比重一路下滑，工资性收入比重逐年上升的趋势看，工资性收入超过农业收入成为农民纯收入的主体是迟早的事。安徽省农民的收入来源已经呈现出多渠道、多层次的巨大变化，工资性收入将持续增加，转移劳动力收入增加的示范效应决定了农村剩余劳动力的转移在短时间内不仅不会减速，反而会加快。

（五）劳动力的转移多为农民自发组织，以群体外出居多

农村剩余劳动力以"散兵游勇"的方式出去的有所减少，大多数民工以血缘、地缘、人缘等交错关系，组成群体外出，也有是以全家或家族转移。据典型调查，农民以5～10人群体外出的占52.4%，10人以上群体的占28.6%，其他形式的占19%；从组织状况看，农民自发组织的占63.8%，政府机关组织介绍的仅占6.5%(其中劳务中介组织介绍的占58.3%，乡村介绍、外来企业招工的占41.7%)，自行闯荡的占25.4%，其他占4.3%。劳动力转移的组织性、目的性有所增强。

（六）就业模式呈多样化发展

当前农村剩余劳动力的就业模式主要有三种：一是，兼业性就业，2003年这种模式转出的劳动力占外出就业劳动力的36%。这种转移的特点是多为就地转移，劳动力的就业地点一般都在乡内，农闲时劳动力可以全身心地在其他产业务工，农忙时可及时地回到农业生产中，不会耽误农时。这种灵活的转移方式既增加了农民的工资性收入又在一定程度上保证了农业生产，是对目前的农业剩余劳动力转移的有益的缓冲，是农村剩余劳动力转移过程中不可或缺的过渡形式；二是，分业性就业，劳动力在保留土地承包经营权的前提下，完全放弃土地经营而从事其他行业。2003年这种就业形式占外出就业劳动力的63%。在这种经营模式下，如果土地流转机制不健全，考虑到农业与其他产业的比较收益差，成功转移的农户可能会选择弃耕，导致抛荒、弃荒现象出现，这对农业生产极为不利；三是，完全性转出就业，这种形式一般通过上学、参军转业、举家迁移等方式实现，劳动力完全脱离农业，而从事其他产业。这是完全意义上的劳动力转移，这类转移形式所占比重较少。但是这种形式对于农村剩余劳动力个人来说是最希望、最成功的转移方式，但对于农业产业本身来说却是影响最大的转移方式，这将与农业的人力资本储备产生不可调和的矛盾。当前农村教育的资金来源于农业自身的积累，国家与其他产业投入很少，甚至是几乎没有投入。这种完全的劳动力转移模式是农村自发的人力资本输出与第二、三产业资本的低收益转换，这将影响到农业的可持续发展。

二、农村剩余劳动力转移对安徽省经济的影响

农村剩余劳动力转移是劳动力在整个社会经济中的流动。虽然在劳动力转移过程中可能会出现一些问题，例如劳动力的转移规模过大、转移速度过快可能会影响到安徽省经济的健康稳定运行，过多的流动人口对城市的稳定和社会安全可能会产生影响等等。但是总的来说农村剩余劳动力从农业转移到比较效益较高的非农产业是市场条件下劳动力资源的合理配置，有利于提高劳动力的边际效益，提高劳动力、土地等资源的配置效率，促进农村经济的发展，并通过增加农民收入，促进消费，增加供给，带动二、三产业的发展，对农业及非农产业都会产生积极的效果。

（一）在农业内部，提高劳动力、土地要素的资源配置效率，增加农民收入，推动安徽省农村经济发展

据安徽省农调队结合 3100 户调查资料测算，全省人均农业耕地面积最优规模在 2.20～2.40 亩，2002 年安徽省人均耕地面积 1.49 亩，是全国平均水平的 74.5%，与最优规模相差较大。同其他省市相比，与湖北相当，比河南少 0.03 亩，是黑龙江的 16.3%，是内蒙古的 20.6%。综合起来看，处于中等水平，人均占有量偏低。加上近年来城市化工业化进程加大，造成农业用地大幅减少，使土地资源更为稀缺，人均持有量将持续下降，加剧了本来就紧张的人地矛盾。并且，由此造成的分散化经营严重阻碍了农业的机械化、规模化及产业化，造成农业劳动力效率低下，农民增收困难，农村经济发展停滞。农村剩余劳动力转移之后，土地和其他农业剩余资源得以重新配置，农业劳动力的人均资源占有量增加，农业劳动力边际生产率上升，同时，促进农业规模化、集约化、产业化经营，推动农村经济发展，推进全面小康社会建设。另一方面，由于农业与非农产业的比较收益差较大，实现生产力要素的报酬趋同是市场经济的必然选择，农村劳动力作为一种重要的生产力要素在各产业间流动，转移到非农产业中的劳动力也将获得较高的比较效益，增加农民收入。可以说，农村剩余劳动力的转移和增加农民收入是一种相互促进、相互影响的关系，二者相辅相承。

（二）在非农产业，农村剩余劳动力的转移可以有效地促进二、三产业乃至整个国民经济的全面发展

与城市劳动力相比，农村劳动力收入期望值低，具有低成本的优势，可在一定程度上适合劳动力密集型的生产部门，为非农产业部门节约大量的劳动力成本，可以提升非农产业的成本竞争优势；还可通过为非农产业节约工资支出从而利于增加对非农产业的追加投资，促进非农产业的发展。另一方面，农村剩余劳动力转移之后，随着劳动力收入的增长，整体的消费需求将会增加，通过需求带动供给，促进二、三产业的发展，对整个国民经济的发展产生巨大的拉动作用。从而形成农业与非农产业之间的良性循环与互动，促进非农产业乃至整个国民经济的发展。

抽样调查显示，在农民外出务工收入中，劳动力在省外国内从业得到的收入占 82.2%，在乡外县内从业得到的收入和在县外省内从业得到的收入均占 8.9%。2003 年安徽省农民外出务工得到的收入人均 529 元，同比增加 99 元，增长 23%，增幅比上年提高 3.2 个百分点，对农民工资性收入的增长贡献率达 89.2%；收入的增长必然带动消费需求的增加。这表现在支出的增加上：2000 年人均总支出为 2045.56 元，2001 年 2188.78 元，增长 7%；2002 年 2322.32 元，较上年增长 133.54 元，增长率 6%；2003 年 2378.84 元，增长 56.52 元，增长率 2.4%。农民的人均总支出是一直处于增长状态。2000 年生活消费支出 1321.5 元，占总收入的 51.1%，其中生活消费中的食品消费支出为 693.15 元，占生活消费支出的 52.5%。到 2003 年农民生活消费支出增长到 1596.27 元，比 2000 年增长 20.8%，生活消费中的食品消费支出增加到 790.48 元，所占比重下降到 49.5%。即恩格尔系数下降到 50% 以下，这表明安徽省农村已经基本解决温饱正逐步进入到小康阶段，农民的生活水平提高，农民的消费需求增加以及消费层次的提升将会拉动对非食品消费品的消费需求，进而增加非食品消费品的供给，促进二、三产业的发展，形成农业与其他产业的良性互动，推动国民经济的全面快速发

展。

(三)农村剩余劳动力的超量转移有可能对粮食播种面积暨粮食安全产生较大影响

据《安徽省统计年鉴》显示,近几年安徽省年末实有耕地面积呈逐年下降的趋势,2000 年全省年末实有耕地面积为 4229.55 千公顷,到 2003 年降至 4084.73 千公顷,共减少了 144.82 千公顷。虽然农作物的总播种面积,总的来说除 2001 年降幅较大外,总体上稳定不变,而粮食播种面积则是不断下降,尤其以 2001 年下降最大,一年就比上年减少了 266.79 千公顷。水稻、小麦的种植面积更是锐减,2003 年水稻种植面积减少了 485.57 千公顷,降幅达 21%。稻谷的产量除 2002 年获得大丰收外,2000 年到 2003 年一路下滑,2003 年比 2000 年减产 145.22 万吨,降幅 12.2%。小麦的种植面积也是 2001 年降幅较大,其余年份呈总体下降趋势,2003 年为 1776.82 千公顷,比 2000 年下降 154.35 千公顷,降幅 14.34%。2000 年之后小麦一路减产,2003 年比 2000 年减产近 73.2 万吨,降幅 10.0%。

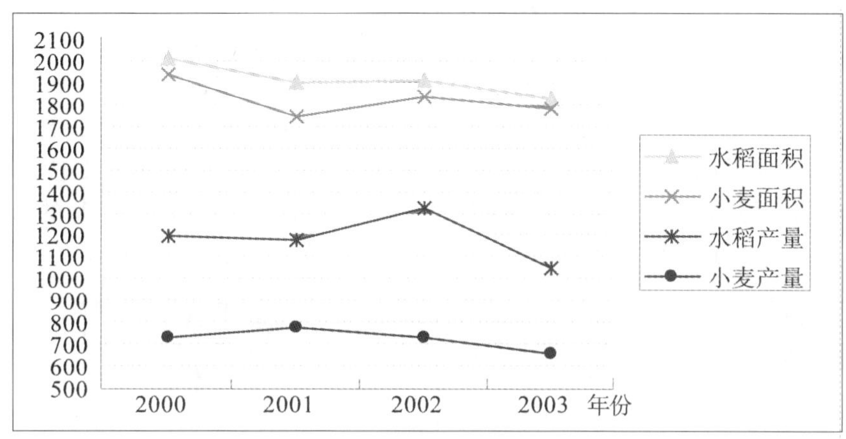

图 1 水稻、小麦面积及产量近几年变动图

从历史上看,粮食总产量的多少主要是受气候、市场、价格等因素的制约,但是种植面积在土地产出水平达到一定程度,单位面积产量增加有限时,也会对粮食产量产生一定影响。由于农村剩余劳动力转移会推进城市化、工业化进程,如果控制不好的话将会占用大量耕地,导致粮食种植面积减少;另一方面农村缺乏健全的土地流转市场,社会保障制度也不健全,大量的农村剩余劳动力在转移到其他产业后,无暇、无力或不愿经营土地,却又不愿放弃土地,而土地又流转不出去,造成土地的抛荒、撂荒,导致粮食种植面积的减少,影响粮食产量;还有就是劳动力的兼业经营,无疑会影响到农民对土地的经营效率,影响到土地的生产率,进而影响到粮食的产量。安徽省是国家的商品粮基地,20 世纪 80 年代以来全省共向省外调销出粮食 3000 万吨以上。安徽的粮食生产将直接关系到国家的粮食储备及粮食安全,必须引起各级领导的重视。

(四)农村的劳动力大量转移将引起农业人力资本储备的危机

据 3100 户抽样调查表明:2003 年安徽省农村劳动力中,小学文化以下的有 11.3%,小学文化的占 27%,初中文化的占 52.4%,只有 6.9%的为高中文化,中专文化程度的为 1.9%,大专及以上文化的更是少得可怜,仅有 0.5%。受过专业培训的人仅占 12.8%,同年 42.9%的具有初中文化的劳动力选择外出就业,这一指标,高中文化的为 35.6%,中专文化的为 36%,大专及以上的为 35%。从年龄构成上看外出劳动力在 19~40 年龄段的为 2090 人,占这一年龄段劳动力的 42.4%。这就出现了一个问题:劳动力文化素质本来就偏低的农业,却还有大量的相对较高素质青壮年劳动力外出就业,这就更加降低了农业产业内劳动力的整体文化素质,形成了农业劳动力文化素质在偏低的基础上继续下降与现代农业发展急切需求高素质劳动力的矛盾。在以家庭为生产单位的农村经济体制下,农户将家庭的利益和发展置于产业的利益与发展之上。由于目前农业与其他产业的比较利益差别较大,农村劳动条件恶劣,缺乏对人才的吸引培养机制,加之千百年来形成的对农业的文化偏见,导致农户在大力投资于人力资本的同时也在不遗余力的将培养出的高素质人才转移到其他产业。其中以升学就业、参军转业、迁徙等完全、永久转移为甚。这对于个人、家庭而言是劳动力的自由流动,是资源的市场配置,是一种升华、一种进步。而在城乡二元经济体制下,对于农业产业来说,以农业积累培育出的高素质人力资本却流向了第二、三产业,为城市工业、服务业的发展做出了巨大的贡献,而没有成为农业的高素质后续力量。这种自发的人力资本输出与工业资本的低收益转换,是安徽省也是我国城乡差距拉大,农业发展后劲乏力,农业产业化难以实现的深刻原因之一。

三、当前安徽省农村剩余劳动力转移的制约因素

安徽省剩余劳动力转移始于20世纪80年代初,到90年代中后期形成了流向大中城市的高潮。但是近几年来,农村剩余劳动力的转移出现了许多新问题,一些地区甚至产生了劳动力回流现象,农村剩余劳动力转移困难的问题一直困扰着决策部门。从总体上看制约农村经济发展和农村剩余劳动力转移的因素既有历史的长期因素,又有现实的短期因素,既有宏观层面的政策因素,又有微观层面的个人因素。

(一)整体经济发展水平低

农村剩余劳动力转移与一国的经济水平密切相关,库兹涅茨指出:随着社会经济发展水平的提高,一国劳动力在一、二、三产业中的分布将呈现出由正三角形向桶形再向倒三角形的变化。即随经济发展水平的提高劳动力将由第一产业向第二产业及第三产业转移。据《2004年安徽省统计年鉴》显示安徽省2003年国内生产总值3972.4亿元,居全国第14位,人均6197.2元,占全国国内生产总值的3.4%,居全国第十四位。与其他省市比较,是广东的29.4%,是河南的56.5%,是江苏的31.9%,是湖北的73.6%。

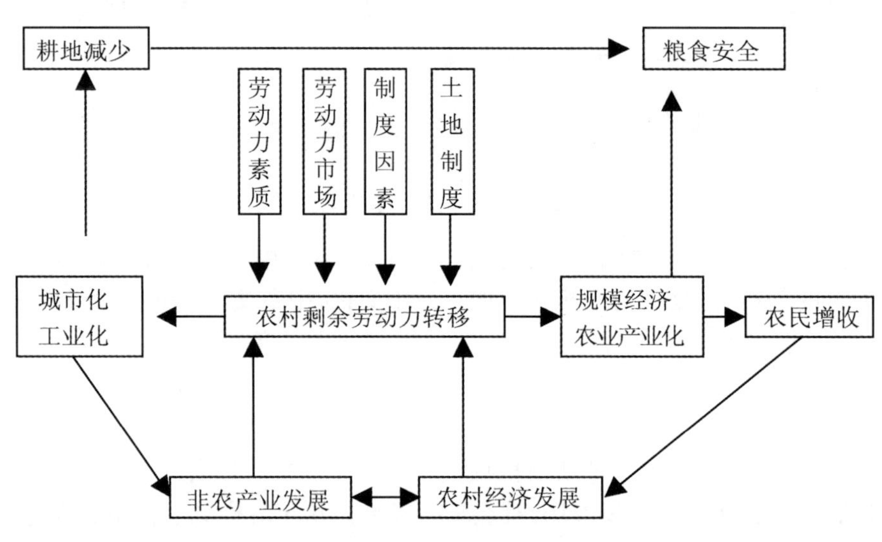

图2 农村剩余劳动力转移关系示意图

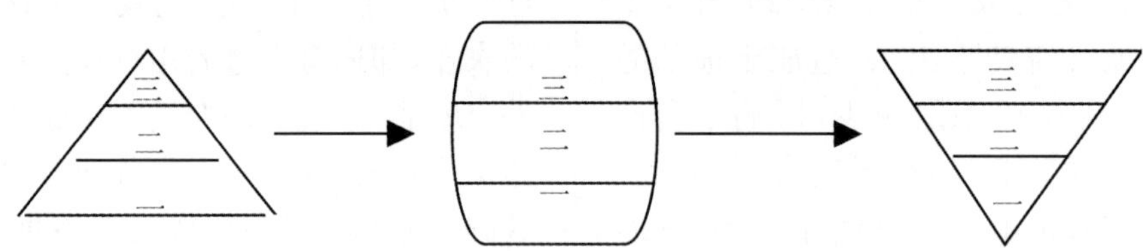

图3 随经济的发展劳动力在一、二、三产业中的分布变化图示

安徽省工业化起步较晚,目前经济处于高速发展阶段,整体经济水平不高,运行质量偏低,二、三产业对农村剩余劳动力的吸纳有限,在一定程度上制约了农村剩余劳动力的就地转移。

(二)农村劳动力整体素质偏低

抽样调查数据显示:2003年安徽省农村劳动力中,小学文化以下的还有11.3%,拥有小学文化的劳动力占27.1%,拥有初中文化的占52.4%,6.9%的拥有高中文化,中专文化的为1.9%,大专及以上文化的仅有0.5%。受过专业培训的人仅占12.8%。安徽省农村劳动力文化技术素质偏低的现状与现代农业部门对劳动力的高素质要求相

矛盾，许多的新品种、新技术、新机械由于劳动力素质的原因不能迅速的推广利用，制约了农业的发展，造成了农业的低效益。大量的农业劳动力努力脱离农业，涌入城市，而这些众多的劳动力中仅有为数很少的能适应二、三产业的高素质、高技术要求，大部分只能依靠简单的传统经验就业，还有许多人找不到工作。素质低、缺乏技能使得农民工可选择的就业面太窄，给劳动力转移造成了一定困难，成为制约农村剩余劳动力转移的重要原因。

(三)不合理的制度政策体系约束

安徽省现在许多政策制度还明显带有浓厚的计划经济色彩，其中许多政策制度明显缺乏公正或不合时宜，在一定程度上制约了农村剩余劳动力的转移。首先，表现在户籍管理制度方面。城乡分割的二元户籍制度人为地将城乡经济割裂开来，形成了城乡二元经济体制，限制了城乡经济交流，阻碍了劳动力的城乡间自由流动。虽然近年来户籍制度有所松动，但是由户籍制度衍生出的许多不平等制度及歧视农民就业的政策依然根深蒂固。如在住房、劳动、人事、教育等方面给与农民的不平等的待遇限制了农村剩余劳动力的自由合理有序的流动。其次，是土地制度与社会保障制度方面。20世纪80年代以来，以家庭承包责任制为基础的土地制度确实创造了中国农业史上的辉煌，但是随着社会经济的发展进步，其历史局限性逐步暴露出来，其分散经营、条块分割、规模偏小的弱点限制了农业机械化经营，使得农业规模经济难以实现，也将大量的农村剩余劳动力束缚在了土地上，使大量的农村剩余劳动力转移不出来。农村社会保障制度不健全，普及面窄，使得土地在承担经济功能的同时还必须承担农民的社会保障职能。造成了许多农民即使在城市中获得稳定的工作，有了固定的经济收入，无暇经营土地，也不愿放弃土地，导致农村发生对土地资源利用不完善的兼业经营，甚至出现抛荒、撂荒现象，同时也制约了农村剩余劳动力的完全转移。

(四)劳动力市场不完善，信息化程度低

目前安徽省农村剩余劳动力转移处于无序状态，大多数为自发的跨地区流动，缺乏诚信的中介组织。由于安徽省劳动力市场不完善，信息化程度低使得农民工很难了解各地的就业信息，加之缺乏组织，造成了农民工的盲目流动，增加了农民工就业成本。同时，由于安徽省交通运输、信息网络方面等公共基础设施的配置水平较低，更使得劳动力有效转移变得相当困难。

(五)有效资本投入低，制约了县域经济的发展，对剩余劳动力吸纳作用有限

县域经济特别是乡镇企业的发展对农村剩余劳动力的吸纳作用潜力巨大。投资不足是制约县域经济发展的瓶颈。应当说，近几年安徽省在水利建设、农网改造和移民、建镇等方面对县域的投资力度明显加大，但投向基本是在基础设施上，对县域企业尤其是制造业的投入相对不足，广大的中小企业普遍感到资金紧张。20世纪80年代以前，安徽省县域贷款余额占全省的40%左右，目前这一比重已降至35%左右。“九五”期间，全省金融系统贷款余额平均每年增长15.7%，其中乡镇企业贷款平均每年仅增长8.2%，其占贷款总额的比重由6.2%降为4.4%。2001年与1995年相比，县域更新改造投资占全省的比重也由27.1%降到了25.1%。同时，由于多数县域所处的区位没有优势，招商引资难。目前安徽省县域实际利用外资仅占全省的13.3%，平均每个县市不到100万美元，不足江苏的1/50。这种情况，导致县域企业发展缓慢，也在一定程度上制约了农村剩余劳动力转移。

四、加快农村剩余劳动力转移的思路与对策

农业是整个国民经济的重要组成部分，农村经济与国民经济中的二、三产业都有着密切的联系。当前安徽农村经济进入了一个新的发展阶段，农产品供求关系、农业产业结构、农民增收的主要来源及安徽农业与外界的关联程度都发生了巨大的变化。我们要通过供给创造需求与需求带动供给相结合的战略，将农村经济置于整个国民经济中，统筹城乡经济发展，实现农业与非农产业，农村与城市，农民与市民之间的良性转换与互动。农民问题的核心问题是农民收入问题。农村剩余劳动力的转移是增加农民收入、发展农村经济的根本出路。要摆脱当前农村剩余劳动力转移的困境，各级政府应充分认识到：未来的劳动力供给主要靠农村劳动力的转移而不是城市新增劳动力，要发挥政府的宏观调控职能，从农业产业化、工业化、城市化着手，协调城乡经济，以实现农村剩余劳动力的顺利转移，促进农村繁荣，推动国民经济的稳定、快速、健康发展。

(一)加快农业现代化进程，促进农村剩余劳动

力转移

农业自身的发展对保证农村剩余劳动力的顺利转移起着至关重要的作用。农业的发展有利于为农村剩余劳动力的转移提供更多的剩余产品，间接地创造非农就业机会。

首先，推进农业产业化经营，深化农业产业结构调整。产业化经营是农业发展的根本出路。农业产业化经营将农户与市场结合起来，实现农业的生产、加工、销售一体化，通过产业化将原本分离的农业产前、产中、产后环节紧密结合起来，形成科研、生产、加工、销售一体化的产业链，创造大量的就业机会，吸纳劳动力就业。

其次，深化农产品加工、增加农产品附加值为农村剩余劳动力创造就业岗位。安徽省在农产品加工领域极具发展潜力。1985年～2001年农产品加工业的平均增长速度为13.0%，比工业的发展速度17.0%低了4个多百分点。2001年全省农产品加工产值与农业产值之比为0.76，而上海为4.6，广东、江苏、浙江、天津分别为1.45、1.56、1.4和2.61，与发达国家4～9的水平相比差距就更大了。发达国家农产品加工程度都在90%以上，安徽省还只有20%～30%；发达国家工业生产和加工食品占食物消费总量的比重大约为80%，安徽省还不到30%；这表明安徽省农产品加工业有很大的发展空间，而且农产品加工行业为劳动密集型行业，对农村剩余劳动力的吸纳作用巨大。

再次，充分利用国际市场。劳动密集型的产业在国际市场上有很大的竞争优势。安徽省劳动力丰富，我们应充分利用国际竞争优势，发展劳动密集型农业，扩大出口，为农村剩余劳动力的转移开辟新的空间。

（二）加强农村基础教育，大力发展职业教育

增加人力资本投资，提高劳动力素质是促进农村剩余劳动力转移的根本途径。2003年安徽省有31.1%的农民转移到其他产业，但是由于缺乏技术和专业特长，工资低、适应能力差，急需职业技术培训。我们应加大人力资本投资，从根本上提高劳动力素质，使劳动者摆脱基本素质低、职业技能缺乏的局限，以扩大劳动者的就业空间，获得更宽的就业渠道。一方面，加大农村基础教育投资力度，大幅降低农民教育成本。把农村义务教育的责任从政府与农民共同负担转移到主要由县级以上政府承担，实行义务教育免费制，从根本上降低农民的教育成本，从而彻底解决农民受教育问题，提高农民素质，提升农民工就业竞争力。另一方面，要改变当前农村劳动力整体素质偏低的现状，不是一朝一夕可以实现的。由于农村劳动力数量众多，且年龄层次差别大，我们不可能仅靠义务教育和高等教育解决劳动力素质问题。应该有针对性的发展职业教育，提高劳动者的职业技能。实行国家办教育、社会办教育以及合资办教育相结合的方针，在政府的监管之下实行灵活多样的开放的办学模式，调动一切社会力量全方位办学，切实培养服务于城乡建设的人才，提高农村教育水平。

（三）建立完善相关法律和制度，推进农村剩余劳动力合理有序流动

在农村剩余劳动力转移过程中各级政府应完善立法，充分发挥政策导向功能，逐步改革城乡发展中轻视农业，歧视农村，剥夺农民的不平等制度和政策，给予农民工国民待遇，排除城乡体制二元结构的体制障碍，构建城乡融合发展的制度和政策体系，为农村剩余劳动力的转移创造条件。

1. 改革城乡二元户籍制度，为劳动力的转移清除障碍。全面推进小城镇户籍管理体制改革，建立城乡统一的户口登记制度，打破城乡分割的二元户口管理结构，逐步放开户口迁移限制，及时解决进城就业农民的工资、劳动条件与子女入学等问题，引导农村劳动力的合理有序流动。

2. 深化社会保障制度改革。第一，随着安徽省农村经济的发展，农民收入的提高，迫切需要建立健全农业保险体系，规避农业风险。基于农业经营风险大的缺点，政府应对农业保险给与多种形式的财政补贴及政策扶持，并以政府、个人、集体三结合的方式建立农民的养老保险、医疗保险。第二，逐步建立进城务工农民的社会保障体系，从而削弱土地的保障功能，促进农民工逐步放弃土地，实现劳动力的完全转移。第三，将农村社会保障体系与土地使用权流转结合起来，以社会保障置换土地的保障功能，从而推进农户承包地使用权流转，促进农村剩余劳动力的转移。

3. 建立公平、公正、统一、有序的城乡劳动力市场。建立和完善劳动力中介组织，使之成为沟通和联结劳动力与就业岗位的媒介。逐步通过信息化建设，建立起劳动力市场信息网络，实行各级联网，提供全国劳动力供求信息，打破劳动力流动的各种障碍，消除各种歧视农民工进城就业的政策和不合理收费，简化农民工跨地区就业和进城务工的手续，改善农村劳动力就业环境，实现劳动力的自由流动,提高劳动力资源的配置效率。

4. 改革土地制度,进一步明晰土地产权,在稳定家庭承包责任制的前提下,进行制度创新,推进农户承包地使用权流转。继续稳定家庭联产承包责任制,赋予农民物权性质的土地承包权,以稳定土地的产权关系。较好的办法就是农户承包地使用权流转。农户承包地使用权流转是在保护耕地和保障农民合法权益的前提下,建立在家庭承包责任制基础上的制度创新,它将土地的权益进一步细分为所有权、承包权、使用权,农户在承包期内可以将使用权出让给第三方,也可将使用权股份化,作为投资,利于土地集中,促进成规模经营。土地的经营可以按现代工业的经营管理方式运作,实行现代企业管理,专业化生产,一体化经营,市场化竞争,使小生产和大市场成功对接,克服了家庭承包制的分散经营、效率低下的弱点,解决了家庭承包制与工业化、市场化的矛盾。为建立起现代化的可持续农业和农村剩余劳动力的转移铺平了道路。尽管受到社会保障缺失及农民素质等多方面的限制,农户承包地使用权流转过程不可能一帆风顺,但是在将来一定时期内会极大的促进农村剩余劳动力转移。特别是土地股份合作制作为农户承包地使用权流转的较完善形式,通过使用权股份化,明晰了土地产权主体,实现了土地使用权的资本化,解决了劳动者的劳动职能与生产资料所有权和剩余劳动所有权相分离的矛盾,将会极大的提高劳动者、出资者的积极性,促进生产力的发展,推动农村剩余劳动力的转移。

(四)大力发展非农产业,特别是第三产业,实现城乡协调发展

农业是国民经济的基础,农业的发展水平影响着第二、三产业的发展,同时,第二、三产业的发展也能带动农业的发展,互相协调形成良性互动。因此城乡协调发展是国民经济的基础,非农产业的发展可以在很大程度上扩大就业规模。特别是第三产业资本有机构成低,与第二产业相比在同等数额的投资下可安排更多的劳动力,第三产业终将是吸收劳动力最多的部门。当前西方发达国家就业人口中第一产业比重不到10%,第二产业比重30%,第三产业60%,第三产业的增加值占GDP的60%,相比之下安徽省第三产业的就业人口仅占全部就业人口的25.6%,第三产业的增加值仅占GDP的31.6%。因此安徽省第三产业尚有很大发展空间。大力发展第三产业,提高第三产业比重,并形成合理的规模结构,将给剩余劳动力的转移创造极大的空间。

(五)正确处理农村剩余劳动力转移与粮食安全的矛盾

初步预测,到2005年安徽省的粮食总需求量比现在增加3%左右,到2010年增加11%左右。按照目前全省农村劳动力转移速度、规模和粮食生产水平,如果不出现非正常因素的大规模农村劳动力流动和转移,对粮食生产及粮食安全不会产生大的影响。但是我们也必须提起较大的重视,粮食问题是关系经济安全和国计民生的重大战略问题,任何时候都不能有丝毫松懈。近年来,随着城市化工业化的发展,安徽省耕地面积迅速减少。2000年,全省年末实有耕地面积为4229.55千公顷,到2002年减少了51.79千公顷,到2003年年末实有耕地面积降至4084.73千公顷,3年中共减少耕地144.82千公顷(合217.23万亩)。再加上由于土地经济效益低,农户抛荒、弃荒现象严重,造成全省粮食种植面积连年下降。2003年安徽省粮食减产551万吨,当然这其中灾害的因素占有较大的成分。但是,耕地面积减少的因素也占了一定的成分。从安徽省农村经济发展和粮食生产情况来看,各级政府应着力解决城市化、工业化用地与保护耕地的矛盾问题,科学编制土地利用规划,深入做好城乡建设用地规划,优化农业布局,提高土地利用效率,确保粮食产量。同时加快农村金融和财税体制改革,解决农业资金供需矛盾突出的问题,促进金融分化,拓宽投资渠道,建立多元的投资机制,逐步减免农业税以及加大政府补贴力度,鼓励农民发展粮食生产,提高生产积极性,提高单产水平,达到增产、增收和保证粮食安全的目的。

(六)充分利用WTO规则,利用“绿箱政策”加大农业补贴

适应加入WTO与世界经济接轨的要求,必须调整对农业的支持结构,削减“黄箱政策”对农产品的间接补贴,采用国际通行的办法,利用“绿箱政策”对农民收入直接补贴,将原来间接给农民补贴,改为直接补贴给农民。尤其是需建立起农民收入稳定和保险制度,加大政府一般性服务,包括:农业科研,病虫害控制,培训,推广咨询服务,检验服务,农产品市场促销服务,农业基础设施建设,其他一般性服务等,弥补“绿箱”空白,堵住“绿箱”漏洞。

参考书目:

1. 周立群,《完善农村经济组织体系和推进制度创新》,南开学报,2004 年第一期。
2. 吴玉祥,《中国农村剩余劳动力转移对策分析》,国家科技部中国农村技术开发中心,九亿农网。
3. 李力,王小海,《农村工作基本思路发生三大转变》,经济日报,2004.02.10。
4. 栾瑾崇,《农村剩余劳动力转移的国际比较及启示》,理论探讨,2004 第三期。
5. 文贯中,《我国农村剩余劳动力转移的策略研究》,农业经济,2003 年第十期。
6. 孟令国,《发达国家农村剩余劳动力转移的经验对我国的启示》,农业经济,2004 年第一期。
7. 王永发等,《农民素质与农业教育》,农业经济,2004 年第二期。
8. 王开良,《增加人力资本投资是促进农村剩余劳动力转移的根本途径》,农业经济,2004 年第一期。
9. 瞿长福,《保护耕地从何着手》,经济日报,2001.04.15。

福建农村劳动力有序转移的战略构想

福建省农调队　何　钦

“三农”问题是关系国家兴亡的大事，也一直是党和政府工作的重中之重。在推进农业现代化的进程中，农业所吸纳的劳动力日趋减少，随之而来的是愈来愈多的农村剩余劳动力。农村剩余劳动力的合理转移有利于调整农业产业结构，增加农民收入，是农业可持续发展的内在要求。因此如何促进农村剩余劳动力有序转移，增加农民收入，推动产业升级，提高国民经济总体实力，是当前和今后很长一段时间的一个重要问题。

一、农村劳动力转移与就业在农民增收中的地位与作用

农村改革的第一次飞跃就是实现家庭联产承包责任制，它的最大功绩在于给了农民自由、自主、实惠，调动了农民的积极性，解放了生产力，大大地提高了农民收入，奠定了自然经济向商品经济过渡的基础。第二次飞跃就是实行适度规模经营，实现农村经济商品化，完成自然经济向商品经济的过渡，从而进一步增加农民的收入。而农村剩余劳动力转移与两次飞跃都紧密相关，它既是第一次飞跃的结果和产物，又是第二次飞跃实现的关键。它既可能成为促使这次飞跃的动力，也可能成为阻碍这次飞跃的惰性力量。如果转移的过程能够促进农村资源特别是土地的集中，加速耕地的合理流转，那么它就能为发展规模经营创造条件，促进第二次飞跃；但如果大量剩余劳动力不能及时转移出去，滞留在有限的耕地上，或在转移的背后留下大量土地的闲置和抛荒，那么这种转移就会阻碍第二次飞跃，农民进一步增收就无从说起。据调查，福建农民人均纯收入中，非农纯收入的比例，从改革开放之初不到10%上升到2004年的2/3。其中，常住人口工资性收入与在外人口寄带回的收入及家庭经营非农的纯收入已占全部纯收入的61%之多，而且一直是拉动农民增收的主要力量。如福清市，近年来该市注重发挥侨乡的独特优势，积极拓展涉外劳务业务，全市在国外“洋打工”达半年以上的农民达3万多人，占该市农村劳动力总数的6%，其数量居全省各县(市、区)首位。出国人员每年给亲友寄回或带回的现金达20亿元以上，人均寄回或带回达8.2万元。按全市乡村人口平均，仅此一项，人均增收达1500元，占该市当年农民人均纯收入的35%。这些出国打工的农民，带回的还不仅仅是金钱财富，而且带回了技术，开阔了眼界，许多农民通过国外的锻炼，回国后大多已成为公司或企业的骨干力量。劳动力转移有效地增加了农民收入，使其农民人均纯收入居全省前列。可见，如何促进农村劳动力的有序转移就业，是增加农民收入的一条及其重要的途径。

二、农村劳动力转移历史进程与阶段判断

(一)农村劳动力转移的历史进程

随着国民经济的发展与产业结构的升级变换，农业份额不断下降，农村经济结构必然不断向非农产业的调整。改革开放至2004年福建省累计向非

农产业转移农业劳动力609.29万人，平均每年转移23.43万人，平均每年增长12.1%，农村劳动力的非农化率(非农产业劳动力所占的比例，下同)由4.3%提高到46.5%，提高了42.2个百分点。在这期间，福建农村劳动力转移经历了1984～1988年、1992～1996年的两个“高潮期”和1989～1991年、1997年至今的两个“低潮期”。

第一个高潮期，也是福建乡镇企业发展的第一个高潮阶段。1984年，在经济改革初期农民从单一的耕地经营中解脱出来转向工副业等多种经营的基础上，全省贯彻中央《转发农牧渔业部〈关于开创社队企业新局面的报告〉的通知》精神，实行乡、村、联户、农户“四个轮子”驱动，大力发展乡镇企业，为农村经济“打头阵”，积极调整农村产业结构。此间1987～1988年两年发挥率先开放省份，利用“侨、台、港”的优势，积极参与国际分工，又有外向型乡镇企业发展高潮之称。至1988年，乡镇企业总产值迅速增加到164亿元，比1983年增长4.8倍，从业人员增加129.3万人。由此，农村一、二、三产业的产值比例迅速从1983年的69.4∶22.8∶7.8调为53.5∶36.8∶9.7，其中农业的比重下降15.9个百分点。与此相适应地，5年间，累计转移农业劳动力135.08万人，平均每年转移27万人，转移劳动力的总量平均每年增长21.4%，农村劳动力非农化率由10.2%迅速提高到22.4%，提高了12.2个百分点。第二个高潮期，1992～1996年。邓小平同志南巡讲话以后，农村经济结构调整步伐进一步加快。1993年开始，省委、省政府做出了开展推进农村小康建设的决定，并从1995年开始，加大了小城镇建设工作，把发展小城镇当作农村奔小康的重要内容来抓，投入了大量的建设资金，有力地推动农村非农产业的发展。特别是吸纳农业剩余劳动力主要场所的乡镇企业呈超常规、跳跃式的发展，1996年，全省乡镇企业总产值达3252亿元，按可比价格约增长8倍，从业人员增加198万人。农村一、二、三产业的产值比例迅速从1991年的47.3∶43.6∶9.1调为24.7∶61.0∶14.3，其中农业的比重迅速下降22.6个百分点。与此相适应地，农业劳动力的比重也迅速下降，5年间，累计转移农业劳动力129.51万人，平均每年26万人，转移劳动力的总量平均每年增长7.9%，农村劳动力非农化率由24.0%又迅速提高到33.1%，提高了9.1个百分点。两个转移“高潮”的十年间，累计转移农业劳动力264.59万人，占23年来总转移量的57.1%。

1989～1991年的第一个“低潮期”，累计转移农业劳动力44.09万人，平均每年转移14.7万人，转移劳动力总量平均每年仅增长6.3%，农村劳动力非农化率出现了相对停滞的局面，由22.4%上升到24.0%，仅上升1.6个百分点。农村劳动力转移第一个“低潮期”的出现，是在农业劳动力迅速转移的阶段，转移速度放慢主要是由于当时社会供求总量失衡，总供给不足，国家采取紧缩政策，压缩基建规模，关、停、并、转了一批经济效益差、浪费资源、污染环境的乡镇企业，农村非农产业发展进入低潮，从而导致农村劳动力转移的速度放慢。因此，可以说，第一个“低潮期”的出现，是受宏观政策调控下农业劳动力快速转移过程中一个相对偶然的现象。

第二个“低潮期”，是产生在1993年农业就业劳动力总量出现“转向点”之后的1997年至今，8年间累计转移农业劳动力218.24万人，平均每年27.28万人，转移劳动力的总量平均每年增长5.7%，农村劳动力非农化率由33.1%提高到46.5%，仅提高13.4个百分点，非农化步伐比两个“高潮期”慢得多。这是农村经济进入新的发展时期，产业结构战略调整过程中的必然现象，也是农村劳动力转移规律性的体现。

(二)对农村劳动力转移阶段的判断

据有关专家对国外农村劳动力转移史研究表明，随着经济的发展，农村劳动力转移有其自身的规律，表明在农业就业劳动力的数量和转移的速度的变化具有明显的阶段性：第一阶段：农业就业劳动力总量和所占份额都增加。一般出现在经济发展初期，此时非农产业发展水平非常低，农村劳动力转移的规模小于由于农业人口增加而增加的劳动力规模。第二阶段：农业就业劳动力所占份额下降，但总量仍然增加。一般发生在经济发展初期的末段和经济发展中期的开始阶段，此时工业化进程已开始起步，农村劳动力转移步伐加快，转移规模扩大，从而导致农业就业劳动力的份额下降。但是，由于农村人口基数仍然较大，人口自然增长所生成的劳动力依然多于转移出去的劳动力。第三阶段：农业就业劳动力所占份额和总量都减少。一般在经济发展中期的中段开始出现，与工业化的大规模推进相对应，农业劳动力以较大的规模和速度转移，从而引发了农业就业劳动力所占份额和总量的同时减少。农业就业劳动力总量由增加变为减少的点称为“转向点”。“转向点”出现以前，随着工业化的大规模推进，农业劳动力快速向非农产业转移，当“转向点”出现以后，农村劳动力转移的速度逐步开始减缓。改革开放以来，福建农业劳动力以不可逆转之势大规模转移。1978 年以来，农业劳动力所占的比例逐年下降，其总量直至 1992 年，除 1985 年外，都在不断增加，显然处于前述的第二阶段。而继 1993 年农业劳动力首次出现减少之后，至今除 1998 年与 1999 年两年外，呈逐年减少，并且其所占的比例逐年下降。因而自 1993 年是“转向点”，之后至今，已处于前述的第三阶段(具体见下表)。农村劳动力结构演变过程见下图。

1978 年以来福建农村劳动力转移进程

单位:万人

年份	乡村劳动力		农业就业劳动力		农业劳动力比例(%)	乡村非农劳动力	
	总人数	逐期增量	总人数	逐期增量		总人数	逐期增量
1978	728.29		696.70		95.70	31.59	
1979	739.93	11.64	707.55	10.85	95.60	32.38	0.79
1980	745.33	5.40	701.24	−6.31	94.10	44.09	11.71
1981	756.96	11.63	715.21	13.97	94.50	41.75	−2.34
1982	790.22	33.26	718.43	3.22	90.90	71.79	30.04
1983	807.73	17.51	725.36	6.93	89.80	82.37	10.58
1984	845.57	37.84	729.45	4.09	86.30	116.12	33.75
1985	877.16	31.59	705.71	−23.74	80.50	171.45	55.33
1986	905.08	27.92	721.28	15.57	79.70	183.80	12.35
1987	940.97	35.89	739.75	18.47	78.60	201.22	17.42
1988	972.27	31.30	754.82	15.07	77.60	217.45	16.23
1989	989.09	16.82	763.44	8.62	77.20	225.65	8.20
1990	1025.43	36.34	784.94	21.50	76.50	240.49	14.84
1991	1090.08	64.65	828.54	43.60	76.00	261.54	21.05
1992	1124.30	34.22	837.26	8.72	74.50	287.04	25.50
1993	1144.96	20.66	821.30	−15.96	71.70	323.66	36.62
1994	1146.21	1.25	795.33	−25.97	69.40	350.88	27.22
1995	1161.45	15.24	790.01	−5.32	66.90	371.44	20.56
1996	1179.64	18.19	788.59	−1.42	66.90	391.05	19.61
1997	1192.82	13.18	782.81	−5.78	65.60	410.01	18.96
1998	1211.45	18.63	787.88	5.07	65.00	423.57	13.56
1999	1224.40	12.95	790.20	2.32	63.70	434.20	10.63
2000	1253.46	29.06	778.07	−12.13	62.10	475.39	41.19
2001	1255.15	1.69	760.39	−17.68	60.60	494.76	19.37
2002	1274.53	19.38	744.70	−15.69	58.40	529.83	35.07
2003	1283.68	9.15	715.92	−28.78	55.80	567.76	37.93
2004	1312.00	27.84	702.23	−13.69	53.50	609.29	41.53

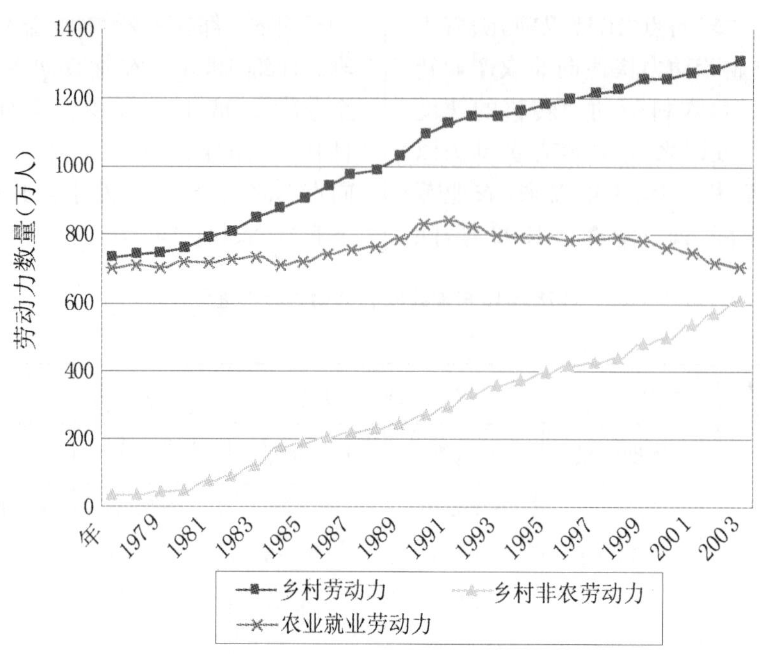

福建省历年乡村劳动力结构情况

三、现阶段农村劳动力转移的特征

福建农村劳动力转移出现“转向点”后，特别是1997年农村经济进入新的发展时期以后，农业与农村经济结出现了战略性构调整，转移随即进入第二个“低潮期”。目前，无论是在宏观环境方面还是自身方面，农业劳动力的转移都出现了不同于以往的特征。

(一)转移由“离土不离乡”为主的变为“离土又离乡”为主

1978年以来乡镇企业异军突起，到1996年末，全省乡镇企业从业人员达493.21万人，年均以10.1%的速度快速增长。据有关部门测算，493.21万人中扣除省外就业人数与部分因兼业而重复计算的人数之后，约有350万人，占当年末农村非农产业就业劳动力的89.5%。可见，此前农村劳动力转移是以乡镇企业为主阵地的“离土不离乡”的形式。但从1997年以来，受东南亚金融危机影响与加入WTO后来自国外产品的冲击，乡镇企业面临着空前挑战，至今仍处在调整阶段，经济效益下降，发展减缓，吸纳农村劳动力的速度变慢。2004年，全省乡镇企业从业人员约600万人，8年平均增长速度为2.7%，比前者低7.4个百分点。按上述同样口径计算的乡镇企业从业人数约有450万人，占当年末农村非农产业就业劳动力的比例为74%，8年间下降16个百分点。同时，近一、两年来全国性的户籍管理改革正在进行，尽管各地做法有所不同与侧重，但无疑促使大部分城镇降低了农民进城落户的门槛，进一步拓展了农村劳动力转移的空间。据抽样调查推算，2004年，全省非农劳动力在乡镇企业从业的人，占当年末非农劳动力总数的61.1%，比1996年下降28.4个百分点；而转向城镇的人数则越来越多，2004年，外出就业的农村劳动力中，有93.9%的人在建制镇及城市。在转移方向上形成县内以向乡镇企业与小城镇转移为主，省内跨县市转移主要以闽西北地区向闽东南沿海转移为主，省外以向东南部发达地区转移为主的多元化转移并重格局。

(二)转移劳动力就业逐步趋向服务性的行业

几年来，随着市场经济的发展与人民生活水平的提高，为社会公众服务与居民生活服务的产业日益发展，当然地成为吸纳农业剩余劳动力的转移就业的重要产业，从根本上改变了原来主要依靠工业与建筑业的局面。2004年与1996年相比，向非农产业转移的劳动力中，从事第二产业的占了38.4%，下降18.5个百分点；相应地转向第三产业的比重提高了18.5个百分点。而在第三产业内部，转移就业也发生了变化，交通运输业与批零贸易业的比例小幅下降，而社会服务业比例上升17.1个百分点达27.3%，仅次于工业居第二位；文教体育卫生事业的比例占8.5%，也上升6个百分点。

(三)农村劳动力转移地区间存在严重的不平衡

农村劳动力转移与该地区的经济与社会发展情况密切相关。沿海与平原地区由于经济较发达、交通便利、信息灵通、市场意识强,同时受人均农业资源(主要指土地资源)少的制约,农村劳动力转移速度快,非农化程度高。从福州、厦门、泉州、漳州、莆田等闽东南沿海地区与南平、三明、龙岩、宁德等闽西北山区比较看,前者与后者农村劳动力数量之比为65:35。山区由于农村社会、经济发展相对缓慢,对农业劳动力的吸纳十分有限。最重要的表现是,作为农业劳动力主要转移渠道的乡镇企业,因地理、历史、政策等因素的制约,发展步伐较沿海地区慢得多,存在很大的差距。沿海地区乡镇企业集中了全省的3/4,也就是说,拥有全省35%农村劳动力的山区四市,乡镇企业从业人数只占全省25%,由此造成了山区非农化进程明显落后于沿海区。2004年,山区农村劳动力非农化程度为38.6%,比沿海区低18.5个百分点;山区农业劳动力剩余率约为35%,比沿海区高出10个百分点,并且差距有进一步扩大的趋势。

(四)非农劳动力兼营农业的“兼业型”特征依然明显

从时间上区分,农民有常年性转移(12个月以上),和累计转移6～12个月的季节性转移。从目前情况看,一方面,农村实行土地承包责任制后,所有农户均分有土地,长期受小农意识的影响,农民把土地视为命根子,依恋程度有增无减。另一方面,在农村土地流转制度尚不健全、流转不畅与农业比较效益低的情况下,土地转让租种无人接受;无偿转让则自己需要交“三金”与相关的税费;抛荒土地又会受到相关的制裁。在这种“两难”的境况下,农忙时务农,农闲时务工、经商的兼业经营的行为就有其存在的合理性。再一方面,尽管农村劳动力转移已变为以向城市转移为主,但历史的积累,非农产业就业主体仍然是乡镇企业与邻近的城镇,为农业与非农业兼营具有可能。从而决定了农业劳动力转向非农产业经营的同时具有很明显的“兼业型”特征。农村住户抽样调查资料表明,2004年,所转移的农村劳动力中属季节性转移的比例高达3/4。据有关资料匡算,现有从事非农产业经营的劳动力中有60%以上属于“兼业型”转移,单纯从事非农产业经营的仅不到40%。

(五)农村劳动力转移总体上具有明显的低素质性特征

虽然农村劳动力素质有不断提高的趋势,但总体上仍是很低。尽管转移出去的劳动力大多是农村中年轻的、文化知识水平较高的,但总水平上还是偏低,小学以下文化程度的仍占15.9%,不识字与识字很少的仍达1.3%,接受新知识和新技术能力不强,这就决定了劳动力转移的低质量。目前,福建闽南“金三角”地区等不少经济较发达的地方,出现了招工难的现象,特别是技术工难招,就是农村劳动力低素质问题的集中表现。特别是转向城市的劳动力绝大部分是从事对技术要求较低的、城里人不愿干的粗活、重活与脏活,到城里从事“白领”工作与经商、办工厂的则少之又少,难以融入城市经济的主流力量,在激烈的竞争中,处于不利的地位。已转移出的劳动力常常或由于缺乏经营管理水平与经验使其所经营的二、三产业亏损、倒闭,或由于文化所限造成打工不固定、收入不稳定,难以维持家庭生活等被迫重新流回农业。据抽样调查,2004年,从非农产业转回农业的劳动力中,初中以下文化程度的占82.4%。

(六)转移缺乏组织性,存在较大的盲目性

随着社会主义市场经济体制的确立,农村劳动力转移组织工作已由过去的计划安排为主变为市场引导为主,所面临的环境更加复杂,难度加大。目前劳动力市场还不完善,中介组织不健全,政府引导不力,缺乏就业信息支持,农村劳动力转移带有浓重的个人色彩,主要靠人缘,地缘、亲缘关系流动,带有较大的盲目性。特别是在城市的流动人口,就业缺乏目的性,“找到活就干,找不到活就散”的现象十分普遍,从而直接造成了劳动力转移的不稳定。据抽样调查推算,当年全省农村住户外出劳动力返回农业的达9.04为万人,占当年外出总数的3.9%。

四、农村劳动力转移的问题与障碍

农村劳动力大量转向非农产业,是发展中国家经济结构调整升级的必然过程。从福建农村劳动力转移的历史进程看,现阶段存在着一个重大的问题,就是社会产品结构性的供过于求与劳动力刚性增长,产生了巨大的农村剩余劳动力。1997年以来,一方面,我国经济体制基本完成从计划经济体制向市场经济体制的转变,经济运行的总体特征已从过去的总供给小于总需求，转变为总需求小于总供给。农产品供给在全国范围内出现不同程度的供过于求，以往单纯依靠扩大农产品生产数量来消化新增的劳动力的方法已完全失效；大部分工业产品出现结构性过剩，国有企业的"转制"与优化组合所带来的大量的下岗工人，加之城镇人口本身的膨胀，阻碍了农业劳动力向城市的转移。另一方面，尽管计划生育工作抓得紧，目前总体上已处于低生育率水平，但由于上世纪70年代末至80年代初农村高生育率出生的人口，已陆续进入劳动年龄，至2003年全省农村劳动力总数达1283.68万人，比1978年增加555.39万人，比1996年增加104.04万人，呈刚性增长。农村劳动力总量的增加与全社会对劳动力需求的相对减少，农业内部积聚了大量的剩余劳动力，转移的压力相当大。据抽样调查推算，从80年代中期到后期，也就是农村劳动力转移的第一个高潮期，农业剩余劳动力（从事农业的劳动力工作量不足或季节性空闲而折合计算的剩余劳动力数量）逐年下降，从1985年的188万人下降到1988年的147万人，年平均下降8.1%。而1989年开始的三年"治理、整顿"后，至今14年中，尽管经历了农村劳动力转移的第二个高潮期，但农村剩余劳动力数量总趋势仍是上升的。目前全省农业剩余劳动力约有400万个，约占全省农村劳动力的30%。

然而，造成这样结果的原因，除了上述客观情况外，农村劳动力转移过程本身的一些特点，如低素质、兼业化、盲目性与不稳定性以及地区间的严重不平衡性等，严重地制约着转移的步伐。

五、促进农村劳动力有序转移的战略构想

促进农村劳动力转移，既要从宏观上逐步为转移创造有利环境，又要从解决农村劳动自身的问题入手，促进其有序、稳定的转移。

（一）宏观方面的政策取向

近年来的改革与发展，国家在宏观上对要素配置已着手从宏观层次上考虑解决宏观经济运行中存在的有效需求不足、城市化滞后、生态环境恶化、基础设施薄弱以及大量富余劳动力与储蓄资金得不到合理配置等主要矛盾。比如实行积极的财政政策，加大基础设施投入，综合运用税收、价格、汇率和收入分配等经济杠杆刺激内需，同时还建立连同货币政策在内的综合的中长期投入机制等促进资金与劳动力结合的政策效应正逐步凸显。如加快小城镇建设、推动农业产业化与旨在减轻农民负担并降低农村劳动力转移成本的农村税费改革，降低农村劳动力进城门槛，已经为转移农业剩余劳动力就业开辟了较为有利的宏观环境。然而，随着农业结构战略性调整的进一步发展，农村劳动力数量的强劲增加，农村劳动力就业问题将日益突现且长期存在。因此必须在加强宏观调控，进一步加大农村劳动力转移的领导力度。

1. 明确就业目标在宏观调控决策中的地位

宏观调控政策要达到多项调控目标优化组合，其中最重要的是经济增长率、就业率和通货膨胀率的组合问题，三者的关系是相互矛盾的统一体。首先，保持较高的经济增长率，有利于保持比较充分的就业率，但不利于抑制通货膨胀。其次，从抑制通货膨胀考虑，实施宏观紧缩政策，控制经济增长速度，不利于扩大就业。改革开放以来我国宏观调控的实践就充分说明了上述这个矛盾关系。第三，从经济社会稳定角度看，通货膨胀率必须控制在社会可以承受的界限内，失业率也必须控制在社会可以承受的范围内，但二者相比，失业者心理更不平衡，更可能引发社会不稳定，就目前宏观经济环境而言，城乡富余劳动力数量庞大，经济增长率回落。从2001年以来，农产品收购价格和居民生活消费连续14个月下跌，而2003年以来，虽然也持续上涨，但基本维持在一定幅度的上涨，并不会引起通货膨胀。据测算，福建省1991年以来，GDP和从业人数年平均增长速度分别为14.1%和1.7%，就业弹性为0.12，经济平均每增长1个百分点带动增加就业1.89万人。可见，在宏观调控决策中必须把就业或"适度就业率"作为基本目标来考虑。在实施调控时，可实行"经济增长，人口高素质"的长期战略。必须在提高效益的前提下，努力保持较高的经济发展速度，积累资金用于劳动者的技术装备，增加劳动就业的机会。尤其是福建农村劳动力占全社会劳动力的80%以上，农业剩余劳动力庞大，如何实现农业剩余劳动力就业，应该成为社会就业宏观调控的主要内容。

2. 摆正社会就业在地方政府经济管理中的位置

目前，地方政府的经济行为仍未完全摆脱经济体制和运行机制以及干部考绩等多因素的左右。在各级政府考绩指标中，并未体现社会就业，尤其是农业剩余劳动力转移就业的问题。虽然2003年

以来，各地贯彻贯彻国务院《关于做好农民进城务工就业管理和服务工作的通知》采取了不少措施，对农村劳动力转移起了一定的促进作用，但从现实情况看，充分竞争就业的市场化制度尚未建立、劳动力市场体系尚不健全，社会劳动者的就业，尤其是农业剩余劳动力转移出路问题，还必须由各级政府加强宏观调控与必要的引导。因而建议各级政府应该把充分就业和适度就业率，尤其是农业剩余劳动力的转移工作摆到重要位置上来；有关部门应尽快制定、出台保护农村劳动者合法权益方面相关的法律、法规，进一步打破城乡隔阻的格局，不断密切农业与国民经济各行业的联系与相互渗透，逐渐形成全方位地吸纳农村剩余劳动力的格局，从根本上改善农村劳动力转移就业的内外部环境。

(二)促进农村劳动力转移的具体措施

促进农村劳动力有序转移，实现农村劳动力的充分就业，是较长时期的历史任务。面对几乎无限供给的农村劳动力，现阶段实现农业剩余劳动力的顺利转移的思路必须是全方位、多层次的。转向应以农村内部为主，外部为辅；以乡镇企业为主，其他经济组织为辅；以自谋职业为主，有计划转移为辅。具体的措施有：

1. 大力提高农业劳动生产率，为农村劳动力转移提供物质保障

“无农不稳，无粮则乱”。提高农业生产率，是加快农村劳动力转移的前提。提高农业劳动生产率的关键在于增加农业资源、技术投入，改善农业生产条件，提高单位面积产量。通过提高农业劳动生产率，替代农业劳动力的需求，产生“置换效应”，使更多的劳动力从农业中“释放”出来，转向非农产业经营。具体措施如下：

一是增加对农业的资金投入。要逐级建立有法律保证的农业发展基金，各级财政对农业的资金投入必须保持一定比率的增长。据有关专家测算，人均国民生产总值在300～1200美元的过渡中，每年农业固定资产投入应占总投入的10%左右，今后农业投资在基本建设总投资中的比重至少应在这个水平以上。银行信贷要增加支农资金，扶持农村集体经济，通过增强集体经济实力，筹集农业合作基金，不断强化集体经济组织的积累功能。在逐步转换农业产业位置的条件下，有效地改善农业经营环境，通过保障经济收入使农业能够产生较强的投资引力，以此强化农民作为投资主体应有的投资意识，不断提高其投资行为的合理化程度。同时，还可以采取一些鼓励措施，间接地影响城乡资金流向，以支持农业资本形成。

二是增加农业科技投入。加强基础教育和先进农业技术的研究工作，充分发挥农业院校和科研单位的科研优势，加强对传统农业技术的改造和先进农业技术的研究工作。重视和加强对农民的职业培训，加快研究和推广增产效果好的适用农业技术。建立健全农业科技的研究、推广、应用普及网络，先普及已经成熟并行之有效的适用技术，然后通过科技示范和试点，逐步推广较为先进的包括高技术在内的农业技术。

三是加强农用工业建设，逐步建立农用生产资料的生产、供应保障体系。建议今后农用工业投资比重最少不低于1980年4%的水平，并优先保证农用工业所需的能源、原材料供应。同时要进一步完善农资专营制度，扩大农用生产资料同粮食等主要农产品购销挂钩的范围和数量，以便提高农业经济效益。

此外，加快农业政策的改革也是提高农业生产率的一个重要措施。如推进农业适度规模经营，逐渐实现耕地向种田能手集中，一方面，有利于增加农业投入，提高土地产出率；另一方面，能解决兼业性劳动力转移带来的不彻底性。具体做法应先在经济较发达的闽南沿海和福州市郊推行，制定合理的土地承包、转让制度，做到愿种田的有田种，种好田；愿做工、经商的农民不受责任田牵制，经营好二、三产业。

2. 大力发展乡镇企业，拉动非农产业发展，吸纳农业剩余劳动力

世界各国的发展历程表明，从自给自足的农业经济向现代化经济迈进，都经历前工业化和后工业化两个过程。目前福建正处于前工业化过程，即第一产业(农业)的比重迅速下降，但绝对数仍保持增长态势；第二产业(各类加工业)比重迅速上升，并居主导地位；而第三产业则缓缓上升。这就奠定了福建发展非农产业要以发展各类加工业为重点，同时致力于第三产业的发展。

发展非农产业，主要靠乡镇企业的长足发展。发展乡镇企业，当前应抓住如下几个方面：

一是合理调整产业结构，形成主导产业，要从以前的劳动密集型产业为主，向以劳动、技术双密集型企业为基础，以高科技、高效益的技术密集型产业主导，集团化经营的方向发展；要以行业为主，积极引导条件成熟的企业，创办融生产经营、内外贸易、科技开发、资金融通为一体的企业集团，创一批年产值上千万、超亿元的骨干企业。

二是科学确定产品结构，形成拳头产品。要克服原有乡镇企业产品质次价廉的弊病，加强产品的质量管理，并积极引进国内外先进生产设备，提高产品的技术含量，创名牌产品。

三是促进组织结构的合理化，不仅要考虑单个企业专业化的规模效益，同时要考虑通过广泛的专业化协作分工，积极推进横向经济联合，形成大、中、小企业相结合的工业网络，提高工业的总体效益和综合生产力。

四是形成专业市场，依托本地乡镇企业产品，从规模经营入手，形成批量生产，创专业市场，并以市场带动第三产业的发展，同时还要按照乡镇企业对资金、设备、原材料、人才、劳力、技术和信息方面的要求，建立健全各种生产要素市场，形成一个布局合理、功能齐全、多层次、开放型的适合城市发展需要的市场体系，从而形成城市经济效应。

发展乡镇企业具体战略，应从本省资源出发，分沿海和山区两条线来抓。沿海地区经济基础好，靠近港、澳和东南亚市场，具有“侨”、“特”优势，应瞄准国际市场，着重发展“高”、“尖”、“精”、“鲜”、“活”等产品的生产，努力参与国际市场分工；闽西北山区经济较薄弱，但农业剩余劳动力多，资源丰富，重点应发展“资源型”、“农、矿产品初级加工型”和“传统工艺品型”的企业。如小煤矿、石灰石、石矿、陶瓷土等各类矿产品开采、加工与提炼业；茶、果、罐头及竹木等加工业；草编、竹编、木雕、石雕、民间美术工艺等传统产品和工艺产品生产。变资源优势为经济优势，加速农村劳动力转移。

3. 组织劳务输出，促进劳动力异地转移

劳务输出的方式有两种。一是向国外输出。西方发达国家人口老龄化，劳动力紧缺。同时，东南亚金融危机、中东动荡，使世界经济受到不同程度的冲击，造成世界经济的波动，各国都在积极调整经济结构。因此国家有关部门应抓住世界经济结构调整的契机，大力发展对外劳务。在经营方针上，要逐步扩大劳务结构的外延，大力承接国外劳动密集型工程，如建筑、石雕、工艺美术等项目。同时，提高对外劳务结构的档次，拓展来源渠道，开创劳务结构多元化、经营方式多样化、经营领域多极化和经营发展模式化的格局。在协调管理上逐步建立国内一体化劳务市场网络的开拓、管理、服务体系，定期进行市场及其变化分析，及时调整经营发展规划和对策，组织劳动力向国外输出。二是国内输出，各地区生产力水平、产业结构和技术装备等不同，存在对不同服务技能劳务人员的需求。因此，应加强省、地、市、县间的经济协作与交流，建立完善的劳务市场，促进经济发达地区与不发达地区、沿海与山区不同产业结构地区间的劳务交流，达到劳动力的相互调剂与补充，充分利用剩余劳动力。

4. 加快农村小城镇建设步伐

几年来，福建发展小城镇，对吸纳、消化农业劳动力，加速农村劳动力非农化起了重要的作用，也积累了大量的经验。因此，各地应从实际出发，立足本地自然、经济条件，有重点、有步骤地建设以城市和大集镇为依托的小城镇，逐步打破城乡隔阻状况，打破农村劳动力转移的“封闭性”，充分发挥城镇经济的辐射作用，加速农村剩余劳动力向城镇的转移与消化。具体发展途径为：

一是扩大现有的大中城市规模，适当发展大城市与特大城市。福、厦、漳、泉和莆田等几个沿海地级市应发挥地理、经济优势，以 100 万以上人口的大城市和 200 万人以上人口的特大城市为发展目标，形成经济、社会规模效益，使部分农村劳动力、人口迁入城市，有效地提高非农人口比重。

二是将社会经济较发达的沿海一线和内陆沿铁路一线的县级市与具备条件的县城，发展一大批 50～100 万和 20～50 万人口的中小城市，吸收农村大量剩余劳动力，促进农村人口集中。沿海开放地区与铁路线人口密集，工业、交通、通讯等基础设施较好，应大力发展中等城市，重点发展县级小城市。如建设厦、漳、泉金三角地区的区域城市群与卫星城市群，着重抓人口的职业非农化。内地则应抓据点型城市建设，将县城建设成小城市，因为内地多数县城具有相当长的建制史，区位分布较合理，又有一定的人口规模和市政设施，容易发展成小城市。下一步福建城市化的重点应放在中小城市的建设和完善上。

三是内地及边远农村以乡镇企业为龙头，加快农村小城镇建设，促进农业人口就地农转非。通过农村二、三产业的发展和农业自身现代化来实现农村生产、生活条件的现代化，而不是人口由农村盲目向城市的集中。要建设区域城镇群，主攻方向是大力推进农村劳动力向中心镇和城区的转移，促进农村人口加速集中城镇；建设沿江、沿路、沿边“三沿”城镇群，利用这些地区的优势发展城镇带。

5. 进行较为彻底的制度创新

农村劳动力流动与充分就业，需要彻底解除城乡分割的制度障碍，大胆进行制度创新。基本原则是要予以农民平等的发展机会和国民待遇，按照城乡统筹的思路，通过改革促使农村劳动力转移和充分就业。

一是彻底改革户籍制度。在新的形势下，必须把依附于户籍制度上的各种不合理制度剥离出去，以稳定住房、稳定职业和稳定收入为标准，实行住地登记制度和身份证管理制度替代户籍管理制度的内涵。城市之间要实现人口的无障碍的流动，给农民新的自由进城和自由迁移的权利。

二是建立和完善覆盖全社会的劳动与社会保障制度。改革的基本方面是扩大保障面和建立面向城镇非农产业就业人口的住房、就业、失业、教育、养老和医疗保障体系。对放弃农村土地承包权，转变为城市居民身份的农民，要与其他城镇居民同等对待，要逐渐纳入政府失业保险序列、城乡统筹，促使城乡社会稳定。

6. 为农村劳动力充分就业提供有效服务

政府除了花大力气抓好对农村劳动力的职业技能培训外，还需要帮助农民解决依靠市场不能解决的问题。一是各级政府要充分利用农村市场信息体系，拓展服务的领域，做好信息服务工作，逐步形成包括信息发布、就业咨询、职业介绍、跟踪服务在内的社会化就业信息服务网。二是，为了鼓励分工分业农民顺利转产，政府应设立财政专项资金，对在培训期的农民给予一定的生活津贴，对于分工分业后的农民创办新产业，提供贷款补助等。三是鼓励多部门、多渠道、多形式为农民工提供法律服务。依法维护农民工的合法权益。要严厉查处拖欠和克扣农民工工资行为，切实解决拖欠工程款问题。加强劳动合同管理。

此外，伴随市场经济的发展和经济增长方式的转变，以及就业空间的扩张，农村劳动力能否实现在非农领域的充分就业，在很大程度上，就取决于劳动力本身的素质和就业能力了。因而促进农村劳动力转移就业，关键是提高农村劳动力的人力资本，这需要政府对农民进行培训教育，必须开展扫盲工作，对低素质的劳动力进行文化教育和职业、技术培训，加大教育投入力度，加强义务教育的普及工作，提高农村后备劳动力的文化素质。从根本上改变低素质转移的格局，尽可能减少非农产业的劳动力倒流回农业。

江西农村劳动力转移特征及效应

江西省农调队　刘文峰　刘顺伯

一、江西农村劳动力转移的现状

改革开放前，由于我国特殊历史条件下特殊的生产力布局和发展战略，特别是严格的户籍管理制度作用，国家工业化集中在城市内部，农村劳动力的自由择业和转移基本停止。1978年以后，随着农村经济体制改革和经济结构的重大调整，农村劳动力转移进程逐步启动，20多年来，江西农村劳动力非农就业年均增长14.8%，累计向非农业转移了747.6万人，平均每年净转移29.9万人。全社会非农就业比重由1978年的22.8%，上升到2004年的59%。

农村劳动力转移主要有两种形式：一是部分转移（候鸟式），即劳动力外出从业，但其家庭仍然在原地没有搬迁，并保留承包地，是主要方式。二是完全转移（举家外出），即劳动力连同整个家庭一起离开原住地到外地就业定居，其承包地一般已转包给他人，是近年来新发展起来的方式。

据抽样调查推算，2004年全省通过第一种方式外出从业1个月以上的农民占农村劳动力总数的30.9%，达到490.8万人，比上年增加47万人，增长10.6%。其中外出从业6个月以上的达432.7万人，比上年增加57.4万人，增长15.3%。截止2004年末，第二种方式，即举家外出的农户占总农户数的6.8%，外出劳动力111.2万人，占农村劳动力总数的7%。两种方式合计，外出1个月以上的劳动力605.32万人，其中外出时间6个月以上的劳动力（常年外出）530.4万人，外出时间1～6个月的劳动力（打零工）74.9万人。按劳动时间计算，平均每个外出从业劳动力一年的工作时间为8.7个月，考虑节假日，按一年工作11个月标准，折合为437.7万个就业岗位。

二、江西农村劳动力转移特征

（一）静态特征

1. 性别分布：2004年全省农村劳动力男女性别之比为52.6∶47.4，基本平衡。同期外出的劳动力男女性别比为59.7∶40.3。两者比较偏差7个百分点。反映男性外出就业能力更强。

2. 年龄分布：2004年，全省农村劳动力的平均年龄为34.7岁，而外出从业劳动力的平均年龄为26.6岁。在农村劳动力构成中21～30岁组的数量最多，占26.1%；而在外出从业劳动力构成中，21～25岁组不仅外出从业人数最多，占29.7%，而且其外出从业率也是最高，达到66.3%；20岁以下组和26～30岁组也超过了50%。从31～40岁组开始明显下降，主要原因是他们不适应高强度的体力劳动。可见外出从业的大多是年轻力壮的农民，它们是农村劳动力中的精华部分，而不是"剩余"部分。

3. 家庭关系：户主占13.3%，户主配偶占7%，子女占77.4%，兄弟姐妹占1.1%。

4. 文化程度：外出从业劳动力平均受教育年限为8.7年，接近初中毕业，比整个农村劳动力平均

表 1 劳动力的年龄结构及外出率比较

单位:%

	20 岁以下	21～25 岁	26～30 岁	31～35 岁	36～40 岁	41～45 岁	46～50 岁	50 岁以上
农村劳动力	10.7	13.8	12.3	8.2	12.3	10.9	12.6	19.2
＃外出从业	22.8	29.7	22.7	10.1	7.8	4.0	1.9	1.0
外出从业率	65.8	66.3	56.9	38.1	19.6	11.4	4.6	1.7

水平高 0.9 年，其中初中最多，占 68.6%；小学次之，占 15.4%；中专和高中占 12.1%，文盲和大专以上均占 1%。

5. 地区流向：江西农民外出从业遍及全国，甚至海外。由于东部是我国经济最发达的地区，也是农民外出的首要目的地。2004 年全省以第一种方式外出的农民去向，按东中西三大区域划分，去东部地区的占 84.5%，中部地区的占 14.9%，西部地区的人仅为 0.4%。按省划分，广东、浙江、福建居前三位，分别占 36.6%、18.9%、12.8%，三省合计达 68.3%。在乡外省内从业的占 11.2%，映射出江西经济特别是民营经济落后。

表 2 2004 年全省以第一种方式外出从业农民流向

单位：万人

总数	省内	广东	浙江	福建
490.8	54.9	179.6	92.7	62.8

按地区类型划分，在直辖市就业的占 4.3%，省会城市占 14.5%，地级市占 34.1%，县级市占 29.6%，建制镇占 13.1%，其他占 4.3%。农民外出从业主要集中在地县两级城市。非城关镇的建制镇实际容纳的农民并不多，反映政府的政策指向与农民的实际选择有相当偏差。

6. 行业分布：分产业看，农民外出从业以第二产业最多，占 61.8%；第一产业仅占 0.9%。99%以上的外出从业农民都跳出了农门。从行业看，几乎覆盖所有行业，按比例高低前 4 位的分别是：制造业 50.1%，建筑业 10%，居民服务及服务业 8.7%，住宿和餐饮业 4.3%。制造业和建筑业发展对转移农民起决定性作用，也证明了农民工的确是大部分成为了产业工人。

7. 外出方式：调查表明，外出从业农民 26.2%是自发外出，66.5%的由亲友介绍，只有 7.3%的人由政府或组织介绍外出，自发和亲友介绍方式外出的占到了 92.7%。与上年比，2004 年自发外出的下降了 35.1 个百分点，亲友介绍的上升了 29.1 个百分点，政府或中介组织介绍的上升了 6 个百分点。这一方面说明了尽管人们对劳动就业部门在指导和帮助农民外出就业方面有不少期待，但至少从整体上看，其实际所能发挥的作用是有限的；另一方面也说明了 2004 年政府在加大引导农民工外出的力度有所加大，取得了一定的效果。

8. 收入水平：就业的首要目标是为了获得收入。2004 年农民外出从业的人均收入为 6006 元，人均月收入 686 元，分别比上年增长 30.7%和 22%。平均每人寄回带回现金 2325 元，占其外出从业总收入的 38.7%。4.8%的外出从业者没有寄回带回现金。人均外出从业收入分产业看：第三产业 6333 元，比第二产业高 497 元。分省区看，上海最高，人均 6535 元，浙江、广东、福建、江西分别为 6177 元、6135 元、5763 元和 4971 元。分地区类型看：直辖市最高人均为 7139 元，省会城市 6361 元，地级市 6247 元，县级市 5955 元，建制镇 4938 元。分文化程度看：文盲 4135 元，小学 4994 元，初中 6081 元，高中 6552 元，中专 6356 元，大专以上 6959 元，初中文化是一个重要的拐点。分行业看，较大行业中，电子行业最高为 6340 元，制鞋和玩具业较低，分别为 5051 元和 5237 元。

9. 消费情况：农民外出从业在获得收入的同时，也要进行消费，2004 年外出民工人均消费 2399.6 元，月均消费支出 275.8 元，相当于城市居民消费水平的 62%。每个月的消费结构为：食品消费 157 元，衣着消费 33.2 元，居住消费 27 元，交通通讯消费 34.5 元，娱乐及其消费 12.8 元，医疗保健 11.3 元。不少民工为了把有限的收入积攒下来，省吃俭用，把消费压到很低的程度。

(二)动态特征

外出从业民工是一个快速变动中的群体，他们进出频繁、居无定所、不断跳槽。

1. 流入情况：农民工群体犹如一个大学校，每年都有新生入学。2004 年，全省有 55.83 万农村劳动力是第一次外出从业，占外出从业总人数的 9.2%。主要是初中以上各类毕业生，其中初中

30.9万人，占55.3%，高中及以上11.9万人，占21.4%，两者42.8万人，占当年第一次外出从业人数的76.7%。第一次外出从业人员的平均受教育年限为9年，高于整个外出从业人员的平均水平0.3年，反映农民工文化程度有不断提高的趋势。

2. 产业变动情况：由于没有签定劳动合同，或者合同时间短、约束力弱，被老板炒或炒老板的现象屡见不鲜，外出从业农民跳槽比较频繁。2004年有40万的农民工改变自己曾经就业的产业类型。其中从第三产业转移向第二产业的13.4万人，从第二产业转向第三产业的26.6万人，主要原因是第三产业收入高于第二产业，且工作条件较好。实现了产业变换的外出劳动力平均受教育年限达到9.3年，其中高中以上文化程度人数占27.6%，而在农民工群体中高中以上文化人口仅占11.7%，反映文化程度越高，其就业选择的空间越大。

3. 民工返乡情况：2004年，全省有37.3万人退出民工队伍返乡务农，占当年外出从业农民总数的6.2%。返乡民工的平均受教育年限为8.3年，比农民工整体水平低0.4年，反映文化程度偏低的外出从业农民更可能返乡。从返回地区看，由东部地区返回的占71.7%，中部地区返回的占28.3%。对照民工就业的地区比例，中部地区务工的农民更可能返乡。从返回的地区类型看，从直辖市返回的占3.7%，省会城市返回的占14.4%，地级市返回的占31.6%，县级市返回的占32.1%，建制镇返回的占13.9%，其他占4.3%，比较民工在地区类型的分布，在直辖市、省会城市和地级市从业的民工返回比例较低，比其分布比例低9.2个百分点。在县级市、建制镇从业的民工返回比例较高，相对其分布高8.1个百分点。进一步印证了大中城市比小城市和建制镇对农民的吸引力大。民工返乡的原因很多，主要一是家中缺乏劳动力，占37.3%；二是回家结婚生育，占24.6%；三是找不到工作，占22.8%；四是拖欠工资，占7.1%。

此外，据农村住户调查，截止2004年末，全省农村累计举家外出的农户占总农户数的6.8%，推算约为49万户，184.8万人，其中劳动力111.2万人。2003年当年举家外出的农户22.6万户。当年举家外出农户的家庭平均规模3.4人，比全省农户平均家庭规模4.4人少1人，基本上是夫妻带未成年的孩子。外出地区是东部地区16.9万户，占74.8%；中部地区5.4万户，占23.8%；西部地区0.3万户，占1.5%。外出地区类型是直辖市占8.7%，省会城市占14.7%，地级市占31%，县级市占28.4%，建制镇占13.2%，其他占4%。这部分人总体经济实力较强，不少人有一技之长和比较稳定工作，他们最有可能率先成为城市市民。

三、农村劳动力转移的效应

（一）农村劳动力转移与农民增收

农业是典型的需求决定生产的产业，城镇居民的米袋子、菜篮子决定着农民的钱袋子。2004年江西城镇居民可支配收入比1997年增加3789.1元，年均递增10%，但同期恩格尔系数由50.6%下降到43%，人均食品消费支出仅增加717.26元，这还包含2004年食品价格大幅上涨因素在内，2003年人均食品消费支出比1997年则只增加400.7元，增长25.4%，年均递增3.8%，其中增加额中还有近200元是在外饮食增加。这意味着如果当前的农产品出口格局和城市化水平不改变，对于农民整体而言，无论农业如何增产，结构如何调整，农民从农业中得到的收入不可能有持续较快的增长。

既然农业作为农民增收的源泉已经枯竭，新阶段农民收入之所以还能保持一定增长，主要得益于非农收入的增加，其中主要是农民外出从业收入的增加。

表3 1997～2004年江西农民纯收入和外出从业收入

单位：元/人

年份	农民人均纯收入	#非农收入	本地非农收入	外出从业收入
1997	2107.3	717.3	393.8	323.5
1998	2048.0	775.3	427.4	347.9
1999	2129.5	883.9	452.6	431.3
2000	2135.3	1047.3	515.4	531.9
2001	2231.6	1102.6	525.3	577.3
2002	2334.2	1180.0	521.9	658.1
2003	2457.5	1282.1	554.6	727.5
2004	2787.0	1377.1	602.1	775.0

1997～2004年农民人均纯收入增加679.7元，而同期非农收入增加659.8元，对农民增收的贡献率达97.1%，其中外出从业收入增加451.5元，占非农收入增加额的68.4%。由于2000年以

来本地非农收入增幅出现放慢趋势，农民外出从业已成为农民增收最主要来源。1997～2004 年还出现了两个重大意义的转折点，即 2001 年农民非农收入超过了农业收入；2000 年农民外出从业收入超过了本地非农收入。其经济意义可解释为江西农民收入正在偏离农业经济和江西经济的运行轨道，更多地与整个国民经济和全国甚至全球经济相关联。

(二)农村劳动力转移与农业发展

经历近 20 年的发展，目前江西农村劳动力转移已到了相当规模，23～30 岁的农村劳动力有 56.9%外出从业，加上在本地从事二三产业部分，这一年龄从事农业的劳动力不足 20%。按照拉尼斯——费景汉人口流动模型，江西农村劳动力转移应该进入了第二阶段。如果按照舒尔茨理性小农说，农业劳动力的边际产出恒大于零。江西现阶段农村劳动力转移应该会引起农业产出下降和农产品价格持续上涨。但实际并没有出现理论所预期现象。自 1997～2003 年，江西农产品收购价格指数连续 5 年低于 100，累计下跌 28%。2002 年止跌，2003 年下半年至今大幅度回升，但农产品价格总水平接近回归到 1996 年水平。由于下跌时间长，而上涨时间短，因此这一轮农产品价格上涨是前一阶段持续下跌所引发的，而不是劳动投入不足引发的。从耕地复种指数看，不同外出农户基本相同，外出从业和耕地撂荒并没有明显关联。从农户粮食单产水平观察，随着外出人数增加，粮食单产水平有下降的趋势，但比较缓慢，不至于影响到粮食安全。

表 4　2004 年江西省不同外出从业人数家庭人均农业生产情况

单位：亩、元

	无人外出	1 人外出	2 人外出	3 人外出	4 人外出
耕地面积	1.49	1.33	1.08	0.90	0.75
播种面积	2.78	2.50	1.91	1.76	1.35
复种指数	1.87	1.88	1.77	1.95	1.80
粮食单产	367.50	366.40	358.50	361.40	345.80
农业收入	941.50	801.60	582.40	532.60	471.50
亩均耕地收入	631.90	602.70	539.30	591.80	628.70
林业收入	86.00	595.50	55.10	49.20	49.40
牧业收入	275.40	200.90	173.90	125.90	135.50
渔业收入	46.60	28.40	19.80	7.90	4.20

外出从业使人们偏向选择劳动节约型的种植方式，亩均耕地收入下降，特别是对牧业影响较大，导致空栏户增加。但也为农业的专业化、区域化创造了条件。

从 1997 以来江西主要农作物单产水平变化看，除 1998、1999 和 2003 年由于遭受严重水旱灾影响，正常年份粮食棉油单产保持基本稳定，与微观调查结果吻合。

表 5　主要年份江西主要农产品单产

单位：公斤/亩

	1997 年	1999 年	2001 年	2002 年	2003 年	2004 年
粮食	328.6	325.6	326.7	324.0	316.9	351.9
棉花	86.4	61.1	85.6	81.1	77.5	90.5
油料	70.2	69.9	77.5	78.0	80.0	87.7

表 6　1997～2003 年江西农民户均化肥购买量

单位：公斤

	1997 年	1998 年	1999 年	2000 年	2001 年	2002 年	2003 年	2004 年
化肥购买量	582.7	522.5	520.1	492.5	515.1	488.1	492.2	539.9

作为对农产品价格下跌的合理反应，1997～2003年农民户均购买化肥量有下降的趋势，2004年农产品价格大幅上涨，化肥购买量增长。为什么在投入农业的劳动量和化肥数量减少的情况下，农业的综合生产能力并没有明显下降，唯一的解释就是农业内部出现资本和技术对劳动的替代，这一解释得到了统计数据的印证。

表7　主要年份江西农业生产条件情况

	1995年	2000年	2002年	2003年	2004年
农业机械总动力(万千瓦)	100.0	136.1	167.7	184.1	221.0
机耕面积增长率(%)	28.2	45.7	56.1	58.5	81.3
有效灌溉面积比重(%)	81.4	84.5	88.5	88.9	89.0

由于农业生产条件的改善和农业技术的推广，农业对劳动力的需求下降了。

表8　主要年份江西每亩主要农产品用工数量变动情况

单位：工时/亩

	1995年	2000年	2003年	2004年
水稻	19.0	14.6	14.1	13.3
棉花	41.7	29.1	30.0	29.2
油菜籽	16.8	13.0	12.6	11.5
烤烟	46.8	40.1	39.4	37.4

随着农村劳动力转移进程的不断推进，我们认为今后农业仍然不会出现劳动力短缺。理由是转移是有条件的，包括文化和年龄，初中以下文化和40岁以上年龄的农民转移率很低。他们虽然不适合外出从业，但在当前耕作水平，其务农能力较40岁以下劳动力更强。目前全省这部分劳动力有560万以上，并在未来20年内保持增长，完全可以满足农业的需要。如龙南是江西最临近广东的一个县，距离广州市区只有4小时车程。由于大批劳动密集型产业转移进来，2002年以来连续出现招工难，但全县农村外出从业的劳动力也只有42%。依靠年龄偏大的男劳动力和妇女劳动力，在外资的推动下，该县建成了脐橙、蚕桑、蔬菜、花卉等8大劳动密集型农产品基地，主要供应广东市场。近年来农业总产值年均保持5%左右的较高增速，看不到农村劳动力转移对农业发展的明显负面影响。2005年上半年，全省农民外出从业和务农的时间分别增长了14.7%和3.1%，说明目前农村劳动力的利用率还有进一步提高的空间。

(三)农村劳动力转移与土地流转

我国耕地基本上是按农村人口均分的，这种均田制尽管难以产生欧美大农场那样高的劳动生产率，但它既体现了小农文化的延续，也堵住了外部资本"入侵"农业的大门，为广大农民保留了维持基本生存的产业，也是最有利于农民的农地制度。自1983年江西全省推行联产承包责任制以来，农户经营耕地规模，经历了两个变化趋势相反的阶段。以1991年为界，之前农户之间基本没有耕地的流转，土地不断被分割细化。之后，因农村劳动力转移加快，土地开始流转，并出现集中趋势。据对全省35个县2450户农户抽样调查，2004年有9.8%的农户转出了耕地，户均转入耕地3.01亩。以转入耕地计算，当年参与流转的耕地占总耕地面积的9%。

表9　2004年耕地流转与劳动力外出率情况

单位：亩/户

	占总农户(%)	期初耕地	期内转出耕地	期内转入耕地	期末耕地	劳力外出率(%)
转出户	9.8	6.5	2.3		4.1	35.0
转入户	16.0	5.2		3.0	8.2	26.1
＞15亩户	3.4	17.0	1.2	4.2	20.0	21.8

表中数据反映，耕地流转的流向比较复杂，但转出户的劳动力外出率达35%，比转入户高8.9个百分点，特别是高于15亩以上的种植大户13.2个百分点。说明农村劳动力转移的确对耕地流动

产生了影响，但真正敢放弃耕地的农户并不多，仅占总农户数的1%。经过2004年一年的流转，农户占有耕地的结构发生了一些变化，其中拥有耕地最多的10%农户占总耕地面积的27.1%，比年初上升1.4个百分点；拥有耕地最少的10%农户仅占总耕地面积的2%，下降0.1个百分点。主要是拥有中等耕地面积农户的耕地有向种田大户集中的趋势。但影响耕地流动的其他原因还有农产品价格和农民负担，2005年农产品价格上涨、农民负担减轻，一些原先请人代耕的农民有收回了耕地的倾向。

（四）农村劳动力转移与回流创业

农民进城务工接受城市文明的熏陶，不少人不仅挣了票子，而且换了脑子，不知不觉中开阔了视野，增长了才干，获得了现代性。但现代性能否提高创造力，打工潮能否带来创业潮，虽然各地不乏打工仔回乡创业的生动案例，但没有得到调查统计数据的支持，因此创业神话只是人们的主观上的良好愿望，并不是必然的结果。

一是调查显示，在回流农村劳动力中，以回乡投资为目的的基本没有，在外就业不成功才是返乡的最主要原因。数据显示，只要条件适合，有一半以上的回流劳动力表示愿意再次外出。

二是回流人群在年龄结构、文化程度等方面特征更接近未外出人群，而不是已外出人群。也就是说，回流人群是外出劳动力中素质较差的部分。

三是回流劳动力绝大部分回到了传统经济结构之中，2004年回流劳动力家庭人均纯收入2275.8元，比全省平均水平低182.2元，家庭经营费用支出人均493.7元，少74.6元，其中二三产业支出59.4元，少17.7元。

四是外出农民所从事的就业岗位层次较低，他们所能接触到的技术和管理都是初步的。如江西农村外出从业劳动力80%左右是外资和民营企业中从事简单的加工操作，充当一个机械或加工工具的职能。这种低技术、低技能的简单劳动，除了消耗自身体力之外，得不到任何技术上的提高。也是他们中大多数人为什么可以在城市就业，却不能在城市定居的最主要原因。此外，并不是所有的回流地都适宜创业，特别是农村的创业条件显然不如城市。

综上所述，打工潮与创业潮之间不存在内在的逻辑联系，打工仔回乡创业只是个别现象，农村劳动力外出比回流更有经济意义。

（五）农村劳动力转移与工业化、城市化

农村劳动力转移对工业化的推动作用是显而易见的。世界银行等机构研究证明，劳动力由低生产率部门向高生产率部门的重新配置对GDP的贡献率大约为16～20%，劳动力流动对我国改革开放以来经济增长率的贡献率为16.3%。在今后的30年里，如果劳动力由农村向城市迁徙的种种障碍能逐渐被清除，劳动力在部门间转移可以每年为经济增长贡献2～3个百分点①。

农村劳动力的充分供给，促进了我国劳动密集型加工业的发展。上世纪80年代中后期开始，港台资本纷纷将劳动密集型加工业转移到广东、福建，90年代以来浙江温州等地民营加工业蓬勃发展。民工潮＋港台及民营资本＋沿海地区土地＋国际市场，创造出巨大的生产力。加入WTO后，中国劳动密集型产品在国际市场上的竞争优势进一步突显，入世三年我国外贸出口总额实现了年均递增30%以上的超高速增长，其中大部分是由农民工生产的。江西紧邻沿海发达地区，随着产业梯度转移，越来越多的外商前来投资办厂，主要是利用内地低成本的劳动密集型企业。

农村劳动力转移降低了工业化成本。农民工的实际工资水平远远低于城市国有企业职工。2004年广东、浙江、福建三省职工平均年工资达到18979元，此外还有相当于工资30%左右的社会保障费用。而江西前往三省农民工的月收入仅为564元，两者月收入之比为3.6:1。每雇佣一名江西民工，就等于一年节省了17904元的工资性支出，303.1万以第一方式外出的江西民工一年为三省提供的剩余就达542.5亿元，与当年江西全省农业增加值相当。

农村劳动力进城，满足了城市高速发展起步阶段对低层次劳动力的需求。农民工在城市主要从事苦累脏险且报酬低微的工作，占据的是城里人不愿或不屑干的岗位。典型调查反映，目前农村劳动力进城所从事的职业，80%以上不与城市职工直接竞争。相反，城市的高楼大厦、大街小巷、绿地花园无不浸透了农民工的汗水，如果没有进城农民，城市的修理、保姆、餐饮等行业就会陷于瘫痪，仅每年春节期间农民工回家过年就影响了城市生活的正

① 陆子修：《"民工潮"与"GDP"》，《时代潮》2003年第2期。

常进行。农民工已经成为城市发展和运行不可或缺的动力。

农村劳动力进城,带动了城市的发展。首先,不断增加的在城市落户的农民扩大了城市规模;其次进城农民是一个庞大的消费群体,拉动了城市的商业和房地产等产业。一个城市吸引的农民工越多,就显示它的发展活力越强。

农村劳动力进城,就像是在城市生态中放入了一条“鲇鱼”,对僵化的计划经济体制产生了强大冲击,直接推动了城市劳动用工和工资制度改革,提高了劳动力资源的配置效率。同时由于农村劳动力的加入,城市劳动力逐渐感受到竞争压力,也激发了他们的劳动效率。

大量农村劳动力在短时间聚集并集中流动,对经济社会势必造成一些负面影响。就农村而言,一是由于现阶段经济发展的磁吸效应显著地大于扩散效应,大量乡土能人外流,恶化了农村创业环境,不少地方出现了新的乡镇企业空壳村,甚至空壳乡。二是大量人口外流,农村以商业为代表的传统服务业不断萎缩,农村市场越来越趋近于柠檬市场,各种坑农害农事件屡禁不止。三是大量乡村社会的领袖人才外出,使得村治水平下降,农村有效公共品供给减少,农村“屋内现代化、屋外脏乱差”现象普遍。四是农民外出增加了乡村政府组织管理的难度,如计划生育、税费收缴困难。五是部分农民外出影响了家庭生活,特别是子女教育。就城市而言,一是大量农民工在春节前后流动加剧了交通紧张。二是少数进城农民在城市违法犯罪,增加了城市管理成本。

四、当前制约农村劳动力转移的主要因素

改革开放20多年来,随着农村非农化和城乡经济一体化的推进,一批批农民离开了世代耕种的土地,涌向充满活力的城镇和沿海地区,形成了独具特色的乡镇企业热和民工潮,极大丰富了世界工业化、城市化的内涵和路径。但是,目前农村劳动生产力转移还是初步的,还存在很多障碍有待消除。

(一)制度性因素

虽然国家有关农村劳动力转移的政策经历近20年变迁,逐步由容忍和默认发展到保护和鼓励,但制度的变迁始终滞后于实践的发展,一些硬篱笆拆除了,但软门槛依然存在。表现为制度歧视的有:

不能享受与城镇居民平等的劳动权益。近年来,国家实施就业优先政策,促进充分就业,但这些政策措施带有严重的城市倾向。如设立再就业中心,实施再就业工程,举办各种免费招聘会;对下岗职工实行免费技能培训,对创业的发放小额信贷,给予工商登记和税收方面的优惠;对与下岗职工签定3年以上劳动合同的用工单位财政给予每人2000元的奖励等。但农民即使是失地或隐性失业的也不能享受这些优惠。国家每年把城镇登记失业率作为国民经济计划硬指标,但至今没有一个地方把农村劳动力转移列入对政府考核的内容。

合法权益得不到保障。部分城镇居民认为农民要低人一等,进城是来抢饭碗的。对他们歧视、不尊重,侵犯其合法权益的事件屡见不鲜。突出表现为:一是拖欠工资,2004年在清欠力度不断加大的情况下,全省仍有4.2%的外出民工被拖欠工资,人均拖欠760.9元,不少工厂对民工动辄处以名目繁多的罚款,使合同工资难以真正兑现。二是农民工子女上学难,即使接受义务教育也要交纳各种择校费、赞助费。三是少数企业违反国家劳动法规,不少农民工生产生活环境恶劣、劳动强度大,有的还被限制人身自由,甚至任意侮辱打骂。

表现为制度变迁滞后的有:

社会保障缺位。农民工虽然和城市劳动者一样为城市发展出力流汗,但他们不能享受最低生活保障,没有养老、失业和医疗保险。一部分交纳了养老保险的农民工在解除劳动合同后,如何续保(包括跨地区续保),如何受益的问题仍然没有解决。

户籍和土地制约。虽然目前取得县级市以下城镇户口难度不大,但取得地级市以上城市户口并不容易,通常需要购买住房,但购房少则几万元,多则几十万元,一般农民无力承受。由于土地的继承问题没有解决,流转的交易成本巨大,不少外出务工的农民不得不一心挂两头。

(二)自身素质因素

一是文化程度低,2004年江西农村劳动力的平均受教育年限仅为7.8年,而同期城镇在岗劳动力的平均受教育年限达到12年。在政府机关、大型企业等城市正规部门,农村劳动力基本没有竞争力。二是缺少职业技能,2004年江西农村只有20.4%的劳动力受过专业培训,当年第一次外出从业的农民绝大多数没有任何专业技能,而城镇

90%以上劳动力在上岗就业之前都有各种专业技术资格证。由于缺乏职业技能，只能望工兴叹，2005年仅广东缺少高级技工200万，但不少外出农民仍然找不到工作。三是不了解相关法律法规，对城市生活的陌生，大部分民工在与雇主发生矛盾时不能通过有效手段保护自身利益，农民就业主要靠的是低工资、能吃苦、好管理，从事的主要是体力型工作，即使工作时间再长，也难以增加自己的人力资本。因此这种转移是临时的、不稳固的、一旦体力下降就要重新回到农业中去。

(三)本省经济不发达因素

长期以来，江西农村劳动力转移中出省从业的比例居全国第一，主要原因是省内经济落后。

一是县域经济不发达，如2003年全省没有一个县进入全国百强县，只有南昌县一个县进入A类县，平均每个县的GDP只有14.7亿元，相当于全国平均的56.1%，不仅与江浙、广东等沿海发达省份有量级的差别，与湖北、湖南相比也有较大差距。

表10　2002年江西与周边省县域经济平均规模比较

单位：万人、亿元

	全国	江西	湖南	湖北	安徽	浙江	广东
人口	45.6	43.0	61.9	63.3	76.9	54.5	73.5
GDP	26.2	14.7	26.4	34.2	24.8	72.4	59.5
地方财政收入	1.0	0.8	1.0	1.4	1.2	3.3	2.0

二是城市化水平不高。城市化直接减少农民，是农村劳动力转移的最终目标。但江西的城市化水平不高，2003年城市化率为34.5%，比全国平均水平低5个百分点。大城市少。全省仅有南昌一座特大城市，而南昌在全国省会城市中仍然偏小。

中等城市发展慢。2004年11个设区市市区非农业人口合计仅为438万人，九江、赣州、景德镇三市起步早，条件好，但至今市区人口规模不到50万。与安徽、湖南的地级市比差距很大。一批县级市和城关镇近年来得到很大发展，吸引了大批农民，但以传统服务业为主，真正有工业化支撑的不多。全省已有建制镇768个，但绝大部分镇区人口在3000人以下，主要功能是行政中心和方便农民互市，创造就业机会均等的能力极为有限，因此也难以实现有规模的人口、生产要素集聚，构不成经济增长极。

三是城市的基本生活费用上涨过快。就在农民收入处在缓慢增长的同时，城市居民的收入和消费需求保持了快速增长，加上大量农民工进城，带动了城市基本生活费用随之大幅上升。

此外，同期城镇居民医疗费用支出增长1.26倍。2004年城镇居民人均住房、学杂保育费和医疗费用支出1209.4元，相当于同期农民2.3倍。沿海发达地区的消费水平还要更高，这样的消费水平对于绝大部分农民工难以在城市定居和生活，只适宜劳动力在城市工作，家庭在农村生活的模式。

五、促进江西农村劳动力转移的对策建议

农村劳动力转移涉及经济转型和社会融合，是一项复杂的系统工程。不断推动这一历史进程既要坚持统筹城乡发展的正确方向，又要结合江西实际循序渐进，具体就是要畅通渠道、扩大需求、提高素质。

(一)积极推进体制机制创新，提高农村劳动力转移的效率

1.建立专责管理农村劳动力转移的机构。目前全国有近一亿农民工在城市从业，为经济建设和体制改革作出了历史性贡献。但政府对农民工的管理格局是：劳动保障部门成立劳务输出服务站负责职业介绍，农业部门负责农民培训，建设部门负责清理拖欠农民工工资。没有一个部门对农民工的数量和流动情况完全掌握，也没有一个完整的农村劳动力转移的规划，整个农民工群体实际上处在政府管理体系之外，处于高度分散和无序状况。因此有必要将分散在有关部门的职能集中起来，成立一个从中央到乡镇的专门机构，负责农村劳动力转移的统计分析、规划指导、培训维权以及市场监管和信息发布。

2.将农村劳动力转移真正纳入国民经济和社会发展规划。各级政府要象新增就业岗位和城市登记失业率一样，每年制定农村劳动力转移的计划

目标，制定并实施落实计划的具体措施，年终将目标实现情况向同级人大报告，接受人大监督。

3. 逐步建立城乡劳动力平等就业的制度。目标是建立劳动力凭技能自主择业、企业按需要自主招工的，全国和城乡统一的劳动力市场。一是要在全国范围内对各地出台的用工制度进行一次清理，消除其中排斥歧视外地民工的条款，并设立投诉举报电话；二是要积极推进国有和国家控股的大中型企业用工制度改革，让有技能的农民通过竞争有机会进入正规部门，这不仅能开拓农民转移的新领域，也将对推进国企改革、增强国企活力产生强大的推动作用。

4. 切实保护农民工的合法权益。输入地城市对已取得稳定工作和收入，并有定居条件的农民，要纳入城市养老、失业、医疗等配套保障制度；对单独进城务工的农民要建立非正规和灵活工作的劳动者保障制度，确保他们返乡后得到相应的社会保障收益。各级法律和劳动仲裁部门要维护农民工在人身安全、劳动合同、劳动保护等方面的权益，查处恶意拖欠农民工资的不法行为。各级工会要将农民工纳入工会管理，提高他们的组织化程度，进而增强他们的依法维权意识和能力。

5. 降低转移的私人成本。首先是要简化农民外出务工经商的各种审批程序，取消各种农民进城的不合理收费。其次是要解决好农民外出后的计划生育管理和土地流转问题。三是保证农民工子女在国家规定的价格水平上接受教育，特别是义务教育。

(二)加快工业化城市化步伐，为农村劳动力转移提供强大载体

1. 在对接长珠闽，融入全球化中，主动承接产业转移。充分发挥江西毗邻沿海的区位优势和土地、劳动力等低成本优势，巧借外力推进全省工业化进程。近年来江西狠抓招商引资。一大批企业落户江西，赣南一些地方随着外商投资企业投产，创造了大量就业岗位，不仅当地农民不出县就可以找到工作，还吸引了外地农民前来打工。要以工业园区为重点，做大做强产业梯度转移基地，在搞好硬环境的同时，完善法规建设、服务体系建设和市场建设，提升园区对产业的吸引力，优化产业布局，增强集聚效应。

2. 坚持就业优先原则，大力发展劳动密集型产业。一是坚持不懈地发展乡镇企业，重点是扶持发展农产品加工企业。江西资源丰富、环境优美、农产品充裕，但2003年农产品加工系数仅为0.34，同期全国为1，浙江为3.1，进一步发展的潜力很大。二是大力发展民营经济。进一步放松政府管制，赋予民营企业与国营企业同等的产业进入权，鼓励不同所有制企业在各个领域相互渗透、平等竞争、共同发展；建立健全中小企业贷款担保制度，放宽民营企业直接融资限制，增强对非公有经济的金融支持力度。三是鼓励有经济实力的农民自主创业。由于农民投资渠道狭窄，其收入结余的大部分用于不断建房，目前全省农民人均住房面积已达30平方米，继续增加住房不仅效用不高，还要占用宝贵耕地。应积极引导农民通过合伙、股份等形式创业，并给予城镇下岗职工创业同等的工商、税收优惠和贷款扶持。

3. 做大城市规模，加快城镇化。我国100～200万人口的城市中，劳动力在第三产业的就业比重达45%，而20万人以下的小城市，其比重仅为23%，呈现城市越大其创业机会的能力越强的趋势。大城市基础设施的规模效应也要大于中小城市。因此现阶段江西城市化重点依次是发展省会城市、地县级市和县城关镇。南昌是周边最小的省会城市，要尽快使其规模达到市区非农业人口200万以上。九江、赣州、景德镇等设区市也有较大的发展空间。近年来江西省不少县城关镇蓬勃发展，吸引了大批农民前来定居生活。如上高县自2000年以来，平均每年有1万农民向城镇转移，其中80%以上转移到县城，目前县城常住人口达10万人，占全县总人口的30%，城关镇所以对农民有较强吸引力，主要是转移成本低廉。一是落户简单；二是交通和通讯发达，进城农民可以“脚踩两只船”，农忙时种田，农闲时务工，粮食蔬菜可以自给，又有利子女教育；三是城关镇具备城市生活条件，但住房、房租价格较低，目前全省县城关镇商品房价格平均在每平方米500元左右，不到南昌市的1/5。作为促进城市化的硬措施，设区市以上城市要参照安居工程的优惠政策，开发适合进城农民的低价居住小区，鼓励具备一定条件的农民工在城市成家定居。

(三)健全就业和创业技能教育体系，全面提高农村劳动力素质

决定转移半径和效果的关键因素是劳动者自身素质。目前，沿海地区建立在非熟练劳动力密集型的比较优势正在消失，而资本技术密集型的产业正在兴起，表现在对劳动力需求上就是技术工人严重不足。应按照将进入劳动就业和已进入劳动就业两部分区别对待，对将进入劳动就业的人口主要应该提高他们的受教育程度，以提高素质增强竞争能力，同时推迟进入劳动力市场年龄，缓解就业压力。

1. 扩大高中招生规模，降低高等院校收费标准，使更多的农村青年直接通过高考离开农村。调查反映，凡是接受了普通高等教育的农村青年，几乎百分之百融入城市，不会再返回农村。2004 年江西农村初中生升入普通高中的比例仅为 33.2%，高中生升入普通高校的比例达 62%，可见农村初中生升学比例偏低，远远不能满足需求，应该扩大高中招生规模。目前大学教育收费过高，大学建设相互攀比等已成为社会热点问题，2004 年江西农民人均纯收入仅为 2457.5 元，一个四口之家的农户一年不吃不喝才能供养一个大学生一年。而与民办高校的比较，公办高校收费标准显然有较大的下降空间。

2. 发展义务中等职业教育。2004 年全省初中毕业生 72.3 万人，而中专招生人数为 7.1 万人，职业高中的招生人数为 8.5 万人，加上 29.4 万人升入普通高中，当年至少有 27.3 万初中毕业生直接进入社会。他们中绝大多数来自农村，尽管只有 14 岁左右，并没有到劳动年龄，接受教育的机会成本小。政府应该承担这批未成年人的继续教育，投巨资建设一批中等职业学校，并实行免费义务教育，以根绝低素质农村劳动力来源。

对已成为农村劳动力的农民，要切实落实阳光工程等农民培训计划，坚持实际、实用、实效原则，创新培训的体制机制，在培训费用上，主要由各级财政承担；培训内容上，各县市应建立若干个培训基地，选择 2～3 个优势岗位，形成岗位培训特色。

(四)加大结构调整力度，充分挖掘农业内部就业潜力

1. 深入开展农业综合开发。沿海地区伴随工业化、城市化的不断提高，农业功能面临转变，机会成本上升。江西气候适宜发展农业，人均耕地面积和“四荒”面积在南方各省中是最大的，有很大的开发潜力，应该积极推进农业综合开发。在开发内容上要引导农民走农林牧渔综合发展路子，大力发展名优特新农产品，提高养殖业在农业、高效经济作物在种植业中的比重。在开发形式上要积极引进外资，促进技术创新和机制体制创新。在产品出路上要立足占领沿海地区和发达国家市场。

2. 推进农业产业化经营。发达国家虽然直接从事农业生产的劳动力不多，但产前和产后所容纳的劳动力通常是产中的几倍。关键是要延长农业的产业链条，实现生产、加工、销售等环节的一体化经营，通过发展支柱产业和主导产品，带动关联产业群的发展，将产业优势和产品优势转化为农民的就业机会。

广西农村劳动力转移研究

广西自治区农调队课题组[①]

党的十六大报告指出，“就业是民生之本。扩大就业是我国当前和今后长时期重大而艰巨的任务。”同时还指出，“农村富余劳动力向非农产业和城镇转移，是工业化和现代化的必然趋势。”广西自治区党委、自治区人民政府高度重视农村劳动力转移就业，把促进农村劳动转移就业作为农业和农村工作的战略重点来抓，取得了一定的成效。全区各地劳务输出工作有了一定的基础，一些市、县在开展劳务培训和劳务输出上积累了一定的经验。2004 年 5 月，我们组织人员联合开展广西农村劳动力转移问题调研，旨在通过调研和分析，掌握农村劳动力转移的变化情况和特点，分析影响农村劳动力转移的主要因素，探索推动农村劳动力转移的新途径和对策措施，为各级政府和有关部门提供决策参考。

一、广西农村劳动力转移的现状、特点及其作用

(一)农村富余劳动力转移的形成

农村劳动力转移是指农村劳动力就业从传统农业(农、林、牧、渔)向二、三产业转移的过程。转移的形式包括离土不离乡和离土又离乡两种。它既有临时性的转移，又有长期稳定的转移。我们调查和研究是 6 个月以上的长期稳定转移的部份。广西农村富余劳动力转移是在改革开放以后形成且不断得到发展的。计划经济年代，国民经济实行高度的计划性，城乡分离，农村实行以生产队为基本核算单位的大集体所有制，统一经营，劳动力没有择业的自主性，既体现不出劳动力的富余，也不可能在这种高度计划性的、没有市场机制的体制中出现大规模的劳动力转移。实行家庭联产承包责任制以后，农村劳动力在一定程度上获得了择业的自由。随着科技的普及和农业劳动生产率的不断提高，日益增多的农村劳动力与有限的农业资源的矛盾必然产生，数量众多的农村剩余劳动力需要离开农业，离开农村，外出寻找新的就业机会。据对 32 个市、县 2310 户农户的抽样调查测算，到 2004 年底，广西农村劳动力就业人数中，累计已实现产业转移的人数占 27.2%。

(二)农村富余劳动力的存量及分布

根据国际上“就业结构偏离度”方法测算，目前广西农村剩余劳动力总量约 1000 万人，至 2004 年累计已实现产业转移的劳动力为 610 万人，占广西农村富余劳动力总量的 61%；未实现产业转移的农村富余劳动力为 390 万人，占 39%。随着科技应用水平的提高和劳动力资源的增多，农业富余劳动力还将继续增加。

经济较发达的桂东地区、沿海地区及首府城市和工业城市，由于耕地少，人口稠密，劳动力人均占有耕地面积相对较少，存在着较大的潜在农业富余劳动力；在桂西北及少数民族聚居的经济欠发达的

① 课题组成员：广西农调队：韦世良、梁开光、谢胜、覃飞、许景玲；广西农业厅：郭绪全、韦国金。

百色、河池、崇左、来宾市等，由于人口密度相对较小，劳动力人均占有耕地面积相对较多，潜在的农业富余劳动力也相对较少。

（三）农村劳动力转移的发展变化情况

改革开放以来，受宏观经济形势变化的影响，广西农村劳动力转移经历了四个阶段：

1. 启动期（改革开放至 1991 年）。1978 年以家庭联产承包责任制为主要内容的农村经济体制改革和 1985 年以城市为重点的经济体制改革的全面展开，为国民经济的发展提供了强大动力，经济快速发展，农民收入得到较快增长。这一时期国民经济发展的活力和热点在农村和农业，农村劳动力就业主要集中在第一产业，向二、三产业转移农村劳动力每年约有 45 万人，约为 2.0～4.0%，转移速度比较缓慢。

2. 加速期（1992～1994 年）。1992 年邓小平同志南巡讲话发表后，国民经济发展速度明显加快。经济的快速发展，吸纳劳动力数量增多，给农村劳动力外出就业提供了更多的机会，加速了农村劳动力的转移速度。1992 年当年劳动力转移数量由上年的 47 万人猛增到 73 万人，1993 年突破 100 万人大关，1994 年继续达到 117 万人，1993 年、1994 年当年农村劳动力转移人数占劳动力总数的比例分别为 6.2%和 6.0%，形成农村劳动力转移的第一个高峰期。

3. 回落期（1995～1998 年）。这一时期，国家实行宏观调控，紧缩银根，控制固定资产投资规模，治理通货膨胀，广西农村劳动力转移速度也随之回落。1995 年农村劳动力转移人数为 89 万人，比 1994 年减少 28 万人，减幅为 23.9%。随着宏观经济调控产生效果，经济过热的现象基本得到控制，农村劳动力转移也逐步好转，1996～1998 年，广西农村劳动力转移人数保持在 105 万人至 110 万人，占农村劳动力的比例为 4.5%左右，处于上世纪 90 年代劳动力转移的低谷。

4. 回升期（1999 年至今）：为了加快经济的发展，国家实施积极的财政政策和稳健的货币政策，固定资产投资和社会需求增加，有效的促进了农村劳动力的转移。1999 年广西农村劳动力转移人数猛增到 146.4 万人，2000～2003 年农村劳动力转移人数分别为 173 万、151 万、146 万、128 万人。

（四）农村劳动力转移的主要特征

1. 产业转移和就业区域转移基本同步。近几年来，广西农村劳动力转移中，既是行业间的转移，很大程度上也是就业区域的转移。据抽样调查推算，2004 年末，广西农村累计已转移到二、三产业的劳动力 610 万人中，外出打工（离开本乡镇范围）的劳动力 530 万人，占 86.9%，只有 80 万人留在本乡（镇）范围内从事二、三产业，占 13.1%。

2. 农村劳动力转移以青壮年为主。调查结果显示，2004 年广西农村劳动力转移中，年龄在 25 岁以下的人数占 50.3%，26～30 岁的占 15.7%，31～40 岁的占 17.5%，41 岁以上的仅占 16.5%。在农村许多地方，年青人基本外出打工，只有农忙和过年过节时候，才看见年青人的身影。

3. 农村劳动力转移以初中和小学文化的人数居多。2004 年，农村劳动力转移人员中，具有小学文化的劳动者占 22.1%，初中文化的劳动者占 61.6%，具有高中和高中以上文化的劳动者仅占 15.6%。已转移的农村劳动力的文化结构略高于农村整体劳动力的文化素质。

4. 农村劳动力转移中男性多于女性。按性别分组，2004 年广西农村劳动力转移人员中，男劳动者占 62.4%，女劳动者占 37.6%。女性劳动者由于要承担哺育孩子和操持家务，实现产业转移和外出打工的比例小于男性。

5. 转向外省的比例增加，区内转移的比例下降。1997 年当年广西农村劳动力转移中，转向外省的比例为 45.4%，在区内转移的占 54.6%。到 2004 年，转向外省的比例提高到 76.4%，在区内转移的比例下降为 23.6%。说明区内劳动力市场对农村劳动力的需求不旺，吸纳能力有限。

6. 转向第二产业比例下降，转向第三产业比例上升。据调查，1990 年当年广西农村劳动力转移人数中，转向第二产业的劳动力的比重占 59.2%（其中转向工业的占 36.2%，转向建筑业的占 23.0%），而转向商饮服务业等第三产业的劳动力仅占 40.8%。到 2003 年，当年转移的劳动力中，转向第二产业的劳动力比重下降为 29.5%（其中转向工业的比重下降为 12.9%，转向建筑业的比重下降为 16.6%），转向第三产业的比重提高到 70.5%。

7. 素质高的农民就业空间大、劳务收入高。受教育程度低的农民，大部分只能在简单劳动领域寻找就业机会，文化程度高的农民，易于学习和掌握先进的知识和技能，就业空间大，高薪职业的就业机会多。据测算，农民的文化程度与打工的工资收入水平相关系数为 0.71，为较强的相关关系。据调查资料显示，2000 年，广西农村外出务工人员中，小学和小学以下文化程度的劳动力人均寄带回现金收入 2184 元，初中文化程度的为 2732 元，高中以上文化程度的为 3412 元，文化素质差异产生的收入的差距是明显的。

（五）农村劳动力转移就业的历史作用

1. 拉动了农民收入的增长。"九五"以来，随着农业发展进入新的阶段，出现了部分农产品结构性过剩，导致农产品价格长期低迷，农民收入增长乏力，增收的来源主要依靠工资性收入支撑。在下面的资料中，可看出劳务输出收入对拉动农民人均纯收入增长的贡献。

1995～2003 年广西农民人均纯收入增长情况

指　标	1995 年	1997 年	2000 年	2001 年	2002 年	2003 年	2004 年
农民人均纯收入(元)	1446.0	1875.0	1864.5	1944.3	2012.6	2094.5	2305.2
1. 工资性收入	203.0	256.0	483.8	543.8	686.6	784.6	857.6
2. 家庭经营纯收入	1158.0	1502.0	1297.2	1297.0	1236.3	1229.9	1365.3
3. 转移性收入	75.0	111.0	76.1	85.3	80.7	63.3	64.8
4. 财产性收入	11.0	6.0	7.4	6.8	9.1	16.8	17.5

从 1995 年到 2003 年，农民人均纯收入增加了 859.2 元，增长 59.4%。其中，工资性收入增加了 654.6 元，增长 3.2 倍；家庭经营纯收入增加 207.3 元，增长 17.9%；财产性和转移性收入减少 3.7 元，下降 4.3%。工资性收入占农民人均纯收入的比重，由 1995 年的 14.0% 提高到 2004 年的 37.2%。

2. 优化了农村劳动力的就业结构。随着经济和社会的发展，农村劳动力就业结构不断发生新的变化。改革开放初期，农村经济发展处在起步阶段，农村二、三产业和城市经济发展滞后，非农产业吸纳的劳动力有限，农村第一产业吸纳了大量的农村劳动力；在上世纪 80 年代初期，广西农村劳动力 95%以上主要从事农林牧渔等第一产业，从事二、三产业的农村劳动力不足 5%。1984 年党的十二届三中全会以后，随着经济体制改革的深入，国民经济发展进一步加快，城市吸纳劳动力能力增强。到 1990 年，全区农村劳动力从事第一产业的比重下降到 89.9%，从事第二产业的劳动力上升到 4.0%，从事第三产业的劳动力上升到 6.1%。进入 90 年代以后，特别是邓小平同志南巡讲话发表以后，沿海地区经济加速发展，吸纳了大批农村劳动力从农业转向城镇二、三产业，农村劳动力的从业结构变化更加明显。到 2003 年，农村乡（镇）村从业人员中，第一产业人数占 69.5%，比 1990 年下降 20.4 个百分点；第二产业占 7.7%，比 1990 年提高 3.7 个百分点；第三产业人数占 22.8%，比 1990 年提高 16.7 个百分点。从下面的曲线图，能直观的观察到近二十年来广西农村劳动力就业结构的变化趋势。

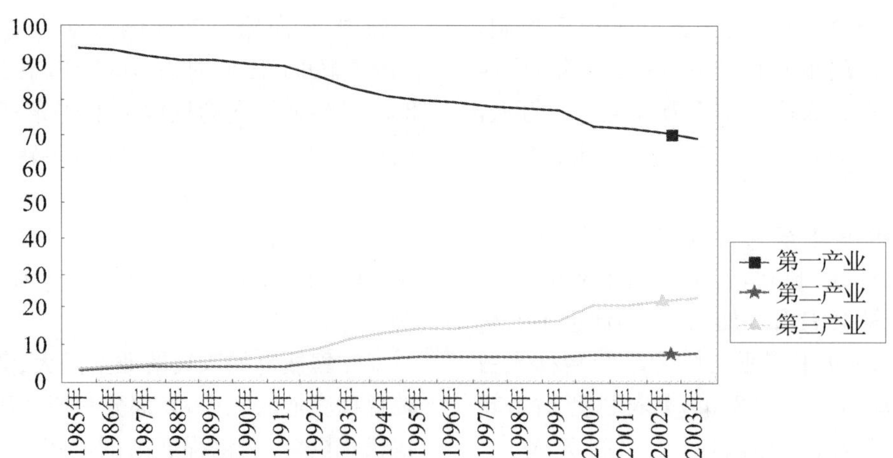

上图显示，近二十年来，广西农村劳动力就业结构中，第一产业所占的比重明显下降，第二产业的比重缓慢上升，而第三产业所占的比重逐步提高。

3. 为国民经济的持续快速发展提供了大量的廉价劳动力。农村外出务工人员以从事体力劳动为主，劳动时间长，工资报酬低，为提高劳动密集型产业的国际竞争力作出了重要贡献。80 年代开始的沿海地区轻工业的大发展和各地建筑行业的持续发展，主要依靠农村劳动力转移为其发展提供了大量的廉价的劳动力。据调查，目前城市企业雇佣一名农民工的成本大约相当于正式工的 1/2 左右。2003 年，广西农村外出务工人员月人均收入为 451 元，而城镇单位在岗职工月平均工资(未包括福利)为 996 元，前者仅为后者的 45%。

二、广西农村劳动力转移存在的主要问题

(一)区内就业容量小，农村劳动力转移速度慢

整体上看，广西仍属于经济欠发达地区，经济总量不大，非农产业尤其是工业占 GDP 的比重低，吸纳农村劳动力的能力较弱。据统计，2003 年末广西总人口 4857 万人，居全国第 10 位；按当年价格计算的地区生产总值 2733 亿元，居全国第 17 位。其中，第一产业增加值 628 亿元，居全国第 12 位；第二产业增加值 1006 亿元，居全国第 22 位；第三产业增加值 1099 亿元，居全国第 16 位。一、二、三产业的比重，全国为 14.8%、52.9%和 32.3%，而广西的比重为 23.0%、36.8%和 40.2%。由于广西农村二、三产业发展相对滞后，大量农村富余劳动力需要到区外就业。据贵港市 2004 年上半年统计，该市外出务工约 48.7 万人，其中到外省打工有 36.3 万人，占 74.5%；在区内打工有 12.4 万人，占 25.5%。广西农村劳动力主要依赖向区外转移，在很大程度上制约了农村劳动转移的规模和速度，致使广西农村劳动力转移的比例低于全国水平。2003 年，全国累计已实现产业转移的农村劳动力占劳动力总数的比例达 34.9%，而广西只有 26%。

(二)农村劳动力素质较低，就业门路不广

1. 文化水平低。据抽样调查，2004 年，广西农村劳动力中，小学和小学以下文化的占 36.2%，初中文化的占 51.1%，高中和高中以上文化的只占 12.6%，农村劳动力以初中以下文化为主，整体素质不高，转移后大多只能从事一些繁重的体力劳动。

2. 接受过专业技术培训的人少。据抽样调查，2004 年，广西农村劳动力中，接受过专业技术培训的人数只占 16.6%，其中在外务工人员中，接受过专业技术培训的也仅占 29.8%。据调查，接受过专业技术培训的劳动力在外出务工中具有明显的优势。2000 年，外出务工人员当中，受过专业技术培训的人员每人寄带回现金收入 3294 元，而未受过专业技术培训的人员每人寄带回现金收入只有 2508 元，后者比前者少 786 元，低 23.9%，体现了有技术与无技术的差别。

(三)政策支持力度不够，农民工与城市居民待遇差别大

农村劳动力从农村转移到城镇工作后，从农民的身份转变为在城镇打工的农民工，与城镇居民在相同的岗位上工作，却享受不到城镇居民所能享受的种种待遇，同工不同酬，劳动量虽大，薪水却少；在教育、医疗、住房、社会保障等方面，农民工仍然未能与城镇居民享受相同的待遇。在劳动就业政策上，有些单位招收工作人员要求城镇户口，农民被挡在就业门槛之外，在一定程度上还阻碍着农村劳动力的转移。

(四)认识不到位，各地推进这项工作不平衡、措施不力

据调查，当前各地开展农村劳动力转移就业工作中存在的主要问题是：

1. 个别基层领导重视不够，农村劳动力转移培训工作进展迟缓。2005 年 3 月 20 日国家农业部等六部门联合下发了《关于组织实施农村劳动力转移培训阳光工程的通知》，对实施阳光工程提出了总体要求，自治区农业厅等六部门也于 6 月 8 日发出了通知，一些地方基层领导认识不到位，重视不够，有关工作还只停留在文件上或规划上。有的地方对农村劳动力培训和转移的宣传发动工作做得不够，农民对政策还不了解，参加培训的积极性不高。根据自治区人民政府办公厅桂政办〔2004〕87 号文的通知要求，2004 年要实现全区农村劳动力转移就业新增 56 万人，其中各地政府直接组织向广东劳务输出新增 22.4 万人。要全面完成这一工作目标，仍有很大难度。

2. 部门之间步调不够统一。农村劳动力培训和转移工作是一项社会系统工程，跨部门、跨行业，涉及众多部门，需要各部门通力协作，发挥各部门的职能作用，才能确保农村劳动力培训和转移工作的顺利开展。目前农村劳动力培训分属几个部门管理。一些地方反映，由于缺乏强有力的领导机制，各部门各自为政，没有形成合力，造成人、财、物

等资源浪费。

3. 缺乏资金保障。目前各地普遍反映财政比较困难,对农村劳动力培训和转移的资金投入不足。特别是取消对农民工外出打工收费后,一些地方没有及时增加对有关部门的专项经费预算,给开展农村劳动力转移培训和组织农民工外出打工及跟踪服务带来新的困难。罗城县劳动部门计划在广东的深圳、东莞等地设立驻外劳务工作站,组织和协调农民工的劳务输出和管理服务,但由于经费没有到位,目前还未能设立。大新县各乡镇设立了劳动保障事务所,村、屯也落实了劳务输出工作协管员,但由于经费没有落实,制约了劳务输出工作的开展。

4. 维护农民工权益乏力。一些地方对贯彻执行有关劳动法规做得不够,农民工的合法权益还没有得到有效保障。据自治区企业调查队抽样调查,建筑企业拖欠外来务工人员工资现象仍时有发生,有的外来务工人员子女入学问题没有解决,有的反映收费过高,有 9.1%反映工作条件差,有 18.2%反映居住条件差,有 3.3%反映人身安全保障条件差,有 24.4%反映工作时间过长的。另据调查,在 2003 年外出打工的回流人员中,有 5%的是因为领不到工资而中断打工回乡。在调查中还发现有的地方还存在使用童工的现象。

(五)劳务市场建设滞后,劳动力供需出现脱节

当前农村劳动力转移中,有组织转移的很少,大多是自发性转移。据调查,2003 年外出打工的人员中,经亲戚朋友介绍外出的占 42.7%,自发外出的占 56.1%,由政府或单位组织外出的人数仅占 1.2%。由于劳务市场发育不全,反映出的矛盾是一方面是农民工外出找工难,另一方面是劳动部门招工难。一些劳动部门反映,目前招工难的问题比较突出。某县为了多组织农民工劳务输出,采取灵活多样的宣传方式,发动和招收农民工外出务工,但收效不大;有一名县领导在福州挂职,通过联系,计划在本地招收一批农民工到福州的服装厂、电子厂打工,但也招不到人。广东惠州的一位老板到广西招工,也是无功而返。

(六)一些地方违规向外出打工的农民收费

国家已经明令禁止对农民工外出务工除允许收取办理证件的工本费外,不能再收取其他费用。但据群众反映,一些地方在农民办理外出务工有关证件时,除收取证件的工本费外,每人还收取 60 元的"劳务输出服务费",但没有提供相应的服务,群众对此意见较大。

三、农村劳动力转移与就业的可能性分析

(一)民营经济吸纳农村劳动力具有较大优势

民营经济主要由农村个体户、私营企业等非公经济组成,设备、工艺相对简单,对技术要求不是很高,进入的门槛也低,贴近农村,可以因地制宜充分利用农村大量的富余劳动力。据邕宁县调查,该县目前各类非公企业吸纳农民工 5.4 万人,其中仅万利来工贸有限公司就吸收了 500 多名农民工就业,生产旺季季节性用工达 1800 人。积极鼓励和支持农村民营经济的发展,就可为农民工提供更多的就业岗位。

(二)龙头企业是吸纳农村劳动力就业的重要载体

在发展县域经济中,一些市、县注重发展劳动密集型项目,积极支持农民发展农产品初加工、运销以及编织、修理、采集等生产,大力推进农业产业化经营,扶持龙头企业做大做强,带动各类服务业上规模上水平,为农民创造新的就业机会。贺州市八步区通过龙头企业的辐射作用,有效地带动和联结了该区 11.2 万农户从事农业基地种养和农业产业化经营,占总户数的 68%。

(三)城镇化的发展为农村劳动力转移提供广阔的就业空间

城镇化是社会和经济发展的必然现象。随着城镇化的发展,城镇规模量的扩张和城镇服务功能的不断完善,为农村劳动力转移提供广阔的就业空间。通过加强小城镇基础设施配套建设,大力发展以服务业为主的第三产业,拓展城镇经济;特别是引导和推动乡镇企业聚集在小城镇发展,转换体制、调整乡镇企业产业结构,扩大乡镇企业的就业容量,为农村劳动力转移创造更多就业岗位。近年来,广西贺州市加快小城镇发展步伐,通过完善小城镇的基础设施和强化小城镇的辐射带动功能,吸纳 8 万多农民到小城镇务工经商。

(四)农村内部产业仍有吸纳农村劳动力就业的潜力

利用农业和农村经济结构调整时机,大力发展高产优质高效农业,加快发展林业、水产养殖业、畜牧业等劳动密集型产业,扩大就业。根据广西资源优势和产业特点,通过产业引导、政策扶持和强化服务,组织和鼓励广大农民发展优质高效种植业和

畜牧水产业，或到各类畜牧企业打工，可为农村劳动力提供更多的就业岗位。

（五）农村劳动力向广东及东部沿海地区转移的规模会不断扩大

2003 年，广西转向外省的农村劳动力中，96.3%的劳动力转向国内东部沿海地区，其中绝大部分转向广东。随着大中城市经济急剧扩张和广东及东部沿海地区经济快速发展，对劳动力的需求也在大幅度增加，各市、县把握好这个机遇，充分利用广西毗邻粤港澳的地缘优势和多年来与广东等东部沿海地区建立的劳务输出关系，通过各种渠道和途径，与劳务输入地进行对接，农村劳动力向外省转移的规模会进一步扩大。

（六）国外劳务市场开发具有广阔前景

广西向国外输出劳务的规模很小。随着国际经济合作一体化的发展，特别是中国—东盟自由贸易区的建立，境外的劳动力需求量将越来越大。各市、县在注重向国家重点项目区输出劳动力，开发国内、区内劳务市场的同时，充分利用在南宁举办中国—东盟国际博览会的平台，瞄准东盟国家劳动力就业市场需求，发挥地缘、人缘优势，积极开拓国外劳务市场这一新领域，鼓励有竞争力的企业到东盟国家创业，就会带动区内劳动力输出，境外劳务输出的这篇文章就会做好做大。

四、加强农村劳动力转移的几点建议

农村劳动力转移不仅涉及到农业经济，而且涉及到全区国民经济的整体发展；不仅直接影响农民收入，而且关系到能否有效扩大内需；不仅是一个经济问题，而且涉及到城乡协调发展和社会稳定，必须引起高度重视。农村劳动力转移是一项涉及面广的系统工程，需要全方位、多方面的努力。就近期情况来看，建议重点关注“三个机制”和“三种力量”，突出以下重点：

（一）建立目标考核与激励机制

《自治区党委、自治区人民政府关于加快推进农村劳动力转移就业的意见》（桂发[2004]7 号）提出了对开展农村劳动力转移工作成绩突出的单位和个人给予表彰奖励的原则要求。目标考核和表彰激励机制已在四川等农村劳动力转移成效显著的兄弟省份加以应用，并取得好的效果。建议广西建立可操作的目标考核与激励机制，在 2004 年工作基础上，每年年初由自治区农村劳动力转移领导小组组织制定广西农村劳动力转移的年度计划，将当年转移规模和培训目标等下达到各市、县，年底由领导小组成员进行考评，根据考评结果，由自治区人民政府在年底对推动农村劳动力转移的先进单位和个人给予表彰奖励。此外，各市、县都应建立相应的考核与激励机制。对于桂发[2004]7 号文件下发后一年内没有落实考核激励机制的市、县，由自治区农村劳动力转移领导小组给予通报批评。

（二）形成监督及惩处机制

近两年来，党中央、国务院及自治区党委、人民政府对农村劳动力转移给予了高度重视，先后下发了相关文件。国务院办公厅于 2003 年 1 月下发了《关于做好农民进城务工就业管理和服务工作的通知》，自治区党委、自治区人民政府于 2004 年 3 月下发了《关于加快推进农村劳动力转移就业的意见》，这些文件就取消对农民进城务工就业的不合理限制、切实解决拖欠和克扣农民工工资问题、改善农民工的生产生活条件、多渠道安排农民工子女就学等做出了具体规定，但是，我们在调查中发现，有些规定在相当一部分地方还没有落实。究其原因，我们认为主要是对违规单位和个人缺乏制约。为此，建议形成监察及惩处机制，以便将中央和自治区的各项政策措施落到实处。一是形成行政监察制度，由自治区农村劳动力转移就业工作领导小组牵头，每半年进行一次中央和自治区有关农村劳动力转移政策执行情况抽查，发现违规现象及时责成有关单位做出处理；二是自治区主要新闻媒体对违规单位和个人曝光，形成强有力的社会监督力量；三是审计部门每年对各级财政用于农村劳动力转移培训等相关工作经费使用情况进行审计，并将审计结果向社会公开。

（三）不断完善服务机制

一是政策服务，各级政府及有关部门出台了不少关于促进农村劳动力转移的政策文件，让广大农民了解这些政策、用好这些政策具有重要意义。但是，目前不少农民对相关政策知之不多。建议政府有关部门将相关政策文件汇集成册，送到农民手中；二是信息服务，建议自治区人民政府指定一个政府部门信息网站，设立农村劳动力转移专门网页，将农村劳动力人力资源、需求信息、典型经验、培训项目、转移中介等全部上网，便于农村劳动力及用人单位获取信息，在广州等城市聘请信息采集员，沟通区内外农村劳动力供需渠道；三是金融服务，为农村劳动力转移提供必要的金融支持；四是维权服务，建议由自治区人民政府有关部门设立广西农民工维权法律服务中心，帮助农民工解决劳务经济纠纷，有关部门在制定部门预算时列出专项经费补助典型案例中困难农民工的聘请律师费用；五是搭建平台，对接市场的服务。政府有关部门可以通过召开农村劳动力转移劳务洽谈会、扶持成立农村劳动力转移中介组织等方式，架起农村劳动力转移的桥梁。

（四）加强培训，形成农村劳动力转移的推力

加强农村劳动力培训，提高劳动者素质，是当前做好农村劳动力转移的中心工作之一。建议：一是加快实施“阳光工程”，按照“政府推动，竞争培训，部门监管，农民受益”的原则，把中央有关部门下达的培训任务和经费落到实处；二是采取岗前培训和岗位培训相结合，输出地培训和输入地培训相结合，单项专门技能培训与法规、政策等普遍培训相结合，订单培训与一般培训相结合，采取多种途径、多种方式搞好培训工作；三是让农民自主选择培训机构和培训内容及时间；四是公开招标培训单位，公开培训收费，公开培训奖金使用情况，以降低培训成本，确保培训资金到位。

（五）拓宽就业渠道，增加对农村劳动力转移的拉力

在市场经济条件下，农村劳动力转移最根本的出路之一是扩大二、三产业对农村劳动力的需求，为农村劳动力在城镇就业提供足够的空间。建议：一是把统筹城乡发展的理念落到实处，加快城市外围及小城镇周边农村区域的城市化进程，通过扩大城区规划范围或者在这类地区制定城乡一体的规划，带动产生新的农村劳动力转移空间；二是吸引投资，将自治区党委、自治区人民政府有关招商引资的政策落实好，通过增加投资为农村劳动力转移营造新的门路；三是在推动区域经济合作的过程中充分重视农村劳动力转移问题，注重与区外发达城市形成长期农村劳务输出关系；四是中国—东盟自由贸易区合作中探索农村劳动力输出的新途径。

（六）加强领导和协调，形成农村劳动力转移的合力

农村劳动力转移不仅是当前农民增收的有效措施，而且是发展县域经济，全面建设小康的长远战略措施。鉴于农村劳动力转移涉及多个部门，多个行业，要想抓出重大成效就必须做到领导到位，各种力量充分协调，形成强大合力，建议各市、县、乡（镇）参照自治区的做法，成立由地方政府负责人牵头的农村劳动力转移工作领导小组，并赋予领导小组相应的职责。通过领导小组协调各方面力量，形成合力，以保证各种措施落到实处。

四川农村劳动力转移存在的问题及对策

四川省农调队　冯久先　徐富君　彭东泽

四川是人口大省、劳动力资源大省，如何充分开发利用农村剩余劳动力资源，实现四川农村劳动力充分转移，积极开发农村人力资源，不仅是四川国民经济持续、健康、快速发展的重要基础，也是保证四川政治安定、社会稳定的基本条件，更是认真实施西部大开发，实现四川社会经济新跨越的重要任务。只有真正解决四川农村剩余劳动力的稳定转移和劳动力资源的充分开发利用问题，才能在较短时间内实现四川国民经济和社会发展赶上全国平均水平的战略目标。为此，本文拟在充分利用调查资料的基础上，对四川农村劳动力转移特征进行多方位的分析，对四川农村劳动力转移存在的问题进行多层面的剖析，对实现四川农村劳动力转移出路进行多视角的探讨，以力求为有关部门制定科学的农村劳动力转移政策提供决策参考。

一、四川农村劳动力转移的特点

四川农村劳动力转移与四川农村改革的深化和农业、农村经济的发展是基本同步的，经历了建国以来的“封闭”、改革开放后的“起步”，治理整顿时期的“减速”、邓小平南巡讲话后的“加速”和1995年以来的“稳定”转移五个阶段。

（一）转移规模

转移规模持续扩大，转移进程有所加快。2004年全省农村劳动力转移的数量达1516.7万人，占全省农村劳动力的38.2%，比2003年增长9.1%。比2003年的增速高了1.6个百分点。其中，省内转移的劳动力771.9万人，占转移人数的50.9%，比2003年增长6.1%；省外转移的劳动力744.8万人，占转移人数的49.1%，比2003年增长12.4%。

（二）行业分布

第二产业中的工业、建筑业，第三产业中的商业、饮食业和服务业仍是农村劳动力转移的主要行业。据抽样调查，2004年转移到第二产业的劳动力882.3万人，占58.2%，其中转移到工业的508.5万人，占33.5%，转移到建筑业的373.8万人，占24.6%；转移到第三产业的劳动力633.7万人，占41.8%，其中转移到商业和饮食业的186.5万人，占12.3%，转移到服务业的380.5万人，占25.1%。转移到外地仍然从事农业的为8.2万人，仅占0.54%。

（三）转移地域

1. 向省会城市和地级城市转移的比重较大。2004年农村劳动力转移到直辖市的占10.1%，转移到省会城市的占33.5%，转移到地级市的占23.9%，转移到县城的占16.8%，转移到建制镇的占9.3%。

2. 省内转移的比重下降，转向省外的比重上升。2004年农村剩余劳动力在本省内转移的占50.9%，比2003年下降1.4个百分点；转向省外的占49.1%，上升1.4个百分点。2004年农村劳动力在乡内转移的人数占当年转移总量的22.5%，下降了1.1个百分点。

3. 仍以东部为主。2004年转移到东部地区的

564.4万人，占省外转移人数的75.7%，比2003年增长12.5%；转移到中部地区的37.1万人，占5.0%，比2003年增长14.9%；转移到西部地区的128.4万人，占17.2%，与上年基本持平。在转移到省外劳动力的人数中绝大部分转移到东部地区。沿海地带对四川省农村剩余劳动力具有较强的吸引力，到沿海地区去打工，依然是四川省农村外出劳动力的首选。但由于国家宏观经济环境发生变化和产业结构的调整，东部沿海地区给农村剩余劳动力的就业机会正在相对减少，而随着西部大开发及“东企西移”、“外资西进”，西部地区劳务需求逐步增大，将成为四川劳动力转移的又一个地区。

(四)转移方式

四川农村剩余劳动力的转移仍存在着相当程度的盲目性和随意性，农民外出务工仍依托传统的血缘、地缘、人际关系网络为主。据调查，2004年四川农村劳动力通过有关部门或亲属有组织、有目的地的转移占55.8%，其余44.2%人员在转移方式上仍存在着相当程度的盲目性。

(五)转移时间

由季节性、临时性务工向常年性务工转变。过去，农忙务农、农闲外出务工是四川农村劳动力转移的主要形式。随着土地承包制度的完善，土地使用权可以转让，外出务工人员可以将土地转包给他人耕种，或出钱请人代耕，不再像以前那样一到农忙季节就要急匆匆地赶回家去抢种抢收，而是相对固定地、常年性地安心在外务工。根据调查测算，四川农村外出务工的劳动力中，有80%左右是常年性的，那些临时性、季节性的务工人员主要是在乡外县内的一些短期性或规模较小的工程项目中务工，离家较近，往往是干完一个工程后再去寻找另外的工程。

(六)转移结构

1. 青壮年是转移劳动力的主力军。2004年，四川农村转移劳动力中，16～20岁的占11.9%；21～25岁的占18.8%；26～30岁的占19.7%；31～35岁的17.4%；36～40岁的占15.5%；41～45岁的占5.7%；50岁以上的占4.7%。显而易见。转移劳动力以青壮年为主，40岁以下的占了83.3%。

2. 外出务工人员的文化水平较高。2004年四川农村转移劳动力中，初中文化程度的人数占转移人数的76.6%；高中以上文化程度的人数占9.2%。初中以下的仅占23.2%，明显高于在家务农的文化水平。文化程度的高低决定了农村劳动力转移率的高低，文化程度越高，转移率越高，越能实现转移的目的。

二、四川农村劳动力转移存在的困难

(一)要转移的农村劳动力数量庞大，而转移空间非常有限

据测算，目前四川农村剩余劳动力达1300万人左右，占全省农村劳动力总量的1/3左右，但转移空间却非常有限。从农业本身需求来看，目前农村劳动力人均占有耕地面积呈逐年下降趋势，随着农业集约经营的不断发展，农业劳动生产率的不断提高，农业吸纳劳动力的容量会进一步缩小。从农村二、三产业需求来看，四川农村二、三产业发展基础差，水平低，制约因素较多，尤其是乡镇企业发展速度放慢，很难吸纳更多的农村劳动力就业。从城镇需求来看，尽管城镇经济的发展会增加劳动力的需求，但由于城镇企业下岗职工及需求单位机构改革分流人员增多，高校毕业生规模逐年扩大，给农村劳动力留下的就业空间十分有限。

(二)农村劳动力的文化及技能素质状况不能适应转移的需要

改革开放以来，四川农村的文化教育事业有了长足发展，但农村劳动力的文化及技能素质仍然较低。据抽样调查，2004年四川农村劳动力平均受教育年限只有7.40年，分别比东、中部地区平均受教育年限少1.49年和0.99年。其中，文盲占15.6%，比东部地区高8.9个百分点；小学文化程度占47.2%，比东部地区高20.3个百分点；初中文化程度占32%，比东部低18.9个百分点；高中及以上文化程度占3.3%，比东部低9.1个百分点，初中以下文化程度的比例高达62.8%。农村劳动力接受农业技能培训的水平也较低，2004年四川农业劳动力中拥有专业技术职称，受过职业培训的人只占8.4%，比全国平均水平低一半。在外出务工人员中，接受过专业技术培训的也只有14.5%。很难胜任现代高科技产业对从业人员的需求，限制了农民的就业空间。同时，农村劳动力文化素质的低下，还可能导致思想保守、观念落后，怕冒风险，缺乏投资意识和创业精神，将自己捆死在土地上，把耕作土地看作是惟一的生存之道，不愿意或不敢去从事第二、三产业，这也在很大程度上限制了一些农村剩余劳动力的转移。

（三）城乡分割的社会管理体制，从根本上限制了农村劳动力跨区域流动就业规模的迅速扩大

城乡分割的社会管理体制的基本点是二元户籍管理制度。目前我国的户籍制度虽然也不能完全阻止农村劳动力进入城市，但却将城市劳动力分割成本地劳动力和外来劳动力两大类型。在全国范围内形成的“四川民工潮”为城市的现代化建设作了不可磨灭的贡献，但他们中的绝大多数始终未能被城市真正接纳，而是在这一过程中演变成为一个特殊的城市“边缘人”群体。即所谓“外来妹”、“打工仔”。外来工无法获得真实的城市市民身份，不能和城市职工同工同酬，不能享受城市市民的各种福利待遇，这种“边缘人”身份使他们游离于城乡之间，影响着平等就业，形成了就业成本较高、就业质量较低，就业收益不多的现象。

（四）社会保障制度的缺失成为农村剩余劳动力转移的最大障碍

虽经改革，我国社会保障制度仍呈现出明显的二元结构，城市中基本上建立起了以社会保障为核心、以最低生活保障制度为基础的社会保障体系；而在广大的农村，社会保障制度建设被长期忽视，社会保障体系基本上没有建立起来，土地已成为农民的惟一失业保障和养老保险，农村剩余劳动力一量离开土地进城以后，将处于毫无保障的真空地带，一旦失业，基本生活就难以保障，其它诸如养老、医疗、子女上学和住房等现实问题更是无从谈起，这在很大程度上阻碍了农村剩余劳动力的转移。

（五）小城镇建设总体水平不高，城市化严重滞后，吸纳农村劳动力的功能较弱

农村的现代化，从本质上说就是农村城市化，即农村人口向城市转移、农业生产向“工厂化”转变、农民的生活方式向城市居民生活方式转换的过程。城市化是现代文明的标志，是生产力发展到一定阶段的必然趋势。改革开放以来，四川省农村小城镇建设取得了长足发展，但总体还不高，与东部、中部及全国仍然存在较大差距，四川城市化水平比全国低近 10 个百分点。由于公共设施不足、乡镇企业集中度低、经济总规模偏小、产业结构不合理等因素使得小城镇发展较慢，对农民的吸引力不高。四川平均每个镇非农业人口为 1843 人，比全国少 10%以上，企业个数和企业从业人员少 20%以上。同时，现行的小城镇管理体制和还未成熟的土地流转移机制，也使农民不能顺畅进入小城镇务工经商。

（六）人才短缺和体制性障碍为积极参与国际劳务市场竞争带来很大困难

近年来，四川对海外劳务合作虽然取得较大成绩，但与四川这个人口大省极不相称。世界银行的一份报告显示：我国在外劳务总数仅 45 万左右，四川 1.2 万人。全国 1400 多家获得对外工程承包经营权的公司中四川仅有 70 家。在 WTO 各成员国进一步向我国开放劳务市场，一些对我国劳动力限入的国家取消限制后，我国对外劳务输出将进入一个黄金时期。但四川输出劳工的整体素质不高，不能适应国际劳务市场的激烈竞争，抽样调查资料显示：四川农村劳动力的整体文化程度为小学，小学、初中文化程度的比重分别高于全国的 6.8、5.6 个百分点。输出劳工一般只能从事建筑、海洋捕捞、缝纫、电器装配、餐饮服务等工种，劳务收入较低。另一方面，四川对外劳务公司普遍存在规模小、力量单薄、经营分散、承包能力单一、综合性复合型人才奇缺、市场交易成本过高等问题，单个弱小的企业很难建立起全球信息网络，各公司各自为政，互为竞争对手，也很难做到沟通信息与资源共享。适应国际劳务竞争的专业型、复合型人才短缺，而且流失的现象严重。与东部发达地区的对外劳务合作企业相比较，无论在资源实力、科技实力、综合经营管理能力、工程设计与施工能力上，还是在信息捕捉及利用能力上，四川企业的竞争力都不强，很难适应国际劳务承包工程日益朝规模大型化、技术复杂化、功能多样化、承包综合化的发展趋势。

三、四川农村劳动力转移的对策建议

综合以上分析，我们认为，四川农村劳动力转移总的指导思想应该是：以邓小平理论为指导，按照“三个代表”重要思想的要求，适应四川国民经济跨越式发展和农业、农村经济战略性调整的需要，以积极培养和完善城乡统一的劳动力市场，大力有效地开发、利用、配置农村劳动力资源为中心；以促进四川农村经济发展和农村劳动力充分就业为目标；以内转、外输、回引为基本转移途径；以深化户籍制度、土地制度改革为突破口，推进四川农村劳动转移迈上一个新的台阶。

（一）实施农业、农村经济结构战略性调整，拓展农业就业空间

四川农村剩余劳动力问题十分突出，农村劳动力转移不可能一蹴而就，在今后相当长的时间内，大部分剩余劳动力还只能在农业上就业。要使这部分劳动力资源得到合理利用，就必须大力拓展农业就业空间。把优化农产品质量、优化农村经济结构、优化农业区域布局作为战略性调整重点，利用高新技术发展农产品，大力发展畜牧业、林业和水产业，实施农业基础设施、生态建设、种子、动植物保护工程，建设优质农产品基地和现代农业科技示范区。通过新技术的推广和运用，工厂化种植、养殖、优质高产新品种、新型模式化栽培(养殖)等新模式，使有限的土地容纳更多的劳动力就业。

(二)加快农村二、三产业发展步伐，大力发展农村产业化经营和乡镇企业，扩大本地就业

1. 加大农业产业化经营扶持力度。一是在建立以财政投人为导向、龙头企业和农民投人为主体、信贷和外资以及社会投人为补充的多元化的农业产业化经营投入体系的基础上，根据市场需求，立足当地资源优势和技术力量，确定重点。把畜牧、林果、渔业、中药材、蔬菜、花卉和农产品加工等作为骨干产业和项目，继续引导、支持烟叶、棉花和蚕丝绸行业，二是根据扶优扶强原则，优先扶持80家省级重点龙头企业，抓一批“五专”(即专业大户、专业村社、专业场站、专业协会、专业市场)经营组织和外向型企业，重点扶持发展农副产品精加工以及包装、保鲜、贮运和专业市场，带动农民进入产业化领域。三要实行优惠政策，鼓励各种所有制成份创办、兴办农业产业化经营企业，增加农村劳动力就业机会。

2. 开拓创新，加快乡镇企业二次创业步伐。乡镇企业要以市场为导向，以科技为支撑，以质量为中心，根据国家产业化政策和本地资源，加快产业和产品结构调整步伐，大力发展优势产业和名特优产品。把发展农副产品加工、贮藏、保鲜和运销作为发展重点，积极参与农业产业化经营。发展创汇型骨干企业，科技创新企业和贸工农基地，实行贸工农一体化经营；结合小城镇建设，调整乡镇企业布局，积极发展商业、饮食服务和旅游等第三产业。深化乡镇企业改革，继续完善乡镇企业的所有制结构，不断优化乡镇企业的组织结构，坚持大中小并举、共同发展的原则，加快发展大中型企业，努力培植一批“小专精”企业和“小巨人”企业。要探索公有制的有效实现形式，通过产权制度改革和政企分开，实现投资主体和产权主体的多元化，通过加强和改善企业管理，再造乡镇企业机制优势，不断提高企业管理水平，提高经济运行质量和效益，使乡镇企业再铸辉煌。

(三)加快城镇化进程，构建四川城市网络，从根本上转移农村剩余劳动力

1. 加快四川1000个试点小城镇的建设步伐，力争到2010年末吸纳农村劳动力500万人。要高起点规划小城镇，搞好供水、供电和交通等基础设施的规划和建设。要引导乡镇企业发展与小城镇建设相结合，通过深化乡镇企业产权制度改革和发育要素市场，逐步突破乡镇企业的社区封闭性，为乡镇企业向小城镇集中创造条件。要逐步形成各自的支柱产业和镇域经济特色，逐步形成各具特色的生产、加工、销售区域中心，供销社要利用自身的设施优势，积极参与小城镇基础设施和配套设施建设、大力发展社区综合服务社，在市场建设中发挥重要作用。

2. 继续坚持分散型城市化发展道路。在2010年逐步形成以成都市为核心、绵阳等8个大城市、16个中等城市、33个小城市和1000个小城镇所构成的城市网络体系，实现四川城市化水平的跨越式发展。城镇化政策的核心要由以控制城市规模为主转移到发挥城市积聚效益和形成合理城市层次结构上来。要加强城市基础设施和社区公共设施建设，增大城市承载量。要向农民打开城门，鼓励农民企业家进城投资办厂，吸引农村劳动力进城就业，努力使一部分具备条件的农民，由常年性外出务工，转变成稳定性移民。

(四)把发展劳务输出作为农村经济新兴产业来抓，拓展劳力输出空间，提高劳务输出质量

要把劳务输出作为四川农村经济的支柱产业、新兴产业来抓，在规范化、集团化、产业化上探索出新的路子。要按照市场化，产业化的要求，以增加农民收入为核心，扩大输出规模，拓展劳务空间。从劳务市场建设、劳务信息网络、权益保障等方面来规范保护劳务输出行为，以达到增加农民收入、扩大输出规模、拓展劳务空间，提高劳动力素质的目的。要以集团化的形式参与全国劳务市场竞争，以专业化、系列化服务来促进劳务输出与市场经济尽快接轨。

力争今后每年增加输出省外劳务人员30万以上，增加收入10亿元以上。坚持“巩固东部、进军西部，开拓海外”的劳务输出方针，提高务工人员素质，扩大输出队伍，切实做好四个结合：一是培训和教育上实行县、乡(镇)、学校相结合。二是输出组织形式上实行政府部门、中介机构与民间联系结合。三是在输出地域上实行县外、省外、海外结合。在抓好县外省外输出的基础上，抓住我国加入世贸组织的机遇，把外派劳务作为一个重点，由国内拓展到国外。四是建立一批国内劳务输出基地县和国外劳务输出基地县以及国外劳务龙头企业，实行基地、管理、服务相结合。继续充分利用各种优惠政策，积极鼓励外出务工人员回乡创业，走“输出—成才—积累—创业—共同富裕”之路。

(五)建立有效的激励机制，增加对农村人力资源的投入和开发，全面提高劳动力素质

四川农村劳动力素质较低是制约农村劳动力就业的根本性因素，应当大量增加对人力资源开发的投入，包括采取有效措施，鼓励农民增加智力投资，这是决定四川省农村劳动力长期就业和转移的关键之一。

要逐步形成“市场引导培训，培训促进就业”的新机制，强化职业培训。一要采取政府部门和社会力量办学相结合的方式，依法举办各种类型的实用技术培训班，依托有关职能部门如劳动就业、农业、教育等建立常年性的、专业性的职业学校、培训中心等，形成社会就业培训体系的骨干。二要形成以技术培训和业务培训、以素质培训和岗位培训、以职业培训和扩大就业相结合的长短结合、高中低配套的培训模式。三要把职业培训与技能鉴定相结合。使求职务工人员有全国能用的技术等级证书及上岗证，以增强就业竞争能力，提高劳务收益。四要有计划、有组织地对外派劳务人员进行专业技术、外语和政策法规等方面的严格培训. 确保外派劳务人员的素质过硬，形象良好，巩固已经取得的国际市场，开拓新的更广阔的国际市场。

(六)建立城乡统一的劳动力市场，探索城乡统筹就业新路子，消除农村劳动力转移与就业的体制性障碍

充分发挥市场机制在配置劳动力资源方面的基础作用，规范和完善劳动力供求信息收集与发布、劳动力市场中介组织、劳动力就业服务体系、劳动就业法律法规体系和就业制度等，建立和完善城乡统一的劳动力市场，积极探索城乡统筹就业的新路子。

1. 大力发展多种形式的劳动就业中介组织。逐步建立和完善包括就业信息、咨询、职业介绍、培训在内的社会化就业服务体系，帮助劳动力对转移成本、收益、风险做出正确的判断。要大力发展连接劳动力供求双方的职业介绍机构，加快劳动力信息网络建设。

2. 完善和规范政府管理。要建立一整套促进农村剩余劳动力跨地区流动的市场组织体系以及调控和保障就业者权益的法规和制度体系，规范市场主体行为，使企业和劳动者双方的合法权益都得到保障。在就业制度上不断完善就业准入制度和职业资格证书制度，建立“企业自主用人，劳动者自由择业”、城乡劳动力权力平等，就业机会均等的市场化就业制度。

3. 加大户籍制度改革的力度。逐步消除城乡户籍管理分割状况，逐步放开城乡户口迁移限制，真正做到城乡居民在发展机会面前地位平等，获得统一的社会身份。

4. 实行农村土地流转制度的创新，改革现行农村集体财产补偿制度。在自愿的基础上，通过转包、转让、联合服务等办法，允许土地经营权依法有偿转让，允许自愿放弃土地经营权而完全交回集体。集体再发包，也可以把土地使用权、经营权同种田能手合作，并取得合理补偿。要改革社区集体财产管理和利益分配办法。采取股份制形式，让农民将其所属的集体资产份额或有偿转让，或继续入股投资，使之放心地流动和转移。

(七)逐步建立农村劳动就业保障制度，积极探索对输出人员特别是境外输出人员的信贷支持和保险保障新路子

1. 加快地方立法进程，把民工的合法权益纳入法律保护轨道。对民工的权利、责任和义务进行法律规范和界定，保障合法，取缔非法，打击违法。建立和健全法律援助制度，引导、支持各律师事务所及其律师，为受到不公正待遇的民工提供无偿法律援助。

2. 切实解决进城农民和异地转移民工的子女入学入托。大力提倡借读制，允许民工凭暂住证送子女就近入学入托。在民工聚居区举办专门学校，充分发挥退休教师的余热，为民工子女上学提供基本条件。

3. 逐步建立进城民工及异地转移劳动力的医疗、失业、养老等社会保险制度，从根本上解除其后顾之忧。

4. 积极研究建立劳务输出互助金。采取政府拨一点，企业筹一点，个人捐一点的办法，滚动积累为境外输出人员提供底垫，为劳务输出人员意外伤残、死亡提供援助。

黑龙江农村劳动力转移的对策思考

黑龙江省农调队　侯玉环 王雪超 王　楠

进入上世纪90年代中期以后，农产品价格上调直接带给黑龙江省农民迅速增收的机遇已不复存在，随之而来的农村剩余劳动力转移外出务工收入增加成为农民增收的重要途径。同时，农村剩余劳动力的有效转移，也使农村有限的土地资源配置趋向合理，使人均增收具有了一定的扩展空间。1994年至2004年，黑龙江省农民人均工资性收入由81元增至413元，增长了4.1倍，工资性收入对纯收入增长的贡献率为20.6%。从发达省份农民收入持续快速增长的经验中也证明，农村劳动力转移，非农产业收入增加是实现农民增收的主要渠道之一。

一、农村劳动力转移的现状和特点

黑龙江农村劳动力向城市转移呈逐年上升趋势，且发展速度迅猛，许多地区已由自发的松散型发展为有组织、有规模地进行。广大农民进城务工、经商的越来越多，有的已经举家迁到小城镇或大、中城市居住。根据有关统计资料和对黑龙江省224个调查村、2240户农户、6214个农村劳动力的抽样调查结果显示，黑龙江省农村劳动力转移呈如下特点：

(一)农村劳动力转移总量已达175.5万

根据抽样调查资料推算，截止2004年底，黑龙江省有农村劳动力943.3万，全省已实现劳动力转移175.5万人，占全省农村劳动力总量的18.6%。其中，全省农村劳动力中，举家迁移到大、中、小城市或城镇的劳动力为72万人，占转移劳动力总量的41%；家在农村，当年外出打工劳动力为62.2万人，占转移劳动力总量的35.4%；在本乡镇地域内转移到非农产业的劳动力41.3万人，占转移劳动力总量23.6%。

劳务输出是转移农村劳动力的重要方式，农村劳动力的有效转移使一些农民鼓起了腰包。2004年，黑龙江省农村外出劳动力人均打工收入5420元，超过全省劳动力平均纯收入4014元水平35%，其中劳务输出人均寄回和带回收入2694元。

(二)劳动力异地转移比重上升

从劳动力转移地点看，2004年劳动力转移中，在乡内行业转移的人数占转移总量的比重为40%，地域转移的占60%。在地域转移的劳动力中，转移到县内乡外就业的人数占27.3%；转向省内县外就业的占46%；转向省外的占24.8%；转向国外的占1.9%。

(三)东部地区是黑龙江省劳动力转移的重点

从劳动力转移的流向看，在2004年转移到省外的农村劳动力中，转向东部地区的比重为78%；转向中部地区的比重为14%；转向西部地区的为4%；转向国外的比重为4%。

(四)外出劳动力以从事第三产业为主

2004年外出劳动力从事第一产业的仅占外出劳动力总数的2.9%；从事第二产业的占31.9%，其中，以建筑业为主，其次为制造业；从事第三产业的占65.2%，其中以服务业为主，其次为住宿和餐饮业。

(五)转移的劳动力文化素质明显高于全省农村劳动力平均水平

调查结果显示,初中或初中以上文化程度的劳动力成为转移的主体。转移劳动力中,小学及以下文化程度的占转移劳动力总量的比重为 14.2%,比全省农村劳动力平均小学及以下文化所占比重少 14.5 个百分点;初中文化程度者占 64.2%,比平均水平高 5.8 个百分点;高中文化程度者占 10.4%,比平均水平高 2.5 个百分点;中专文化程度者占 5.3%,比平均水平高 3.9 个百分点;大专及以上文化程度者占 5.9%,比平均水平高 5 个百分点。由此可见,文化程度越高,受过专业培训的,越容易转移。

(六)外出转移劳动力年龄以 30 岁以下青年为主

从 2004 年外出就业者的年龄看,30 岁以下年龄者占外出就业劳动力总数的 61.3%;31～40 岁人数占 20.8%;40～50 岁年龄人数占 14%;50 岁以上者仅占 4%。也就是说目前年轻人是外出创业和打工族的生力军。在外出转移劳动力中,男性占 69.4%,女性占 30.6%。

二、农村劳动力转移面临的制约因素

(一)自身因素

一是劳动力文化素质偏低。黑龙江省农村劳动力整体受教育程度较低,即使是与城市同等学历的人员相比,由于受师资力量、教学设备及环境等方面影响,他们的实际知识水平也比城市青年劳动力要差。二是专业技术技能力较差。目前全省农村受过正规职业技能教育的农民少,接受技能培训的少,农村劳动力总体文化素质偏低。据抽样调查,目前黑龙江省农村劳动力平均受教育年限为 7.4 年,小学及小学以下文化程度的劳动力占全部农村劳动力的比重高达 31.5%,受到过专业培训的劳动力仅占 7%,高达 93%的农村劳动力没有接受过任何职业培训,没有一技之长,在城市劳动力市场竞争中处于劣势,只能从事苦、脏、累、险等普通工种,很难被专业技术岗位聘用,为此限制了劳动力的转移。

(二)缺乏权益保障措施

2004 年,在国家三令五申强调要保证外出务工农民权益的情况下,长期未与用工单位签订劳动合同、不参加社会保险的现象仍然较为突出。据对黑龙江省农村住户劳动力抽样调查,2004 年黑龙江省农村外出劳动力中,与雇主签订劳动合同的人数仅占外出劳动力总数的 18.6%,参加劳动保险的仅占 10.3%。在私营企业尤其是建筑施工企业中,拖欠工资、借故克扣或拒发工资的现象仍然存在。2004 年黑龙江省外出劳动力被雇主拖欠工资的占 3.2%。在一些地方,进城务工农民的劳动保护和工作条件较差,超时疲劳工作现象严重。进城务工农民权益屡受侵害问题是阻碍农村劳动力转移就业不可小视的因素。

(三)乡镇企业和小城镇建设步伐缓慢,劳动力转移缺乏有效载体

黑龙江省乡镇企业发展始终比较缓慢,吸纳劳动力本来就很少,再加上近几年的产业升级、增长方式的转变、资本有机构成的提高,使乡镇企业对低层次劳动力需求不断减少。据住户抽样调查,近几年黑龙江省农民在乡镇企业从业人数是逐年减少的趋势。虽然私营企业有所发展,但总体经济规模不大,吸纳劳动力数量有限。小城镇建设步伐不快,功能不配套,积聚能力不强等问题依然突出,使小城镇缺乏吸引力。由于所处发展阶段主客观因素的制约,乡镇企业和小城镇吸纳劳动力数量短时期内尚难有明显增加。

(四)对农民的就业歧视短期内难以根除,制度障碍依然存在

长期以来,我国实行的“一国两策”的就业政策,将农村劳动力排斥在城市之外。虽然改革开放以来,声势浩大的“民工潮”有力冲击着这种旧的就业体制,但总体上没有取得重大突破,就业歧视仍然是农村劳动力进城就业遇到的最大障碍。上年外出转移劳动力在 2004 年返回的占外出劳动力的近 8%。在返回的劳动力中,找不到工作的占 12%;拿不到工资的占 3%;缺乏安全感的占 24%;疾病或伤残的占 3%。这从一个侧面反映了就业歧视带来的后果。

(五)劳动力市场发育缓慢,外出转移组织化程度低

当前劳动力市场供需脱节,劳动力市场还不是统一开放的市场,仍然由城乡分割的二元劳动力市场构成,农民不能平等就业。一些地方对外出转移劳动力重视不够,信息服务滞后,管理收费较重,挫伤了农民外出就业的积极性。据调查,2004 年黑龙江省外出转移的劳动力中,亲属介绍外出的占 70%;自发外出的占 25%;中介组织介绍的占

4.2%；政府、单位组织的仅占0.7%。已经转移的劳动力大多是通过亲属介绍的或自发的，有序组织方式转移的仍很少。

（六）全社会的就业压力大，造成农村劳动力的转移难度增加

目前，黑龙江省有大量的下岗职工需要安置，另有大量的企业冗员将直接进入社会，随着国企改革的深化，城镇下岗人员增多，势必增加农村劳动力在本省的就业难度。

（七）土地束缚难以解脱

目前，即使是举家外出的劳动力，大多也不肯放弃土地，只是将土地转包或交给其他农户耕种。许多转向二、三产业的农民，也不敢轻易放弃承包地，只能兼业经营。其原因是：

1. 农村劳动力在就业上还没有达到较为固定的职业时，在城镇或发达地区的乡镇企业里历来是以临时工的身份出现的。如果没有一个较为固定的工作，则只能将农村作为在城里混不下去的退路。

2. 黑龙江省农民人均土地面积相对较多，外出劳动力又多是家庭主要劳动力，家庭土地经营的骨干力量，一旦外出收入不理想时就会又将投身在土地上。在2004年返回的劳动力中，有3%的人是因为家中缺乏劳动力。

3. 大多数家在农村的劳动力因缺乏外出从业的技能，外出打工干的只是临时的建筑和服务业，多是城里人不愿从事的职业等。每年新增外出打工的农民相当一部分是因为农村年成不好，自然灾害较重，粮食价格低，种粮效益不好被逼出来的。一旦农业年成好，粮食价格上升，这部分农民就会继续在家务农，2004年因国家对种粮农民给与直接补贴，部分劳动力就重新返回了农村。

三、促进农村劳动力转移的对策思考

转移农村劳动力是农民增收的现实需要。从农村当前的实际看，农村市场需求不旺，农民收入增长趋缓，已成为困扰农村经济发展的瓶颈所在。发达省份的实践经验证明：农业的发展，不能单独依靠农业本身，而要依靠与农业相关的工业及第三产业的发展和壮大。为农村剩余劳动力提供相应的就业机会，安置农村富余劳动力，有效解决农村富余劳动力的出路问题。农村经济发展了，农民也就富了。与我国农村经济较为发达的浙江省相比，2004年，浙江农民人均纯收入为6096元，高出黑龙江省3091元，是黑龙江省农民人均纯收入的2倍。其中，工资性收入比黑龙江省农民人均高2574元，人均家庭二、三产业收入高出黑龙江省农民1359元。浙江农民收入已连续十多年居于全国各省之首，其最大的奥秘就是“半数农民不稼穑”，浙江非农劳动力早已突破1000万人，超过了务农劳动力，非农收入已占80%以上。事实证明，农村多一人转移，将增加年收入5000～6000元，只要一人输出，就可实现一户增收，劳动力转移已成为农民增收的主要来源之一。因此，只有鼓励农民自主创业，离土又离乡，才能有效缓解人口与资源的矛盾，提高农业劳动生产率，才能促进农民增收，促进农业可持续发展。转移农村剩余劳动力，归根结底是要培育多元化的农村劳动力载体，拓宽渠道，做好服务，解决转移劳动力的后顾之忧。转移农村剩余劳动力，应从以下几方面着手：

（一）全省要建立多渠道的用工信息服务网络，直接有计划的组织劳务输出

农民可以通过进城务工快速增收，现阶段我国绝大多数地区的农民增加收入速度最快、成本最低的方法，就是进城打工。黑龙江省各级政府部门应尽可能的为外出务工人员创造必要条件，提供优质服务。如建立农村劳动力资源档案信息平台，对在册劳动力按学历、专长、工作经历等进行分类管理，为劳动力转移搭建信息平台。通过档案管理，实现农村劳动力与市场的有效对接，推动劳动力的合理有序流动。在充分掌握劳动力资源的同时，着力培养劳动力转移中介组织，多形式的构筑中介平台，形成多样化的转移格局。转移中介机构同时要具备为转移的劳动力提供服务，如帮助签订劳动合同，提供法律咨询服务，帮助维护转移劳动力的合法权益功能。

（二）改善农民进城就业环境

中央一号文件提出“改善农民进城就业环境，增加外出务工收入”的同时，进一步明确提出“保障进城就业农民的合法权益，进一步清理和取消针对农民进城就业的歧视性规定和不合理收费，简化农民跨地区就业和进城务工的各种手续，防止变换手法向进城就业农民及用工单位乱收费”，“把进城就业的农民工看这是产业工人的重要组成部分”，“切实把对进城农民工的职业培训、子女教育、劳动保障及其他服务和管理经费，纳入正常的财政预算，已经落实的要完善政策，没有落实的要加快落实”。

这对及时兑现进城就业农民工资、改善劳动条件、解决子女入学等提供了政策保证。这就要求：

1. 各级政府在制定城市市政建设规划的时候，应当安排在市区一些区域建设一些专为进城农民所用的廉价租房，让农民一到城市就可以找到成本最低的安身之处，而且便于管理，民工劳务市场建设、职业培训、计划生育、子女教育、社会治安等工作都可以很方便地加以解决。

2. 城市劳动就业机构应该在进城民工的职业技能培训方面更积极主动地发挥作用。现在相当大量的农民进城务工之前没有什么知识技能的准备，到了城市常常因为不能适应城市需要而找不到工作，如果城市根据本地经济建设、社会发展和居民生活的需要，主动地对已经进城的民工加以培训，或者与民工输出地的政府合作进行培训，那么必然会取得双赢的效果。

3. 城市就业机构应该主动帮助农民工和用工单位签订劳务合同，帮助农民工取得城市职工拥有的工伤、医疗、失业、养老四项保险，帮助农民工拿到应得的工资。这些方面有些发达城市已开始进行，黑龙江省在这些方面还存在一些问题。

（三）发挥家乡在外能人作用，为家乡劳动力转移致富搭建平台

充分利用家乡在外民营企业家的作用，为家乡劳动力转移拓展空间。

（四）发挥地域亲缘优势，促进劳动力境外输出

充分发挥黑龙江省毗邻俄罗斯、并拥有较多朝鲜族乡、村，利用亲缘关系和地域关系，抓住对外开放的良机，大力开展劳动力向国外转移。据调查，在黑龙江省外出转移的劳动力中，收入最多的是转移到国外的劳动力。

（五）鼓励和支持当地龙头企业的发展，为农民提供更多的稳定就业机会

发展民营经济，促进农村劳动力的产业转移。

（六）加快小城镇发展步伐

将发展农村服务业与小城镇建设结合起来，壮大县域经济；开放户籍政策，对撤乡并镇、撤村建企后村民转为居民的，纳入社区管理，子女的就学、参军、就业与城镇居民享受同等待遇。制定保险政策，鼓励农转非居民加入社会养老保险、医疗保险等社会保障体系。稳定现行农村土地政策，农民原来承包的未进行开发的土地合同不变，纳入规划的土地一经开发，便将耕地入股，在此之前农民还可自主耕种。

（七）政策倾斜，解决转移劳动力的后顾之忧

确保土地家庭经营承包制度不便的情况下，对从事二、三产业和外出打工有土地的农民，自己不想耕种的，在明确承担各种义务的同时，可以转包土地，转包的收益归农户所有，以解除转移劳动力不愿放弃土地的后顾之忧。

4

农村劳动力流动与农民增收关系

粮食主产区农村劳动力增收能力研究

河南省农调队课题组①

一、国内外研究概况及评述

发展经济学对农村劳动力转移或城乡人口流动问题有着广泛的讨论，其理论模型主要有以下三类：

一是发展中国家城乡两部门人口和劳动力流动模型。这一模型是由刘易斯(Lewis，1954)提出，后来被 Fei and Ranis (1964，1966)，Jorgenson (1966，1967)，and Kelley，Williamson and Cheetham (1972)应用到新古典经济学分析中。在刘易斯的基本模型里，农业被假设为劳动生产率低于平均数，而且劳动的边际生产率为零，即一部分农村劳动力是剩余的，对农业总产出没有贡献。这些农村剩余劳动力仍然要获得平均农业产出，只要工业部门给出一个略高于平均农业产出的工资就可以吸引农村剩余劳动力进入城市。在这种工资水平下，现代工业部门的劳动力供给是完全有弹性的，只要农业部门存在着剩余劳动力，工业部门就没有提高工资的压力。用这种相对较低的工资吸引劳动力是现代工业部门发展的关键，它可以使现代工业部门以一种较高的比率将利润再投资进行资本积累，从而使城市工业扩张，进一步吸引农村剩余劳动力，直至其完全被吸收，带来农村劳动生产率的提高和农民收入水平的提高，从而促进整个国民经济发展。刘易斯模型认为：农村剩余劳动力转移是经济发展的必然过程，城市中工业的扩张和城乡收入的差距是吸引农村剩余劳动力流入城市和工业部门的唯一原因。其基本的政策含义是：加速城市工业部门发展，加快城乡人口流动，最终把二元经济变为一元经济，实现工业化。世界上许多发达国家的发展过程都证实了这一模型的假设。

在我国，许多学者运用刘易斯模型来分析研究我国农村劳动力转移问题，得出了不同的结论。有人认为我国农村剩余劳动力转移应该采用刘易斯模式；有人认为不应该采用刘易斯模式，至少不应该完全采用刘易斯模式，更有学者完全否定了西方的农村——城市劳动力迁移理论在我国的适用性，结合我国国情进一步提出了所谓“三元劳动力市场格局下的两阶段乡——城迁移理论模型”(朱镜德，1999)。我们认为，运用刘易斯模型解释我国改革开放初期农村劳动力转入农村非农产业和流入城市还是比较合适的，之所以该模型在我国实践中没有被完全验证，是因为我国农村剩余劳动力素质提高落后于其转移速度，与工业发展和城市扩张的要求不相适应。

二是发展中国家国内劳动力流动的个人流动模型。这一模型是由托达罗(Todaro ，1969)以及 Harris 和 Todaro (1970)提出的。该模型认为劳动力流动是一种劳动者个人的决策，即决定一个农村劳动力是否迁入城市的原因是一定时期内工农业预期收入的差距而不是实际收入差距，这种收入

① 课题主持人：刘召勇、张冬平；课题组成员：王政、熊修平、张新、李劼、袁媛、王祖力。

预期一方面取决于城乡实际收入差距，一方面又取决于城市的就业机会（或者叫失业状况）。这一模型的基本结论是：如果城乡实际收入差距足够大，即使短期内城市就业机会非常低，农村劳动力也会流入城市。其基本的政策含义是：农村收入不增加，城市就业机会的创造就只会导致城市失业增加，大力发展农村经济、增加农民收入是解决城市失业问题的根本出路。

在我国采用托达罗模型研究农村劳动力转移问题也很普遍，研究结论也各异。夏英（1994）指出，我国农业剩余劳动力应以农村内部转移为主，向城市流动为辅，说明托达罗模型在我国具有合理性。杨卫军（2002）也提出，由于我国农业剩余劳动力过多，走单一的乡村——城市转移途径是无法完全解决的，托达罗模型对我国却具有重要的指导意义。而周天勇（2001）的研究结果则表明，托达罗的政策在我国上世纪 60～70 年代的实践是失败的，我国应放弃托达罗式的政策，将城市化交给市场解决，积极发展城市，使乡村土地逐步集中，同时努力发展第三产业和中小企业，使其可以吸纳更多的剩余劳动力。王学真、郭剑雄（2002）通过研究我国的实践也指出，托达罗模型并没有为发展中国家的成功发展找到一条完全可行的道路，反而使农业陷入了低水平均衡发展的陷阱，使经济陷入了低效率增长陷阱和低级化经济结构陷阱。但是我们认为，托达罗模型及其扩展中关于劳动力素质对农村劳动力转移的决定作用理论在我国还是非常具有借鉴意义的。根据托达罗模型，越是贫困的地区和农户越具有较强的转移动机，因而越有更多的劳动力转移出来。但是，我国的实证研究结果却与此假设相矛盾，转移最多的地区和群体都不属于最贫困的层次。这说明，除了托达罗模型提出的预期收入因素外，还存在其他影响劳动力转移的因素。只有具备了影响转移的因素所要求的全部条件，实际转移行为才能顺利发生。这种不同因素影响下的劳动力转移过程称为“选择”的过程，只有“适合”的人才能进入这个追求预期收入最大化的转移过程。

三是劳动力流动的家庭或农户模型。农村劳动力流动的家庭或农户决策模型有两个分支，其中之一是把农户劳动力流入城市看作是让家庭生活更好的决策，尽管这一过程会有个人福利的损失，但是从整个家庭来看，效用函数可以达到最大化，换句话说，农户家庭剩余劳动力转移的目的是家庭总效用函数最大化。

农户家庭劳动力流动模型的第二个分支是研究农户家庭让其成员转移到城市，并且通过汇款形式继续对其家庭进行收入贡献的条件。农户家庭模型认为，劳动力流动决策不仅是单一的转移者的决策，而且是一个转移者和其家庭的共同决策，在这个共同决策中，转出劳动力和未转移者必须通过转出者在城市劳动力市场上获利，并以汇款的形式部分转移给农户家庭未转移者，从而在家庭总体上获得最大效用。只有当合作效用为正时，农户家庭的劳动力转移才能顺利实现。这一理论模型目前在我国尚未有实证验证。

我们认为，无论是刘易斯模型还是托达罗模型，无论是对单个劳动力转移行为的研究还是对农户家庭总体行为的研究，对我国农村剩余劳动力转移都有其适应性和不适应性，所以应该吸收其合理成分，对我国农村剩余劳动力就业、转移，特别是占全国农业较大比重的粮食主产区农村劳动力就业、转移、增收进行全方位、综合研究，以便找到促进农村剩余劳动力转移、提高农民收入、促进经济发展的途径及政策建议。

二、当前粮食主产区农村劳动力就业、转移状况及特征

（一）粮食主产区农村劳动力就业基本状况

2003 年，我国粮食主产区耕地面积占全国耕地面积的 64.98%，与 2001 年持平；农村从业劳动力占全国乡村从业人员的 61.34%，比 2001 年下降了 0.94 个百分点。粮食主产区农村劳动力就业情况以河南省为例，河南省作为我国农业大省和粮食生产大省，2004 年每户平均人口为 4.109 人，平均每户有 2.75 个劳动力。有 10.89% 的农村劳动力受过专业培训。调查户中农村劳动力的 71.07% 为整劳动力。男劳动力比重为 51.79%，女劳动力比重为 48.21%。

1. 粮食主产区农村劳动力就业的行业结构情况

2003 年，我国粮食主产区农村从业劳动力仍主要集中在农林牧渔业，占 64.08%，比 2002 年下降了 2.16 个百分点，比全国平均水平高 0.25%，而二三产业的就业比重 2003 年较 2002 年均有不同程度的增加，具体情况如图 1 所示。

下面，再来分析一下河南省农村劳动力就业行业结构情况，自 2000 年以来，河南农村就业劳动力中的农业劳动力比重呈不断下降的趋势。2000 年

至 2003 年，农业劳动力就业比重下降了 4.78 个百分点，非农产业就业劳动力比例均有不同程度的增加：工业、建筑业、商业、饮食业、服务业上升较快，如表 1 所示。

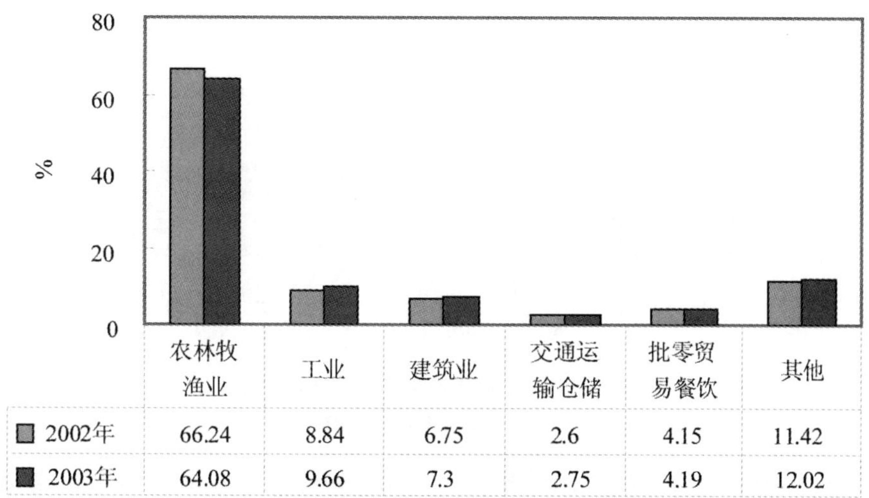

图 1　粮食主产区农村就业劳动力各业就业比重

资料来源：2003、2004 年《中国农村统计年鉴》整理得到。

表 1　河南农村劳动力就业的行业结构

单位：%

	2000 年	2001 年	2002 年	2003 年
农林牧渔	75.52	74.07	72.33	70.74
工业	7.52	7.97	8.49	9.20
建筑业	5.94	6.30	6.77	7.06
交通运输仓储及邮电通讯业	2.28	2.43	2.57	2.70
商业、饮食业、服务业	3.62	3.96	4.31	4.48
其它	5.12	5.27	5.53	5.82
合计	100.00	100.00	100.00	100.00

资料来源：2001、2002、2003、2004 年《中国农村统计年鉴》。

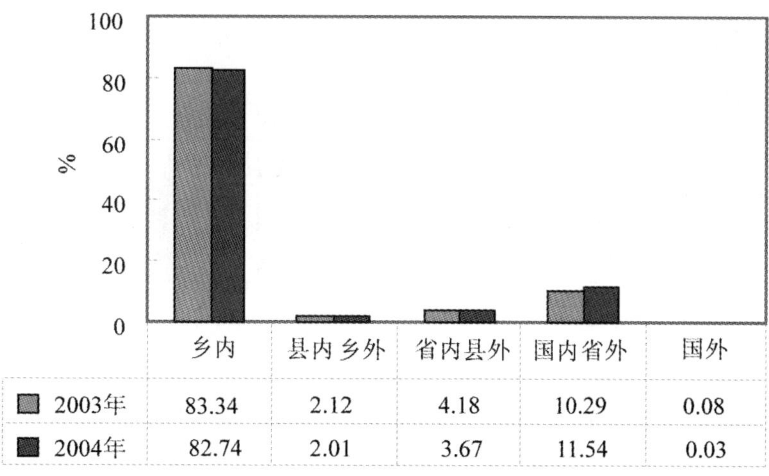

图 2　河南农村劳动力就业地域分布情况

资料来源：2003、2004 年河南农调队住户调查资料整理得到。

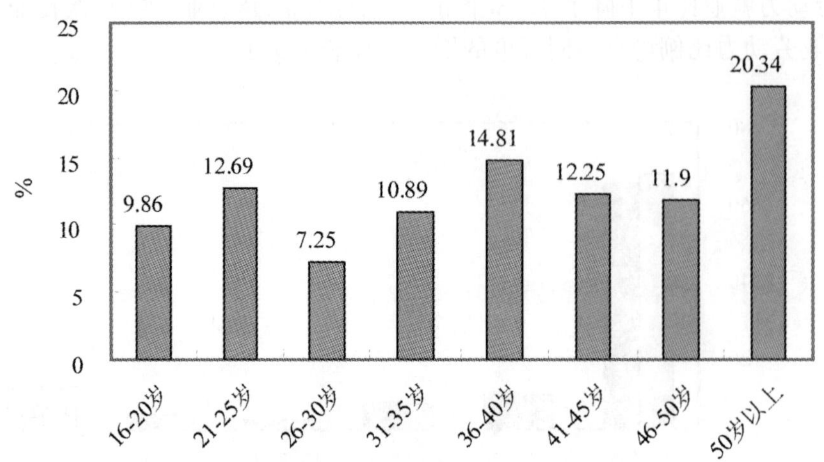

图 3　河南农村就业劳动力的年龄结构

资料来源：2004 年河南省农调队住户调查资料整理得到。

2. 粮食主产区农村劳动力就业的地域结构特征

2004 年，粮食主产区（以河南为例）农村劳动力主要在乡内就业，其次是国内省外、省内县外、县内乡外，到国外就业的仅占很小的比重。详见图 2。

3. 粮食主产区农村就业劳动力的年龄结构

（1）农村就业劳动力的年龄结构。以河南为例，2004 年农村就业劳动力 30 岁以下的占 29.8%，50 岁以上的占 20.34%，见图 3。

（2）三次产业农村劳动力年龄比较。以河南省为例，由图 4 可以看出，在第一产业中，50 岁以上劳动力所占比重最大。在第二产业中，25 岁以下劳动力所占比重较高。在第三产业中，也有近 50%的劳动力为 30 岁以下的劳动力。可见，50 岁以上农村就业劳动力主要集中在第一产业，而 30 岁以下的农村就业劳动力主要从事二、三产业。

从各个年龄阶段来看，年龄越大，从事农业的比重越高。从事二、三产业的劳动力年龄构成与第一产业相反，年龄越小，从事二、三产业的比重越高。

4. 粮食主产区农村劳动力的文化素质状况

（1）粮食主产区农村就业劳动力的文化素质结构。我国粮食主产区（以河南为例）农村劳动力的受教育程度在初中以下的比重低于全国平均水平，初中和高中文化程度的劳动力比重高于全国平均水平，中专及以上的比重略低于全国平均水平。详见图 5。

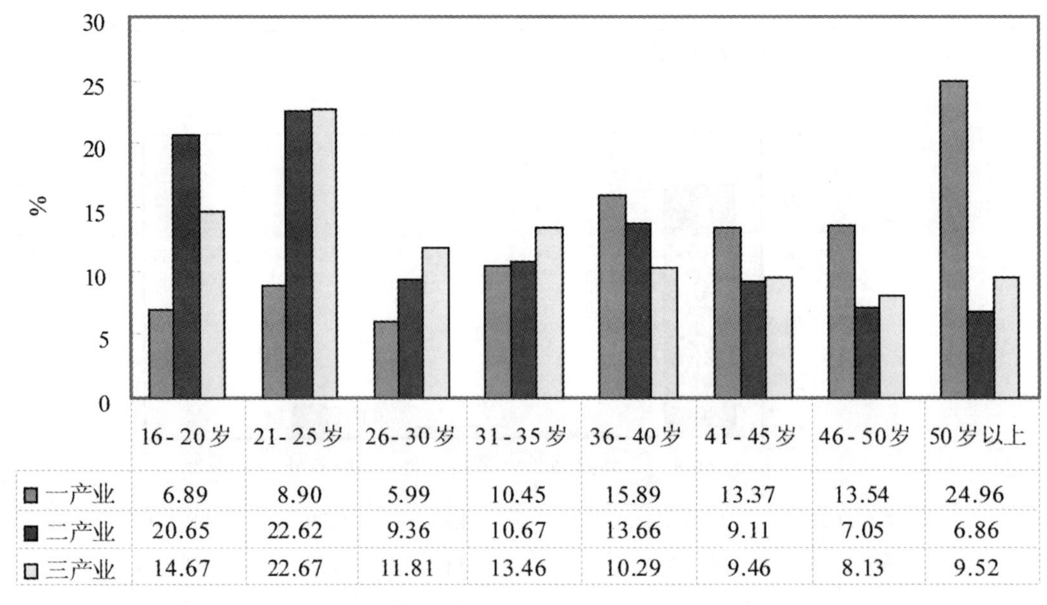

	16-20岁	21-25岁	26-30岁	31-35岁	36-40岁	41-45岁	46-50岁	50岁以上
一产业	6.89	8.90	5.99	10.45	15.89	13.37	13.54	24.96
二产业	20.65	22.62	9.36	10.67	13.66	9.11	7.05	6.86
三产业	14.67	22.67	11.81	13.46	10.29	9.46	8.13	9.52

图 4　河南农村劳动力各产业中的年龄比较

资料来源：2004 年河南省农调队住户调查资料整理得到。

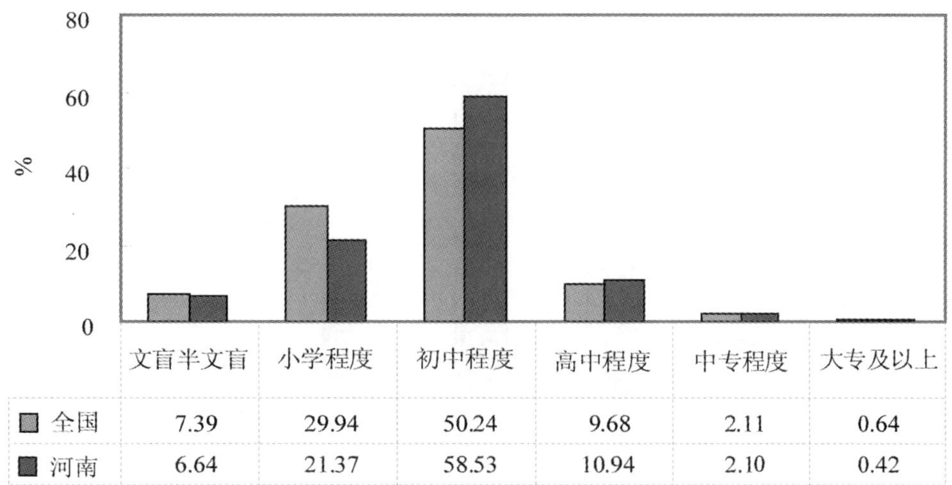

	文盲半文盲	小学程度	初中程度	高中程度	中专程度	大专及以上
全国	7.39	29.94	50.24	9.68	2.11	0.64
河南	6.64	21.37	58.53	10.94	2.10	0.42

图 5　河南与全国平均水平农村就业劳动力的文化素质结构比较

资料来源:2004 年《中国农村统计年鉴》整理得到。

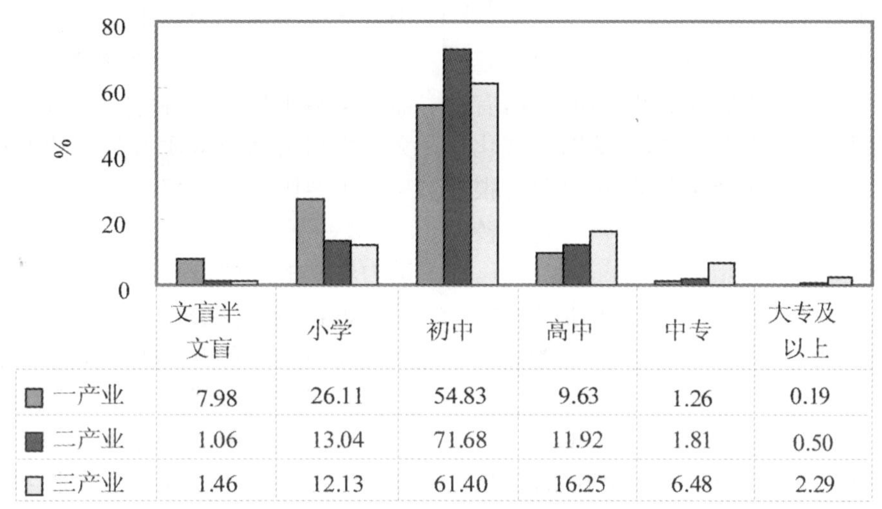

	文盲半文盲	小学	初中	高中	中专	大专及以上
一产业	7.98	26.11	54.83	9.63	1.26	0.19
二产业	1.06	13.04	71.68	11.92	1.81	0.50
三产业	1.46	12.13	61.40	16.25	6.48	2.29

图 6　各产业农村劳动力文化素质比较

资料来源:2004 年河南省农调队住户调查资料整理得到。

(2)三次产业农村劳动力文化素质比较。初中以下农村劳动力主要从事第一产业,初中以上农村劳动力主要从事二三产业。如图 6 所示。

各产业中,农村就业劳动力的文化素质也不尽相同,第一产业就业农村劳动力基本上都是初中以下文化程度,因为我国农业以传统农业为主,传统农业对农村劳动力的文化素质要求不高;第二产业以初中文化程度的农民为主力军,农村劳动力在第二产业主要从事建筑业和制造业,对文化程度的要求不是很高;而第三产业与农村劳动力的受教育程度关系密切,所以从事第三产业的农村劳动力主要是初中及以上文化程度。

(二)粮食主产区农村劳动力转移特征

河南省是全国第一人口大省,也是全国粮食生产大省。2004 年全省总人口 9717 万人,其中,农村人口 7969 万人,占全省总人口的 82.0%,无论是农村人口还是农民外出务工人数都是全国最多的省份之一。全省农村劳动力 4718 万人,农村转移劳动力总规模达到 1310 万人,占农村劳动力总数的 27.8%。河南省农村劳动力转移表现出以下特点:

1. 劳动力文化程度越高,转移比例越大

农村劳动力的文化程度对其转移有着显著的影响。农村劳动力的文化程度越高,其择业范围越宽、择业空间越广、收入越高、转移越稳定。市场竞争的核心是人才的竞争,我国劳动力的就业市场竞争非常激烈。随着社会的进步,特别是第三产业的崛起,更需要大批量的具有较高素质的农村劳动力

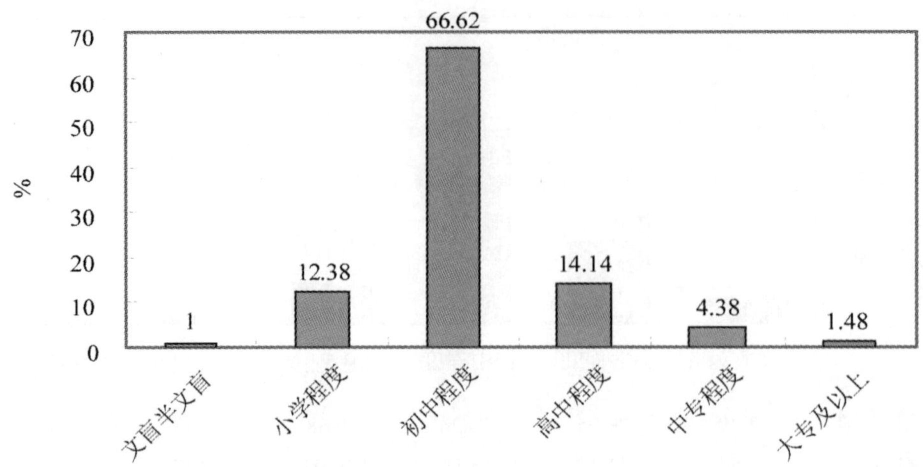

图 7　河南省农村转移劳动力的文化教育程度分布状况

资料来源：2004 年河南农调队住户调查资料整理得到。

进城就业。2004 年农村转移劳动力的文化教育程度与往年相比变化不大，详见图 7。

由图 7 可以看出，目前，作为我国劳动力主要输出地的河南省农村劳动力整体文化素质不高，有 80％的农村转移劳动力还停留在初中及以下文化程度。在农村中，受过专业技术培训的劳动力很少，仅占农村就业劳动力总数的 10.89％。农村转移劳动力中，受过专业技术培训的仅占 23.48％。农村劳动力受教育程度如此低下，受过专业技术培训的农民如此之少，怎么可能形成高效优质的劳动力资本？怎么可能为农村经济发展带来高效益？就目前情况而言，农村转移劳动力所从事的工作岗位多具有工作环境差、职业声望低、工资收入低、技术含量不高的特点。所以，即便转移出去的劳动力，也多从事劳动密集型的制造业、建筑业以及对劳动力素质要求不高的餐饮服务业、批发业等行业。随着产业、技术的升级和结构调整，对体力劳动者的需求会越来越少，农村劳动力的就业压力会越来越大。农村劳动力素质低是制约农村劳动力转移的一个重要因素，随着我国经济的发展，经济结构升级，这一制约将更为明显。因此，无论是从农村劳动力转移的规模、速度考虑，还是从就业的稳定性来考虑，加强对农村劳动力的教育和培训，提高农村劳动力素质和就业能力都是当务之急。

2. 农村转移劳动力在第三产业就业比较多

以河南为例，农村转移劳动力的就业行业集中在非农产业，在制造业、建筑业、批发零售贸易餐饮业和社会服务业就业的居多，详见表 2。

表 2　河南省农村转移劳动力就业行业状况

单位：％

就业结构	2003 年	2004 年
一产业	1.43	0.79
农业	0.50	0.31
林业	0.07	0.07
牧业	0.82	0.31
渔业	0.04	0.10
非农产业	98.57	99.21
二产业	44.93	49.55
采矿业	3.48	2.14
制造业	24.31	27.24
电力煤气及水的生产供应业	1.22	1.10
建筑业	15.92	19.07
三产业	53.64	49.66

续表

就业结构	2003 年	2004 年
交通运输仓储及邮电通讯业	4.63	5.14
批发和零售贸易	6.24	6.41
住宿和餐饮业	6.20	4.93
居民服务和其他服务业	8.39	7.41
教育	6.92	5.17
卫生、社会保障和社会福利业	2.12	1.31
文化、体育和娱乐业	0.47	0.72
其他	18.67	18.55
合计	100.00	100.00

资料来源：2003、2004 年河南农调队住户调查资料整理得到。

前面已经提到，农村转移劳动力之所以主要在制造业、建筑业、批发零售、贸易、餐饮业和社会服务业就业，就是因为农村劳动力文化素质低，又不具备专业技能，与当前劳动力市场正在由单纯的体力型向专业型、技术技能型转变的要求严重不相适应。使得农村转移劳动力的就业空间狭小，只能选择从事一些简单的体力劳动，同时造成这些岗位就业竞争激烈，工资水平低下。因此，近期要根据劳动力市场需求，有针对性地传授一些专业技能，培训一批符合市场需求的具备专业技能的农村劳动力。从长远来看，发展农村教育，造就一代新型农民才是治本之策。

3. 农村劳动力转移以亲属介绍为主

根据河南省农调队对 4200 户农户的调查，2004 年在转移的农村劳动力中，靠政府有组织转移的劳动力仅占转移人数的 2.38%，中介组织介绍的占 32.79%，亲属介绍外出的劳动力占转移人数的 64.20%，自发外出的劳动力占转移人数的 0.63%。

由于信息不灵，农村劳动力市场尚不健全，河南省农村转移劳动力外出打工的农民大部分是由亲属介绍的。他们大多是通过自己在外地打工的亲戚朋友的介绍，或者在别人的示范下盲目加入了打工者的队伍。而通过中介组织介绍的占 32.79%，靠政府有组织转移的劳动力仅占转移人数的 2.38%，可见，农村劳动力外出就业大部分是依托社会关系网络，特别是血缘、乡缘、地缘网络，缺乏有关信息和有序的组织，存在较大的盲目性，从而使转移劳动力"滞流"、"回流"问题严重，使外出打工者在经济上、身心上受到双重打击。既不利于农民收入的增加，又不利于城市的管理；既不利于农村劳动力的有序转移，又不利于社会的稳定。因此，政府要发挥其重要角色，以市场机制为基础，给农民提供信息、搞好培训、维护权益、协调政策，引导农村劳动力高效、有序转移。

4. 农村转移劳动力以男性为主

农村转移劳动力以男性占绝对多数，河南农村转移劳动力男女的比例约为 7∶3。如图 8 所示。

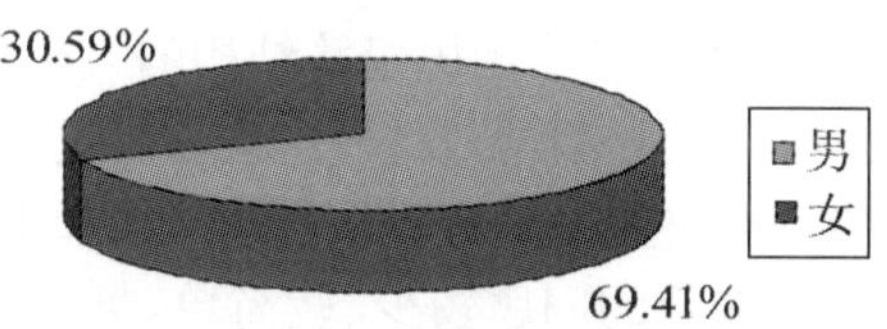

图 8　河南省农村转移劳动力性别比例

资料来源：2004 年河南农调队住户调查资料整理得到。

社会生产力的高速发展和产业结构的巨大变化，为女性创造了广阔的生存发展空间，许多女性开始摆脱传统就业形态和生活方式的束缚，通过结构性和区域性流动，逐步追求经济和人格上的相对独立。然而，由于受到长期传统风俗习惯的影响，农村女性普遍受教育程度偏低，择业面受到限制，而且仍承担着生育、哺育子女和操持家务的重担，严重影响了农村女性潜能的发挥，制约了农村女性劳动力的有效转移。因此，为了加快农村女性劳动力的流动，提高农村女性劳动力的文化水平，增强职业技能培训和心理素质、价值观念的引导将起着决定性作用。

5. 农村转移劳动力以省外转移居多

农村劳动力转移已不再局限本乡本土和周边地区，他们主要是到省外甚至国外去务工。2004 年，河南省转移劳动力跨省转移人数占转移劳动力总数的 70.86%，省内转移的占 29.14%。由于东

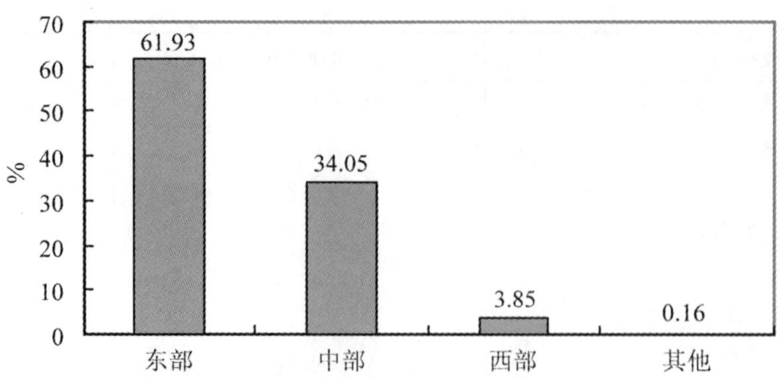

图 9　河南省农村转移劳动力的就业地域分布比例

资料来源:2004 年河南农调队住户调查资料整理得到。

部沿海地区经济较为发达,农业劳动力从事非农生产的机会多,剩余劳动力转移较为顺利。河南省农村劳动力主要向东部转移,其次才是本地转移,如图 9 所示。

河南省有超过 60%的农村劳动力转移到东部地区,大大促进了东部地区的迅速发展。那么,为什么不能考虑加大农民省内转移的规模,来促进地方经济的发展呢?转移农村劳动力并不是说农业内部已经没有调整余地了。恰恰相反,大规模转移农村劳动力需要整个国民经济结构的大调整,涉及的问题更多、更复杂,见效较慢,也需要更高层次的政治决断;而农业内部的调整虽然从长远来看效果较小,但是涉及的问题较少、较简单,见效较快,而且各地都可以立即动手做,因而不可忽略。所以,作为粮食主产区的河南省在保证粮食安全生产的基础上,应重视阶段性的内部转移。

6. 农村转移劳动力年龄逐步趋于年轻化

2004 年,农村转移劳动力的年龄分布更趋于年轻化。明显的特征是农村转移劳动力中 35 岁以下的比例上升,35 岁以上的比例下降。以河南为例,35 岁以下的农村转移劳动力占农村转移劳动力的 64.14%,其中 25 岁以下年龄的农村转移劳动力占 40.66%。有关资料如图 10 所示。

农村大量的青壮年劳动力外出后,留下的多是"老弱病残幼"劳力,他们很难很好地耕种土地,所以最近几年,河南省广种薄收甚至土地搁荒现象时有发生。这样,不利于农业耕作技术的提高。农业生产本身劳动力的弱质化,制约了农村经济的全面发展,使粮食主产区农业的现代化面临严峻的挑战。

三、粮食主产区农村劳动力增收能力要素分析

(一)农村劳动力增收能力及要素概述

1. 农村劳动力增收能力

农村劳动力增收能力与许多因素相关联,文化程度、开放意识、自然条件、个人素质都影响着农村劳动力增收能力,但从表现形式看,主要有以下五

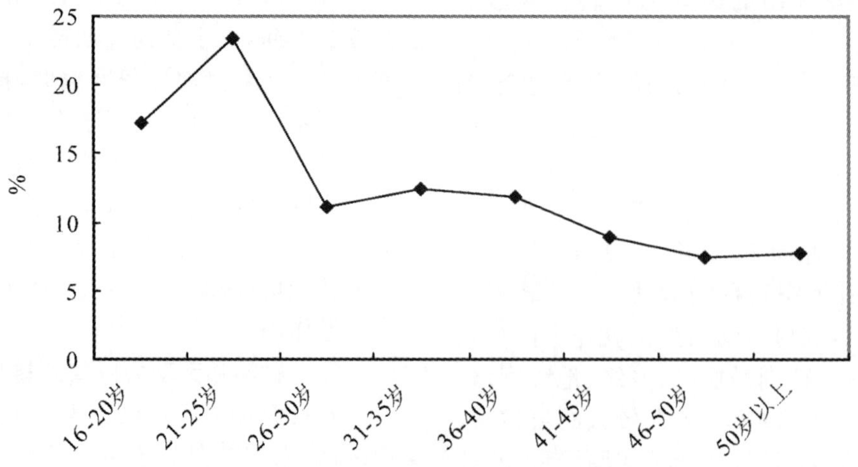

图 10　河南省农村转移劳动力年龄分布状况

资料来源:2004 年河南农调队住户调查资料整理得到。

个方面：

（1）现代农业生产能力：农民要从事农业，他们必须具备一定的现代农业生产能力。传统的农业生产方式不能适应科学技术发展的需要，农民增收仅仅依靠传统的农业生产方式是远远不够的。随着科学技术的不断进步，优质高效新品种和新型的农业动力机械等等不断涌现，这就要求农村劳动力必须具备一定的掌握这些科技含量较高的现代农业生产技术的能力。

（2）农产品交易能力：如果农村劳动者生产出来的农产品不能以一个很好的交易方式卖出一个很好的价钱的话，那么即使采用了较高的现代农业生产技术也是没有多大意义的，农民照样无法实现增收。这就要求农村劳动力必须具备获取市场信息和在市场上讨价还价的能力。

（3）就业选择能力：从目前的状况来看，农村劳动力要想实现增收，仅仅依靠从事农业也是一件非常困难的事情。所以，大量的农村富余劳动力就要从农业转向非农产业。在转移的过程中，如果农村劳动力没有很强的就业选择能力，不能够在众多的务工行业中选择一个收入较高的行业，要增收也是一件难事。也就是说，从事非农产业虽然是农民增收的一个有效途径，但要想使这个途径发挥更大的作用，还要求农村劳动力必须具备较强的就业选择能力。

（4）创业开拓能力：在外出务工的农村劳动力当中，也有很多是凭借很强的创业开拓能力，自己在某一个领域开创了一片属于自己的事业并干的很成功。这样的话，增收自然不是一件难事。但是，大部分的农村劳动力由于文化水平不高，对市场规律和各种职业技术了解甚少，要让其自己创业，基本上是不太可能的事情。所以说，要不断提高农村劳动力的创业开拓能力，使其能够通过独立创业，最终实现增收的目的。

（5）应对风险能力：对于农村劳动力来讲，其应对风险的能力属于其增收能力里面一个比较重要的精神层面的能力。农业属于弱质产业，在面对自然风险和社会风险双重风险的考验下，农村劳动力应对风险的能力就显得尤为重要；当然，从事非农产业甚至自己创业，风险也是难以避免的。所以，要想增收，农村劳动力必须同时具备很强的应对风险的能力。

2. 农村劳动力增收能力要素

决定农村劳动力增收能力的要素概括起来有五个方面：一是性别。男性和女性在增收能力方面表现出明显的差距，往往男性增收能力较强；二是年龄。一般而言，年龄越长，经验越丰富，越能形成增收能力。但是，同时年龄越长，接受新事物越困难，往往容易失去增收机会；三是受教育水平。受教育年限越长，劳动力掌握的知识越丰富，越能够把握机会，所以增收能力越强；四是有无外出打工的经历。有外出打工经历的农村劳动力，往往思想开放，容易接受新事物，能够较好地把握机遇，获得较高收入；五是有就业自信。有就业自信可以表现

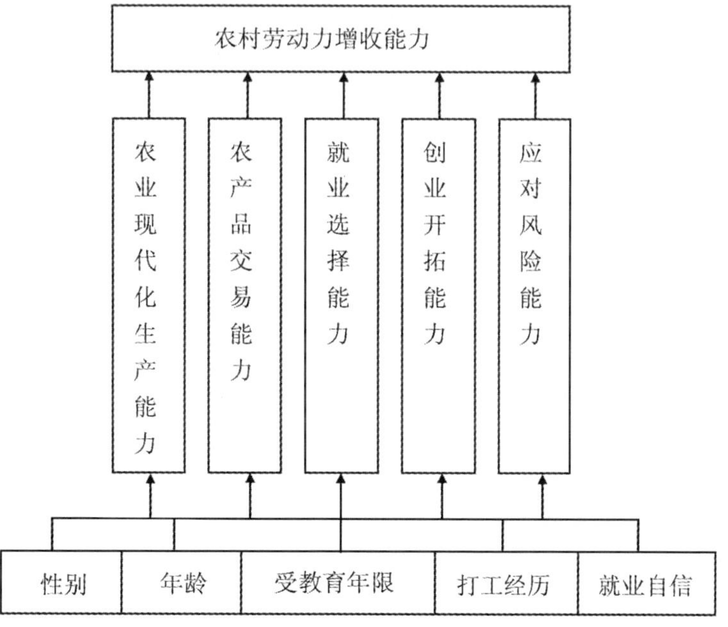

图 11　农村劳动力增收能力与要素

为劳动者的一技之长，或者有长期的就业经验，以及有就业的信心，这种能力是长期形成的结果，成为农村劳动力增加收入的主要要素。

5 个增收能力和 5 个增收能力要素之间的关系可以用图 11 表示。

(二)农村劳动力增收能力及增收要素实证分析

为反映粮食主产区农村劳动力就业增收能力状况，我们对河南省 3271 个农村劳动力进行了问卷调查。下面对粮食主产区农村劳动力的增收能力及要素进行分析。

1. 农村劳动力现代农业生产能力

(1)现代农业生产能力基本状况。现代农业生产能力主要指农业劳动力在农业生产中具有掌握先进的农业技术、使用先进的农业设备、不断更新自己的生产方式和采用新品种的能力。调查中发现，河南农村劳动力中仅有 59.5%的劳动力使用过农业机械，而靠农业机械进行农业生产的占 68.5%；有 97%的劳动力认为优良品种对产量的作用十分重要，但是对于采用优良品种却表现得十分谨慎，仅有 39%的农村劳动力会立即试种，有 56%的人认为，应该看看别人试种的结果，成功之后他们才会接受这种新品种。这种谨慎的态度一方面表明生产者对新品种持怀疑态度，另一方面表明农民们收入水平较低，承受试种新品种可能带来风险的能力较弱。但这种从众行为虽在一定程度上降低了生产风险，却容易丧失得利机会。

在农业生产中使用过的现代农业生产技术方面，41%的农户使用过地膜覆盖这种技术，其次是 19%的农户使用过配方施肥，采用温室大棚的农户仅占 3.4%，而有 33%的农户根本没有使用过任何的现代农业生产技术。这就说明，现代农业生产技术在广大农村的使用情况还不是很乐观。

(2)现代农业生产能力与收入水平。我们把农村劳动力收入水平按年均收入分为三个等级：低于 1000 元的为低收入水平；介于 1000～3000 元的为中等收入水平；高于 3000 元的为高收入水平(以下均按此标准划分)。根据调查问卷整理归类分析可见，农业劳动力农业现代化的能力对收入的增加并没有显著效果，也就是说，无论低收入群体，还是高收入群体都比较重视农业科技采用、农业机械装备和优良品种的使用。但是，农业现代化进程的加快，并没有有效地促进农民收入的提高，其主要原因是多年来，农产品一直处于供大于求的状况，农产品价格低弥，农业生产效益不高，靠农业很难提高收入水平(见表 3)。

表 3　农业现代化生产能力与收入之间关系

选　　项	低收入(<1000 元)		中等收入(1000～3000 元)		高收入(>3000 元)	
	人数	%	人数	%	人数	%
劳动力人数(总数 3271 人)	431	13.2	2238	68.4	602	18.4
1. 农业生产中使用过农业机械	248	57.5	1309	58.5	389	64.6
2. 现在从事农业生产主要靠	427	100.0	2225	100.0	594	100.0
人　力	138	32.3	526	23.6	174	29.3
畜　力	16	3.7	124	5.6	26	4.4
机　械	273	63.9	1575	70.8	394	66.3
3. 优良种子对产量非常重要吗	427	100.0	2225	100.0	594	100.0
重要	414	97.0	2183	98.1	575	96.8
不重要	8	1.9	24	1.1	11	1.9
无所谓	5	1.2	18	0.8	8	1.3
4. 推广部门推广优质新品种	427	100.0	2225	100.0	594	100.0
立即试种	154	36.1	847	38.1	264	44.4
先让别人试种	246	57.6	1274	57.3	310	52.2
很难接受	24	5.6	96	4.3	18	3.0
根本不会接受	3	0.7	8	0.4	2	0.3

续表

选　　项	低收入（＜1000 元）		中等收入（1000～3000 元）		高收入（＞3000 元）	
	人数	%	人数	%	人数	%
5. 对新型的农业机械	427	100.0	2225	100.0	594	100.0
能够很快掌握	163	38.2	812	36.5	235	39.6
能很慢掌握	115	26.9	713	32.0	178	30.0
很难掌握	72	16.9	336	15.1	82	13.8
根本学不会	77	18.0	364	16.4	99	16.7
6. 农业生产中使用过哪种技术	427	100.0	2225	100.0	594	100.0
地膜覆盖	207	48.5	834	37.5	297	50.0
温室大棚	13	3.0	89	4.0	10	1.7
规模小区饲养	17	4.0	53	2.4	15	2.5
配方施肥	72	16.9	474	21.3	84	14.1
没有使用	118	27.6	775	34.8	188	31.6

（3）现代农业生产能力要素分析。农村劳动力状况不同，其所具备的现代农业生产能力也存在着很大的差别。如表 4 所示，5 种要素对农业现代化生产能力的作用表现出很大的差异，例如，男劳动力使用过农业机械的比例（77.92%），远远高出女劳动力（40.34%）；使用过机械的平均年龄（38岁），小于没有使用过机械的年龄（40 岁）；受教育年限越长，使用机械的机会越大；外出打过工的劳动者与没有外出的相比，更有可能选择使用农业机械（68%：57%）；有自信就业的劳动力又比无信心的劳动力采用机械的比例高。其他现代农业生产能力的各个方面都是可以反映这一规律的。

表 4　现代农业生产能力要素分析

单位：人、年、%

选　　项	人数	比重	其中：男%	女%	平均年龄	平均受教育年限	外出打过工	没有打过工	有能力就业者	就业困难者
1. 农业生产中使用过农业机械										
是	1946	59.95	77.92	40.34	38.00	8.79	68.02	57.25	62.76	59.62
否	1300	40.05	22.08	59.66	40.00	7.87	31.98	42.75	37.24	40.38
2. 现在从事农业生产主要靠										
人　力	838	25.82	40.45	59.55	39.66	8.08	20.79	27.50	21.41	26.33
畜　力	166	5.11	51.20	48.80	40.49	7.70	6.27	4.73	10.85	4.44
机　械	2242	69.07	56.65	43.35	38.46	8.60	72.94	67.78	67.74	69.23
3. 优良种子对产量非常重要吗										
重要	3172	97.72	98.29	97.10	38.79	8.42	98.65	97.41	97.95	97.69
不重要	43	1.32	1.06	1.61	42.19	8.72	0.62	1.56	0.88	1.38
无所谓	31	0.96	0.65	1.29	43.03	7.94	0.74	1.03	1.17	0.93
4. 推广部门推广优质新品种										
立即试种	1265	38.97	60.24	39.76	37.90	8.88	39.85	38.68	36.07	39.31
先让别人试种	1830	56.38	48.58	51.42	39.00	8.20	57.93	55.86	61.58	55.77
很难接受	138	4.25	28.99	71.01	45.59	7.27	1.85	5.06	2.35	4.48
根本不会接受	13	0.40	23.08	76.92	43.54	6.23	0.37	0.41		0.45
5. 对新型的农业机械										
能够很快掌握	1210	37.28	79.50	20.50	34.80	9.20	57.20	30.62	57.48	34.91
能很慢掌握	1006	30.99	51.49	48.51	39.60	8.50	27.68	32.10	23.46	31.88
很难掌握	490	15.10	31.22	68.78	41.70	7.80	9.47	16.97	12.32	15.42
根本学不会	540	16.64	11.30	88.70	44.00	7.10	5.66	20.30	6.74	17.80

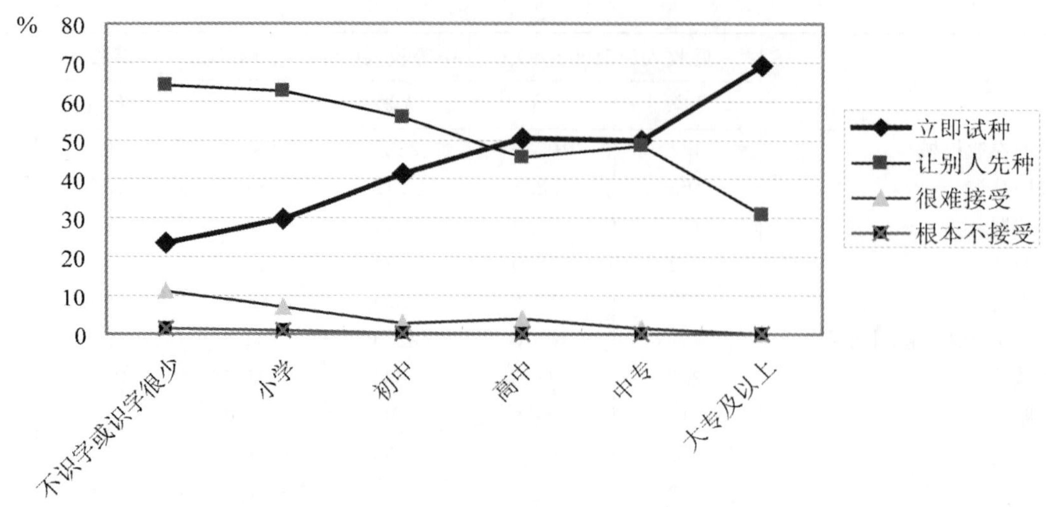

图 12　不同受教育水平采用新品种的态度

①劳动者文化程度对现代农业生产能力的影响。图 12 反映的是不同受教育水平的农业劳动力对农业推广部门推广新品种的态度。由此可以看出，受教育程度越高，越容易接受新科技和新品种，相反，受教育程度越低的生产者往往持观望的态度。

对于一些技术水平比较高的新型农业机械，能够很快掌握其使用技术的农村劳动力中，文化水平比较高的人群所占比例则要明显高于文化水平比较低的农村劳动力；而认为这种新型农业机械使用技术很难或者觉得自己根本学不会的人群中，文化水平比较低的农村劳动力所占比例则明显比文化水平高的农村劳动力比例高（见表 5）。

表 5　不同受教育水平劳动力掌握新技术的能力比较

单位：%

选　　项	不识字或识字很少	小学	初中	高中	中专	大专及以上
能很快掌握	10.60	18.20	43.60	52.90	58.60	30.80
能很慢掌握	21.70	34.00	31.30	29.70	28.60	30.80
感觉很难	25.30	20.90	12.90	10.00	8.60	23.10
根本学不会	42.40	26.80	12.20	7.40	4.30	15.40

②年龄与性别对现代农业生产能力的影响。如表 6 所示，不同年龄段和性别差异对农业生产的影响，针对农业推广部门推广的新品种，30 岁以下及 30～50 之间的农村劳动力选择立即试种的比例较高，而 50 岁以上的农村劳动力选择立即试种的比例则较低。感觉很难接受和根本不会接受的人群中，50 岁以上的农村劳动力比例都要高于总体；其他两个年龄阶段的农村劳动力做此选择的比例则相对较低。这就说明，50 岁以下的农村劳动力其思想观念比较开放，敢于接受新事物；50 岁以上的农村劳动力其思想比较保守，对新事物的接受能力较低。这也是和农村老年劳动力的文化素质偏低紧密相关的。虽然农村劳动力受教育水平总体较低，但是年轻劳动力相对于老年劳动力来说，其文化素质较高，所以对现代农业生产技术接受的较快，其现代农业生产能力也相对较强。

从性别上看，男性劳动力相对于女性劳动力来说其文化素质较高，思想也相对开放，所以其对现代农业生产技术的接受能力较强；女性劳动力由于文化素质相对低下，思想较为保守，所以其现代农业生产能力较低。

总之，在农业现代化的进程中，应充分注意农村劳动力的合理开发和利用，从目前情况看，劳动力中男性比女性、年轻比年长的劳动力更有创新精神和接受新技术能力，文化程度较高、具有外出打工经历和有自信心的劳动力更能够适应农业现代化进程发展需要。因此，可以说，农村劳动力这 5 项能力要素是农业现代化生产的基础，也是通过农业生产增加收入的基本劳动力要素。

表 6　年龄与性别对农业生产的影响

单位:%

年龄阶段划分	性别	立即试种	先让别人试种	很难接受	根本不会接受	合计
总体情况	男	44.98	52.48	2.36	0.18	100.00
	女	32.41	60.63	6.31	0.64	100.00
	合计	38.97	56.38	4.25	0.40	100.00
<30 岁	男	50.23	49.31	0.23	0.23	100.00
	女	33.93	63.52	2.30	0.26	100.00
	合计	42.49	56.05	1.21	0.24	100.00
30～50 岁	男	45.55	51.92	2.52	0.00	100.00
	女	33.95	58.82	6.50	0.74	100.00
	合计	39.81	55.34	4.49	0.36	100.00
>50 岁	男	38.55	56.78	4.21	0.47	100.00
	女	27.03	61.63	10.47	0.87	100.00
	合计	33.42	58.94	6.99	0.65	100.00

2. 农村劳动力农产品交易能力

(1)农产品交易能力基本状况。我们在调查此方面的能力时重点考虑了农产品的销售方式、销售地点、市场信息获取、产品定价方式和价格的决定者还是被决定者，从而反映农村劳动力在农产品交易方面的能力。

从销售方式看，大多数生产者销售产品采用的方式是坐等收购，占被调查的 57%，这是比较被动的销售方式，采用这种销售方式的主要原因是生产规模小，传统寻找市场的成本较高，网上交易还没有成为主流的销售方式情况下，这也是最简便的销售方式，但是这种销售方式很难实现农产品的优质优价，不利于现代农业的发展。当然也有 40%的农村劳动力采用了自己到集市或者批发市场出售自己的农产品，这种方式比起坐等收购这种方式来讲是一个进步，属于一种比较主动的交易方式。但是，现代商品交易方式，比如互联网、期货等等，在广大农村的采用率却很低。调查显示，有 0.1%的农民通过互联网这种交易方式出售自己的农产品；有 0.9%的农民通过中介组织来销售农产品；仅仅有 0.06%的农民通过期货这种方式来进行交易。

从销售地点看，由于大多数农民采用了坐等销售的方式，所以产品基本是在生产地完成交易的，占 59.7%，部分产品是在当地的集贸市场或收购点完成交易，占 39.3%，而销售到县以外的仅占 0.2%，也就是说 99%的农民是在当地完成农产品交易的。

以上这些情况是和广大农民获取农产品市场价格等信息的能力紧密相关的。调查显示，有 69%的农民只能获取本地市场的交易信息；有 15%的农民对市场信息是糊里糊涂的，不是很明确；仅仅有 16%的农民可以获取本地和外地的市场交易信息。所以说，获取的外地信息少，也就无法将自己的农产品运到外地以一个高于本地的价格进行销售，从而从交易上实现增收。

在定价策略上，有 69%的农民都是随行就市；讨价还价的占据 24%；仅仅有 4.6%的农民能够坚持优质优价；也有 1.7%的农民出售自己产品的时候是由买主来定价的。在这样的定价策略上，很少有农民对自己的产品销售价格感觉非常满意。调查表明，仅有 9.7%的农民认为非常满意；有 74.2%的农民认为基本上满意；也有 16.1%的农民觉得对自己的农产品的销售价格感觉非常不满意，总感觉卖的太便宜。

总之，由于交易方式单纯，交易手段落后，农民获取市场信息的能力不足等等原因的限制，农产品的交易很难达到一个令农民非常满意的结果，农民的农产品交易能力有待于进一步提高，以通过交易能力的提高来达到增收的目的。

(2)农产品交易能力与收入水平。农产品交易能力强弱会影响农民的收入，尤其是影响农业经营收入，同时高收入的农民表现出较强的农产品交易能力。高收入水平的农村劳动力其农产品交易能力要高于低收入水平的农村劳动力。在交易方式的选择上，高收入水平的农村劳动力会选择一些比较主动、比较先进的交易手段，比如互联网、期货等等。而低收入水平的农村劳动力大多会选择坐等收购这种被动型的交易方式。

另外，对于交易地点的选择，低收入水平的生产者在生产地（家中）将产品销售出去的比例要高于高收入水平的劳动力；而中高收入者出售农产品在集市和外地的比例明显高于低收入者，收入水平越高的农户越关心农产品市场价格，正是因为关心和了解农产品市场价格，所以中高收入的农户对出售的价格比较满意，而低收入者不满意者居多。从表7可以看出，低收入水平的农村劳动力认为所售价格不太满意和总是后悔卖的便宜的人数比例明显高于高收入水平的农村劳动力。

表7　农产品交易能力与收入之间关系

单位：%

选　项	低收入	中等收入	高收入
	（<1000元）	（1000～3000元）	（>3000元）
1. 出售农产品采用方式			
自己到集市或批发市场出售	31.62	42.34	38.72
坐等收购	65.11	55.51	59.09
利用互联网	0.00	0.13	0.17
通过中介	2.81	0.72	0.34
期　货	0.00	0.09	0.00
其　他	0.47	1.21	1.68
2. 出售农产品的主要地点			
生产地（家中）	70.02	57.66	62.46
当地集市或收购点	29.98	42.20	37.04
运到外地（县以外）	0.00	0.13	0.51
3. 获取农产品的价格等市场信息			
能够及时获取本地和外地的	16.63	16.49	13.80
只能获取本地的	61.59	68.54	75.42
本地和外地都很难获取	1.64	2.52	2.19
糊里糊涂，知道一点	20.14	12.45	8.59
4. 农产品定价方式			
随行就市	66.28	71.24	65.66
讨价还价	30.91	21.62	28.79
坚持优质优价	2.34	4.90	5.05
由买主定价	0.47	2.25	0.51
5. 对自己农产品销售价格满意状况			
都能够满意	7.03	9.84	11.11
基本满意	72.13	73.93	76.77
不太满意	10.30	9.80	8.59
总是后悔卖的便宜	10.54	6.43	3.54

注：高收入水平的劳动力中其收入可能来自于非农业，故与中等收入水平相比较可能会有矛盾，我们主要将低收入水平与中高收入水平进行比较。

(3)农产品交易能力要素分析。分析结果表明(表8),男性农村劳动力其获取市场信息的能力较强,他们多把农产品运到集市或在批发市场销售,对最终交易结果的满意度也较好一些。而女性农村劳动力由于其获取市场信息的能力较弱,在农产品的销售方式上多选择坐等收购,在生产地就把自己的农产品销售出去。但是由于女性农村劳动力其性别特征,大多会讨价还价,所以其讨价还价的能力要高于男性劳动力。即使如此,女性劳动力对自己农产品的销售结果的满意度还是要低于男性农村劳动力。年龄大的农村劳动力多采用被动的交易方式,坐等收购,在家中销售农产品,所以对交易结果的满意度也就较低,年轻的农村劳动力则情况相反。

有外出务工经历的农村劳动力由于其外出务工收入要高于其农业收入,所以他们对自己的农产品的交易持不在乎的态度。他们多采用坐等收购,在家中销售自己的农产品,而且不讨价还价。而没有外出务工经历的农村劳动力由于其主要收入来源为农产品的销售收入,所以他们对农产品的交易非常重视。他们会自己到集市或批发市场出售自己的农产品,而且他们也会努力地讨价还价,想卖个好价钱。然而虽然如此,有外出务工经历的农村劳动力对农产品的交易结果的满意度还是要高于没有外出务工经历的农村劳动力。这就说明,外出务工的农村劳动力虽然对市场信息的获取能力较高,但是他们对农产品的销售持不在乎的态度,多采取被动型的交易方式,即使卖不出好价钱,他们仍然不会感觉失望。而没有外出务工的农村劳动力由于其主要收入即为农产品销售收入,所以他们对农产品的交易结果非常在意,总希望卖出一个好的价钱,对销售结果寄予的期望较高,这样的心态反而最终导致了他们对交易结果的满意度较低。

农村劳动力所具备的农产品交易能力与其文化程度之间也存在着紧密的联系。文化程度高,其对市场价格等信息的获取能力和预测能力相对来说比较强一些,则所具备的农产品交易能力就比较强;而文化程度低则相反,其交易能力就弱。把自己生产的农产品运到集贸市场或者收购点以及运到外地的人群当中,文化程度高的农村劳动力所占比例要比文化程度低的农村劳动力所占比例高一些,这就说明他们对外地市场信息的获取能力比较强,能够以一个高于本地的价格售出自己的农产品,也即其交易能力强。

对于所售农产品的销售价格,因为文化水平低的农村劳动力其交易能力比较弱,他们中对交易结果感觉不太满意或者总是后悔卖的太便宜的人数比例要明显高于文化水平相对较高的农村劳动力的比例。这就说明,文化水平低,其对市场价格等信息的获取能力以及价格走势的预测能力比较弱,故导致他们常常对销售价格不满意或者后悔卖的便宜。

表8 农产品交易能力要素分析

单位:人、年、%

选　项	人数	比重	男%	女%	平均年龄	平均受教育年限	打过工%	未打过工%	有能力就业者%	就业困难者%
1.出售农产品采用方式										
自己到集市或批发市场出售	1307	40.26	42.03	38.34	38.70	8.40	35.92	41.72	40.76	40.21
坐等收购	1864	57.42	55.61	59.41	38.90	8.40	62.36	55.77	58.36	57.31
利用互联网	4	0.12	0.12	0.13	34.80	9.30	0.12	0.12	0.29	0.10
通过中介	30	0.92	1.00	0.84	40.20	9.20	1.23	0.82	0.29	1.00
期　货	2	0.06	0.06	0.06	49.00	11.00	0.00	0.08	0.00	0.07
其　他	39	1.20	1.18	1.22	41.30	8.40	0.37	1.48	0.29	1.31
2.出售农产品的主要地点										
生产地(家中)	269	51.73	50.92	53.09	38.30	8.80	63.59	59.02	61.29	60.03
当地集市或收购点	250	48.08	48.77	46.91	37.70	9.10	36.29	40.77	38.42	39.79
运到外地(县以外)	1	0.19	0.31		20.00	13.00	0.12	0.21	0.29	0.17
3.获取农产品的价格等市场信息										
能够及时获取本地和外地的	520	16.02	19.24	12.50	37.96	8.94	16.36	15.91	19.65	15.59

续表

选　　项	人数	比重	男%	女%	平均年龄	平均受教育年限	打过工%	未打过工%	有能力就业者%	就业困难者%
只能获取本地的	2236	68.88	70.07	67.59	38.77	8.35	68.39	69.05	67.74	69.02
本地和外地都很难获取	76	2.34	1.59	3.16	37.92	8.17	2.58	2.26	2.35	2.34
糊里糊涂，知道一点	414	12.75	9.09	16.75	40.79	8.21	12.67	12.78	10.26	13.05
4.农产品定价方式										
随行就市	2258	69.56	74.03	64.69	38.70	8.40	70.36	69.30	66.86	69.88
讨价还价	784	24.15	19.54	29.19	39.80	8.30	22.88	24.58	26.69	23.86
坚持优质优价	149	4.59	4.78	4.38	36.00	9.00	4.80	4.52	4.99	4.54
由买主定价	55	1.69	1.65	1.74	40.00	9.00	1.97	1.60	1.47	1.72
5.对自己农产品销售价格满意状况										
都能够满意	315	9.70	10.98	8.31	37.90	8.52	12.30	8.84	9.97	9.67
基本满意	2409	74.21	76.39	71.84	38.64	8.45	73.31	74.52	75.95	74.01
不太满意	313	9.64	8.74	10.63	39.16	8.27	8.86	9.91	6.45	10.02
总是后悔卖的便宜	209	6.44	3.90	9.21	42.64	8.09	5.54	6.74	7.62	6.30

3.农村劳动力就业选择能力

(1)就业选择能力基本状况。从目前的情况来看，农民要实现增收，仅仅靠从事农业是非常困难的。所以，从事其他产业是农民增收的一个有效途径。可是，要想通过从事非农产业增收，就要有能力选择一个收入较高的行业，也就是说农村劳动力要具备就业选择这个能力，就业选择能力也是实现增收的一个重要能力要素。

调查显示，认为在外就业容易的人数仅仅占到14.1%，大部分农民认为外出就业非常困难，所以外出的农民只占到33.1%。农民没有外出的原因除了因为家中农活比较多，没有时间(46.4%)这个因素之外，自己无一技之长、对外出就业没有信心是最大的一个阻碍因素，占17.5%；还有一些是因为需要照顾家人生活，占15%；满足于现状，觉得家中生活富裕而不需要外出打工的仅仅占1.6%(显然这个数据反映出来绝大多数农民都是有外出打工的需求的，但是很多人都是由于种种因素的限制而不能外出)，因为没有熟人介绍和政府组织而没有外出的农村劳动力占4.1%；其他因素占15.4%。在外出方式的选择上，很多农民都是通过亲朋好友的介绍，这种方式占到外出方式的67.6%；其次就是自发外出，占28.2%；除此之外，中介组织介绍占2.1%，政府组织占0.9%，其他方式占1.2%。从这组数据表明，农民外出务工的途径主要靠亲朋好友的介绍，中介部门或者政府统一组织的比例很低，农民对政府组织的期望也很低(因为没有政府组织而无法外出的农民仅占4.1%)。中介组织和政府如何在农民外出务工中发挥作用值得商榷。

河南农民在外出务工中，对就业地区的选择首选东部地区，占到51.1%；其次就是选择在省内就业，占28.7%；选择中部地区(不含本省)的占12.2%；西部地区占7.6%；在国外就业的仅仅占到0.5%。对于务工地点的选择上，大部分农民还是选择在地市级城市，占42.1%；选择省会城市的占32.96%；选择县级城市的占16.1%；而选择乡镇和外地农村以及其他地点的仅仅占8.9%。可见，由于外出务工的成本日益增加，农民外出务工由过去主要面向东部沿海发达的城市逐步转向省内的中等城市。在农民外出务工行业的选择上，工业、建筑业、服务业是农民务工的主要行业，分别占34.8%、26.6%和16.4%，这三个行业就业的农民占到农民外出务工行业总数的77.7%；其他的行业如农业、采矿业、交通运输业和批零贸易业等等均不超过5%。而在所有这些行业中，虽然有些农民是靠自己的从业经验以及劳动技能来择业，但是多数农民从事的还是一些高强度、危险性大的体力劳动。比如在工业和建筑业，很多农民从事的都是搬运以及危险性高的高空作业。

在务工收入方面，调查结果表明，月收入水平绝大多数都是在500～1000元之间，占到66.9%；其次就是300～500元之间，占20.2%；月收入水平在1000元以上的仅占10.3%；还有2.68%的农民月收入水平不到300元。这个收入水平与农民外出务工的期望收入水平差距较大，因为70.6%农民期望月收入水平都是在1000元以上；满足现有收入水平的农民仅占28%，还有部分农民的期望值低于500元，表明他们的实际收入更低。

在务工时间方面，有75.2%的外出务工农村劳动力每年有6个月以上的在外时间，18.5%的农民外出时间在3～6个月之间，外出务工劳动力当中，务工时间在3个月以下的非常少，仅仅占6.39%。

(2)就业选择能力与收入水平。农村劳动力的就业能力决定着农民的收入水平，不同就业地区、不同地点、不同行业、不同的技能对收入水平都有较大的影响。在外出打工的人群中，对择业充满信心的农村劳动力，就业后的收入也较高，说明这些劳动力的自信心是建立在自己就业的能力上，例如有一定的技术专长等；农村劳动力外出打工，在择业地区选择上，主要是以容易就业为主，其次是选择收入较高的地区和行业。东部地区经济较发达，就业机会多，所以在东部地区就业高收入比例比其他地区打工者收入比例高；从择业的行业看，高收入者在建筑业从业的比例高于其他行业；从务工所依赖的条件上看，靠自己的经验和技能务工的高收入农村劳动力比例要高于低收入水平劳动力的比例，而高收入劳动力靠自己体力务工的比例却低于低收入水平和中低等收入水平，也就是说，要提高自己的务工收入，必须丰富自己的从业经验，提高自己的务工技能，仅靠体力很难得到较高的务工收入。

没有外出打工的农村劳动力主要受家里劳动力少、农活多的制约，无论在低收入家庭还是高收入家庭，这一原因的比例都很高，尤其是高收入家庭，其比例高达54.3%，在这些家庭中，来自农业收入可能与外出打工基本相当，如果外出打工，机会成本较高，所以选择务农(详见表9)。

表9　就业选择能力与收入之间关系

选　项	低收入 (<1000元)		中等收入 (1000～3000元)		高收入 (>3000元)	
	人数	占%	人数	占%	人数	占%
劳动力人数(总数3271人)	431		2238		602	
1.认为在外就业容易人数	40	40.8	236	40.6	71	53.0
2.近一年来曾经外出务工人数	98	22.7	581	26.0	134	22.3
3.没有外出原因是(没外出人数)	331	100.0	1657	100.0	468	100.0
家中农活多无时间	155	46.8	730	44.1	254	54.3
自己无一技之长	49	14.8	309	18.6	72	15.4
没有熟人介绍或政府组织	4	1.2	81	4.9	16	3.4
家中富裕无需外出打工	5	1.5	27	1.6	8	1.7
照顾家中人员生活	61	18.4	242	14.6	66	14.1
其　他	57	17.2	268	16.2	52	11.1
4.如外出你通过什么方式(想外出人数)	99	100.0	585	100.0	134	100.0
自发外出	28	28.3	163	27.9	40	29.9
亲朋好友介绍	66	66.7	395	67.5	92	68.7
中介组织介绍	2	2.0	14	2.4	1	0.7
政府组织	1	1.0	6	1.0	0	0.0
其　他	2	2.0	7	1.2	1	0.7
5.你外出打工就业的地区(已外出人数)	98	100.0	581	100.0	134	100.0
东　部	42	42.9	295	50.8	78	58.2
中　部(不含本省)	17	17.3	71	12.2	11	8.2
西　部	2	2.0	50	8.6	10	7.5
本　省	37	37.8	161	27.7	35	26.1

续表

选　　项	低收入 (<1000元)		中等收入 (1000～3000元)		高收入 (>3000元)	
	人数	占%	人数	占%	人数	占%
国　外	0	0.0	4	0.7	0	0.0
6.你外出打工的地点	98	100.0	581	100.0	134	100.0
省会城市	25	25.5	203	34.9	40	29.9
地市级城市	50	51.0	228	39.2	64	47.8
县级城市	16	16.3	94	16.2	21	15.7
乡　镇	4	4.1	27	4.6	5	3.7
外地农村	0	0.0	19	3.3	2	1.5
其　他	3	3.1	10	1.7	2	1.5
7.你外出打工的行业	98	100.0	581	100.0	134	100.0
农　业	0	0.0	10	1.7	1	0.7
工　业	37	37.8	196	33.7	50	37.3
采矿业	3	3.1	9	1.5	0	0.0
建筑业	25	25.5	149	25.6	42	31.3
交通运输业	2	2.0	21	3.6	2	1.5
批零贸易	8	8.2	28	4.8	4	3.0
服务业	17	17.3	94	16.2	22	16.4
其　他	6	6.1	74	12.7	13	9.7
8.你能在此行业中就业，靠的是	98	100.0	581	100.0	134	100.0
有以往从业的经验	20	20.4	141	24.3	39	29.1
有较高技能	22	22.4	139	23.9	32	23.9
靠体力	36	36.7	215	37.0	45	33.6
其　他	20	20.4	86	14.8	18	13.4
9.你外出打工月收入是多少（各收入水平合计人数）	98	100.0	581	100.0	134	100.0
300元以下	3	3.1	15	2.6	3	2.2
300～500元	16	16.3	113	19.4	35	26.1
500～1000元	60	61.2	397	68.3	87	64.9
1000元以上	19	19.4	56	9.6	9	6.7
10.你一年外出打工的实际时间	98	100.0	581	100.0	134	100.0
1个月以下	2	2.0	8	1.4	1	0.7
1～3个月	7	7.1	25	4.3	9	6.7
3～6个月	19	19.4	105	18.1	26	19.4
6个月以上	70	71.4	443	76.2	98	73.1

(3)就业选择能力要素分析。农村劳动力在农业以外的就业能力主要体现在劳动力者的受教育水平，工作经历和经验以及劳动者所掌握的技能。图表22表明在有外出务工经历的农村劳动力中，不同性别、不同年龄和不同心态的外出务工人员其在外出方式、外出地区、外出地点、从业方式、务工收入和外出时间等方面存在的差异。

如表10所示，男性劳动力由于独立性较强，选择自发外出的比例要高于女性劳动力；务工地区的选择上，选择中西部地区和本省的比例都高于女性劳动力，女性劳动力外出务工大多会选择东部地区；因为男性劳动力文化素质要高于女性劳动力，所以他们从业靠较高的技能和自己的从业经验的比例要高于女性，而且其务工收入也高于后者。但是在务工时间方面，由于男性劳动力是家中的主要劳动力，大多数农业劳动还要靠男性，所以他们实际外出务工的时间和可以外出务工的时间都要少于女性劳动力。

在年龄方面，年轻的农村劳动力往东部和国外这些发达地区的较多，但是由于年轻农村劳动力从业经验缺乏，大多数还是靠自己的体力，所以其务工收入也不会很高。务工收入最高和最低的人群都是年龄稍大一些的农村劳动力。其中一部分因为年龄较大、从业时间长，有较丰富的从业经验和较高技能，所以他们收入一般较高。另外一部分就是一些没有什么从业经验和技能的年龄较大的农村劳动力，由于他们体力也较差，收入甚至赶不上虽没有经验但体力较好的年轻劳动力，所以这一部分年龄较大的农村劳动力构成了收入最低的农村外出务工劳动力。年轻的农村劳动力由于比较有闯劲，他们不甘于一直在农村从事农业劳动，所以很多虽然是家中的骨干劳动力，但是还是会选择外出，剩下的留在家里的就是年龄稍大一些的农村劳动力。外出务工时间方面，年轻劳动力要长于年龄稍大一些的农村劳动力。

表 10　就业选择能力要素分析

单位：人、年、%

选　　项	人数	比重	其中：男%	女%	平均年龄	平均受教育年限	有能力就业者	就业困难者
1. 没有外出原因是								
家中农活多无时间	1139	46.4	53.9	39.8	43.1	8.3	49.6	46.2
自己无一技之长	430	17.5	16.6	18.3	39.5	7.8	14.0	17.7
没有熟人介绍或政府组织	101	4.1	4.4	3.9	35.3	8.6	3.3	4.2
家中富裕无需外出打工	40	1.6	1.8	1.5	40.9	10.0	4.1	1.5
照顾家中人员生活	369	15.0	4.3	24.5	43.7	7.6	10.7	15.2
其　他	377	15.4	19.1	12.1	43.0	8.9	18.2	15.2
2. 如外出，通过什么方式								
自发外出	230	28.3	31.5	21.2	31.6	8.9	33.2	26.4
亲朋好友介绍	552	67.9	64.9	74.5	28.2	9.0	61.9	70.2
中介组织介绍	17	2.1	2.2	2.0	21.1	9.9	2.7	1.9
政府组织	7	0.9	0.7	1.2	34.0	11.6	1.8	0.5
其　他	7	0.9	0.7	1.2	28.3	10.0	0.4	1.0
3. 外出打工就业的地区								
东　部	415	51.0	46.1	62.0	26.7	8.9	56.6	48.9
中　部(不含本省)	99	12.2	13.3	9.8	29.7	8.6	15.0	11.1
西　部	62	7.6	8.4	5.9	30.7	9.0	5.8	8.3
本　省	233	28.7	31.7	22.0	32.5	9.3	22.1	31.2
国　外	4	0.5	0.5	0.4	28.0	10.8	0.4	0.5
4. 外出打工的地点								
省会城市	268	33.0	34.1	30.6	28.4	9.0	38.9	30.7
地市级城市	342	42.1	39.4	47.8	28.4	9.1	43.4	41.6
县级城市	131	16.1	15.9	16.5	29.5	9.1	11.5	17.9
乡　镇	36	4.4	5.7	1.6	34.9	8.7	2.7	5.1
外地农村	21	2.6	2.7	2.4	31.9	7.9	2.2	2.7
其　他	15	1.8	2.2	1.2	33.5	9.4	1.3	2.0

续表

选　　项	人数	比重	其中：男%	女%	平均年龄	平均受教育年限	有能力就业者	就业困难者
5.外出打工的行业								
农　业	11	1.4	1.1	2.0	29.4	7.9	0.9	1.5
工　业	283	34.8	26.3	53.3	24.8	9.0	28.3	37.3
采矿业	12	1.5	1.8	0.8	37.2	7.5	2.7	1.0
建筑业	216	26.6	36.2	5.5	35.0	9.1	23.9	27.6
交通运输业	25	3.1	3.8	1.6	31.1	8.5	5.3	2.2
批零贸易	40	4.9	3.9	7.1	29.0	9.6	4.4	5.1
服务业	133	16.4	15.8	17.6	27.6	8.9	20.4	14.8
其他	93	11.4	11.1	12.2	28.5	9.1	14.2	10.4
6.能在此行业中就业，靠的是								
有以往从业的经验	200	24.6	25.3	23.1	30.6	9.2	27.0	23.7
有较高技能	193	23.7	27.2	16.1	30.4	9.3	29.6	21.5
靠体力	296	36.4	36.4	36.5	27.8	8.9	32.3	38.0
其　他	124	15.3	11.1	24.3	27.3	8.5	11.1	16.9
7.外出打工月收入								
300元以下	21	2.6	1.8	4.3	30.6	9.0	1.8	2.9
300～500元	164	20.2	17.7	25.5	28.0	9.0	15.9	21.8
500～1000元	544	66.9	68.1	64.3	29.0	9.0	69.5	65.9
1000元以上	84	10.3	12.4	5.9	30.8	9.4	12.8	9.4
8.外出打工期望收入(每月)								
300元以下	1	0.1	0.2	0.0	37.0		0.0	0.2
300～500元	10	1.2	0.9	2.0	32.2		0.9	1.4
500～1000元	228	28.0	27.8	28.6	30.6	8.8	25.2	29.1
1000元以上	574	70.6	71.1	69.4	28.4	9.1	73.9	69.3
9.一年外出打工的实际时间								
1个月以下	11	1.4	1.3	1.6	36.2	8.7	0.0	1.9
1～3个月	41	5.0	6.1	2.7	35.4	9.0	0.0	7.0
3～6个月	150	18.5	21.3	12.2	33.5	8.5	11.1	21.3
6个月以上	611	75.2	71.3	83.5	27.4	9.1	88.9	69.8
10.一年可以外出打工多长时间								
1个月以下	8	1.0	1.1	0.8	37.0	9.8	0.0	1.4
1～3个月	13	1.6	2.0	0.8	42.1	8.8	0.4	2.0
3～6个月	97	11.9	13.8	7.8	34.7	8.9	7.1	13.8
6个月以上	695	85.5	83.2	90.6	27.9	9.0	92.5	82.8

很显然，文化程度高，其掌握和使用现代科学技术的能力就强，就业选择能力相对就会比较强；文化程度低则相反。从图13可以看出，在靠自己较高的技能务工的农村劳动力当中，文化水平高的劳动力所占比例会依次比文化水平低的农村劳动力所占比例高。大专及大专以上文化水平的劳动力当中，有80%都是靠自己较高的劳动技能来务工。而靠自己体力来务工的劳动力当中，情况恰恰相反。随着文化程度的提高，靠体力来务工的农村劳动力比例则呈明显的下降走势。这也说明，文化

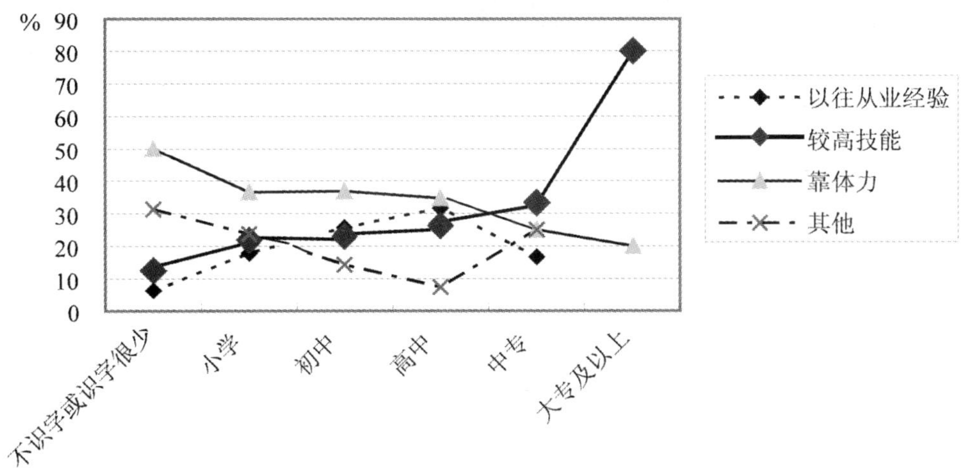

图 13　劳动力文化程度与就业技能

水平高的农村劳动力其就业选择能力强，所以他们会选择一些技能性强，劳动强度低的行业来务工；文化水平低，所掌握的劳动技能少的农村劳动力，就只能依靠自己体力，选择一些体力劳动强度比较大而对技能要求比较低的行业来务工。

4. 农村劳动力创业开拓能力

(1)创业开拓能力基本状况。创业开拓能力反映劳动者在从事的行业中如何筹集资金，如何使用资金，如何投资等方面的能力。提高劳动者的创业开拓能力是其增加收入最有效的方式之一。

当然，自己开创事业，首先需要一定量的资本。但在调查中发现，当农民自己有了一定的积蓄之后，首先想到的并不是开创事业，有近一半(49.01%)的农民选择改善自己的生活条件，在生活条件艰苦的广大农村，做这样的选择实属无奈；有 26.41%的农民选择改善自己的生产条件，以希望通过这样的投资而增加收入；仅仅有 16.26%的农民会利用自己的积蓄来投资办实业；也有 4.43%的农民会进行人力资本投资，利用积蓄来参加学习培训，提高自己的人力资本。可以说，目前仅有 16.26%的农民希望开创自己的事业，这个数字显示出农村劳动力在创业开拓能力方面的欠缺。

即使是自己创业，很大一部分农民也会把自己创业的领域选择在自己比较熟悉的农业方面，这个比例占到 28.55%；其次是批零贸易业和工业，分别占 17.76%和 17.70%；服务业占 9.45%；其他的如建筑业(4.25%)、采矿业(1.16%)等等所占比例就更低了。当然，在建筑业和采矿业进行投资创业需要投入较大的资本，而在农业和批零贸易业进行投资相对来说所需资本会比较少一些，这也是农民投资创业所考虑的一个很重要的因素。

在创业资金的筹集方式上，31.70%的农民认为使用自有资金进行投资创业最好；希望国家扶持的占 28.52%，银行贷款的占 23.63%，借贷的占 15.22%。这里反映出农民仍然存在着小农意识，仅在自己的资金能力范围内考虑创业，缺乏市场经济条件下资本运作知识，或者说，在农村借贷资金相对困难。

农民在创业过程中如果遇到困难，所有的人都会去主动寻求帮助。但是，在寻求帮助的对象上存在着显著的特性，他们中一半以上的人(54.5%)首先想到的是求助自己的亲戚朋友，其次才是寻求政府(30.8%)，求助法律的仅占 8.4%。这说明在农村亲戚朋友是开创事业的主要依靠力量。

(2)创业开拓能力与收入水平。不同收入水平的农村劳动力，其创业开拓意识和能力存在较大的差别。收入水平高，其创业意识就比较强烈一些，而收入水平低、生活条件艰苦的农村劳动力在有了一定的积蓄之后，想的更多的可能就是首先改善自己的生活条件，创业意识不足。从表 11 可以看出，有了积蓄之后首先要改善生活条件的人群中，低收入水平的农村劳动力比例要高于高收入水平的比例；而在改善生产条件、学习培训和投资办实业这几个选项中，中等收入水平的农村劳动力比例却又高于低收入水平的比例。

在选择创业时，高收入水平劳动力和低收入水平劳动力在行业的选择上也会存在较大的区别。低收入水平劳动力更多的选择在自己比较熟悉的农业上；而工业、建筑业、批零贸易业等需要技术水平比较高的行业中，高收入水平农村劳动力比例却都要高于低收入水平的劳动力的比例(见表 11)。

表 11 创业开拓能力与收入之间关系

选项	低收入（<1000 元）		中等收入（1000～3000 元）		高收入（>3000 元）	
	人数	占%	人数	占%	人数	占%
1. 当有了一定的积蓄会如何选择	431	100.0	2238	100.0	602	100.0
改善生活条件	231	53.6	1068	47.7	304	50.5
改善生产条件	99	23.0	600	26.8	165	27.4
学习培训	17	3.9	106	4.7	22	3.7
投资办实业	67	15.5	380	17.0	85	14.1
其　他	17	3.9	84	3.8	26	4.3
2. 如给你 100 万元让你创业 你会选择什么行业	431	100.0	2238	100.0	602	100.0
农　业	144	33.4	605	27.0	185	30.7
工　业	70	16.2	407	18.2	102	16.9
采矿业	14	3.2	22	1.0	2	0.3
建筑业	13	3.0	99	4.4	27	4.5
交通运输业	31	7.2	188	8.4	43	7.1
批零贸易	62	14.4	423	18.9	96	15.9
服务业	42	9.7	212	9.5	55	9.1
其　他	55	12.8	282	12.6	92	15.3
3. 在创业中遇到困难会主动寻求帮助的人数	404	100.0	2122	100.0	573	100.0
4. 你会主动寻求谁的帮助	404	100.0	2122	100.0	573	100.0
亲戚朋友	194	48.0	1214	57.2	282	49.2
政　府	138	34.2	618	29.1	197	34.4
同　行	21	5.2	102	4.8	37	6.5
法　律	47	11.6	175	8.2	52	9.1
其　他	4	1.0	13	0.6	5	0.9
5. 你认为选择以下哪一种创业资金筹集方式最好	431	100.0	2238	100.0	602	100.0
向个人借贷	59	13.7	341	15.2	98	16.3
向银行贷款	105	24.4	529	23.6	139	23.1
自有资金	140	32.5	690	30.8	207	34.4
国家扶持	118	27.4	664	29.7	151	25.1
其　他	9	2.1	14	0.6	7	1.2
6. 如果目前从事的行业较为稳定会转行的人数	292	67.7	1408	62.9	389	64.6

(3)创业开拓能力要素分析。劳动力性别、年龄、文化程度、外出务工经历和自身素质的差异对其创业开拓能力具有显著的影响。从表 12 中可以看出，相对于男性劳动力而言，女性劳动力在有了一定的积蓄之后大多会选择改善生活条件，选择学习培训和投资的比例较小；在投资行业的选择上，她们中很多都会选择批零贸易业和服务业等这些工作强度相对较小的行业；她们还希望自己能利用自己的资金进行投资，即使有了前景更好的新行业，她们也不愿意从相对较为稳定的行业中转出。男性劳动力则相反，他们对于改善生产条件、学习培训和投资的愿望更为强烈一些；对于投资的行业选择上，是利润空间大，劳动强度高的行业；对于投资资金的筹集方式，他们希望从银行贷款；只要有前景更好的新行业出现，他们就不惜从较为稳定的行业中转出。也就是说，男性劳动力相对于女性劳动力来说其创业开拓能力较强。同样的情况，年龄较大的农村劳动力其创业开拓能力较弱，而年龄较轻的农村劳动力敢于冒风险，具有显著的创业开拓能力。

表 12　创业开拓能力要素分析

单位:人、年、%

选　　项	人数	比重	男占%	女占%	年龄平均	平均受教育年限	打过工%	未打过工%	有能力就业者	就业困难者
1. 有了一定的积蓄会如何选择										
改善生活条件	1603	49.0	37.8	61.2	40.7	8.2	36.2	53.3	40.6	50.0
改善生产条件	864	26.4	32.7	19.6	40.4	8.4	22.6	27.7	22.2	26.9
学习培训	145	4.4	4.6	4.2	26.9	9.5	9.1	2.9	7.5	4.1
投资办实业	532	16.3	21.2	10.9	34.5	9.0	26.1	13.0	26.8	15.0
其　他	127	3.9	3.6	4.2	37.3	9.0	6.0	3.2	2.9	4.0
2. 若有 100 万元创业资金，你会选择什么行业										
农　业	934	28.6	29.4	27.6	43.4	8.2	15.6	32.8	19.9	29.6
工　业	579	17.7	22.3	12.7	34.8	8.9	25.0	15.3	26.2	16.7
采矿业	38	1.2	1.4	0.9	37.3	9.2	0.6	1.3	0.6	1.2
建筑业	139	4.2	6.2	2.2	36.2	8.6	8.7	2.8	6.3	4.0
交通运输业	262	8.0	10.7	5.1	36.7	8.5	10.3	7.2	10.7	7.7
批零贸易	581	17.8	13.4	22.6	37.3	8.2	20.0	17.0	21.3	17.3
服务业	309	9.4	6.5	12.7	35.8	8.5	12.3	8.5	10.7	9.3
其　他	429	13.1	10.1	16.4	41.4	8.4	7.4	15.0	4.3	14.2
3. 有困难求助谁										
亲戚朋友	1690	54.5	52.1	57.3	40.0	8.2	47.7	56.9	46.0	55.6
政　府	953	30.8	32.4	28.8	40.0	8.6	25.8	32.5	28.0	31.1
同　行	160	5.2	5.3	5.0	32.0	8.6	9.1	3.8	9.1	4.7
法　律	274	8.8	9.5	8.1	31.0	9.1	16.4	6.3	15.9	8.0
其　他	22	0.7	0.6	0.8	30.5	9.0	1.1	0.6	0.9	0.7
4. 创业资金筹集最好方式										
向个人借贷	498	15.2	14.7	15.8	42.3	7.9	14.0	15.6	15.3	15.2
向银行贷款	773	23.6	26.9	20.1	37.0	8.7	28.4	22.1	25.6	23.4
自有资金	1037	31.7	29.6	34.0	38.7	8.6	32.1	31.6	30.5	31.8
国家扶持	933	28.5	28.1	29.0	38.7	8.4	24.7	29.8	28.0	28.6
其　他	30	0.9	0.7	1.2	42.3	8.3	0.7	1.0	0.6	1.0
5. 目前收入稳定，当有机会从事更好、更高收入新行业时，选择转行	2089	63.9	70.4	56.8	37.1	8.6	79.2	58.8	80.1	62.0

从表 12 还可以看出，有了一定的积蓄之后，有外出务工经历的农村劳动力选择学习培训和投资办实业的比例比较高，而且在创业中希望向银行贷款，在行业选择方面，有较大比例的劳动者认为，只要有更好的行业，便会放弃目前较为稳定的行业，转向前景更好的新行业。这表明，有外出务工经历的农村劳动力由于在外出务工的过程中，思想观念和从业技能都有不同程度提高，所以创业开拓能力要比没有外出务工经历的农村劳动力强。

表 12 表明，文化程度较高的农村劳动力具有较强的创业开拓的能力。文化程度较高的农村劳动力，在有了一定的积蓄之后，选择学习培训以提高投资人力资本和投资办实业的比例要明显高于文化程度较低的农村劳动力。在创业中，如果遇到

困难，文化程度较高的农村劳动力向政府和法律求助的比例比文化程度低的农村劳动力高。这就说明，文化程度高的农村劳动力了解的国家政策和法律法规知识比低文化程度的农村劳动力多；在创业资金的筹集方式方面，高文化程度的劳动者向银行借贷的比例较高，而向个人借贷的农村劳动力当中，文化程度低的劳动力比例较高，这就说明，文化程度较高的农村劳动力对自己创业信心要大于文化程度低的农村劳动力，自信有能力偿还银行贷款。

5. 农村劳动力应对风险能力

(1)应对风险能力基本状况。农业作为自然再生产和经济再生产交织在一起的生产部门，必然要受自然风险和市场风险双重风险的制约，农业生产发展规模越大，风险也会越大，并会成倍增加。生产者如果没有很好的承受风险的心理素质和承受能力，就会面对机遇萎缩不前，稍遇挫折便会轻易放弃，一遇风险便知难而退。因此，劳动者的应对风险能力也是决定其能否快速增加收入的内在因素之一。

就目前的状况来看，河南农村劳动力应对风险的能力还是比较弱的。调查显示，只有 24.8%的农民敢于选择收入高，但风险大的工作，其他的农民都会尽可能地规避高风险的工作。在承受风险方面，如果某年农作物出现大量减产或农产品价格出现大幅度下跌，仅有一小部分(18.7%)的农民认为可以接受不会影响生活，其余都认为这样会给自己的日常生活带来不小的影响。这也说明，一旦风险发生，很多农民缺乏应对能力。

在生产中，36.1%的生产者认为专业性的经济合作组织可以在一定程度上规避风险，但是，目前仅有 2.7%的农民参加过各类专业合作组织。这不仅反映当前农村专业性经合组织发展滞后，农村缺乏有效的组织者且不能满足农民需要，而且表明农业缺乏有效的规避风险机制，一旦出现自然灾害或产品价格波动便会对农民收入有较大的影响。

(2)应对风险能力与收入水平。收入的高低与应对风险能力一般表现为正相关关系，即收入越高应对风险能力越强。但是，从调查表分析结构看(见表 13)，这种关系似乎并不显著，在反映应对风险能力的多方面，生产者无论收入多少，其态度几乎一致，没有显著差异，仅在农产品价格下跌或产量下降对生活的影响程度上，表现稍有差异，即收入较高的农户认为对其没有影响的比例较高。在企业经营方面，如创业或守业失败，想办法从头再来和虽很受打击但不会一蹶不振的农村劳动力中，高收入水平比例要高于低收入水平农村劳动力；而很受打击从此不再经营企业的农村劳动力当中低收入水平者要高于高收入水平者。这就说明，高收入水平农村劳动力其应对风险的能力要比低收入水平农村劳动力应对能力强。

表 13 应对风险能力与收入之间关系

选项	低收入(<1000 元)		中等收入(1000～3000 元)		高收入(>3000 元)	
	人数	占%	人数	占%	人数	占%
1. 会选择收入高风险大工作的人数	111	25.8	576	25.7	125	20.8
2. 认为专业性经合组织可以规避风险人数	149	34.6	818	36.6	215	35.7
3. 参加过专业性经合组织人数	11	2.6	64	2.9	13	2.2
4. 假如你所经营的企业破产 你会	431	100.0	2238	100.0	602	100.0
想办法从头再来	238	55.2	1309	58.5	349	58.0
很受打击但不会一蹶不振	84	19.5	573	25.6	158	26.2
很受打击从此不再经营企业	109	25.3	356	15.9	95	15.8
5. 能承受农业生产资料价格上涨人数	208	48.3	1138	50.8	279	46.3
6. 粮食生产大量减产或价格大幅度下跌	427	100.0	2225	100.0	594	100.0
能够接受不会影响生活	61	14.3	421	18.9	128	21.5
虽可以接受，但会影响生活	182	42.6	1097	49.3	270	45.5
会给生活带来许多困难但可以克服	130	30.4	559	25.1	139	23.4
无法接受	54	12.6	148	6.7	57	9.6

(3)应对风险能力要素分析。同前面的分析一样，在应对风险的能力方面，具有不同特征的农村劳动力也是存在巨大的差异的。风险出现后其承受能力主要由两个因素决定，一是农户承担风险程度的收入水平；二是承受风险的心理素质。这里主要探讨承受风险的心理素质。

对风险承受的心理素质表现为面对风险出现的态度和对未来不确定性工作的选择以及经营失败后的抉择。

如表 14 所示，男性劳动力相对于女性劳动力而言，他们敢于选择风险大但是收入较高的工作；经营的企业破产之后他们也敢于想办法从头再来；对生产资料价格上涨的承受能力较强；对粮食大量减产或者农产品价格大幅度下跌也更加容易接受一些。而女性劳动力在这些方面则比男性劳动力要差。

表 14 应对风险能力要素分析

单位：人、年、%

选　　项	人数	比重	男占%	女占%	年龄平均	平均受教育年限	打过工%	未打过工%	有能力就业者	就业困难者
1. 希望从事的行业										
收入高，风险大	812	24.8	32.1	16.9	33.4	8.9	42.2	19.1	40.1	23.0
收入低，风险小	2459	75.2	67.9	83.1	40.7	8.3	57.8	80.9	59.9	77.0
2. 假如你所经营的企业破产										
想办法从头再来	1896	58.0	66.0	49.2	36.9	8.8	69.6	54.1	64.3	57.2
很受打击但不会一蹶不振	815	24.9	21.9	28.3	39.0	8.1	23.4	25.4	29.7	24.4
很受打击从此不再经营企业	560	17.1	12.2	22.5	45.6	7.7	7.0	20.5	6.1	18.4
3. 农业生产资料价格上涨										
能承受	1625	50.1	53.2	46.6	37.6	8.5	58.1	47.4	50.4	50.0
不能承受	1621	49.9	46.8	53.4	40.2	8.3	41.9	52.6	49.6	50.0
4. 粮食大量减产或农产品价格大幅下跌										
能够接受不会影响生活	610	18.8	20.7	16.8	37.8	8.8	22.8	17.5	27.0	17.8
虽可以接受，但会影响生活	1549	47.7	47.5	48.0	38.3	8.3	45.9	48.3	49.0	47.6
虽有许多困难，但可以克服	828	25.5	25.1	26.0	40.0	8.3	26.1	25.3	21.7	26.0
无法接受	259	8.0	6.8	9.3	41.4	8.5	5.3	8.9	2.3	8.6

不同的年龄阶段，应对风险态度完全不同，37 岁之前，选择收入高而风险大工作的人较多；37 岁以后大多数选择了收入低风险小的工作。也就是说，农村劳动力在选择工作中敢于冒风险的精神随着年龄的增加，逐渐减小，承受风险能力越来越弱。如果面对企业破产，不同年龄者的抉择也不相同，20 岁左右的年轻人和 40 岁左右的中年人选择“重新开始”的比例较大，20 岁左右的年轻人没有任何牵挂，顾虑较少，所以有跌倒了再爬起来的勇气，这种勇气也往往带有盲目性；40 岁左右的中年人已经积累了很丰富的经验，可以从失败中吸取教训，同时也有旺盛的精力。30 岁左右的劳动者，大都数处于生儿育女时期，家庭负担较重，所以选择“重新开始”的人数较少，但仍高于其他两种选择；当劳动者超过 50 岁时，便缺乏“重新开始”的勇气了，多数选择了“不再经营”的道路。

表 14 还显示，有外出务工经历和认为自己有能力外出务工的农村劳动力其应对风险的能力要强于没有外出务工经历和对外出就业没有信心的农村劳动力。这就说明，外出务工能够提高农村劳动力的心理承受能力，使其应对风险的能力增强。

不同文化程度农村劳动力应对风险的能力存在着显著差异。虽然在选择工作的过程中，大部分农村劳动力选择收入低但风险小、稳定的工作。但是，文化程度越高的劳动力，选择收入高但风险大的比例越大，反之亦然。

在面对破产的抉择时，同样显现出高素质劳动力承受破产打击的能力高于低素质的劳动力。这

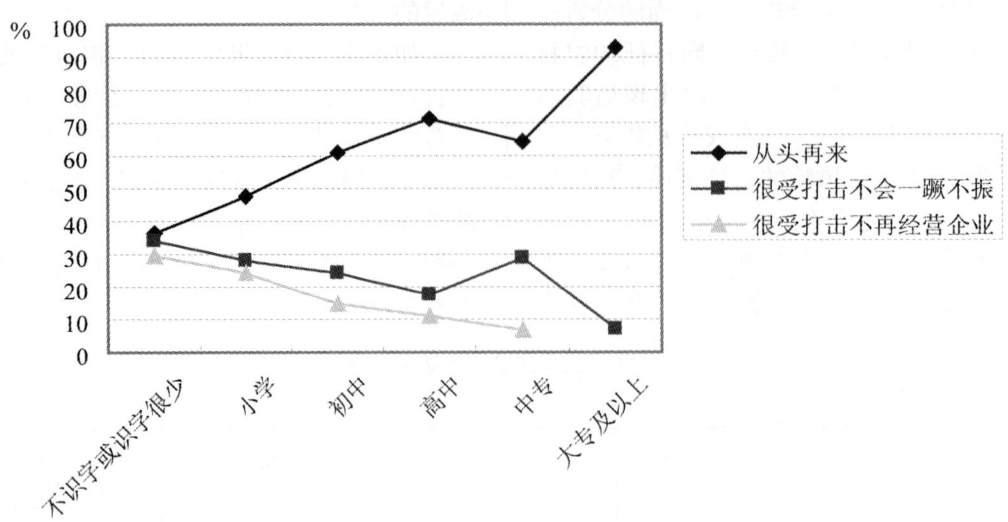

图 14　受教育程度与抉择

些说明，劳动者文化程度越高，自信心越足，应对风险能力越强，他们有能力从失败中总结教训重新创业（见图 14）。

四、提高农村劳动力就业增收能力的建议

农业劳动力转移与区域经济发展水平有关，与国家相关政策有关，与劳动力自身能力有关，加速区域经济发展、制定鼓励政策和有意识地、有效地对农村劳动力进行培训，提高其就业能力，是促使农村剩余劳动力稳定、有序、顺利流动的关键。

（一）重视基础教育，加大农村基础教育投入，提高农村基础教育的普及度，大力提高农村劳动力的科学文化素质

基础教育是提高农村劳动力素质的主要渠道。改革开放以来，我国农村基础教育有了很大的发展，但是当前农村基础教育仍然还很薄弱，在相当一些地区的农村九年制义务教育还没有普及，青壮年文盲仍然存在，青少年失学现象仍很严重，这种情况与提高我国农村劳动力素质和加快农村劳动力开发的要求相差甚远。因此，必须继续加强农村基础教育，建立健全多元化的基础教育办学模式，多渠道筹集教育基金，不断改善基础教育的办学条件和提高农村教师待遇，更新教育思想，转变教育观念，加快应试教育向素质教育的转变，促进农村劳动力素质的提高。同时，还应当特别注意唤起广大农民对教育投入的重视，使农村劳动力认识到科学文化素质在脱贫增收中的重要作用。此外，应继续鼓励和支持海外侨胞，城乡经济能人和社会力量自办、联办学校或捐资办学，发展教育事业。例如，我国实施支持贫困落后地区基础教育的“希望工程”、“春蕾工程”，都收到了显著的效果。

（二）进一步加强和发展农村职业技术教育和成人教育，提高农村劳动力的生产技能

目前，我国受过职业教育和培训的农业劳动力占全部农业劳动力的比重不足 20%（代武楠，2004）。因此，我们在抓好农村基础教育的同时还应紧密结合生产实际，采用多种形式、多种途径积极发展农村职业技术教育。按照“面向农村、面向农民、面向农业”的方针，以多种形式、机制发展农村职业技术教育，是开发农村劳动力的重要举措，是提高农村人口整体素质、满足农村经济进一步发展需要的有效途径。农村职业技术教育要根据我国农村经济发展的需要，结合本地特点和情况，设置专业和课程，确定具体办学模式和途径，做到理论联系实际，达到提高知识、技能和创造力的目的。同时，要建立和发展农村成人教育体系，举办各种形式的专业技术、技能、知识培训班，按照“实际、实用、实效”的原则，围绕当地农业支柱产业来开展技术培训，将免费培训和有偿培训结合起来，培养出农村经济发展用得着，留得住的专门人才，以加快农村劳动力的开发和农村劳动力素质的全面提高。

（三）培育农村劳动力良好的心理素质

当前，我国农村劳动力心理素质非常脆弱，他们思想保守，缺乏自信，怕担风险，不敢应用科技成果，对新兴的农业科技、现代化的生产方式和经营管理接受能力较差。据 2001 年中国公众科学素养调查结果显示，81.3%的农民群众对新技术、新产品的态度是“观察别人用的结果再作决定”。所以，要通过各种方式培育提高农村劳动力心理素质。

当然，农村劳动力心理素质的提高主要还是要依靠其受教育水平的提高，只有受教育水平提高了，农民具备了一定的科学文化素质和较高的务工技能，通过学习和对外交流，他们才会转变落后保守的思想，才会有自信，才会有能力接受新事物。同时，可以通过各种形式的宣传教育淡化农民的守成意识，转变其“等、靠、要”的思想为敢于拼搏、敢于竞争、敢于超越的思想，不断地创新和走出去；扭转其务农低人一等的思想，提高农民的务农积极性，使农民主动产生新动机，改变态度，提高能力，促进其心理素质的提高和行为方式的改变。

(四)合理组织好农村劳动力的对外劳务输出

2003 年，中国农村劳动力到乡以外地方流动就业的人数已超过 9800 万人，是 1990 年 1500 万人的 6 倍以上。20 世纪 90 年代后，农民离乡外出就业平均每年以 500 万人左右的规模迅速增加，成为农村劳动力转移的主要渠道(《中国的就业状况和政策》白皮书，2004)。规模如此庞大的农村劳动力转移队伍，如果没有有效的组织保证，农村劳动力向城市转移的道路必然要受到很多因素的阻碍。所以，应该采取有效措施促进农村富余劳动力的对外输出。

首先，要改革户籍制度，转变社会上那些歧视农民的观念，减少或取消各种对劳动力使用方面的限制性措施，给农民以平等的“公民”待遇，扩大农民就业，吸引农民进城。同时，有关部门应该对农民进城就业加强引导和服务，建立劳务协作制度、就业服务制度、重点监控制度等有效的管理服务制度，充分发挥政府在信息导向、管理服务方面的职能作用。在此基础上，大力加强公共就业服务机构建设，建立健全劳务用工信息网络，开展用工信息调查并及时分析发布企业用工需求信息。要按照“政策引导、有序流动、加强管理、改善服务”的方针，切实做好农民进城务工的引导和管理，维护农民工的合法权益。

其次，要加强农村劳动力外出务工岗前培训，对农村劳动力开展引导性培训和职业技能培训，提高外出农民整体素质和就业能力，以促进农村劳动力顺利有效地向城市转移。引导性培训主要是开展基本权益保护、法律知识、城市生活常识、寻找就业岗位等方面知识的培训，目的在于提高外出务工农民遵守法律法规和依法维护自身权益的意识，树立新的就业观念。此种培训应主要由各级政府，尤其是劳动力输出地政府统筹组织各类教育培训资源和社会力量来开展。要通过集中办班、咨询服务、印发资料以及利用广播、电视、互联网等手段多形式、多途径灵活开展。职业技能培训是提高外出务工农民岗位工作能力的重要途径，是增强农民就业竞争力的重要手段。要根据国家职业标准和不同行业、不同工种、不同岗位对从业人员基本技能和技术操作规程的要求，安排培训内容，设置培训课程。职业技能培训要以定点和定向培训为主，当前的培训重点应是家政服务、餐饮、酒店、保健、建筑、制造等行业的职业技能。同时要对具备相应条件并有创业意向的农村劳动力开展创业培训，提供创业指导。此种培训应主要在各级政府的引导和支持下，由各类教育培训机构、行业和用人单位开展。鼓励和支持社会力量尤其是一些具有特色的民办培训机构开展职业技能培训。

河北农村劳动力转移对农民增收的作用

河北省农调队课题组[①]

农村劳动力转移已成为农民就业的重要渠道，也是实现农民收入稳定增长的重要措施。为此，我们利用农村住户抽样调查资料对农村劳动力转移现状及对农民收入的影响进行了研究。

一、农村劳动力转移特点

农村劳动力向非农产业转移，是农民增收的必然要求，也是农村经济发展的客观必然。据农村住户抽样调查，1993～2004 年 11 年间，河北农村劳动力转移经历了由快到慢的变化趋势。1993～1996 年，由于宏观经济较快发展，乡镇企业再次崛起，转移速度和数量明显增加，农村劳动力向非农产业年均转移 80 万人，年均转移速度达 12.6%。1997 年后，受亚洲金融危机影响，乡镇企业发展受阻，同时体制改革带来的城市下岗职工增多影响了农民外出就业，农村劳动力转移开始减慢，1997～2004 年，河北农村劳动力年均转移 16 万人，比前期减少 64 万人，年均转移速度 1.8%，减缓了 10.8 个百分点。

（一）转移劳动力以男性为主

在农村转移劳动力中，1993 年，男性劳动力所占比重为 85.9%，女性仅占 14.1%；1997 年二者所占比重分别为 75.0%和 25.0%；2004 年二者所占比重分别为 80.0%和 20.0%。11 年来，农村劳动力转移男性占绝对优势的格局并未打破，女性比例提高速度较慢。

（二）转移行业以第三产业为主

1993 年，在农村转移劳动力中，68.4%的劳动力转向了第二产业，31.6%的劳动力转向了以交通运输、餐饮等为主的第三产业；1997 年，转向二产业的劳动力比重为 62.2%，下降了 6.2 个百分点；转向三产业的劳动力比重上升至 37.8%；到 2004 年，转移行业结构进一步优化，二、三产业所占比重分别为 48.5%和 51.5%，劳动力转移主要流向已转为以服务业为主的第三产业。

（三）转移劳动力文化程度以初中为主

1993 年，在转移的劳动力中，小学及以下文化程度的占 20.4%，初中文化程度的占 53.8%，高中及以上文化程度的占 26.5%；1997 年，三者比重分别为 21.1%、63.8%和 15.1%；2004 年，三者比重分别为 13.0%、63.8%和 23.2%。可见，农村转移劳动力以初中文化程度为主，且明显优于全省劳动力文化构成，2004 年转移劳动力中小学以下文化程度的比全省低 12.2 个百分点，初中文化程度的比全省高 5.1 个百分点，高中及以上文化程度的比全省高 7.1 个百分点。

（四）转移以自发方式为主

农村劳动力转移带有较强的自发性，通过政府或其他中介组织转移的数量较少。据抽样调查，

---

① 课题指导：张喜仓；课题主持：张建石；课题执笔：谢静、马米珍、王杰敏。

2004年,农村转移劳动力中通过亲友介绍和自发转移的比重为91.0%,而通过政府和中介组织转移的仅占9.0%。

(五)转移劳动力以省内就业为主

在农村劳动力转移过程中,河北以省内转移为主的转移模式延续至今。1993年,在本省内部转移就业的占85.3%,14.7%的转移到省外就业;1997年这种状况基本未变,两者比重分别为85.0%和15.0%;2004年,省内转移就业的比重降至70.1%,比1997年下降14.9个百分点;转移到省外就业的劳动力比重升至29.9%。从发展趋势看,河北农村劳动力向省外转移数量增多,比重增加,但以省内转移为主的转移模式仍未发生本质的变化。

二、农村劳动力转移对农民增收的作用

非农收入是农村劳动力转向非农产业从事生产经营活动所取得的收入,包括工资性收入和家庭经营非农产业收入,是农村劳动力转移对增加农民收入成效的直接体现。因此,分析农村劳动力转移对农民增收的作用,主要分析非农收入对农民增收的作用。

(一)农村劳动力转移直接影响农民收入增长

1. 农村劳动力转移对农民收入影响的变化效应。纵观农村劳动力转移与农民收入增长关系,不同时期因受政策和宏观环境影响,农村劳动力转移速度不同,对农民收入的影响程度也不同。

1993～1996年,农村劳动力快速转移,年均转移速度达12.6%。同期,农民非农收入出现了明显增长,由人均311.17元增加到832.52元,年均增长38.8%,其中,工资性收入年均增长37.6%,来自农民家庭经营非农收入年均增长41.7%。

1997～2004年,农村劳动力转移明显减缓,年均转移速度为1.8%。这一时期,非农收入增速也随之放慢,由832.52元增加到1688.10元,年均增长9.2%,比前期减慢29.6个百分点。其中,工资性收入年均增长8.6%,减缓29.6个百分点,来自农民家庭经营非农收入年均增长10.6%,减缓31.1个百分点。

2. 农村劳动力转移对农民收入影响效果显著。为了量化分析农村劳动力转移对农民收入的影响,利用1993～2004年农村住户调查资料,对非农劳动力就业比重与农民收入进行相关和回归分析。

经测算,农村非农劳动力比重与农民纯收入及农民非农收入呈高度正相关,其相关系数分别为0.9814和0.9193,农民纯收入和非农收入随非农劳动力比重的提高而增加。

在相关程度密切的情况下,进行回归分析,模型如下:

$$SR = -3474.6 + 154.7 \times FNB$$

$$R^2 = 0.9590 \qquad F = 235$$

$$FNSR = -2729.6 + 105.56 \times FNB$$

$$R^2 = 0.8279 \qquad F = 49.11$$

式中:SR代表农民人均纯收入,FNSR代表非农收入,FNB代表非农劳动力比重。

回归分析表明,非农劳动力比重每增加1个百分点,农民人均纯收入约增加155元,非农收入约增加106元,农民收入对农村劳动力转移具有较强的敏感性,加快非农经济发展,加快农村劳动力转移,就成为实现农民增收目标的重要途径。

(二)农村劳动力转移是造成不同农户和区域农民收入水平差异的主要原因

1. 农村劳动力转移对不同农户收入水平的影响。利用2004年农村住户抽样调查资料,按收入高低进行五等份分组,分析不同收入水平农户非农收入对农民收入的影响。如表1:

表1　2004年不同收入水平农户的收入情况

单位:元/人、%

	平均	低收入	中低收入	中等收入	中高收入	高收入
农民人均纯收入	3171.06	1146.38	2035.99	2761.34	3760.00	6703.92
#非农收入	1688.10	383.13	893.29	1385.37	2059.66	4092.78
1.工资性收入	1110.92	317.24	716.18	1047.91	1493.23	2157.93
在本地所得收入	619.25	174.61	366.22	587.15	833.57	1239.12
外出从业所得收入	336.79	119.66	284.35	370.69	417.64	524.73
2.家庭经营非农收入	577.18	65.89	177.11	337.46	566.43	1934.85
非农收入比重 %	53.2	33.4	43.9	50.2	54.8	61.1
非农劳动力比重 %	33.3	17.1	26.5	33.5	40.5	50.5

上表看出，从低收入组到高收入组，非农人数占全部劳动力人数的比重和农民人均非农收入均依次递增。收入水平越高的农户，劳动力中非农人数比重越高，非农收入也越多；收入水平越低的农户，劳动力中非农人数比重越低，非农收入也越少。高收入组比低收入组的非农人数比重高 33.4 个百分点，非农收入高 3709.65 元，非农收入比重高 27.7 个百分点。上述结果说明：非农劳动力就业人数比重差异，是引致不同农户非农收入水平差异的主要原因，而非农收入是支撑农民收入水平提高的重要因素。因此，要提高农民收入，就要增加农民非农收入，要增加农民非农收入，就必须加大农村劳动力向非农产业转移力度。

进一步分析非农收入各项来源，家庭经营非农收入各收入组之间差异最大，从最低收入组到最高收入组比值为 1∶2.69∶5.12∶8.60∶29.36，最低收入组与最高收入组的差值达 1868.96 元；本地所得工资性收入各收入组之间差异缩小，从最低收入组到最高收入组的比值为 1∶2.10∶3.36∶4.77∶7.10，最低收入组与最高收入组差值为 1064.51 元；外出务工收入各收入组之间差异更小，从最低收入组到最高收入组的比值为 1∶2.38∶3.10∶3.49∶4.39，最低收入组与最高收入组相差 405.07 元。这表明，导致不同收入组非农收入水平差异的主要原因是家庭经营非农收入，其次是本地所得收入，而各收入组之间外出务工收入差别不大。因此，要增加低收入户农民的收入水平，就要大力发展个体私营经济，增加农民就业机会。

2. 农村劳动力转移对不同区域农民收入的影响。受自然条件、经济环境和政策走向等各方面因素影响，改革开放后，河北地域之间经济发展不平衡加剧，农民收入也有很大差异。从河北经济区域划分看，石家庄、唐山、廊坊划分为一类地区，这三个市交通发达，具有省会中心地位优势、环京津、环渤海的地理优势，开放较早，转轨较快，经济发展较好，农民收入也居全省前列。承德、张家口，因交通条件差、基础设施薄弱、地处偏远、经济不发达，农民收入水平较低，属三类地区。邯郸、邢台、保定、沧州、衡水及秦皇岛，经济发展水平居河北中等位置，农民收入水平也处于全省中等水平，属二类地区。

根据以上区域划分，利用 2004 年 11 个市农村住户调查资料进行分类分组。

表 2　2004 年不同地区分组收入情况

单位：元/人、%

	一类地区	二类地区	三类地区
农民人均纯收入	4016	3139	2074
#非农收入	2441	1769	968
1. 工资性收入	1662	1139	826
从本地所得收入	1071	657	369
外出从业所得收入	305	326	343
2. 家庭经营非农收入	779	630	142
非农收入比重 %	60.8	56.4	46.7
非农劳动力比重 %	43.8	33.3	21.5

从表中看出，一类地区非农劳动力比重最高，为 43.8%，比二类地区高 10.5 个百分点、比三类地区高 22.3 个百分点；非农收入最高，为 2441 元，是二类地区的 1.4 倍、三类地区的 2.5 倍；农民收入水平最高，为 4016 元，是二类地区的 1.3 倍、三类地区的 1.9 倍。越是收入高的地区，非农劳动力就业比重越高，农民得到的非农收入也就越多，对农民增收的支撑作用越大。可见，较高的非农收入是一类地区农民收入水平较高的重要原因之一，而较高的非农收入又是劳动力转移较快的结果，因此，要加快非农经济发展，加快劳动力转移是农民增收的重要举措。

分析不同地区非农收入高低的原因，一是家庭经营非农收入差异，其次是农民在本地所得工资性收入差异，这是当地乡镇企业发展快慢影响的结果。河北一类地区具有较其他地区明显的优势，乡镇企业起步早，发展快，带动了当地个体私营经济的发展，为当地农村劳动力创造了更多的就业机会，使当地农民得到了较多的非农收入，2004 年人均从本地得到的工资性收入 1071 元，人均家庭经营非农收入779元。而三类地区承德、张家口，经济基础较差，当地乡镇企业发展缓慢，农民从本地获得的非农收入很少，2004年人均从本地得到的工资性收入只有369元，从家庭经营得到的非农收入142元，分别是一类地区的34.5%和18.2%。二类地区乡镇企业发展居中，非农收入也居中，2004年人均从本地得到工资性收入657元，只是一类地区的61.3%；家庭经营非农收入630元，是一类地区的80.9%。而不同类地区农民从外地打工得到的工资性收入差异较小，一、二、三类地区分别为305元、326元、343元，相对而言，三类地区外出务工收入较高，是当地农民收入的重要来源之一。

（三）农村劳动力转移为农民增收做出了突出贡献

1. 非农收入强力支撑了农民收入增长。随着农村经济的发展，在尊重农民自主择业的同时，国家顺时应势，适时制定了一系列鼓励农村劳动力转移的政策，使农村产业结构不断优化，以个体私营经济为主的乡镇企业迅速发展，城乡隔绝体制逐步打破，农村小城镇建设步伐加快，这些变革促使劳动力自由流动的范围和空间得到有效拓展，加快了农村劳动力的流动和转移，从而促进了农村非农经济的发展，农民非农收入显著增加，成为农民收入增长的主推力。1990～2004年，全省农民人均纯收入由621.67元增加到3171.06元，增长4.1倍，年均增长12.3%。其中，农民非农收入由218.46元增加到1688.10元，增长6.7倍，年均增长15.7%，高于同期农民收入增速3.4个百分点。因非农收入增长迅速，对农民收入增长做出了突出贡献，同期，农民人均纯收入年均增加182元，农民非农收入年均增加105元，对农民收入增长的贡献率高达57.7%，成为农民收入增长的主要动力。

2. 非农收入在农民收入中的主导地位增强。非农产业的发展，促进了农民收入来源的多元化，收入结构趋向优化，非农收入在农民收入中的地位逐步增强。1990年，农民非农收入在农民纯收入中所占比重为35.1%，1997年升为49.4%，首次超过第一产业收入，1999年超过50%，2003年达到57.5%，2004年因农业收入增加非农收入比重下降到53.2%，但总体看河北农民收入已由农业主导型转向非农收入主导型。1990～2004年，非农收入占农民收入的比重增加了18.1个百分点，年均提高1.3个百分点。其中，工资性收入所占比重由1990年的27.6%提高到2004年的35.0%，增加7.4个百分点；家庭经营非农收入所占比重由7.6%上升到18.2%，增加10.6个百分点。

3. 农村劳务输出拓宽了农民增收领域。随着人口与土地间矛盾日益突出，农村富余劳动力不断增多，区域间经济发展不平衡加剧，城乡差别渐趋扩大，造成了不同地区、城乡之间就业机会不均等和收入差异，这些因素促使农村劳动力异地转移，农民外出就业人数增多。据农村住户调查，1991年，河北外出就业劳动力占农村劳动力的比重仅为1.9%，之后缓慢上升，到1996年上升为6.9%。1996年以后，由于农产品价格普遍下跌，乡镇企业发展受阻，农民收入增长速度明显减缓，激发了农民外出就业愿望；同时，国家采取了以基本建设为重点的积极的财政政策，增大了用工需求量，这些因素促使农民外出务工数量不断增加，外出区域不断扩展，从事行业更为宽泛，并逐步发展成为农村一个新兴产业。2004年，外出就业劳动力占农村劳动力的比重达到13.0%，成为历史上最高的一年，农民因外出务工所得收入人均336.79元，在农民收入中所占比重达10.6%。

4. 乡镇企业发展加快了农民增收步伐。乡镇企业已成为农村剩余劳动力转移的主要途径，对农民就业与增收发挥了重大作用。1993～2004年，全省乡镇企业从业人数由743万人增加到915万人，吸纳劳动力172万人，年均吸纳15.6万人。据农村住户调查，同期，农民从乡镇企业所得工资性收入由141.10元增加到697.73元，年均增长15.6%，对农民收入增长的贡献率达23.5%。实践证明，越是乡镇企业发展快的地区，农民从乡企得到的收入越多，农民收入也越高。

5. 个体私营经济发展推动了农民收入增长。随着经济体制改革的实施和经济结构重大调整，农村个体私营经济凭借天生的发展活力和灵活自主的经营机制不断发展壮大，经营非农产业的农户越来越多，不仅推动了农村剩余劳动力转移，而且加快了农民家庭经营非农产业收入的增长。据农村住户调查，2004年，从事个体经营的调查户有404户，占调查户的比重为9.6%，比2001年增加31户，比重提高0.7个百分点。1990～2004年，农民人均家庭经营非农产业纯收入由47.04元增加到577.18元，年均增长19.6%，超过农民人均纯收入增速7.3个百分点，占农民人均纯收入的比重由7.6%上升到18.2%，对农民收入增长的贡献率达

20.8%。经验证明,个体私营经济发展越快,收入水平就越高。

三、农村劳动力转移的制约因素

(一)城乡分割的二元社会经济结构严重影响农村劳动力转移

城乡二元经济结构,在制度和政策上的缺陷造成了农民就业的不平等。从政策扶持上,由于实行优先发展工业,农业为工业发展和城市建设做出了巨大贡献,农业自身积累和财政投入不足。农民的身份和农业的弱势,使农民在市场经济大潮中显得形单影只。城市居民享有的医疗保险、齐全的公共设施、最低生活保障制度、下岗再就业培训及相关优惠政策等等,农民都无权享受。尽管河北省出台了一些户籍、用工、维护农民工权益的重要政策,但由于长期的城乡二元经济结构所带来的弊端和社会、心理影响,一些部门、单位和个人对农民歧视心理仍在一定程度上存在,使进城务工农民面临着子女入学难、工资兑现难、社会保障缺失、城乡劳动力同工不同酬等一系列歧视性问题,阻碍了河北农村劳动力向城镇的转移。

(二)城镇化进程较慢

城镇化为发展非农产业,特别是以服务业为主的三产业提供了有利条件,为农村劳动力转移就业提供了有效载体。2003 年,河北城市化率只有 33.5%,比全国平均水平低 7 个百分点。河北农村从事三产业的农村劳动力比重低,增长速度慢,与城镇化水平低具有很大关系。有关资料显示,1990～2004 年间,河北农村三产业从业人数年均增加 12.4 万人,年均增长率只有 3.7%;三产业从业人员占农村从业劳动力的比重由 10.9% 升至 15.5%,提高了 4.6 个百分点;而同期全国农村三产业从业人数占农村从业劳动力的比重由 1990 年的 9.3%增至 2003 年的 19.5%,提高了 10.2 个百分点,比河北三产业发展速度明显要快。从河北农村劳动力转移行业的变动状况看,转移行业明显向三产业倾斜,且转移劳动力大量在省内就业,城市化进程的滞后给农村劳动力转移增加了阻力。

(三)乡镇企业发展支撑力不足

从 11 年来河北农村劳动力转移现状看,农村劳动力转移就业主要聚集于省内。因此,乡镇企业对农村劳动力转移的作用日益突出。但由于受宏观经济环境和自身发展能力的影响,河北乡镇企业吸纳劳动力人数和效益从 1996 年达到高峰后开始出现下降。1998～2004 年,乡镇企业产值年均增长 14.4%,比 1993～1997 年下降 21.3 个百分点;营业收入年均增长 14.2%,下降 23.5 个百分点。乡镇企业从业劳动力 1998～2004 年年均增长 4.0%,比 1993～1996 年下降 2.9 个百分点。乡镇企业发展速度、效益均出现了不同程度的下降,减弱了对农村劳动力的吸纳能力,进一步增大了农村劳动力转移的难度。

(四)劳动力素质较低

市场资源配置对劳动力素质的要求越来越高,较高的素质对实现农村劳动力转移的作用日益明显。河北农村劳动力中,初中以下文化程度的人数高居 84%,高中以上的只占 16%。据农村住户调查,2004 年全省农村劳动力中受过专业技能培训的只占 15.1%。而相对年轻、能力较强的转移劳动力中,初中以下文化程度的占 76.8%,比全省平均水平低 7.2 个百分点;高中以上的占 23.2%,比全省高 7.2 个百分点。可以看出,转移劳动力文化程度高于全省平均水平,但从就业角度看,由于素质、技能不足,从业层次仍较低,就业空间狭窄,形成主要以体力型、低收入为主的从业结构。2004 年外出务工劳动力中,从事建筑业的占 42.5%,制造业的占 14.9%,居民服务业的占 8.8%,批零贸易的占 6.4%。即便如此,仍有不少难以找到工作,因找不到工作而返回的劳动力占返回农业劳动力的 11.6%。与此同时,转移劳动力受过专业技术培训的比例 11 年间不增反降,使许多转移劳动力因缺少相关技术、技能而缺少竞争力,难以找到适合的工作,不得不重新返回农业,进一步加大了转移进程中的困难。较低的素质使劳动力实现有效转移的前景将更为艰难,只能大量累积于农业,使农业劳动力大量过剩,降低了农业效益。

(五)劳动力转移的组织化程度低

从河北农村劳动力转移的组织化程度看,有组织转移劳动力方面存在明显缺陷。据农村住户抽样调查,2004 年河北外出务工劳动力中,只有 2.4%是通过政府或单位组织外出务工,6.6%是通过中介组织介绍外出务工,69.7%是由亲属朋友介绍外出务工,21.3%是自发外出务工。这种无序、盲目的转移,自身权益难以得到有效保障,难以实现长期稳定就业,也不可能实现合理、有序的流动,给河北劳动力有效转移带来了很大的障碍。

（六）观念落后，“闯”、“创”意识不强

从河北农村劳动力转移的现实状况分析，农村劳动力转移更多集中在省内和京津一带，而到其他区就业的非常少，这不利于农村劳动力向更大范围转移，获得更多的就业机会。面对东部地区的快速发展和西部大开发所带来的巨大机会，陈旧的观念已成为河北农村劳动力转移的重要制约因素之一。据对农民外出就业意向调查，70%的农户没有外出就业意识，25%有意向外出就业的农户中，95%的农户外出就业选择在省内和周边省（市）。思维的封闭守旧和观念的落后，较重的恋家情结、缺少闯、创精神和转移的低组织化程度，使河北农村劳动力转移进入一个一方面容纳能力接近饱和的地区人满为患，另一方面有大量机会的地区几近空白的非正常状态，这对河北农村劳动力向更合理方向转移非常不利。

四、农村劳动力转移方向分析

（一）农村劳动力转移方向

实践证明，加快农村劳动力转移是拓宽农民就业渠道、提高农民收入的主要途径。从目前形势看，农村劳动力转移主要受宏观经济发展、城镇化建设、乡镇企业发展和农民外出务工等因素的影响。

1. 宏观经济发展有利于农村劳动力转移。国民经济发展是创造就业载体、扩大就业容量的基础。国民经济快速发展时，基础建设投资项目增多，需求加大，开拓了乡镇企业市场领域，促进了乡镇企业发展，从而带动农村劳动力转移速度加快，非农产业加速发展。农村劳动力转移随着国民经济发展的快慢而同向变动。1993～1996 年，GDP 年均增速高达 26.9%，农村劳动力年均转移速度 12.6%；1997～2004 年，GDP 年均增速降为 12.5%，比前期减慢 14.4 个百分点，农村劳动力年均转移速度 1.8%，减缓 10.8 个百分点。

根据 1985～2004 年资料，对 GDP 与农村非农从业人数之间的关系作定量分析，建立模型如下：

$$\ln Y=4.1612+0.32\times \ln GDP$$

$$R^2=0.9747 \quad F=694.5 \quad r=0.9853$$

式中，Y 代表非农从业人数，GDP 代表国内生产总值。

分析结果显示，农村非农从业人数与国民经济发展高度相关，国内生产总值增长 1%，农村非农从业人数增长 0.32%。表明国民经济发展是农村劳动力转移的基础，只有国民经济发展了，农村劳动力转移才能加快。

根据经济增长规律，经过一段时间的低谷运行后，经济增长走出低谷是必然趋势。从目前经济运行看，河北和全国一样，经过近几年的调整积累，经济增长的内在动力由弱变强，由低谷开始向上盘升，并在 2003 年出现拐点，河北 GDP 突破 7000 亿元大关，增长 11.6%；2004 年达到 8836.9 亿元，增长 12.9%，成为 1998 年以来的最高增幅，预计河北经济发展将进入新一轮的快速增长期。宏观经济形势的利好，对未来农民就业打下了坚实基础，预测农村劳动力转移也将进入一个新的快速增长时期。

2. 提高城镇化水平有利于农村劳动力转移。城镇化发展一方面吸纳农村人口，另一方面可增加农民就业机会。因此，提高城镇化水平是现阶段乃至今后一个时期吸纳农村劳动力的必由之路。

从河北情况看，城市化率由 1990 年的 19.21%提高到 2000 年的 26.09%，年均增加 0.69 个百分点。近两年全省城市化水平明显加快，2003 年全省城市化率达 33.51%，每年约增加 2.5 个百分点。目前，城镇化发展又面临着新的发展机遇，一是政策支持力度增强，中央和省出台了一系列有关发展城镇化建设的政策，制定了发展规划；二是建立了政府、集体、个人、外资共同投入的多元投资体制；三是非农产业发展促进了城镇化建设。按城市化发展阶段性规律，初级阶段发展速度比较慢；中期阶段发展速度较高，发展速度约是初期的 1.5～2.5 倍；在后期阶段，速度有所回落，进入平稳发展时期。历史资料研究表明，城镇化水平达到 30%，就进入了快速发展时期。从河北情况看，城市化发展已进入中期阶段，推进城市化发展的时机趋于成熟，城市化水平将快速提高。

选取 1996～2003 年农村非农劳动力与城镇化水平进行相关分析，结果显示，非农劳动力与城镇化率呈显著相关，相关系数达 0.9681。建立回归模型：

$$\ln Y=5.93+0.31\times \ln CSL$$

$$R^2=0.9260 \quad f=89.62$$

式中，Y 代表非农劳动力，CSL 代表城镇化率。

回归结果显示，非农从业人员对城市化率的弹性系数为 0.31，即城市化率增长 1%，农村非农从业人员增长0.31%，农村非农劳动力的变化依附于城镇化水平的变动。

3. 乡镇企业仍将成为吸纳劳动力的蓄水池。改革开放后，乡镇企业异军突起，不仅推动了农村经济的发展，而且为农村劳动力创造了大量就业机会，成为农村剩余劳动力转移的主要途径。1990～2004年，全省乡镇企业从业人数由641万人增加到915万人，14年间吸纳劳动力274万人，年均吸纳20万人。2004年全省乡镇企业从业人员达915万人，占农村劳动力的33.0%。

分析乡镇企业发展前景，一是目前我国宏观经济处于上升期，市场需求趋于扩大，为河北乡镇企业发展提供了广阔空间。二是十六大把个体私营经济放在了重要地位，为个体私营经济发展指明了方向；同时，河北加大对农村个体私营经济的政策扶持，大力发展劳动密集型产业和农产品加工企业，为个体私营经济迅速发展提供了前所未有的良好环境。三是农业产业化经营，将会进一步促进乡镇企业发展。因此，在新形势下以个体私营经济为主的乡镇企业将进入一个以技术进步和结构调整升级为主要内容的新阶段，保持较快发展速度，继续发挥农村劳动力转移主力军作用。

4. 加强劳务输出将拓宽农民就业领域。农村劳动力外出务工已成为现阶段农民就业和增收的一个新途径，1991年外出就业劳动力占农村劳动力的比重仅为1.9%，1996年上升为6.9%，2004年外出务工劳动力比重达13.0%，成为历史上最高年份。这种最直接、最有效就业和增收模式，日益受到政府的高度关注，为加快这一进程，政府相继出台了有关政策，制定了有效措施。2003年以来，河北加大了劳务输出组织力度，各地成立了政府组织的劳动服务机构，长期为农民工输出服务，为农民外出务工创造了良好环境。2004年继续加大组织力度，河北安排1500万元用于农民技能培训，计划培训农民100万人次，通过培训提高农民素质，增强外出就业的竞争力。同时，北京奥运工程的相继展开，将为河北农民外出务工提供前所未有的机遇；宏观经济利好，基础建设投资稳步增长，城镇化建设加快，也将为今后农民外出务工提供有效支撑。这些有利因素，使河北农民外出务工就业空间更为广泛。

据农村住户调查，1990～2004年，农村劳动力外出就业率年均增加0.7个百分点，其中，1999～2004年，年均增加0.8个百分点。根据农民外出就业变化规律及就业潜力形势分析，预计今后农民外出就业率年均提高1个百分点，“十一五”期间外出劳动力比重提高5个百分点。

（二）劳动力转移潜力

根据模型预测结果，结合劳动力转移前景分析，综合判断劳动力转移未来趋势。“十一五”期间，农村剩余劳动力每年转移50万人，2010年非农就业人数达1458万人，占51%。并由此推断，“十一五”期间农民非农收入年均增长8.3%，2010年农民人均非农纯收入将达到2910元，非农收入比重达到63%。

五、加快农村劳动力转移的对策措施

（一）实现城乡统筹发展

目前，我国已进入市场化、国际化、工业化和城市化快速推进的发展新阶段，人口、劳动力加速流动，生产要素加速集聚，城乡发展互进互促，一、二、三产业相互关联，经济、技术、文化相互交融的趋势更加明显。基于对时代特征的准确把握，十六大提出了以统筹城乡经济社会发展作为解决“三农”问题的新战略。我们要深刻领会这一战略决策的重要性，摆脱旧的思维模式，摒弃旧的工作方法，在统筹城乡经济社会发展中实现新突破。

1. 构筑城乡平等和协调发展的制度和政策体系。逐步消除城乡发展中轻视农业、歧视农村、剥夺农民的不平等制度和政策，构建城乡融合发展的制度和政策体系。如消除农民工进城就业的歧视性政策，构建城乡统一的劳动力市场；建立城乡一体化的社会保障制度。取消农民工子女进城就学的歧视性政策和不合理收费，让城乡居民子女共享接受义务教育的权利；并把农村义务教育的责任从主要由农民承担转到主要由政府承担，从主要由乡镇政府承担转到主要由县政府承担，以便降低农民的发展成本。

2. 加速城乡资源整合和市场融合。城市和农村无论在产业发展还是在空间发展上都是连续的、不可分割的整体。首先在规划理念上，应把市区、郊区、村镇纳入统一的总体规划序列，综合考虑自然、经济、社会、人口、土地、交通、行政等因素，进行城乡整体的全面规划和建设。其次，要打破城乡分割、地区封锁格局，构建城乡统一的商品市场、劳动力市场、生产资料市场，建立和完善城乡市场网络体系。第三，既要将城市功能和要素融入乡村发展之中，又要将乡村功能和要素融入城市发展之中，既要将一定的工商业资本投入农业的深度开发，又要将农产品生产与城市超市和宾馆的需求紧密联系起来，推动城乡互动融合发展。

3. 调整城乡利益分配机制。通过放权让利、降本益农等举措，重构以工补农、以商促农、以城助乡的利益分配机制。同时，通过工商业资本反哺农业，拓宽农业开发的广度和深度，提升农业开发的质量和效益；或通过以城带乡、以乡促城等方式，建立风险共担、利益共享的城乡经济联合体，逐步推进城乡协调融合发展。

（二）加快农村城镇化建设

在重点发展县城镇的同时，合理发展一批建制镇，同时兼顾新兴小城镇和新村建设，逐步在全省形成大中小城市和城镇规模适度、布局合理的城镇体系，切实提高城镇化水平和质量。

1. 积极培育小城镇经济基础。经济发展是小城镇建设的基础，也是推进农村城镇化进程的内在动力。要坚持把发展小城镇与乡镇企业和产业化经营紧密结合的“三位一体”战略，通过制定和落实各种优惠措施，真正把乡镇企业和农业产业化的龙头企业吸引到小城镇上来，使小城镇成为本地的经济中心。在发展过程中，坚持以市场为导向，以产业为依托，从本地实际出发，充分发挥比较优势，积极培育“一镇一业，一镇一品”具有地方特色的产业，壮大小城镇赖以发展的经济基础。

2. 科学规划合理布局。科学规划是保证小城镇建设健康发展的关键，规划水平低是河北省小城镇建设中的薄弱环节。因此，要认真研究借鉴国内外先进地区的成功经验，结合本地实际，制定发展规划，统筹安排小城镇布局和工业、商业、居住、文化等各项设施，合理确定人口和用地规模。对小城镇科学定位，综合考虑资源、人口、生产力水平等客观条件，因地制宜，合理布局，综合开发，配套建设。

3. 建立投融资新体制。加强基础设施建设，提高城镇质量和水平，关键在于筹措资金。在市场经济条件下，要建设城镇、发展城镇，仅靠政府提供的资金远远不能满足需要。要树立“经营城镇”的理念，以城镇作为资产，以市场作为条件，通过出让、租赁、有偿使用、置换等经营活动，为城镇建设筹集资金，达到发展城镇的目的。

4. 坚持可持续发展。生态环境是人类生存和发展的基本条件，是经济、社会发展的基础。保护和建设好生态环境，实现可持续发展，是我们必须坚持的基本原则。在城镇化建设中，以小城镇为中心，对经济社会发展趋势、农村劳动力向小城镇转移水平进行综合分析，合理确定小城镇的规模，确定道路、电力、通讯、给排水等基础设施的布局，确定绿化的规划，确定一二三产业的发展格局，确定基础设施与公共设施的合理配套，促进小城镇生态环境步入良性循环轨道。

5. 完善农村社会保障体系。农民社会保障除民政部门的救济外，主要靠自己解决。推进城镇化进程，就要建立全社会统一的社会保障制度，农民进城找到稳定的工作后，应同市民一样，在子女上学、医疗、养老、失业等方面，得到社会保障，使农民转移进城后，进得来，留得住。其资金筹措应采取多种途径：一方面，进城农民在农村承包的土地，可以通过出租、转让等方式，所获收益作为社会保障资金；另一方面，对现有在城镇企业就业的职工，按收入比例缴纳保障金；其三，在小城镇大力发展各种形式的商业保险，积极提倡居民自我保障，减轻国家社会负担，为农村劳动力向城镇转移提供宽松的环境。

6. 深化小城镇行政管理体制改革。小城镇行政管理体制改革，要走“小政府、大社会”的路子，按照“精减、统一、效能”的原则，逐步建立运转协调、灵活高效、责权利相统一的小城镇政府行政和经济管理体制。镇政府要集中精力管理公共行政和公益性事业，创造良好的投资环境和社会环境。进一步理顺小城镇财政管理体制，努力做到自我积累、自我发展，按照《预算法》的要求，在小城镇逐步建立稳定、规范、有利于小城镇长远发展的分税制财政管理体制。

7. 创新土地使用制度。在严格落实保护耕地基本国策的前提下，以小城镇土地利用总体规划为指导，积极推进小城镇建设用地有偿使用制度。小城镇新增建设用地的有偿使用收益，除按规定上缴外，要优先用于小城镇补充耕地，实现耕地占补平衡。要积极完善集体土地使用权流转制度，坚持“强化所有权、稳定承包权、明确发包权、放活使用权”的原则，允许土地使用权依法有偿转让、出租、抵压、入股等。在实施过程中，尊重农民意愿，按经济规律办事，使土地向种田能手集中，实现规模经营。

（三）建立农村劳动力转移就业的有效机制

组织和引导农村劳动力有序流动，促进农民转移就业，增加农民收入，是农业和农村工作的重中之重。要按照"公平对待,合理引导,完善管理,搞好服务"的方针,将农村劳动力转移就业作为战略性产业来培育和发展,逐步建立起有效的农村劳动力转移就业体系。

1. 建立农村劳动力外出务工管理和服务体系。为从体制上解决农村劳动力无序流动的状况,应设置管理农村劳动力转移就业工作的专门机构,以适应农村劳动力转移就业工作在新形势下的迫切要求,其职能是监测农村劳动力资源及转移就业状况,指导农村劳动力的就业培训,提供比较准确的劳务信息,维护农民工的合法权益。

2. 建立农村劳动力流动监测体系。在省、市、县、乡镇四级建立农村劳动力资源及流动监测网络,全面了解劳动力资源和劳务输出情况,对农村劳动力资源的分布、年龄结构、技能状况、求职愿望等情况进行全面摸底,对农村劳动力转移就业的流向、职业、工资等情况进行跟踪监测。为有计划、有针对性地开展农村劳动力职业技能培训、就业安置和制定中长期劳务输出规划奠定基础。

3. 建立健全农村劳动力就业培训体系。建立比较完善的农村劳动力就业培训体系,以提高培训的效率,鼓励各种职业技术学校、农业广播电视学校、劳务输出公司开展多种形式的针对农民工的职业技能培训,并在政策上予以扶持,从而促使农民素质不断提高。同时,对农民工的法律法规培训纳入培训内容,通过电视、广播、网络、报刊媒体等无偿向农民工提供法律知识。

4. 建立农村劳动力转移输出的就业信息体系。要制定加强农村劳动力就业信息系统建设的政策性文件,规范针对农村劳动力转移就业的职业介绍机构,建立农村劳动力转移就业信息服务网络,逐步把农村劳动力转移就业纳入全国统一的就业服务体系,建立城乡统筹的就业信息体系。

5. 建立维护农村劳动力合法权益的法律服务体系。把维护农村劳动力的合法权益作为政府公共职能来履行,为农民工提供无偿的法律法规服务。因此,政府应及时制定和出台有关农民工权益保护方面的法律法规,逐步建立为农民工提供法律援助的部门,按照十六大提出的统筹城乡经济社会发展的方针,逐步消除农民工进城就业带来的障碍,给予农民工与城市居民同样的待遇,特别是在子女入学、劳动福利、市场准入等方面,对农民工与城市居民一视同仁。

(四)大力发展农村个体私营经济

农村个体私营经济已成为吸纳农村劳动力的蓄水池。因此,要大力发展农村个体私营经济。

1. 优化发展环境,为个体私营经济的发展创造有利保障。行政管理和执法部门要自觉做到保护国有经济与保护民营经济一视同仁,公正对待。政府要对个体私营经济规范管理,建立法制化的税收体系,完善《缴费项目手册》制度,依法保护个体私营企业的合法权益。运用市场机制促进和引导民间投资,进一步放宽个体私营经济投资进入领域,实现个体私营经济在发展空间上的新突破。加大对个体私营经济的金融支持。金融部门要着重解决个体私营企业的融资难问题,在金融政策法规上积极支持个体私营企业的发展,建立和完善对个体私营企业的金融支持体系。

2. 实施结构调整,提升个体私营经济竞争力。首先做好定位调整,可实现从盲目跟随市场向自觉定位转变。要以培育特色产业为目标,因地制宜,准确定位适合本地发展的产品、产业,大力发展配套性产品、农业产业化、外贸出口产品等劳动密集型产业。同时,既要重视产业结构的提升,更注重产业结构的扩充。鼓励和引导个体私营企业以专业市场、龙头企业和区域品牌为依托,积极开拓市场。

3. 加强引导扶持,促进个体私营经济发展。政府管理部门要转变职能,为个体私营经济发展做好服务。有关部门要加强市场调研和市场营销、信息中介工作,引导好个体私营经济的投资经营方向,防止个体私营经济重复投资和盲目扩大生产规模。并注意培育和完善市场体系,围绕产业基础,加快建设各类市场,大力培育农民经纪人队伍、行业协会等经济组织,加快构筑带动力强的"产业链"。鼓励和扶持个体私营企业在生产发展上做到专而精,积极扶持一批"小而专、小而精、小而优"的企业,提高市场竞争力,使他们成为经济增长的新亮点。

加快农村劳动力转移是广东农民增收的重要途径

广东省农调队　黄　丹

近年来，农村劳动力转移速度减缓，农民收入增长缓慢已成为引人注目的社会热点。在当今发展中国家，随着经济的发展和工业化进程的加快，必然会引发农村劳动力由传统农业部门向非农部门转移。我国作为世界上最大的发展中国家，正处于经济体制转型时期，探索出适合我国国情的解决农村剩余劳动力的道路，是关系到国家稳定和发展的大问题。本文以广东农村劳动力转移的发展历程、特征、农村劳动力转移与农民增收的关系等为研究基础，分析当前农村劳动力转移存在的问题，提出农村剩余劳动力转移的思路，旨在探索具有广东特色的转移农村剩余劳动力的路子。

一、近年广东农民增收难的现状及其原因

1978年以来，广东农村经济取得了长足发展，农民收入稳步增长，农民人均纯收入由1978年的193元增加到2004年的4366元，增长了21倍；农村居民恩格尔系数由0.617下降到0.488。农民收入的增长有力地促进了国民经济发展、社会稳定和改革开放。但巨大成就的背后还存在令人担忧的问题——农民增收难，这已日益成为影响经济发展和社会稳定的重要因素。

农民增收难，表现为农民收入增长趋缓，远低于城市居民收入的增长。广东省农村住户抽样调查资料显示，2004年广东农村居民人均纯收入4366元，还不及1993年广东城镇居民的收入水平，整整落后了11年。从改革开放以来广东城乡居民收入增长的轨迹看，1979～1982年，农村居民人均纯收入平均每年增长19.7%，高于城镇居民人均可支配收入年均增长14.9%的水平，两者差距由1979年的1∶1.87缩小到1982年的1∶1.65（以农村居民人均纯收入为1，下同）；1983～1988年，农村居民人均纯收入年均增长15.4%，略低于城镇居民人均可支配收入年均增长17.3%的水平，两者差距由1983年的1∶1.80小幅扩大到1988年的1∶1.96；1989～1994年，农村居民人均纯收入年均增长18.0%，远低于城镇居民人均可支配收入年均增长25.0%的水平，两者差距由1989年的1∶2.18扩大到1994年的历史新高1∶2.92；1995～2000年，农村居民人均纯收入年均增长6.2%，高于城镇居民人均可支配收入年均增长5.2%的水平，两者差距又由1995年的1∶2.76缩小到2000年的1∶2.67，这期间，两者差距曾一度缩小到1997年的1∶2.47；由于近年来农民收入增速持续缓慢，城乡居民收入差距再度明显扩大，2001～2004年，广东城镇居民人均可支配收入分别是农村居民人均纯收入的2.76倍、2.85倍、3.05倍和3.12倍。如果按货币收入比较，城镇居民人均可支配收入分别是农村居民人均现金纯收入的3.38倍、3.40倍、3.46倍和3.52倍，差距更为悬殊。

广东农民增收难，主要受以下因素影响：一是农业劳动力所占比重仍较高，农业劳动生产率低，难于获得社会平均利润率；二是区域间经济发展不平衡，东西两翼和粤北山区人均可支配财力和农民

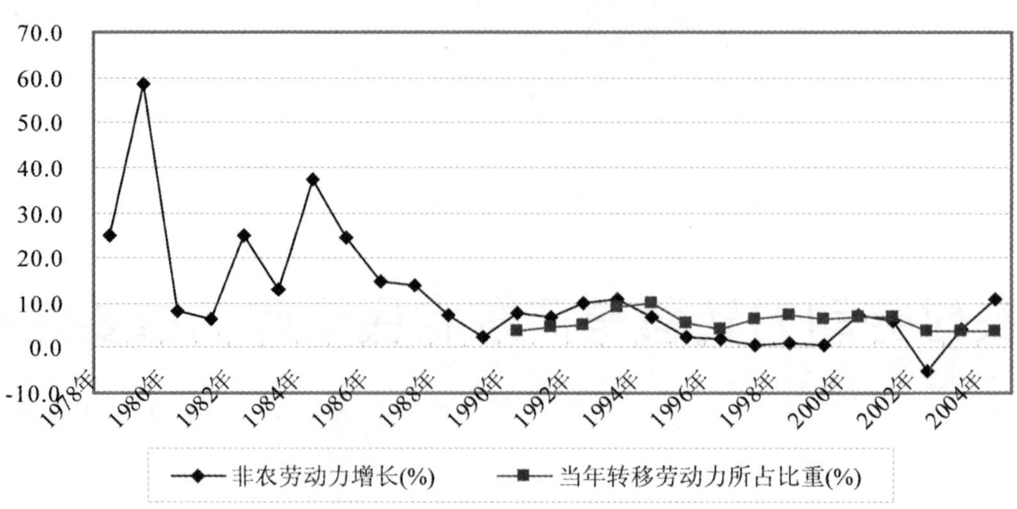

图1 广东农村非农劳动力增长趋势图

人均纯收入明显低于珠江三角洲；三是受上世纪90年代后期以来农产品相对过剩、价格走低，农业生产成本增加等市场供求和价格因素影响；四是受资源配置中长期形成的农业产业结构比较优势不突出和产品结构不合理限制；五是现行的社会保障体系、收入再分配政策惠及不到广大农民，农民处于边缘化的地位。在以上因素中，农民增收难的最主要原因是人均耕地面积逐年减少，农业生产效率提高，农业劳动力大量剩余，加上农产品价格长期低迷，从而致使农业劳动生产率低，难于获得社会的平均利润率。2004年，广东农村劳动力总量达2944.6万人，其中从事农业的劳动力达1525.0万人，占总量的51.8%，占全省从业人员的33.0%。而2004年广东国内生产总值中，农业所占的份额仅7.8%。2004年，全省劳均生产总值为34717元，而农业劳动力的劳均生产总值只有8166元，农业的劳动生产率还不及社会平均水平的1/4，这是农民单靠农业难以保持收入增长的根源所在。

二、广东农村劳动力转移与农民收入增长的关系

农村劳动力转移包含两方面的内容：一是农村劳动力发生地域性转移，即到乡镇外就业6个月以上的劳动力(包括到乡外仍然从事农业的劳动力)；二是劳动力未发生地域性转移，但在本乡镇内到非农产业就业6个月以上的劳动力。由于婚姻关系而引起的地域的变化，以及由于考取大学、中专等院校和参军而离开农村的，不列入转移劳动力。

(一)广东农村劳动力转移的发展及其特征

1978年以前，广东农村劳动力主要从事农业生产，只有占5%左右的劳动力从事非农产业。农村剩余劳动力的大量转移始于1978年以后，从总体上看，广东农村劳动力转移的发展态势呈波浪式阶段性。主要特征包括：

1.明显的周期性。1978年以来，全年从事非农时间累计6个月以上的农村劳动力(以下简称非农劳动力)的发展经历了四大循环周期(见图1)。

第一周期在1984年以前，峰值为1979年和1984年，分别比上年增长了58.3%和37.4%，谷底为1981年，仅增长6.4%，经历了6年时间，平均每年递增17.4%；第二周期在1984～1993年，谷底为1989年，仅增长2.2%，峰值1993年增长10.9%，经历了9年时间，平均每年递增10.8%；第三周期在1994～2000年，谷底为1997年，仅增长0.4%，峰值2000年增长7.4%，经历了6年时间，平均每年增长2.3%；第四周期从2001至今，目前还不能确定本周期是否已经完成。抽样调查的结果也表明，当年转移的劳动力也具有明显的周期性，但其波动年份滞后一年。

纵观历史资料，广东农村劳动力转移增长的周期性变化与国家宏观经济政策的调整密切相关，与外出劳动力的增长高度相关。从表1可看出，“六五”时期，伴随着农村一系列的经济体制改革：实行家庭联产承包责任制，改革农产品统派购制度，放开农产品市场等极大地解放了农业生产力。这一时期，国家采取一系列优惠政策，鼓励和扶持乡镇企业的发展，为农村劳动力的转移提供了良机。经济率先发展的珠江三角洲地区，引进外资兴办“三

来一补”企业和“三资”企业以及以乡镇工业为主体的乡镇企业的迅猛发展，吸纳了本省贫困山区和外省大量的农村剩余劳动力，农村非农产业劳动力和外出劳动力年均增长速度达 20.8%和 43.2%。“七五”时期，虽然国家对基本建设实行紧缩政策，对国民经济治理整顿，也对乡镇企业政策作了调整，在一定程度上影响了农村剩余劳动力的转移，但农村非农产业劳动力和外出劳动力年均增长速度仍达 9.1%和 13.4%。进入 90 年代，经过治理整顿，特别是邓小平南巡讲话和党的十四大以后，加快了经济体制改革和现代化建设的步伐，国民经济实现了持续、有效、快速增长，二、三产业尤其是第三产业有了较快的发展，支撑了农村外出劳动力转移的快速增加。但随着国企改革的不断深化，大中城市劳动力相对过剩，城市人口就业问题逐渐突出，农民进城就业的难度随之增大，加上乡镇企业改制而吸纳农村劳动力的能力下降，农民外出就业受宏观经济影响出现大幅度减少。近几年来，国家采取积极财政政策以及加快小城镇建设的步伐，为转移农村劳动力创造了新的大容量密集就业载体，农村剩余劳动力的转移呈现恢复性增长。

表 1　历年广东农村劳动力情况

年份	农村劳动力（万人）	农村非农产业劳动力（万人）	农村外出劳动力（万人）	非农产业劳动力占劳动力比重(%)	外出劳动力占农村劳动力比重(%)	非农产业劳动力增长速度(%)	农村外出劳动力增长速度(%)
1980	1817.6	191.7	24.4	10.5	1.3	—	—
1985	2090.6	493.0	146.7	23.6	7.0	20.8	43.2
1990	2363.4	762.6	274.5	32.3	11.6	9.1	13.4
1991	2409.5	815.3	311.8	33.8	12.9	6.9	13.6
1992	2436.2	894.7	350.2	36.7	14.4	9.7	12.3
1993	2457.4	992.6	393.3	40.4	16.0	10.9	12.3
1994	2493.1	1059.6	427.5	42.5	17.2	6.8	8.7
1995	2519.2	1087.2	433.7	43.2	17.2	2.6	1.5
1996	2548.9	1109.1	432.7	43.5	17.0	2.0	−0.2
1997	2588.9	1113.7	384.9	43.0	14.9	0.4	−11.0
1998	2632.7	1124.9	320.8	42.7	12.2	1.0	−16.7
1999	2664.7	1133.8	333.5	42.5	12.5	0.8	4.0
2000	2789.9	1217.8	463.1	43.7	16.6	7.4	38.9
2001	2858.7	1292.3	474.8	45.2	16.6	6.1	2.5
2002	2784.4	1228.1	499.9	44.1	18.0	−5.0	5.3
2003	2824.5	1281.1	512.7	45.4	18.2	4.3	2.6
2004	2944.6	1419.6	534.3	48.2	18.1	4.7	4.2

注：1. 1985 年和 1990 年的增长速度分别为 1980～1985 年、1985～1990 年年均递增速度。

2. 2002 年部分地区行政区划调整和城市扩展的力度较大，农村劳动力和农村非农劳动力统计范围有变化。

2. 自发转移为主。尽管近年不少地方政府或有关部门积极做好有计划、有组织的农村剩余劳动力转移工作，但历年来广东农村当年转向非农行业的劳动力中，依靠政府或有关部门有组织地转移的人数只占一成。调查资料显示，2004 年广东农村当年转向非农行业的劳动力中，依靠政府或有关部门有组织地转移的比重比 2000 年增加了 1.1 个百分点，只占 10.1%，说明目前广东省农村劳动力的转移主要是通过亲友介绍或自寻等方式自发转移。

3. 绝大多数在省内转移。广东得改革开放之先机，毗邻港澳之地利，经济率先发展，特别是各地乡镇企业的高速发展，为农民选择农外就业提供了广阔的空间和大量的机会。另一方面，由于广东整体经济水平相对较高，非农产业的劳动报酬也较高。因此，广东从事非农行业的农民大部分选择本地（本县）转移，既节省转移成本又可获得较高的收入。调查资料显示，广东省当年转向非农行业的农村劳动力中，在省内转移的历年均高达 95%以上，且呈居高不下的态势，2000 年达 98.0%，2004 年高达 98.8%。2004 年农村非农劳动力中，工作地点在乡镇内的占 48.2%，在县内乡镇外的占 6.3%，在省内县外的占 44.4%，在本省以外的仅占 1.1%。本地(县内)转移率占五成多(54.3%)，比 2000 年下降 1.6 个百分点。

4. 文化程度相对较高。调查表明，2004 年转移劳动力中，具有初中及以上文化程度的占 84.7%，比农村全部劳动力的同一组别高 14.2 个百分点。如果按劳动力文化程度分组，小学及以下文化程度的劳动力，只有 24.2%的劳动力从事非农行业；而初中、高中和中专及以上文化程度的劳动力从事非农行业的比例则分别为 54.7%、84.8%和 93.2%。可见，文化程度较高的劳动力更易发生转移，同时容易导致给农业劳动力留下更多的低文化劳动者。

5. 年轻化。调查表明，2004 年广东省农村非农劳动力中，18 岁以下的占 2.1%，18～25 岁的占 40.7%，26～35 岁的占 23.7%，36～45 岁的占 16.2%，46～55 岁的占 13.4%，55 岁以上的占 3.9%。从另一角度看，各年龄段的农村劳动力中从事非农的比例，18 岁以下为 57.7%，18～25 岁为 75.6%，26～35 岁为 60.0%，36～45 岁为 37.3%，46～55 岁 27.1%，55 岁以上为 17.2%。劳动力年龄越大从事非农的比重越低。

6. 兼业性。兼业行为是指农村劳动力在从事农业的同时兼营非农行业或从事非农产业的同时兼营农业。调查资料显示，2004 年接受调查的 8373 名农村劳动力中，纯农劳动力占 35.3%，纯非农劳动力占 34.2%，兼业劳动力占 27.9%(农业兼业劳动力占 16.4%，非农兼业劳动力占 11.5%)，未从业劳动力占 2.7%。近三分之一的农村劳动力有兼业行为。

(二)加快农村劳动力转移是当前促进农民增收的重要途径

1. 农村劳动力转移拓宽了农民收入的来源，促进了农民收入的增长。

在近 20 多年间，广东农村劳动力向非农产业转移的数量和速度都是空前的。从历史上看，尽管在上世纪 50 年代初已开始了工业化的进程，但由于城乡分割的二元经济格局，以及由此产生的农村劳动力迁移和在非农领域就业的禁锢，广东农业劳动力占农村劳动力的份额在 1952～1978 年的 26 年间从 94.5%下降到 93.7%，年均仅下降 0.03 个百分点，这一时期，农民人均纯收入年均增长只有 3.2%。只是到了上世纪 70 年代末开始的中国农村改革，推动了农业劳动生产率提高，并释放了大量沉淀于农业的劳动力，导致农业就业比重迅速下降，非农就业比重才开始上升，农业劳动力占农村劳动力的份额在 1978～2004 年的 26 年间从 93.7%下降到 51.8%，年均下降 1.54 个百分点，农民人均纯收入平均每年增长 12.7%。1978～2004 年，广东农村劳动力的绝对数增加了 1170.1 万人，平均每年增加 45.0 万人，其中从事非农产业的劳动力增加了 1307.6 万人，平均每年增加 50.3 万人，大于农村劳动力的增加量。农村非农产业劳动力比重的增加，大大优化了农村劳动力的就业结构和农民的收入构成，农民非农生产性纯收入占纯收入的比重由 1978 年 6.8%上升到 2004 年的 60.4%(见表 2)。

表 2　广东农村劳动力与农民收入情况

年份	农村劳动力(万人)	其中:非农产业劳动力(万人)	非农产业劳动力占农村劳动力比重(%)	农民人均纯收入(元)	其中:非农生产性纯收入(元)	非农生产性纯收入占纯收入比重(%)	农村劳动力转移速度(%)	农民人均纯收入实际增长(%)
1978	1774.5	112.0	6.3	193	13	6.8	—	—
1980	1817.6	191.7	10.5	274	29	10.5	—	—
1985	2090.6	493.0	23.6	495	133	26.9	3.1	9.6
1990	2363.4	762.6	32.3	1043	389	37.3	2.4	4.9
1995	2519.2	1087.2	43.2	2699	1215	45.0	2.6	7.2
2000	2789.9	1217.8	43.7	3654	1981	54.2	1.0	4.4
2004	2944.6	1419.6	48.2	4366	2638	60.4	1.3	4.5

注：1985、1990、1995、2000 和 2004 年的"农村劳动力转移速度"和"农民人均纯收入实际增长"分别为 1980～1985 年、1985～1990 年、1990～1995 年、1995～2000 年和 2000～2004 年的转移速度和年均实际增长。

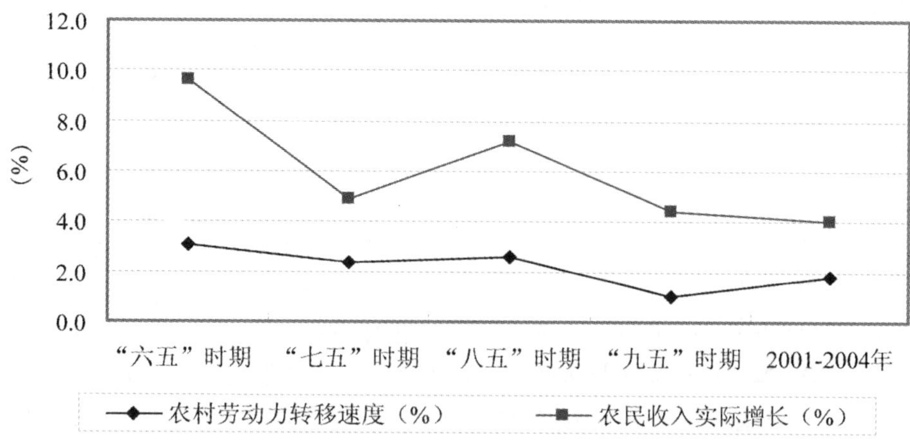

图 2 “六五”时期以来广东农村劳动力转移与农民收入增长趋势图

广东农村劳动力转移速度的变化直接关系到农民收入的增长。由图 2 可以看出，广东农民人均纯收入的增长速度与农村劳动力转移的速度有着较密切的关系，当劳动力转移速度加快时，农民收入增长的幅度加大，当劳动力转移速度减缓时，农民收入增长的幅度亦回落。

2. 随着农村劳动力转移的发展，非农生产性收入已成为农民收入的主体，是近年来农民收入增长的主要途径。

1978 年以来，广东农民收入不断增长，农民人均纯收入从 1978 年的 193 元增加到 2004 年的 4366 元，增加了 4173 元。其中，人均非农生产性纯收入从 1978 年的 13 元增加到 2003 年的 2638 元，增加了 2625 元。26 年来，农村非农劳动力比重由 6.3%上升为 48.2%，非农生产性纯收入占纯收入比重由 6.8%上升为 60.4%，非农生产性纯收入增长对农民收入增长的贡献率达到 60.5%。

1978～1983 年，由于处于农村经济改革初期，长时间的短缺经济造成了农产品的供需失衡，农产品供不应求，从事农业生产是农民收入增长的重要途径；另一方面，由于可供农民选择的非农就业机会较少，农村劳动力转移速度缓慢，平均每年只转移 27.7 万人。这一时期，农村非农劳动力比重由 6.3%上升为 14.6%，非农生产性纯收入占纯收入比重由 6.8%上升为 21.8%，农民人均纯收入增加了 122 元，其中非农生产性纯收入增加了 57 元，贡献率为 47.2%。

1984～1988 年，广东乡镇企业高速发展，乡镇企业数量由 1984 年的 47.6 万个增加了到 1988 年的 115.8 万个，从业人员由 1984 年的 336.5 万人增加到 1988 年 645.0 万人，平均每年增加 77.1 万人，农民非农就业机会明显增加，农村劳动力转移速度加快，平均每年转移 74.6 万人。这一时期，农村非农劳动力比重由 19.4%上升为 30.7%，非农生产性纯收入占纯收入比重由 20.1%上升为 37.5%，农民人均纯收入增加了 383 元，其中非农生产性纯收入增加了 203 元，贡献率为 53.1%。

1989～1991 年，广东乡镇企业经过几年的高速发展，问题不断显现，加上“六四”风波使我国国际贸易环境恶化，乡镇企业进入了调整治理阶段，发展速度有所减慢。这期间，乡镇企业只增加 5.7 万个，从业人员平均每年只增加 31.8 万人。此外，还受到省外劳动力大量涌入的冲击，广东农村劳动力转移速度放慢，平均每年转移 41.3 万人。这期间农村非农劳动力比重虽然由 30.9%上升为 33.8%，但非农生产性纯收入占纯收入比重由 39.8%下降为 35.3%，农民人均纯收入增加了 188 元，其中非农生产性纯收入增加了 23 元，贡献率只有 12.3%。

1992～1996 年，受邓小平同志南巡讲话和党的十四大精神鼓舞，广东经济体制改革和现代化建设的步伐明显加快，国民经济实现了持续、有效、加速增长。这一时期，广东乡镇企业从业人员增加了 327.3 万，平均每年增加 81.8 万人，农村劳动力向非农产业转移了 214.0 万人，平均每年转移 53.6 万人，其中 1993 年就转移了 97.9 万。这期间农村非农劳动力比重由 36.7%上升为 43.5%，非农生产性纯收入占纯收入比重由 38.2%上升为 45.6%，农民人均纯收入增加了 1876 元，其中非农生产性纯收入增加了 952 元，贡献率达 50.8%。

1997 年以来，我国实行国有企业改革，城市就业难的问题逐渐突出，乡镇企业也受到了较大影响，农村劳动力转移渠道不畅，这一时期农村非农劳动力增加305.9万人，平均每年增加43.7万人。但由于1997年以来农产品相对过剩、价格走低，农业生产成本增加，农民人均农业生产性纯收入不少年份均为负增长，农业生产性纯收入对纯收入增长的贡献逐年减少，甚至贡献率为负值。1997～2004年，农村非农劳动力比重由43.0%上升为48.2%，虽然只上升了5.2个百分点，但非农生产性纯收入占纯收入比重却由45.9%上升为60.4%，上升了14.5个百分点，非农生产性纯收入对纯收入增长的贡献率达116.5%。非农生产性收入已成为农民收入的主体，是近年来农民收入增长的主要途径。

3. 当前农业生产条件下，如果农户不从事农业规模经营，农业所获得的收入效益较低，加快农村劳动力转移是促进农民增收的重要途径。

当前农业生产条件下，如果农户不进行农业规模经营，其从事农业获得的收入效益相对较低。据广东农村住户按劳动力从事行业比重计算划分的从业类型分组资料显示，调查户从事非农行业的劳动力比重越高，收入水平越高，非农生产性纯收入所占比重也越大。2004年纯农业户（剔除农业规模经营户）与非农业户人均纯收入比为1∶1.92，劳均纯收入比为1∶1.98（以纯农户人均纯收入为1）（见表3）。

表3　2004年广东农村住户调查按调查户从业类型分组资料

按调查户从业类型分组	调查户数（户）	劳动力非农就业比重（%）	劳均纯收入（元）	人均纯收入（元）	非农生产性纯收入占纯收入比重（%）
全　　省	2560	45.4	6825.1	4365.9	60.4
纯农业户	657	0.0	6139.4	3338.3	23.5
纯农业户（剔除农业规模经营户）	629	0.0	5289.4	2903.7	27.8
农业兼业户	518	30.0	5391.2	4018.4	56.0
非农业兼业户	956	58.9	6834.1	4673.2	68.8
非农业户	429	100.0	10489.4	5580.7	79.9

注：纯农业户是指调查户所有就业劳动力主要从事的行业为农业；农业兼业户是指调查户超过50%的就业劳动力主要从事的行业为农业；非农业兼业户是指调查户超过50%的就业劳动力主要从事的行业为非农产业；非农业户是指调查户所有就业劳动力主要从事的行业为非农产业。

从另一角度看，农户收入水平越高，其劳动力非农就业比重越高，非农生产性纯收入所占比重也越大。2004年广东农村住户调查按收入水平五等份分组资料显示，农户劳动力非农就业比重随收入水平的提高而增加，非农生产性纯收入占纯收入的比重亦随收入水平的提高而增加。2004年高收入组农户劳动力非农就业比重比低收入组农户高33.8个百分点，人均非农生产性纯收入是低收入组农户的6.6倍。高收入组人均非农生产性纯收入占纯收入的比重比低收入组高7.1个百分点，如果剔除高收入组中的农业规模经营户，则两者相差12.2个百分点。说明如果农户不从事农业规模经营，非农生产性纯收入对农民收入增长所起的作用非常明显（见表4）。

表4　2004年广东农村住户调查按收入水平五等份分组资料

按收入水平五等份分组	劳动力非农就业比重（%）	人均纯收入（元）	劳均纯收入（元）	其中：人均非农生产性纯收入（元）	非农生产性纯收入占纯收入比重（%）
全省	45.4	4365.9	6825.1	2638.3	60.4
低收入户	27.0	1657.9	3216.6	836.8	50.5
中低收入户	40.0	2800.6	4734.5	1656.4	59.1
中等收入户	45.0	3768.6	5737.6	2394.8	63.5
中高收入户	53.2	5090.4	7152.5	3417.7	67.1
高收入户	58.6	9580.8	12698.2	5522.1	57.6
高收入户（剔除农业规模户）	60.8	9219.8	12029.1	5815.9	62.7

三、影响农村劳动力转移和外出就业的主要因素

广东农村劳动力转移的速度自“九五”时期以来明显减缓，农村剩余劳动力有增加的趋势。据有关部门匡算，目前广东农村剩余劳动力的数量在500万人左右。如果按近几年来农村劳动力的转移速度，随着农村劳动力总量的增加，农业新科技的不断运用，以及农业产业化、集约化的发展，农村剩余劳动力的总量可能继续增加，转移的压力也将进一步加大。

(一)城市就业的空间日益缩小

近几年来，由于我国工业的产业结构调整，国有企业的体制改革，减员增效，使国有企业大量存在的隐性失业显性化，大量人员下岗，使城市就业日益艰难。据劳动部门统计，2004年广东净增就业岗位105.4万个，而登记失业人员35.9万人，高等院校和中等职业教育学校毕业生31.5万人，两项合计为67.4万人，加上新增劳动力和外省劳动力的大量涌入，新增就业岗位不能满足新增劳动力的就业需求，文化素质较低的农村剩余劳动力在城市就业的空间日益缩小。

(二)企业吸纳就业能力下降

上世纪80年代以来，广东乡镇企业异军突起，吸纳了大量的农村剩余劳动力，乡镇企业成为广东农村剩余劳动力转移的主要渠道。1985～1995年，广东乡镇企业平均每年吸收农业劳动力67万人。但是1995年以后，由于买方市场的形成，以及企业技术进步、资本有机构成的提高等因素使乡镇企业的资金、技术、管理等方面劣势显现。从1997年开始，广东乡镇企业逐年减少，2004年仅有130.84万家，比1996年减少了14.15万家。“九五”期间，广东乡镇企业吸纳农村劳动力的能力明显下降，据统计，“八五”期间，广东农业劳动力总量减少168.8万人，而在“九五”期间农业劳动力总量反而增加了140.1万人。近几年来，虽然广东民营经济迅速发展，农业劳动力总量又开始逐年减少，2004年比2000年减少了47.2万人，年均减少11.8万人，但减少的幅度远远不及“八五”期间年均减少33.8万人的水平。

(三)农村剩余劳动力将随农业产业化和集约化的发展而不断增加

1995年以来，农产品相对于市场需求量呈现总量过剩的现象，造成农产品价格持续低迷，农业增加值的增长率较低。1998～2004年广东农业增加值的增长率分别为1.8%、1.6%、-2.1%、0.4%、2.8%、1.8%和4.2%。与此相联系，广东农民人均纯收入实际增长率也较低，分别为1.7%、2.9%、0.7%、3.2%、3.8%、3.6%和4.0%。目前我国主要农产品的价格仍比国际市场价格高出10～50%，在我国加入WTO以后面对西方各国现代化农业的竞争，农业必须走产业化、集约化经营的道路，从而进一步提高生产效率，实现高效的现代化农业。在耕地逐年减少的情况下，农业生产将占用更少的劳动力而释放更多的剩余劳动力，农村剩余劳动力将由于农业生产效率的不断提高而不断增加。

(四)农民的总体文化素质不高

据广东农村住户抽样调查，2004年广东农村劳动力中，高中及以上文化程度的只占15.0%，其中大专以上只占0.9%，初中及初中以下的仍占85.0%，所有农村劳动力中，受过专业培训的只占14.0%。从总体上看，广东农村劳动力文化素质不高，从事非农产业的职业技能非常缺乏。而目前广东的经济发展已由过去的劳动密集型向资本、技术密集型转变，非农产业就业对劳动者的素质要求越来越高，要求就业人员由体力型向技能型转变。没有技术的农村劳动力，就业竞争力越来越弱，就业空间也越来越小。

(五)转移劳动力就业不稳定

目前，广东农村转移劳动力虽然增加，但有相当部分就业不稳定，有一部分劳动力外出打短工，有一部分劳动力虽然外出务工时间较长，但由于一些政策和自身的条件限制，无法在城市落户，随着年龄的增大，只好返回原籍务农。据农村住户抽样调查，2004年农村劳动力中，外出从业时间不足六个月的劳动力占当年曾经外出的劳动力的比重虽然比2003年减少了1.9个百分点，但仍占12.9%。

四、推动农村劳动力转移规范发展的思路

(一)提高东西两翼和粤北山区的农村城镇化水平，加快推进中心镇建设，为农村劳动力转移提供更多的空间和载体

广东经济发展较不平衡，东西两翼和粤北山区的经济发展和城镇化水平远远比不上珠江三角洲。

2004年，广东农村小城镇人口比重为27.5%，但东西两翼和粤北山区的小城镇发展仍明显滞后，远未达到全省平均水平。小城镇是大中城市发展的基础，没有小城镇作铺垫，大中城市的凝聚经济效果也不能充分发挥。目前，广东大中城市的就业空间日益缩小，加快推进全省265个中心镇(指随着农村经济的快速发展，符合区域经济和城镇建设合理布局原则，在历史发展中自然形成的，具有良好的区位优势和一定经济规模，在各乡镇中发展比较快，能够对周边一些乡镇起到辐射带动作用的建制镇)和小城镇建设是农村劳动力转移的重要途径。而随着泛珠三角的经济发展战略的实施，无疑给东西两翼和粤北山区中心镇和小城镇建设提供了许多的良机。各地应积极引导乡镇企业向中心镇相对集中，增强中心镇的聚集效应，同时有计划、有步骤地引导有条件的农村剩余劳动力转向中心镇和小城镇。

(二)寻找发展第三产业和乡镇企业的新契机，增加就业机会

目前，广东劳动力就业结构中，第三产业就业结构转换滞后。从世界各国情况看，绝大多数经济发达国家与发展中国家，第三产业就业一般高于其产值比。比如，韩国的第三产业就业比与其产值比为61∶51，马来西亚为50∶41，菲律宾为45∶45，巴西为56∶50。而广东2004年为28∶37，两者偏差9个百分点，说明一方面第三产业的产值比仍偏低，另一方面第三产业仍存在一定的就业空间。第三产业产值比偏低和第三产业就业结构转换滞后，是导致广东非农就业结构偏差的重要原因。因此，必须大力发展第三产业，促使农村劳动力充分就业。乡镇企业要发挥靠近农村的优势，把第三产业发展作为再次创业的突破口，重点是发展农产品流通、交通、通讯、信息服务、技术服务等行业，开发农村的旅游等新兴产业。

(三)加强农村基础教育和对农村劳动力的就业培训，提高农村劳动力的整体素质和职业技能

文化素质较低是阻碍农村劳动力转移的重要原因，由于文化素质较低和受外省高素质劳动力大量流入的冲击，广东农村劳动力转移的任务显得更为艰巨。广东农村住户抽样调查显示，2004年广东农村劳动力中高中以上文化程度的有84.8%转移到了非农行业，中专及以上文化程度的更是达93.2%，而小学及以下的只有24.2%。由此可见，劳动力文化程度越高，转移到非农行业就业的比例也越高，因而普及农村的基础教育和加大对农村劳动力的培训力度是促进农村劳动力转移的重要途径。一是各级政府要调整财政支出结构，加大财政对农村基础教育的扶持力度；二是要不折不扣地全面贯彻执行"一费制"，坚决制止变相收费的情况发生；三是尽快制定和完善农村劳动力就业培训的总体规划，按市场化、社会化的要求，增加职业培训基地和培训集团，并不断完善农村劳动力职业培训体系；四是结合各地实际开展特色培训，结合市场需求开展对口培训。

(四)妥善解决城镇扩展中的"失地农民"问题

大中城市人口增加的一个重要来源，是来自行政区划调整和城市扩展中的当地农村居民。采用这种扩展模式的大中城市，如何对待"失地农民"的问题必将越来越突出。在严格控制占用耕地的同时，要改革土地征用制度，提高土地补偿标准，保证这部分城镇新居民的基本生活条件。土地增值的收入，应当首先用于这部分城镇新居民在住房置换、社会保障和职业培训等方面的需要，使他们能够在城镇找到适当的就业岗位，能够享有接近或大体相当原有城镇居民的平均生活水平，成为加快城镇化进程中的社会稳定因素。从长远的角度考虑，应当探索和建立土地入股、租赁等新的补偿机制，增加这部分城镇新居民的土地增值收益。

(五)重视农村劳动力的非正规就业

所谓非正规就业，是指在非正规部门就业。这类部门主要表现为大量在城市的自我雇佣人员以及小时工、临时工、季节工和自由职业者以及经常变换工种的从业人员。农村劳动力转移到非农领域，在很大程度上和较长时期内，要以这种非正规就业方式来实现其充分就业。非正规的就业方式的基本特点是低收入、无组织、不稳定和小规模，但由于就业成本低廉，是富有效率的就业形式，它可以为农村劳动力提供巨大的就业和生存空间。当然，这种就业形式也存在或容易造成劳动力市场秩序混乱等问题。因此，政府部门应加强这方面的研究，逐步规范和完善这方面的管理，通过正规、合法的中介组织了解非正规就业人员与雇佣者的需求，成为他们之间的桥梁，让更多的非正规就业人员能在城镇安心工作，同时也让更多的雇佣者能顺利雇佣到所需人员。

参考文献

1. 袁　铖:农村剩余劳动力的转移与中国农村新型工业化,《农业经济问题》,2003(4)。
2. 梅建民:二元经济结构转换与农业劳动力转移,《上海经济研究》,2003(6)。
3. 李强等:城市农民工与城市的非正规就业,《社会学研究》,2002(6)。
4. 赖国扬、黄丹:广东农村劳务经济与农民收入增长的初步研究,《现代乡镇》,2001(6)。
5. 谢韩涛:广东农村劳动力转移与农民收入增长探讨,《广东农村调查》,2003 年第 17 期。

陕西农村劳动力转移与农民增收研究

陕西省农调队　梁　玲　王献宝　张晓萍　刘秀琴

在全面建设小康社会的新时期，“三农”问题再次成为全社会关注的焦点。如何加快农民增收步伐又是“三农”问题的重中之重。近年来，农民通过转移就业而获得的工资性收入迅猛增长，已经成为农民收入的主要贡献力量。科学调控，合理引导，依法保障，全面促进农村剩余劳动力转移、输出工作的健康发展将成为今后“三农”工作的重要内容。本文将依据2000～2004年农村居民家庭抽样调查资料，通过全面分析陕西省农村劳动力就业、转移的基本现状、特点，剖析存在的问题，探求加快农村劳动力转移，优化劳动力就业结构，推动农民收入增长的政策建议。

一、陕西农村劳动力就业的基本现状

农村劳动力就业状况与一定的农村经济发展水平相一致，它是农村产业经济发展规模、发展水平的一种客观反映，也是农村经济结构调整、产业结构变迁的必然结果。据对全省2220户农村居民家庭抽样调查资料分析，全省农村劳动力的就业现状表现为“三个为主、三个偏低、一个差异、一个不一致”的基本态势。

（一）就业地点以乡内为主，县外、省外就业比例偏低

调查资料表明，2004年，劳动力在本乡内就业的比例高达82.3%，与2000年相比比例下降2.7个百分点；选择县外省内就业的比例为6.3%，省外的为7.8%，比例虽然不高，却呈上升之势，分别比2000年上升了2.1和4.0个百分点。外出就业的人数（指在家庭所属乡以外地区就业，下同）按城市类型划分，2004年，有21.3%的人选择了省会城市，29.6%的选择了地区级城市，18.2%的选择了县级城市。按全国区域划分，有28.4%的外出劳动力就业地点在东部地区，6.1%在中部地区，65.5%选择了西部地区。

（二）就业的产业以农业为主，非农产业就业比重偏低

据调查资料，2004年陕西省第一产业劳动力的就业比重为69.0%，比2000年下降7.5个百分点，比例逐年下降；第二产业就业比重为16.1%，比2000年上升5.5个百分点，比例逐年提高，其中：采矿业劳动力占10.4%，制造业劳动力占51.7%，建筑业劳动力占36.9%，电力煤气及水的生产供应业占1.0%；第三产业就业比重为14.9%，比2000年上升2.0个百分点，其中就业比例最高的是交通运输、仓储及邮电通讯业，占到20.5%，其次是居民服务业占16.8%，位居第三位的是批发和零售贸易，占16.4%。

（三）在就业的劳动力中，文化程度以初中学历为主，占到一半以上，高文化学历的比重偏低

以2000～2004年抽样资料来观察，陕西省农村就业劳动力的文化程度不断提高，不识字或识字很少的比例下降，2004年，不识字或识字很少的劳动力人数占整个劳动力的8.0%，比2000年的9.6%下降1.6百分点；小学文化程度占25.0%，下降2.4个百分点；初中文化程度占53.2%，提高3.0个百分点；高中文化程度占11.8%，提高了0.7个百分点。从劳动力接受职业培训情况看，有

82.1%的劳动力未接受过任何劳动技能培训，只有17.9%的人接受过专业技能培训。另外，外出就业的劳动力文化程度高于整个农村的劳动力平均文化水平。2004年，陕西省农村外出就业人员中64.8%的是初中文化水平，17.4%为小学文化程度，13.2%为高中文化程度。外出劳动力拥有相对较高文化程度，一方面表明这些劳动力有较强的自信心，敢于走出家门到社会上闯荡，另一方面也说明，较高的文化程度更容易实现转移与就业。

(四)不同产业、不同地区的就业群体收入差异较大

根据抽样资料匡算，就业于不同产业的劳动力年收入差异明显，第二产业收入最高，第一产业最低，第三产业居次。平均水平而言，就业于第一产业的劳动力年平均收入为1500～1800元左右，第二产业平均收入为8000元左右，第三产业平均收入为3000元左右，第二产业平均收入是第一产业的近5倍多，第三产业是第一产业的近2倍。

在中部地区就业的劳动力收入最高，西部地区最低。据调查，中部地区就业的劳动力收入高于东部及西部地区，2004年，到中部地区打工人均年收入7581元，居收入之首，东部次之，收入6020元，收入最低的属西部地区为5394元，收入比中部人均少收2187元，比东部低626元。

外出就业于省会城市的劳动力收入最高。按农村外出人员所就业的城市类型看，到省会城市打工年收入最高为6348元，次之是地区级城市和县级城市，分别年收入为6212元和6334元，建制镇为5408元，位居收入之末。

(五)就业结构的变化与经济结构的变化步调不一致

统计资料显示，陕西省农村劳动力的就业结构变动明显落后于经济结构的调整幅度。从横面看，2004年，农业增加值占整个社会GDP的比重只有13.7%，而第一产业就业的劳动力比重高达69%，超出增加值比重55.3个百分点。从纵面看，与2000年相比，农业增加值的比重从28%下降到13.7%，降低14.3个百分点，同期第一产业就业劳动力的比重只下降了7.5个百分点，慢于经济结构调整6.8个百分点。大量的劳动力就业于一产而创造的经济总量却较少，这种严重的“倒挂”现象，既反映出一产的低效，又反映出一产劳动力的变相剩余以及向其他产业转移输出的必要性与迫切性。

二、农村劳动力转移的条件、特点和存在的问题

为了便于研究，本文所使用的“转移”是指农村劳动力到家庭所在乡(镇)以外地区从事劳务输出以获得收入的活动，本文所使用的“转移”与“外出”同意。

(一)劳动力发生转移的基本条件

劳动力转移产生的基本前提条件是农业劳动力的大量剩余。从目前看，这个条件已经具备。主要原因有三点：一是耕地面积的减少与劳动力总量的过快增长使劳动力产生了绝对剩余。从土地资源看，陕西省的常用耕地面积从1983年的3759千公顷减少到2004年的2796千公顷，下降了25.6%，人均耕地面积也由2.3亩减少到1.5亩，下降了34.8%。从全省农村劳动力资源看，则从1983年的981万人增加到2004年的1426万人，增长了45.4%。耕地面积减少和劳动力资源增长的逆向运动，使得有限的土地承载的劳动力数量急剧减少，从而造成了剩余劳动力的大量存在。二是农业生产的季节性因素导致了劳动力在农闲时的相对剩余。在农忙季节，劳动力需求量大，劳动力剩余的矛盾比较缓和，而到了农闲季节，劳动力无事可做，剩余现象又明显暴露出来。三是农村教育水平相对落后，高中升学率低，劳动力后备资源过早投入社会，特别是一些贫困地区和生活困难的家庭，过早让子女辍学回家，担起生活的重担，在客观上加快了劳动力队伍的增长速度。据抽样调查资料，2004年全省16至25岁的劳动力占到此年龄段人口的59.4%，低年龄段劳动力人数呈现增长趋势。四是农业科技的进步与农业机械化水平的不断提高，增加了大量的剩余劳动力。统计数据显示，全省农业机械总动力由1983年的536万千瓦增加到2004年的1307万千瓦，20年增长1.4倍。机械化生产程度的提高，减少了农业生产对劳动力的需求，使得更多的农业劳动力从土地中解放出来，客观上造成了劳动力的剩余，同时也为劳动力转移奠定了人力基础。

(二)劳动力转移的主要特征

1.转移进程加快，转移效益明显。调查表明，农民依靠农业来增加收入显得越来越困难，而外出务工已经成为农民增收的新的支撑点。据抽样调查资料显示，2004年，外出务工劳动力人数增长

5.9%，外出劳动力占到劳动力总数的22.6%，比2000年的14.7%高出7.9个百分点，陕西平均每百个劳动力中就有22.6个离开本乡外出务工。从外出打工收入来看，2004年，外出务工人员寄回带回收入人均达2545元，给全省农民人均纯收入贡献360元，占到纯收入的19.3%。

2. 从地域看，劳动力转移仍以本省为主。省内转移就业是陕西省农村劳动力转移的主渠道。2004年，陕西省农村外出务工劳动力在省内就业的人数占外出总人数的比重虽比2000年下降了12.2个百分点，但仍高达61.4%，省内转移特征突出。这一方面说明省内吸纳农村剩余劳动力的能力相对较高；另一方面说明部分农民为了兼顾家里其他生产，选择就近就业来去方便，既不影响外出打工也不影响家庭正常农业生产，反映出转移的兼业性和不彻底性。

从转移到省外的情况看，陕西省劳动力以到东部地区打工为主。据农村住户抽样调查资料，2004年到东部地区务工人数占省外务工人数的73.6%，比2000年增加16.3个百分点，东部地区务工人数增长了95.6%。东部沿海地区经济较发达，劳动力需求缺口较大，对农村剩余劳动力具有较强的吸引力，所以到沿海地区去打工，依然是农村劳动力出省务工的首选。

3. 从转移的产业方向看，以二、三产业居多。据抽样统计资料，2004年外出从事第二产业的农村劳动力占全部外出人数的59.4%，比2000年增长了29.5%；从事第三产业的农村劳动力占38.1%，比2000年增长16.4%；而外出从事第一产业的农村劳动力仅占2.5%，远低于2000年的水平。

4. 从年龄和性别看，外出劳动力以青壮年和男性为主。一般来说，较年轻的劳动力具有相对较高的文化程度和体力，容易接受新生事物，不安于现状，思想积极进取，更容易实现转移。资料显示，40岁以下的外出人员占全部外出人员的比重高达80%，女性外出人员只占到26%，比男性低48个百分点，由于文化素质、身体素质、家庭分工等原因，女性外出务工人数明显不如男性多。

5. 文化程度与转移实现程度正相关。从外出务工的农村劳动力文化程度构成看：2004年，外出务工中初中文化程度的人数占外出总人数的64.8%；高中以上文化程度的人数占13.2%。分别高出全省农村劳动力平均水平12.8个百分点和0.2个百分点。说明了农村劳动力转移的对象主要还是农村中文化程度相对较高的人员。劳动力文化程度与转移实现程度正相关，文化程度越高，转移率越高，越能实现转移的目的，农村中高素质的劳动力不断流向城市，说明市场需要的是素质较高或有一定技能的人才。

6. 转移具有兼业性与不彻底性。在目前土地流转不畅、农业经济效益较低的情况下，承包的耕地对外出打工人员来说已成为一个负担，一方面无人耕种，另一方面土地抛荒又会受到制裁。在这种情况下，农忙务农，农闲务工或经商，获取一定的收入，这种兼业性行为已成为农村劳务经济发展过程中的一个明显特征。调查资料显示，2004年，在主要从事非农产业的农户中，兼营农业的占36%，比2001年增加了25个百分点；在主要从事农业生产的农户中，兼营非农生产的占17%，比2001年下降了9个百分点。

7. 转移的方式以自发性为主。随着农村经济的发展，农民为了获得更多的收入来改善生活条件，不得不主要依靠自己寻找门路或依靠亲友介绍寻找外出就业机会。据调查，2004年农村劳动力转移渠道中，依靠社会关系、血缘联系、亲朋介绍转移的人数所占比重为69.9%；自发外出、结伴同行的为23.6%。

(三)劳动力转移过程中存在的主要问题

1. 劳动力市场不完善，农民工以自发和亲友介绍输出为主，盲目性和无序性比较大。目前，陕西省比较规范的劳动力交流场所较少，用工信息、劳动力价位等一些外出务工者十分关注的信息发布不及时，致使一些外出务工者让个别街头广告欺骗，带来了较多的负面影响，加大了农村劳动力转移的成本和难度。近几年，虽然各级政府部门也在积极组织输出劳动力，但力度不大，组织化程度低，2004年抽样资料显示，政府组织的人数及中介组织介绍的人数只占外出务工人数的6.5%，而93.5%的外出务工劳动力是靠亲属介绍或自发外出。

2. 文化程度不高，专业技能缺乏，就业渠道较少。目前农村开展的专业培训时间较短，大多仅限于农、林、牧、渔业知识，内容简单，对外出就业帮助不大。据调查，在外出务工的劳动力中，经过专业技术培训的仅占32.1%；每百名外出劳动力中，具有中专以上文化程度的仅有3.1个人。因此，农村劳动力的科技文化素质偏低，缺乏对市场经济规律的了解，更缺乏从事非农产业的技能，使得外出就业的空间也越来越小。

3. 外出就业以短暂输出为主，缺乏可持续性和稳定性。受各种条件的限制，农村劳动力因农业效益差，认为到城市务工可以挣大钱，盲目进城，结果不仅浪费了大量的精力和财力，还因自己的素质和技能远远不能适应城市岗位的需要，而找不到工作或做一些临时性的工作，没有长期的、稳定的能保证在城市生活的就业岗位。

4. 缺乏组织和制度上的保障，农民工各种权益得不到保障。农民外出务工虽然为输入地的发展做出了贡献，但大多数农民工因为是外地人，享受不到各种失业、医疗和养老等社会保障和公共服务。在计划生育、子女入学等方面都还存在着一定的问题和困难。因此，外出农民工没有安全感和最基本的权益保障，直接影响了外出农民工的积极性。

5. 城市本身的就业压力，也制约着农村劳动力的外出务工。近年来，随着城市企业的改制，下岗分流人员的大量增加，城市安排再就业的压力越来越大，再加之全国劳动力之间的混流，更加重了城市再就业的负担，接纳农村剩余劳动力的空间很小。在这种情况下，农村剩余劳动力外出务工和进城寻找就业岗位的难度将会越来越大。

三、劳动力就业变动与转移对农民增收的作用与贡献

(一)劳动力就业结构的变化引发了农民收入结构的良性互动，促进了农民非农产业收入的迅速增加

传统的农民收入结构中，第一产业收入占据了绝对的主导地位，“粮—牧”收入成为农民收入的主要支柱。伴随着劳动力在第一产业就业比重的降低，农民第一产业收入占家庭经营收入的比重下降，相应的二、三产业收入比重上升。据对抽样调查资料分析，从1996年至2004年9年间，农民人均第一产业收入占家庭经营收入的比重降低了7.9个百分点，而非农产业(二、三产业)比重相应提高了7.9个百分点，非农产业收入增长了39.5%。非农产业收入的增加，逐步打破农业收入“一股独大”的格局。

(二)劳动力转移的加快带来了工资性收入的大幅增加，使其在纯收入中的比重不断提高，逐渐成为农民增收的主要贡献力量

一方面，农民工资性收入的增速明显快于纯收入的增速。2000～2004年，农民人均工资性收入从446元增加到690元，增长54.7%，平均年增长14.4%，同期纯收入只增长27%，年均增长6.5%，年均增速慢于工资性收入7.9个百分点，另一方面，工资性收入对纯收入的增长贡献率明显高于家庭经营收入。2000～2004年，农民人均纯收入净增加了397元，其中，工资性收入净增244元，家庭经营收入净增127元。工资性收入对纯收入的增长贡献达到61.5%，家庭经营收入只有32%，远远低于工资性收入的贡献率。第三，工资性收入占纯收入的比重逐年提高，对纯收入的权重影响在不断加大。抽样调查资料表明，在过去的5年中，工资性收入占纯收入的比重由30.3%提高到37.0%，上升了6.7个百分点，而同期家庭经营收入比重却下降了6.2个百分点。可以说，就业结构的变动与劳动力转移进程的加快所带来的工资性收入的增加，改变了农民收入过分依“农”、依“粮”的情结，扭转了收入“靠天吃饭”的历史，使农民收入确立了稳健的增长源，并且迈入了良性的增长轨道。

(三)通过劳动力外出转移增加工资性收入已经成为农民增加收入，以及脱贫致富的重要手段，转移人数的多少，工资性收入的高低逐渐成为农村内部收入差距拉大的一个重要原因

通过对抽样调查数据进行五等份分组观察，资料表明，越是收入高的农户外出转移人数增加越明显，所获得的工资性收入也就越高，并且，高收入与低收入户的收入差距60%以上是由工资性收入的差距所导致。为了比较方便，我们以2001～2003年数据为例，高收入户外出务工人数增幅增速明显快于其它收入组，以高收入户与低收入户对比观察，高收入户外出务工人数增加了107人，增长70.9%，低收入外出务工人数不增反减，下降4.7%，从收入看，2001年，高低收入组农户纯收入相差2564元，工资性收入相差759元，到2003年，纯收入差距拉大到2938元，工资性收入差距拉大到989元。在纯收入差距扩大的374元中，工资性收入差距扩大为230元，占到61.5%，换句话说，不同收入组纯收入差距的拉大60%以上是由于外出务工人数的差距以及工资性收入差距影响带来的。

(四)从“成本—收益”分析来看，通过转移而外出务工的收益明显好于农业，因转移而带来的工资

性收入远远大于农业纯收入

据我们曾经对2003年的资料测算，陕西省农村未转移而在家劳动的劳动力人均农业纯收入1214元，牧业纯收入259元，两项合计低于外出从业收入近850元。另据有关部门在2002年调查，种植粮食每亩获得纯收入仅为173元(不含劳动力成本)，若扣除用工作价则每亩纯收益更低。假若按每个劳动力种植10亩计算，每年获纯收入不足2000元，而农民外出务工如能找到比较固定的工作，每月收入少则300～500元，多则达1000～2000元，一般外出务工者每年可寄回带回现金2000～6000元，可见，农民转移输出所获得的工资性收入明显高于种植粮食的收入。

有关专家的研究表明，在目前农业生产条件和生产能力下，农业生产边际效益递减规律作用明显加强，在所需合理劳动力数量前提下，每增加一个劳动力，其带来的边际产出可能为负值，也就是说，每增加一个劳动力所产生的收益还不足以满足增加这个劳动力所要支付的成本。当农业生产边际率等于零时，劳动力就必须转移出农业，才能带来收入的正向增加，因为劳动力通过外出务工创造的边际收益明显高于农业。这种收益正效应作用必然推动更多的劳动力寻求转移或输出，来促进收入的迅速增加。转移与收入的这种良性互动影响，正是近年来农民收入增加的主要来源，同时，在未来若干年内，也必将成为农民增加收入的主要亮点和支点。

四、加快劳动力转移，优化劳动力就业结构，促进农民收入增长的政策建议

加快劳动力转移，是全面建设小康社会的重大战略任务，是振兴农村经济、增加农民收入的根本途径。加快农村劳动力转移，优化劳动力就业结构，要城乡统筹，建立新体制适应新情况。

(一)要以系统化的理念来抓好劳动力转移、就业工作

农村劳动力转移是一个庞大复杂的系统工程，从市场主体来看，有转移的农民、各类中介、培训机构、劳动力市场和用工单位等；从转移的环节看，包括用工信息的发布、农民工的招用、技能培训和维权服务等；从政府的管理职能来看，农村劳动力转移涉及到农业、劳动、公安、民政、计生等多个部门；从转移的调节手段来看，既有行政手段，又有市场调节。因此，抓好劳动力转移就业工作应当以系统化的理念，用与时俱进的精神和市场化的行为进行宏观调控与组织。

1. 各级政府要高度重视农村剩余劳动力转移问题，要把城市和农村劳动力就业作为一个整体纳入到国民经济和社会发展计划当中。尽快出台一系列鼓励和支持农民进城打工的相关政策，为农民合理流动提供政策支持:逐步完善有利于农民外出打工的各种优惠政策，清理和取消农民进城就业的歧视性规定和不合理收费，简化农民跨地区就业和进城打工的各种手续，降低农民工的就业成本和风险。建立健全维权体系，通过合法的组织形式，维护外出农民工的合法权益。通过媒体加强对农民工的正面宣传，促进农民工与现有城市居民间的良性互动，增加群体间的信任，提高农民工的社会地位。

2. 发展、规范劳动力中介组织，强化政府、社会、企业组织职能，加强劳动力转移与就业的组织化程度，实现劳动力输出工作的长期化、规范化、信息化。首先，建立农村劳务输出的协调服务机构，建立省、地、县、乡(镇)垂直的劳动力资源供求信息传递网络，提高劳务输出的组织化、信息化水平，保障劳务输出的及时性、有序性、稳定性、长期性。一是按年龄结构、性别、文化结构、技术特长和求职意向分类登记造册，建立省、地、县、乡(镇)劳动力资源储备库，为有计划输出提供可靠依据。二是利用各种渠道广收各种用工信息，并对信息进行筛选，利用新闻媒体加强宣传，将筛选后的用工信息，定期向社会发布，避免劳动力转移过程中的盲目性、无序性。三是对农村劳动力就业流向、职业、工资等情况进行跟踪监测，为有计划、有针对性地开展农村劳动力职业技能培训、就业安置和制定劳务输出计划奠定基础。其次，除政府组织外，要大力培养劳务输出带头人，发挥能人带头示范、扩散效应，通过有专业特长和职业技能的劳务输出带头人来带动一片、转移一片，增加一片农民收入。

3. 大力开展教育培训，着力提高劳动力的自身素质，增强其转移就业的能力。各级政府有关职能部门要利用现有的农业职教体系，根据劳动力市场需求整合农村教育资源，加强对农民工就业技能的培训，对农民工在技能、法律、卫生、城市生活知识等方面进行综合指导，提高农民工的劳动技能和工作水平。一是要根据市场和企业的需求，按照不同行业、不同工种对农民工基本技能的要求，安排培

训内容，提高培训质量；二是在培训过程中，找准市场定位，有所为有所不为，有计划、有目的、多层次、多渠道、多形式地开展农民工培训教育，使农村青壮年劳动力改变就业观念，普遍掌握1～2门实用技能，提高农民工的劳动技能、工作水平和综合素质，使农民工由体力型向技术型和智力型转变，努力打造劳务精品，增强陕西省农民进城务工的竞争能力，促进劳动力转移的数量和质量并驾齐驱快速增长。

（二）统筹规划，实施农村工业化、城市化和农业产业化“三化联动”，壮大劳动力大容量转移的载体，拓展农村劳动力转移、就业空间

要富裕农民必须减少农民，要繁荣农村必须推进城镇化，这是世界各国现代化的基本规律，也是当前我国促进国民经济良性循环和社会协调发展的重大战略措施。我们要从农业产业化建设入手，大力发展农村乡镇企业，促进带动小城镇发展，实现三者互动发展，良性循环，从而增大吸纳农村转移劳动力的能力。

1. 以特色引路，加快农业产业化经营步伐，创造农村剩余劳动力转移的就业空间，促进农民增收。加快农业产业化既可为乡镇企业和小城镇发展提供良好条件，同时又能够吸纳大量劳动力就业，促进农村劳动力在农业、农村内部实现就业。按照省委、省政府提出的以市场需求为导向，以优势资源为依托，加快发展果业和畜牧业两大主导产业，积极培育壮大龙头企业。进一步落实、完善支持龙头企业发展的政策措施，从土地、税收、信贷等方面给予支持，把现有龙头企业做大、做强。要健全龙头企业与农民的利益联结机制，增强龙头企业的市场竞争力和对农户的带动力，拓展龙头企业的发展空间和吸纳农村剩余劳动力转移空间，达到农村剩余劳动力不离土不离乡就业，实现企业发展和农户增收的“双赢”。

2. 搞好乡镇企业的“二次创业”，继续发挥乡镇企业大容量转移农村劳动力的载体能量。从今后的发展方向看，乡镇企业的历史使命还远没有完成，建设全面小康社会，必须加快乡镇企业的“二次”创业。当前，乡镇企业应当调整发展战略，从农村实际出发，立足农业，使农业向深广度延伸，突出发展农产品精深加工。充分发挥农村自然资源、农业资源、劳动力资源优势，兴办特色工业，逐步形成一批特色鲜明、品牌名优的农产品加工专业村、专业镇。除部分实力较强的乡镇企业应提高资本和技术含量外，要发挥比较优势，合理创办劳动密集型企业和集群企业，这样既能降低成本，又能较多的吸纳农村剩余劳动力，使之成为劳动力转移的主要载体。

3. 发展多种所有制经济形式，多渠道吸纳转移劳动力就业。我国的中小企业以民营经济居多，它的发展能够创造出大量的非农就业机会，是农村劳动力转移的重要出路，对农村产业和就业结构的调整也有重要的意义。因此政府应制定宽松、公正的政策，给予更多的支持，鼓励、引导其健康的发展，提高农村剩余劳动力在个体、私营、联营、股份合作经济中的就业比重，充分发挥民营经济在农民就业和农民增收的积极作用。要加快完善相关法律、法规，消除所有制的差别待遇，营造平等的政策环境，促进民营经济的发展。

4. 加强城镇化建设，加快城市化进程，为农村劳动力的转移就业创造更多的条件。加快小城镇建设就是要以小城镇建设提高城市化水平，吸纳更多的农村劳动力；以小城镇建设调整产业结构，带动农村经济；以小城镇建设接受新的文化观念，改变人们生活方式。在发展小城镇的过程中，通过各种基础设施建设，拓宽二、三产业的发展空间，拉动就业需求，为农村剩余劳动力提供新的就业岗位，实现农村剩余劳动力产业转移、就业。

5. 把乡镇企业发展与小城镇建设有机结合，做到协调一致，相得益彰，保证劳动力转移就业的可持续性。工业化与城市化对农村剩余劳动力的转移作用，一个是实现产业的转移，一个是实现空间转移。工业化与城市化是产业内容与空间载体的关系，二者相互联结相互依存。小城镇接近于农村，乡镇企业多集中在小城镇，农民就近离土不离家转入小城镇就业，既可降低农村剩余劳动力转移的成本和就业风险，又可有效地避免在大中城市吸纳能力有限的情况下，农民涌入城市产生的种种问题。因此，打破乡镇企业的地方性壁垒，根据行业特点，技术水平、规模大小，鼓励有条件的乡镇企业充分实现其潜在的效益，促进乡镇企业更好的发展，也有利于小城镇集中优势的发挥，让小城镇与乡镇企业相互依存，相互促进，产生显著的聚集效益和规模效益，使乡镇企业和小城镇建设实现“双赢”，共同实现可持续发展的良性运作，为农村剩余劳动力营造更多的转移就业空间。

沪郊农村劳动力转移对农村居民收入的影响

上海市农调队　程　英

近几年来，通过加快农村劳动力转移提高工资性收入已成为农村居民增加收入的重要途径。2004年沪郊农村居民家庭人均可支配收入7337元，比2003年增长10.2%，可支配收入中工资性收入已占到八成左右。目前农村劳动力的转移仍存在着供大于求、供求结构性矛盾和就业地区不平衡等问题。客观分析这些问题形成的原因，探索加快农村劳动力转移的对策，对促进农民增收具有重要的现实意义。

一、沪郊农村劳动力转移回顾

(一)上世纪80年代沪郊农村劳动力转移迅速

1978年以后，以家庭联产承包责任制为核心的农村改革极大地调动了广大农民的生产积极性，农业生产得到迅速发展。与此同时，农村乡镇工业也迅速壮大起来，逐步成为农村经济的支柱产业，这为充分吸纳从农业生产中转移出来的多余劳动力提供了可能。

据统计，1980年末，沪郊乡镇工业企业(包括人民公社办、生产大队办工业企业)为5192家，至1990年末已发展到13761家，10年间增长了1.7倍，平均每年以10.2%的速度快速发展。乡镇工业从业人员也从1980年末的69万人迅速增加到1990年末的145.1万人，10年间增长了1.1倍。与此同时，沪郊农村从事农业生产的人员80年代减少了114.4万人，除一部分到城市就业外，在农村从事非农劳动的人员增加了83.4万人。其中约

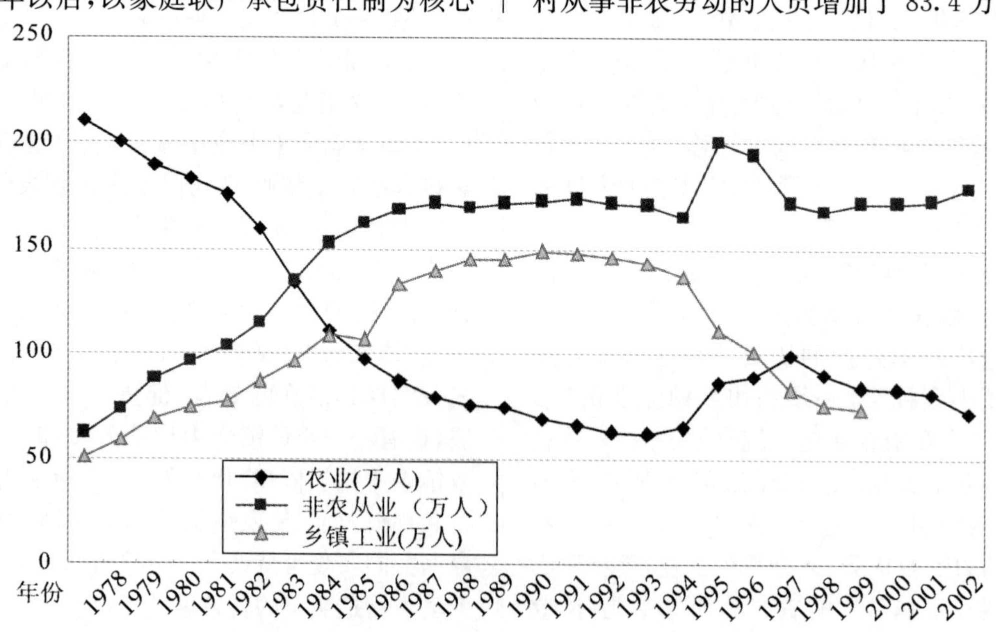

1978～2003年沪郊农村农业、非农从业、乡镇工业从业人员变化情况

有80%的人员转移到本地的乡镇工业中。至1990年末，乡镇工业从业人员的比重已占农村从业人员的58.8%，比1980年提高了34个百分点。

(二)90年代初期农村劳动力转移减缓

进入90年代，农村劳动力转移速度减缓，形成一个小弧度的平台期(见图)。1992年，农村非农从业人员为173.7万人，比1990年增加2万人，新增非农从业人员仅为80年代年平均的24%。1993年至1994年，虽然非农从业人员和乡镇工业从业人员数量略有减少，但其占农村全部从业人员的比重仍有小幅上升，原因在于农村从业人员总量有所减少，这也是本文将这一时期划入农村劳动力转移减缓时期的主要理由。

(三)90年代中后期农村劳动力转移呈回流态势

从1995年起，沪郊农村劳动力转移数量呈逐年递减趋势，至2000年，非农就业人数已降为143万人(沪籍)，与1984年的非农从业人员总量水平相当，比1992年最高值(173.7万人)减少了30.7万人。而同期，农业劳动力却呈现增长态势，至1998年达到高峰，为83.9万人(沪籍)。2000年农业从业人员比1995年增加了18.3万人(沪籍)，非农从业人员则减少了21.8万人(沪籍)。农村劳动力转移向农业回流。

(四)乡镇工业成为农村劳动力转移的主要途径

80年代至90年代，除个别年份外，沪郊乡镇工业吸纳农村转移的劳动力比重一直在70%以上，1988年至1995年的8年间该比重保持在80%以上，1991年最高达到86%。乡镇工业对沪郊农村劳动力的转移有着不可磨灭的贡献(见表1)。

表1 1978～2000年沪郊农村劳动力从业情况

年份	从业人员(万人)				农村非农从业人员比重(%)	乡镇工业从业人员占非农就业比重(%)
	合计	农业	非农业	乡镇工业从业人员		
1978	272.45	210.35	62.10	51.31	22.8	82.6
1979	274.30	200.00	74.30	59.64	27.1	80.3
1980	277.75	189.47	88.28	69.00	31.8	78.2
1981	279.59	182.76	96.83	74.82	34.6	77.3
1982	278.89	174.97	103.92	77.70	37.3	74.8
1983	274.06	159.26	114.80	86.72	41.9	75.5
1984	268.05	133.9	134.15	96.24	50.0	71.7
1985	263.94	111.04	152.90	108.58	57.9	71.0
1986	258.97	97.13	161.84	107.17	62.5	66.2
1987	255.85	87.54	168.31	132.83	65.8	78.9
1988	250.75	79.72	171.03	139.33	68.2	81.5
1989	246.05	76.21	169.84	144.96	69.0	85.4
1990	246.75	75.04	171.71	145.11	69.6	84.5
1991	242.01	69.48	172.53	148.32	71.3	86.0
1992	239.84	66.15	173.69	147.96	72.4	85.2
1993	235.07	63.47	171.60	145.99	73.0	85.1
1994	232.92	62.68	170.24	142.72	73.1	83.8
1995	230.43	65.61	164.82	136.66	71.5	82.9
1996	286.10	86.06	200.04	111.03	69.9	55.5
1997	283.20	89.39	193.81	101.03	68.4	52.1
1998	270.63	99.05	171.58	83.58	63.4	48.7
1999	257.68	90.42	167.26	75.64	64.9	45.2
2000	255.60	84.60	171.00	73.81	66.9	43.2

注：1996年及以后按农业普查口径统计，包括外来从业人员。

二、21世纪初沪郊农村劳动力转移特征

(一)转移趋势呈波浪形上升

进入21世纪,沪郊农村劳动力转移增量由负转正。2000年至2004年农村劳动力转移增量分别为3.7万人、0.8万人、0.2万人、6.3万人、4.5万。由于近年来各级政府把促进就业的责任列入政府考核体系,以"三个集中"(农业向规模经营集中,工业向园区集中,农民向城镇集中)带动农村居民非农就业,积极落实非农就业政策,使农村居民非农就业工作取得了明显成效。至2004年末,沪郊农村非农从业人员达182.83万人,比2000年增加了11.8万人,平均每年增长1.7%。

(二)转移的渠道为二、三产业并重

据调查,2004年在第二、三产业就业的农村非农就业人员比重分别为43.1%、31.4%,比2000年提高了8.6个和1.3个百分点。另据2004年上半年一次性调查数据,按就业单位性质分,新增非农就业在个体、私营企业就业的人员最多,占34.2%,其次是外商独资、中外合资合作经营企业(31.6%),集体企业(17.7%),国有企业(11.4%)。快速发展的个体、私营企业已成为吸纳农村劳动力的主力军。

(三)转移的空间以乡镇为主

2004年住户调查资料显示,沪郊农村劳动力转移多在本市范围内,其非农就业在本乡镇的占82.1%,镇外区内的占10.7%,区外市内的占6.8%,本市以外仅占0.3%。

(四)转移的主体年轻化、知识化居多

据2004年上半年抽样调查,农村居民家庭新增非农就业人员的平均受教育年限为11.5年,分别比2003年、2002年同期高出1年和0.7年,其中大专及以上学历人员占到三成。新增非农就业人员的平均年龄为30.5岁,其中20岁至30岁的人员占到2/3。

(五)转移方式更为积极主动

一次性抽样调查数据表明,2004年上半年新增非农就业人员中,通过竞聘、自荐等方式实现就业的达五成以上,通过亲友介绍实现非农就业的占39.2%,通过各类中介(包括乡镇社会保障服务中心)实现就业的占8.9%。通过竞聘、自荐等方式实现就业的人员的比重,2004年上半年比2003年同期上升了15.4个百分点,半数以上的农村劳动力通过自己努力而实现非农就业,自主择业已成为非农转移的主渠道。

三、农村劳动力转移对农村居民收入的影响

(一)转移加速,增收明显

80年代沪郊农村劳动力转移主要渠道是乡镇工业企业,因此,农村居民从乡镇企业得到的收入也快速增长。从1980年到1995年期间,农村居民家庭人均工资性收入由154.8元增加到2734元,增长了16.7倍,年均增长达21.1%。对农村居民年增收的贡献率从45.3%提高到76.9%,占农村居民可支配收入的比重也从原来的38.5%增至64.5%。1995年,农村居民从乡镇企业得到收入占工资性收入比重达71.2%,比1980年上升了39.8个百分点。农村居民从乡镇企业得到的收入成为增收的主要来源,沪郊农村居民整体收入水平有了很大的提高。

(二)转移减缓,增收徘徊

90年代中后期,受农村劳动力转移减缓的影响,农村居民工资性收入增幅大幅回落。1998至2001年沪郊农村非农从业人员增量分别为－22.2万人、－4.3万人、3.7万人、0.8万人。同期沪郊农村居民家庭人均工资性收入增幅仅为3.6%、2.5%、2.8%、4.2%,与80年代至90年代中期(年均增长21.9%)相比增幅回落较大。其中,农村居民从乡镇工业得到收入降幅较大,个别年份如1998年、2000年甚至出现了负增长。

(三)转移的不平衡带来收入的不平衡

按区域划分,沪郊农村可分成近郊(闵行区、嘉定区、宝山区);中远郊(松江区、青浦区、奉贤区、南汇区、金山区)、海岛(崇明县)。据2004年度抽样调查数据(见表2),近郊、中远郊、海岛的非农从业人员比重之比为1.38∶1.09∶1(以海岛为1,下同),其相应的农村居民可支配收入水平之比为1.48∶1.28∶1。近几年中心城区的扩展延伸,为郊区创造了更多的非农就业岗位,直接带动了农村居民工资性收入的增长。

表 2 2004 年分区域农村非农从业人员(沪籍)和农村居民收入情况

指 标	非农从业比重(%)	农村居民纯收入(元/人)	2004 年比 2003 年收入增长(%)
近 郊	93.4	8537	10.5
中远郊	73.7	7386	8.8
海 岛	67.6	5758	5.6

四、农村劳动力转移的成因分析

(一)乡镇工业迅速扩张是 80 年代至 90 年代初农村劳动力转移的主要动因

1978 年以后,随着农民生产积极性的空前释放,农业生产效率大幅度提高,土地超载劳动力的矛盾越来越突出,农村劳动力开始寻求新的发展空间,这一时期各类工业产品,特别是生活必需品的大量短缺,催生了以集体性质为基础的农村社办、队办企业的发展。农村乡镇工业的迅速崛起为农村劳动力转移提供了必要条件。

80 年代初,沪郊乡镇工业多以技术含量相对较低的劳动密集型企业为主,吸纳了大量的农村劳动力。从 1980 年到 1990 年,沪郊乡镇工业数(村、队二级开办)增加了 8569 家,从业人员增加了 76.1 万人,企业产值由 1980 年的 28 亿元增至 1990 年的 1343 亿元,10 年间增长了 47 倍。

(二)乡镇企业增长方式的转变是 90 年代中后期农村劳动力转移减缓甚至出现回流的深层原因

到了 90 年代,乡镇工业“小、低、散”的结构性矛盾突出,市场竞争日益激烈。从 90 年代初期开始,沪郊乡镇企业增长方式加快了由“粗放型”向“集约型”的转变,更多的乡镇企业开始提高企业的技术含量,重视集约化经营。90 年代中期开始,沪郊乡镇企业进行了集体产权制度改革;以后,许多乡镇企业又进行了第二次改制。第一次的改制主要是将大部分单一的集体所有制改为多种所有制,主要是私营独资或合伙、其他有限责任公司和股份合作制。经过几年的探索和实践,乡镇企业产权制度改革取得了很大的成功,但仍有一部分企业的改制没有到位。因此,部分企业根据自身的发展需求,又进行了以优化产权结构为内容的“第二次改制”。乡镇企业在改制的过程中,走出了一条由劳动密集型向资本、技术密集型过渡的发展道路,具体表现为加大了对机器、设备资金的投入,减少对劳动力的使用,以提高劳动生产率,降低生产成本,提升产品的质量,增强企业的市场竞争力。这一增长方式的转变使原来企业存在的大批冗员,回流到农业生产领域。另外,由于取消了对乡镇企业的税费减免和 1997 年的东南亚金融危机的出现,许多乡镇企业失去了外贸出口订单,加上这一时期国家治理污染,关闭“十五小”企业等等,致使大批乡镇企业相继停产、倒闭。1998 年乡镇工业从业人员回流农业达到顶峰,农业从业人员比 1997 年增加了近 10 万人,非农从业人员则减少了 20 多万人。

(三)郊区城市化滞后严重阻碍农村劳动力转移途径的拓展

沪郊农村用了 20 多年的时间提升了工业化水平,2000 年末,郊区增加值已达 1305 亿元,其中工业占到了 51.6%。但郊区城市化发展仍显滞后,2000 年郊区城市化水平为 48%,比 1996 年(25 个小城镇典型调查数据 42.9%)仅提高了 5.1 个百分点,平均每年提高仅 1.3 个百分点,远远落后于这些年郊区经济的发展速度。由于郊区城市化发展不快,严重影响城市的集聚效应和辐射力,使大批农村劳动力难以向城镇第三产业转移。90 年代中后期大量乡镇工业职工下岗后不能有效地分流进入城镇就业,返还农业也就成了必然。

五、当前沪郊农村劳动力转移中存在的主要问题

(一)农村劳动力供大于求的矛盾突出

沪郊农村劳动力供大于求存在两方面矛盾,即本地农村劳动力新增人员和存量人员的消化以及外来劳动力的就业竞争。据第五次人口普查资料推算,至 2005 年,郊区每年适龄就业人口净增加近 10 万人;2004 年上半年一次性调查,本市农村地区未就业的劳动力(沪籍、劳动力年龄之内、包括家庭务农)存量约为 30 多万人;目前在郊区的外来就业人口超过 200 万人,部分乡镇外来人口甚至已超过当地人口数。由于外来劳动力吃苦耐劳,愿意加班加点,工资水平不高等因素,使他们在与本地农村

劳动力的竞争中占有先机，加剧了沪郊农村劳动力供大于求的矛盾。

(二)农村劳动力结构性矛盾突出

农村劳动力结构性矛盾主要表现为无专业技能或专业技能不高的劳动力严重过剩，而具有较高专业技能的劳动力又明显不足。据2003年农村住户调查资料，沪郊农村劳动力平均受教育年限为8.95年，初中及初中以下的文化程度平均比重为25.8%，而未就业人员中高达89.5%，未就业人员中95%以上没有受过职业培训。由于多数农村劳动力文化素质低，又不具备专业技能，使得本地农村劳动力非农就业空间相对狭小，难以实现与非农就业的同步快速增长。

(三)就业地区不平衡的矛盾突出

总体上看，就业环境城市比农村好，近郊比远郊宽松，经济发展状况较好的地区，就业问题也解决得比较好。对一次性抽样调查推算资料分析发现，各区县非农就业情况差距较大：在全部农村未就业劳动力31.8万人员中，处于中远郊和海岛地区的崇明县(8.6万人)、南汇区(6.3万人)、金山区(5.6万人)，农村未就业劳动力人数较多，其比重达到总量的63.5%，松江区、青浦区、奉贤区农村未就业劳动力在3～4万人之间，近郊的闵行区、嘉定区、宝山区农村未就业劳动力最少，只有几千人。

六、加快沪郊农村劳动力转移的对策建议

(一)从促进农民增收的高度重视农村劳动力转移问题

历史证明，传统农业对农民增收贡献度的下降已难以逆转，而农村劳动力转移对促进农民增收已成为无可争辩的事实。农村劳动力转移不仅为农民脱贫致富带来了机遇，也为农村经济的发展创造了条件。从某种意义上说，农村劳动力能否顺利实现有序转移，已成为能否真正解决好“三农”问题的关键。上海市委、市政府十分重视农村劳动力的非农就业问题，在2002年率全国之先建立了城乡统一的就业机制，使农村劳动力转移取得了明显成效。从促进农民增收的高度重视农村劳动力转移问题，创新思路，创新机制，千方百计地增加农村劳动力非农就业，提高农村居民的整体收入水平，应成为各级政府和社会各界的共识。

(二)努力提高农村劳动力的综合素质，增强其就业竞争力

农村劳动力素质低是制约农村劳动力转移的一个重要因素，提高农村劳动力的综合素质是一项长期的艰巨任务。重点应从三个层面来提高农村劳动力的综合素质。

1. 缩小城乡义务教育差距。城乡统筹发展不但要有城乡统一的义务教育制度，更应该以统一的教育标准考核，达到统一的教育水准，采取切实措施提高农村义务教育的质量和水平是当务之急，也是未来农民就业的基础。

2. 引导中青年农村劳动力接受文化知识的再教育。据调查，2003年有近50万人参加各类成人教育并能学而有用，但本市农村劳动力接受成人教育为数较少。这部分年龄的人又是就业的重要群体，但往往由于文化水平低，使得他们中的一些人就业十分困难。因此，有针对性地对中青年农村劳动力开展文化知识的再学习，使他们学得起、学得好、学得有用，这将有助于他们实现非农就业。

3. 将郊区农民劳动技能培训和就业培训结合起来。根据劳动力市场需求，有针对性地发展职业技术教育，把适龄农村劳动力纳入政府补贴的上海青年职业培训行列。通过培训，提高农村劳动力的专业技能素质，培养一批有文化、有技术的合格劳动者，从而提高农村劳动力的就业竞争力。

(三)加快“三个集中”，拓展农村劳动力的就业空间

1. 鼓励欠发达地区劳动力到发达地区就业。目前，宝山区对出岛就业的农村劳动力实行积极鼓励政策，乡政府在财政较为困难的情况下还出钱补贴他们，年人均交通补贴费就达千元。另外，崇明岛许多农村劳动力就业于上海市区出租车行业，其占整个市区出租车行业的比重约15%，达到1.3万人的规模。建议政府有关部门逐步创造条件鼓励欠发达地区劳动力到发达地区就业，以此增加他们的收入。

2. 鼓励农村劳动力到城镇、特别是小城镇自谋职业。目前，沪郊农业人口350多万人，促进他们就业转岗、保障转型、户口转性，从根本上实现离土又离乡是“三个集中”的目标。为加快农村劳动力转移，政府可以提供必要的帮助，如进行牵线搭桥，有针对性地组织对口招工，发放低息贷款，减免相关税收等，积极引导农村劳动力到城镇、特别是小城镇进行自我创业、自谋职业。

3. 政府可出资购买部分就业岗位，扶持贫困户就业。近年来，部分区县政府优先落实农村“双富

余”(指家庭劳动力均未就业)家庭一户至少一人就业等措施,为低收入及贫困户农民增收起到了积极的作用。由于就业市场竞争日趋激烈,为进一步落实农村贫困家庭的帮困工作,可参照上海中心城区促进就业工作的做法,区县城政府出资购买一定的公益性、社区性等岗位,或对部分岗位进行补贴,提供农村生活困难和贫困户非农就业,帮助农村贫困户实现劳动力转移以增加其收入。

4. 加快落实中老年农民承包地换保障政策,分流农村劳动力。沪郊农村未就业劳动力总量中,45岁以上的人员占2/3,50岁以上的人员近一半。根据现行规定,男性年龄超过60周岁、女性超过55周岁的农业人员,可以参照征地养老的办法落实基本保障。鉴于一部分文化程度较低、不具备专业技能的中老年农村未就业劳动力实现劳动力转移难度很大,建议对其中属于低收入贫困户的中老年农村未就业劳动力,在其自愿的基础上,优先考虑土地换保障,以确保他们的基本生活,减轻就业竞争压力。

内蒙古牧区劳动力就业与收入增长关系研究

内蒙古自治区农调队课题组

劳动力就业结构是整个国民经济结构的有机组成部分。农村牧区劳动力就业结构合理与否不仅关系着农村牧区经济发展的速度,同时对于整个国民经济运行起着不可低估的作用。改革开放以来,随着农村牧区经济体制的转变,内蒙古农村牧区劳动力就业结构得到了较大的调整,逐步由原来单一的以农为主结构转变为农业与非农业就业全面发展的新格局。农村牧区劳动力就业结构的调整,不仅使内蒙古农村牧区经济总量有了令人瞩目的增长,而且提高了农村牧区经济增长的质量,拓宽了收入渠道,增加了农牧民收入。本文以20世纪80年代以来内蒙古农村牧区经济统计数据为依据,通过多方面对比分析,对内蒙古农村牧区劳动力就业结构同收入变化的历史及现状进行深入研究,以揭示农村牧区劳动力就业结构与收入增长之间的内部联系和演变规律,寻找劳动力就业结构发展变化的一般趋势,为进一步调整和优化内蒙古农村牧区产业结构,制定农牧民增收政策提供科学依据。

一、内蒙古农村牧区劳动力就业结构与农牧民收入的发展和现状

(一)农村牧区劳动力就业结构

1980年,内蒙古农村牧区就业劳动力443万人,到2004年,就业劳动力增加到676万人,24年新增就业劳动力233万人,其中农林牧渔业新增劳动力110万人,非农行业新增劳动力123万人,非农行业新增劳动力比农林牧渔业多13万人。

1980～2004年,内蒙古第一产业劳动力占农村牧区就业劳动力比重由1980年的93.5%持续下降到2004年的77.5%,24年降低了16个百分点。其中,农业劳动力比重由1980年的84.2%下降到2004年的66.1%,降低了18.1个百分点;牧业劳动力比重由1980年的7.5%上升到2004年的9.6%,提高了2.1个百分点。非农产业劳动力比重则由1980年的6.5%上升到2004年的22.5%,上升了14.9个百分点,其中第三产业比重由4.2%上升到了14.9%,提高了10.7个百分点。第一产业劳动力不断地向非农产业转移,劳动力就业结构日趋多元化,符合就业结构演变的趋势。这种演变标志着以农业就业为主的单一的传统旧格局的结束和复合型、多元化新格局的形成。

(二)农牧民收入构成

1. 总收入构成。 1980年,内蒙古农牧民人均总收入(现价,下同)为202元,其中工资性收入75元,家庭经营收入111元,转移和财产收入17元;2004年,农牧民人均总收入增加到4441元,其中工资性收入395元,家庭经营收入3857元,转移和财产收入189元。1980年到2004年,人均工资性收入增加了320元,增长了4.3倍,工资性收入对总收入增长的贡献率为7.5%;家庭经营收入增加了3746元,增长了33.7倍,家庭经营收入对总收入增长的贡献率为88.4%;转移和财产收入增加了172元,增长了10.1倍,转移和财产收入对总收入增长的贡献率为4.1%。

表 1　内蒙古农村牧区劳动力就业结构

年　份	2004		2000		1995		1990		1985		1980	
项　目	绝对数	比重	绝对数	比重	绝对数	比重	绝对数	比重	绝对数	比重	绝对数	比重
单　位	万人	%	万人	%	万人	%	万人	%	万人	%	万人	%
一、农村牧区就业劳动力	676	100.0	632	100.0	590	100.0	538	100.0	506	100.0	443	100.0
二、农林牧渔业劳动力	524	77.5	524	82.9	503	85.3	478	88.8	463	91.5	414	93.5
其中:农　业	447	66.1	463	73.3	449	76.1	423	78.6	402	79.4	373	84.2
牧　业	65	9.6	51	8.1	47	8.0	40	7.4	38	7.5	33	7.4
三、非农产业劳动力	152	22.5	107	16.9	87	14.7	61	11.3	43	8.5	29	6.5
其中:工　业	23	3.4	18	2.8	18	3.1	15	2.8	12	2.4	10	2.3
建筑业	28	4.1	23	3.6	18	3.1	8	1.5	6	1.2	—	—
交通仓储邮电	12	1.8	11	1.7	10	1.7	6	1.0	4	0.8	—	—
批零、餐饮	26	3.8	15	2.4	10	1.7	5	0.9	4	0.8	—	—
其他	61	9.0	40	6.3	31	5.2	27	5.0	17	3.4	19	4.3

2004 年,工资性收入占总收入比重 8.9%,比 1985 年的 7.1%上升了 1.8 个百分点;家庭经营收入占总收入比重 86.8%,比 1985 年的 91.1%下降了 4.3 个百分点。家庭经营收入中牧业收入在总收入中的比重由 1998 年的 29.1%上升为 38%,提高了 8.9 个百分点;农业收入在总收入中的比重由 1998 年的 62.5%下降到 57.8%,降低了 4.7 个百分点。在家庭经营收入持续增加的情况下,一产业所占比重逐渐下降,其中农业的增长势头减弱,牧业则呈现出勃勃生机;而二、三产业经过 20 几年的发展,所占比重比较稳定,发展严重迟缓。

表 2　内蒙古农牧民人均总收入(现价)

单位:元

年　份	2004	2000	1995	1990	1985	1980
总收入	4441	3440	2054	947	518	202
一、工资	395	288	99	52	37	75
二、家庭经营收入	3857	3050	1872	871	472	111
1、一产业	3711	2865	1792	845	457	—
农业	2228	1667	1402	678	339	—
牧业	1467	1182	386	165	116	—
2、二产业	38	35	22	8	4	—
3、三产业	109	150	58	18	12	—
三、转移和财产收入	189	103	84	24	9	17

表 3　内蒙古农牧民总收入构成

单位:%

年　份	2004	2000	1995	1990	1985	1980
总收入	100.0	100.0	100.0	100.0	100.0	100.0
一、工资	8.9	8.4	4.8	5.5	7.1	37.1
二、家庭经营收入	86.8	88.6	91.1	92.0	91.1	54.7
1、一产业	83.6	83.3	87.2	89.2	88.1	—
农　业	50.2	48.5	68.3	71.6	65.4	—

续表

年　份	2004	2000	1995	1990	1985	1980
牧　业	33.0	34.4	18.8	17.4	22.3	—
2、二产业	0.9	1.0	1.1	0.8	0.7	—
3、三产业	2.5	4.4	2.8	1.9	2.4	—
三、转移和财产收入	4.3	3.0	4.1	2.5	1.8	8.2

2. 纯收入构成。2004 年，内蒙古农牧民人均纯收入 2606 元，比 1998 年增加了 625 元，其中工资性纯收入为 395 元，比 1998 年增加了 178 元，对纯收入增长的贡献率为 28.5%；家庭经营性纯收入为 2038 元，比 1998 年增加了 321 元，对纯收入增长的贡献率为 51.4%，工资性纯收入增长的贡献率低于家庭经营性纯收入增长的贡献率。

1998～2004 年，农牧民人均工资性纯收入（现价，下同）占纯收入的比重分别为 10.9%、12.9%、14.1%、15.2%、15.3%、15.2%和 15.2%，工资性纯收入占纯收入的比重逐年上升。与此同时，家庭经营纯收入占纯收入的比重呈现出逐年下降的趋势，1998～2004 年分别为 86.7%、84.4%、83.0%、82.2%、81.3% 80.2%和 78.2%，6 年下降了 8.5 个百分点。

表 4　内蒙古农牧民人均纯收入（现价）

单位：元/人

年　份	2004	2003	2002	2001	2000	1999	1998
一、纯收入	2606	2268	2086	1973	2038	2003	1981
二、工资性纯收入	395	345	320	300	288	259	217
1. 本地企业得到	133	122	86	86	68	43	—
2. 外出得到	162	113	112	105	108	87	—
三、家庭经营纯收入	2038	1819	1696	1622	1691	1690	1717
1. 一产业	1937	1733	1620	1517	1569	1568	1644
2. 二产业	29	20	10	10	19	34	15
3. 三产业	71	66	64	96	103	88	58

表 5　内蒙古农牧民人均纯收入构成

单位：%

年　份	2004	2003	2002	2001	2000	1999	1998
一、纯收入	100.0	100.0	100.0	100.0	100.0	100.0	100.0
二、工资性纯收入	15.2	15.2	15.3	15.2	14.1	13.0	10.9
1. 本地企业得到	5.1	5.4	4.1	4.4	3.4	2.2	—
2. 外出得到	6.2	5.0	5.4	5.3	5.3	4.4	—
三、家庭经营纯收入	78.2	80.2	81.3	82.2	83.0	84.4	86.7
1. 一产业	74.3	76.4	77.7	76.9	77.0	78.3	83.0
2. 二产业	1.1	0. 9	0.5	0.5	0.9	1.7	0.8
3. 三产业	2.7	2.9	3.1	4.9	5.1	4.4	2.9

二、就业结构与收入增长的演变趋势

（一）农牧民就业结构发生了明显的变化

1. 农村牧区劳动力总数不断增加，农林牧渔业劳动力在总劳动力中的比重呈现出下降的趋势。1980 年内蒙古农村牧区就业劳动力为 443 万人，2004 年为 676 万人，24 年增加了 233 万人，增长了 52.6%。其中农林牧渔业就业劳动力增加了 110 万人，增长 26.4%；非农产业就业劳动力增加了

123 万人，增长 4.3 倍。非农产业就业劳动力增长明显快于农林牧渔业就业劳动力增长。

2. 一产业就业劳动力的内部结构调整趋向于合理。随着农牧民生产经营水平的提高，农牧民在追逐利益最大化的同时，积极响应国家和自治区的各项政策、措施，劳动力在一产业内部进行着理性转移。

(1)农业就业劳动力经过上个世纪 80 年代和 90 年代初的大幅度增长后，近十年增长缓慢。由于改革开放和家庭联产承包责任制的推行，1980～1990 年 10 年时间，内蒙古农业就业劳动力增加了 50 万人，增长 13.4%，年均增长 1.3%。此阶段是农业发展的黄金时期，农业的潜力被充分挖掘，处于优势地位的农业吸纳了 52.6%的新增劳动力。1990～2004 年 14 年时间，内蒙古农业就业劳动力只增加了 24 万人，增长 5.7%，年均增长 0.4%，农业只吸纳了 17.4%的新增劳动力。虽然 2000 年农业就业劳动力曾经创记录地增加到 463 万人，但是到 2004 年，仅用了 4 年的时间就回落到 447 万人，减少了 16 万人，在农村牧区总就业劳动力增加的大环境下，这种减少是很具有深刻意义的，说明农业受自身条件的限制吸引劳动力的能力正在减弱。而且，内蒙古地处北方寒温带，降雨量少、无霜期短、复种指数低、土地的收成大部分要靠“老天爷”来决定，因此，年景好农业从业人口多一些，年景不好，外出的人就会增多。从发展的趋势看，农业就业劳动力今后不会有更大幅度增长，随农村产业化发展和逐步推进机械化作业，农业就业劳动力还将不断下降，这将有利于其他产业的发展。

(2)牧业就业劳动力逐年增加，受乳业和肉产业发展的带动，增势强劲。牧业作为内蒙古自治区的传统产业，其吸引劳动力的能力正在追赶农业。1980 年牧业就业劳动力为 33 万人，到 1990 年为 40 万人，10 年增长了 21%；而 2004 年达到了 65 万人，比 1990 年整整增加了 25 万人，增长了 62.5%，牧业对新增劳动力的吸引力逐渐同农业持平。选取距离现在最近的 1995 年到 2004 年这一期间，我们看到，农业劳动力减少了 2 万人，而牧业增加了 18 万人，新增劳动力数量上牧业已经超过农业。

3. 非农行业就业劳动力增速加快，三产业增速快于二产业。非农行业就业劳动力由 1980 年的 29 万人增加到 2004 年的 152 万人，增加了 123 万人，增长了 4.2 倍，快于农林牧渔劳动力同一时期的 26.4%的增长速度，非农行业表现出良好的发展趋势。非农行业就业劳动力增速加快同时其内部结构也进行着大幅度调整，1985 年，在工业和建筑业就业的劳动力为 18 万人，占全部非农行业就业劳动力的 43%；2004 年在工业和建筑业就业的劳动力增加到 51 万人，占全部非农行业就业劳动力的 33.6%，虽然总就业劳动力增加了 33 万人，但是比重下降了 9.4 个百分点，这说明在工业和建筑业就业的劳动力增长速度要慢于在住宿和餐饮业、居民服务和其他服务业就业等行业就业劳动力增长速度，批零、餐饮等服务业成为吸收农村牧区劳动力的主要行业。

(二)在就业结构变化的同时，农牧民收入来源也悄然发生了转变

1. 工资性收入刚性增长。近年，内蒙古相继出台政策提高行政和企、事业单位人员工资以及积极促进农村牧区剩余劳动力转移，有力地拉动了农牧民工资性收入的刚性上涨。1995 年，农牧民人均工资性收入为 99 元，占当年总收入的 5%；到了 2004 年，人均工资性收入增长为 395 元，已经占当年总收入的 9%，提高了 4 个百分点，农牧民工资性收入增长的形势明显、潜力巨大。

2. 家庭经营收入中一产业收入比重下降。一产业收入比重的下降符合农村牧区经济发展趋势，值得关注的是，在一产业收入比重明显下降的时候，受全国乳业和肉禽业发展的带动，内蒙古农牧民的牧业收入比重在不断上升，近年部分盟市年均增长在两位数以上。牧业的发展，提高了农牧民的收入，促进了相关产业的兴起，如包装、运输、餐饮等，极大地拉动地方经济增长。

(三)农村牧区劳动力的就业结构同农牧民收入的增长关系进一步密切

通过对近 20 多年的资料分析发现，内蒙古农村牧区劳动力的就业结构同农牧民收入的增长关系进一步密切。在 1980 年到 1990 年的十年时间里，由于是改革开放和家庭联产承包责任制等政策实行初期，对于广大的农村牧区劳动力来说，一产业特别是农业的巨大潜力等待着有人开发，所以，农牧民这一时期的就业和收入都集中在农业，农业也当之无愧为农村牧区经济的支柱。1990 年后，伴随着改革开放的深入和我国社会主义市场经济制度的确立，非农产业逐渐兴起，农牧民不再将眼光只盯在土地上，农牧民的就业结构向多元化发展，非农产业就业劳动力显著增加。这时，农牧民收入的来源紧随着发生了转变，二、三产业收入比重不断上升，一产业收入比重连续下降。这种紧密的联系为提高农牧民收入提供了清晰的思路，即收入的增加取决于合理、充分就业，而合理、充分就业要依靠社会大环境、政策和措施、劳动者素质等诸多方面。

三、存在的问题

从内蒙古农牧民的就业结构和收入的发展和演变来看，在以下几方面还存在问题：

（一）就业结构单一的格局仍未根本改变

目前，世界中等收入国家第三产业劳动力所占比重在40%左右，第二产业劳动力所占比重不低于35%，两项合计在75%以上，而农业劳动力所占比重多数低于25%。我国是典型的农业大国，农业人口众多，滞留在农业上的劳动力转移难度很大，内蒙古这一现状更为明显。2004年内蒙古一产业劳动力占农村牧区劳动力比重为77.5%，农业劳动力占农村牧区劳动力比重为66.1%，这说明在一产业特别是农业就业的劳动力还占绝大多数，还未形成真正的多方位、多渠道就业的格局。

（二）收入结构不尽合理

1. 工资性收入比例偏低。资料显示，2003年浙江省农村居民人均纯收入5431元，其中人均工资性收入2613元，占纯收入的48%。同期内蒙古人均工资性收入345元，占纯收入的15%，与浙江省分别相差2268元和33个百分点，内蒙古农牧民的工资性收入在收入中所占比重太低，提高农牧民收入还应当从这方面多做工作。

2. 二、三产业发展缓慢，限制农牧民收入增长。1985年，全国农村牧区家庭经营收入中一、二、三产业收入之比为89.96∶2.75∶7.29，内蒙古为96.66∶0.76∶2.58；2000年，全国三个产业之比为80.43∶5.94∶13.63，内蒙古为93.94∶1.15∶4.91。内蒙古二、三产业比重虽然在15年的时间里分别提高了0.4和2.3个百分点，而同期全国二、三产业比重分别提高了3.2和6.3个百分点，比内蒙古高出2.8和4.0个百分点，内蒙古二、三产业发展速度落后于全国水平，这就进一步拉大了内蒙古同全国的收入差距，从而影响了内蒙古农牧民收入的迅速增长。

（三）资源优势未能很好发挥

内蒙古自治区自然资源丰富，是祖国北疆的一块宝地。“东林西铁、南粮北牧、遍地是煤”形象地概括了自治区自然资源的特点和经济潜力。特别是农牧业资源具有巨大的潜力和开发价值。农牧业是内蒙古最大的资源优势，在几个方面居全国前列：一是人均耕地面积居全国第一。据第一次全区农牧业普查统计数据显示，全区实有耕地面积780万公顷，人均0.33公顷左右，是全国人均耕地的3倍多，人均粮食产量居全国第3位，并于1992年实现粮食自给有余，并且成为我国北方重要的粮食生产基地。二是草场面积居全国第一。全区草场面积达0.86亿公顷，占全国约1/4，可利用草场面积占全国1/3，人均草场面积近4公顷，比全国平均水平高出50多倍。由于内蒙古地域辽阔，降水量自东向西递减，因而形成了自东向西的河西草甸草原、典型草原、荒漠草原等多种类型草原，多种多样的草场。但目前全区农牧业资源的开发利用仍很粗放，土地生产率和劳动生产率均较低，必须通过增加投入，改善生产条件，加大科技推广力度，提高化肥和灌溉水的利用效率，使全区农业单产水平和牲畜个体生产能力得到显著提高，进而提高农畜产品总量和品质，为农牧民增收创造条件。

（四）内部贫困人口的存在制约了农牧民收入的增长

十一届三中全会以来，特别是通过实施《国家八七扶贫攻坚计划》，开展有组织、有计划、大规模扶贫开发后，各地党政部门都非常重视扶贫工作，全社会投入了大量的人力、物力和财力，使我国农村贫困问题得到缓解，全国贫困人口大幅度减少。内蒙古地处边疆，是经济相对落后的少数民族地区，100个旗县级单位中半数为贫困旗县，贫困面广，贫困人口多。经过20多年的发展已经有600多万人摆脱贫困，基本解决了温饱问题，但由于自然环境和地理位置等方面原因，目前内蒙古还存在大量的贫困人口，扶贫工作任重道远。据抽样调查分组资料显示，截止2003年底，内蒙古农牧民人均纯收入500元以下低收入人口占全区农牧业人口的比重还达到6.1%。其中：收入在500元以下的农业人口为69万，牧业人口为15万，分别比2002年增加1万和3万。贫困人口的不降反增，为内蒙古的农村牧区经济全面发展带来了不和谐的声音。这制约了农牧民收入的持续增长。

（五）内蒙古农牧业经济整体水平比较低

内蒙古农牧业底子薄，起点低、基础差。内蒙古自治区成立之前，占农区总人口90%以上的贫苦农民仅拥有不足30%的土地，当时内蒙古的种植业生产极为落后。1947年全区粮食总产仅185万吨，平均亩产38.5公斤；油料产量只有6万吨；糖菜种植还无从谈起。自治区成立的第一个十年，内蒙古广大农村及时进行了土地改革，农民当家做主人，拥有了自己的生产资料，这极大地激发了他们的生产热情，农业生产得以迅速恢复和发展。1957年，全区种植业总产值已达7.8亿元，比1947年，增长1.1倍，按可比价格计算年均递增7.7%.粮食总产达到了303万吨，自治区成立的头十年为种植业生产的发展确立了一个良好的开端。后来，由于历史原因和自然灾害，种植业生产进入了一个起伏徘徊的时期。

党的十一届三中全会以后，由于党在农村各项方针、政策的落实，特别是家庭联产承包责任制的推行，广大农民压抑已久的生产积极性得到了充分释放，内蒙古自治区的种植业生产开始打破长期以来徘徊不前的被动局面，开始步入了一个稳定发展的时期。但由于积重难返，这一时期粮食生产的发展仍滞后于粮食需求的增长。1989年仅国家和自治区新增的支农资金就达4300多万元，盟市、旗县投入资金3000多万元，农户投入也大幅度增加。自1989年开始，困扰内蒙古多年的粮食自给问题才得以根本解决，结束了近20年吃粮靠调入的历史。内蒙古农业结构总的说还是底子薄、起点低、基础差，农村牧区经济总量排名在全国各省市中还处于比较靠后的位置。

(六)农村牧区劳动力素质低制约农牧业增长和农牧民收入增加

农牧民素质低是增长方式转变过程中必须长期面临的一个难题。农牧民是农牧业生产的主体，转变农牧业增长方式，实行集约化经营离不开千百万农牧民的自主行动。尤其是农牧业生产市场化进程逐步加快的今天，集农牧业生产者、经营者、管理者于一身的农牧民，其素质低下的状况很难适应集约化经营的要求。由于全区地广人稀，交通不便，教育事业相对落后。农村牧区改革之前.全区农牧民文化素质之低是十分惊人的。据统计，1985年全区农民家庭每百个劳动力中文盲、半文盲人数高达24.2人，小学文化程度的人数达40.7人；牧民家庭则分别为25.9人和49.9人。文化素质低下在很大程度上决定了农牧业粗放经营的格局。改革以后，农村牧区教育事业得到了较快发展，农牧民文化程度有所提高，但与发达地区相比还很低，更不能适应集约经营的要求。截止2004年底，全区农牧民家庭劳动力中文盲比率0.6%，小学文化程度者占32.3%，初中文化程度者占48.3%。当发达国家的农业劳动力已具备大学文化水平时，我们以这样的素质去实行集约化经营是十分困难的。更为突出的是全区农村牧区信息不畅，文化科技传播途径有限，导致农牧民观念陈旧，思想保守。

农牧民素质低下对农牧业增长及农牧收入增加的制约主要表现为：首先农牧民素质低下弱化了先进农牧业科技的应用效率。观念落后，科技意识淡漠，对先进农牧业科技的接受程度较差，延缓了应用推广的进程。同时由于文化水平较低，影响了他们对农牧业实用技术及良种应用的掌握程度，有些农牧民连简单的科普资料也读不懂，很难要求他们掌握更复杂的技术。其次素质低下的农牧民在农牧业市场化进程中十分茫然。农牧业对种植结构的合理安排、农牧业科技的应用、农畜产品出售的时机把握等等都已成为农牧民生产经营过程中面临的重要课题。第三，现阶段由于农牧民文化素质较低，农牧业生产环节的管理就比较粗放，许多农民家庭更谈不上经济核算，管理水平十分落后。第四、素质低下还导致外出就业渠道窄，收入低。在外出的劳动力中，经过专业技术培训的很少，2004年内蒙古每百名外出劳动力中，具有大专以上文化程度的仅为4.6个。由于缺乏从事非农产业的职业技能，使得外出就业劳动力竞争力越来越弱，就业空间也越来越小。据调查，内蒙古外出打工劳动力主要在制造业、建筑业、住宿和餐饮业、居民服务和其他服务业就业，均是一些工作技术要求低的行业，多数人从事的工作环境差，劳动报酬低，2004年外出务工平均月收入693元。同时，由于农村牧区劳动力科技文化素质偏低，缺乏对党和国家路线、方针、政策、法律、法规的了解，缺乏对市场经济规律的了解，在外出务工过程中合法权益受到侵害的现象时有发生。

农牧民文化素质的普遍提高需要一个艰苦漫长的过程，农牧民的素质问题必将长期影响着全区农牧民收入的提高。

四、政策和措施建议

(一)农牧民进行就业结构调整的同时，首先确保第一产业收入稳定增长

农牧业是全区的主体产业，目前全区农牧民人均纯收入中来自第一产业的收入占 74.3%，第一产业收入具有绝对的主体地位。通过大力发展二、三产业，这一收入结构会有所改变，但农牧业收入仍将是农牧民收入的主要来源。全区 1352 多万农牧民收人水平的提高，生活水平和质量的改善离不开农牧业的持续健康发展。从潜力看，全区农牧业资源禀赋好于全国。根据全区生态环境脆弱、农牧业发展已由资源约束为主转向市场需求约束为主，由总量矛盾转向结构性矛盾的宏观环境条件，以及应对世界农业的冲击的需要，全区传统的农业总量扩张战略必须调整，在农牧业生产发展中，要彻底实现农牧业增长方式的根本性转变，由过去单方面依靠总量扩张向提高农牧业科技含量，提高集约经营水平转变，稳定总量、优化结构、提高品质。

1. 在农业发展上要稳定播种面积并在此基础上加快科技推广，优化种植结构，提高单产和品质，并把近年来盲目开垦的荒地以及单产水平较低、不宜种植的坡梁地退下来，还林还草还牧。

2. 畜牧业要实行“增草稳畜，稳量提质”的方针，加强草牧场的保护和建设，实施牧区繁育农区育肥的农牧结合战略，适当控制牲畜规模，提高总增，加快出栏，加速畜种改良和科学饲养，全面提高资源利用率和牲畜个体产出率，通过加快畜群周转，带动农村牧区经济的全面发展。

3. 林业上要加快植树种草，加大荒山荒地生态造林面积，治理水土流失，在恢复和保护生态环境的同时提高经济效益。

（二）加快二、三产业发展，促进劳动力就业结构的合理调整

全区农牧民与全国的收入差距主要是在二、三产业上，必须加快发展二、三产业，力争使农牧民来自二、三产业的收人大幅度增加，收入结构单一的现状有所改善。二、三产业发展的重点是：

1. 大力发展农畜产品加工业，推进农牧业产业化进程。发展农畜产品加工业既可以实现农畜产品的多重转化增值，提高农畜产品附加值，缓解农畜产品卖难现象，同时又能扩大劳动力就业规模，拉动流通环节的服务业快速发展，全面提高农牧民收入。因此，全区要把农畜产品加工业作为产业发展重点，制定优惠政策，积极扶持。首先应确保现有农畜产品加工龙头企业平稳发展，实施各项政策倾斜，鼓励其通过资本扩张，兼并收购等手段扩大规模，高速成长，提高农畜产品加工能力，吸纳更多的城乡劳动力。其次要引导区内企业加速投资重点的转换，将注意力集中到农畜产品加工业的发展上，力争再组建几个大型农畜产品加工企业集团，其重点应放在乳业、肉联业、马铃薯加工业、皮革制造业、食用植物油加工业及小杂粮精细加工业等方面，以充分发挥内蒙古的资源优势。第三，积极引导目前从事农畜产品加工业的乡镇企业加速技术投入，提高产品档次及竞争能力，大力支持名牌产品的形成和发展。第四，制定优惠政策吸引区外相关知名企业来全区投资建厂，或兴办分厂、联营办厂，通过这一途径学习和引进区外企业先进的管理技术，同时缓解区内资金紧张的矛盾。

2. 进一步发展乡镇企业和民营企业。改革开放以来，乡镇企业和民营企业迅猛发展，是我国传统经济向现代经济转化的生长点。2002 年全国乡镇企业和民营企业职工增至 1.47 亿人，乡镇企业和民营企业接纳农村牧区劳动力的前景十分广阔。内蒙古乡镇和民营企业起步晚，水平低，发展速度缓慢，应大力发展，尽可能多地吸收农村劳动力。政府要加强对企业的支持力度，进一步落实和完善有关企业发展的优惠政策，同时要加强乡镇和民营企业对用工的管理，引导企业建立健全管理服务机构，着手解决工资、医疗和养老保险等关乎劳动者切身利益的问题，以吸纳更多的农村牧区劳动力的就业。

3. 大力发展第三产业，扩大吸收劳动力的就业容量。各级政府应优先发展以商业流通为主的专业批发市场，同时完善资本、技术、劳动以及企业产权交易等生产要素市场，逐步建立起体系完备、功能齐全、布局合理的市场结构。此外，把交通运输、邮电通讯、金融保险、信息服务、技术服务作为农村牧区第三产业的发展重点，旅游基础较好的地区应大力发展观光农牧业，城市郊区应充分发挥其有利的区位优势，大力发展周末度假、旅游休闲等，以促进城郊餐饮、住宿等行业的发展，增加就业容量。

4. 加速农村牧区小城镇建设。小城镇是二、三产业的载体，要采取有效办法，将小城镇的发展引导到集中、规范、有序的轨道上来。加强城镇基础设施建设，适当开辟工业园区，以中小企业的合理聚集带动小城镇的发展与建设，为农村牧区劳动力提供良好的就业环境和生活环境。

（三）利用国家政策，作好移民扶贫工程

随着内蒙古自治区各项扶贫攻坚计划的实施，全区贫困地区的贫困面貌已发生了显著变化，绝大多数贫困人口将逐步摆脱贫困，实现温饱。但由于现存的贫困地区多集中于自然条件十分恶劣的干旱区、风蚀沙化区，地方病高发区等人类生存障碍区，交通和通讯不便、信息不灵，人口素质较差，脱贫极不稳定，实现稳定增收更难。因此扶贫济困工作任务仍很艰巨。但随着贫困地区基本生活条件的好转.扶贫开发应从过去以救济为主的扶贫方式向开发为主的扶贫方式转变，逐步提高贫困地区的造血机能和自我发展能力，重点帮助贫困地区发展科技教育事业，提高人口素质，加强水、电、路、邮等基础设施建设，改善贫困地区生态环境和生产生活条件，再辅之以传统的政策扶贫、资金扶贫、结对扶贫、移民扶贫等方式，力争使贫困地区农牧民在解决温饱的基础上走上致富之路，进而实现收入水平和生活质量的大幅提高。

（四）加强农牧民的教育和培训，加快劳动力转移就业

目前我国农村经济已经进入到一个新的发展阶段，农村剩余劳动力增多，转移难度加大，是新阶段的一个重要特征，这个问题如果得不到很好的解决，不仅会制约农村经济的健康发展，而且会给农村社会稳定带来不利影响。据测算，目前内蒙古农村牧区仍然沉淀着近 100 多万剩余劳动力，然而近年农村自身吸纳劳动力的能力逐渐减弱，如何有效转移这部分劳动力，使他们能够充分、高质量就业成为政府能否增加农牧民收入的难点。应主要从以下几方面考虑：

1. 要加大教育和培训力度、提高农牧民自身素质，增强农村劳动力就业适应能力。教育水平与收入虽然不是成正比重关系，但是高的教育水平和素质总是能得到较高的收入和满意的职业，因此加强教育和培训刻不容缓。

（1）加强职业和技能培训，满足当前经济发展对就业岗位的要求。首先要作好专业技能培训。各地务必根据市场对劳动力的需求，有针对性地开展培训，按行业、工种、岗位等不同要求，对外出就业的农牧区村劳动力进行基本技能和技术操作规程的培训，做到与岗位需要紧密联系。同时鼓励各类培训机构主动与劳务市场和用工单位签订合同，定向培训。其次要搞好政策、法律法规知识培训，增强他们预防和处理不测事件的能力。邀请人才市场的专家，为外出务工人员进行相关内容的培训，避免出现外出务工人员对就业形势认识不清，上岗不久又被迫“下岗”以及因自身素质差而难以适应高科技含量企业要求等情况。第三要多渠道、多形式开展农村劳动力就业培训。要充分利用现有各类学校、培训场所、设备、师资等资源，搞好农村牧区劳动力就业培训工作，为农牧民进入非农行业创造条件。

（2）全面重视和大力开展职业技术教育和成人教育，迅速提高农村牧区现实劳动力素质。

（3）长远方面考虑，要继续抓好农村牧区的基础教育，这是提高未来农村牧区劳动力素质的基础。建议各级政府通过增加教育投资、建立农村教育发展基金、扩大筹资渠道、实施“希望工程”、拓展办学形式等途径，使农村基础教育有一个大的发展。

2. 要加强农村牧区剩余劳动力管理，为农村牧区劳动力转移提供优质、全面的服务。

（1）要建立农村牧区劳动力外出就业档案，对农村地区劳务输出人员进行跟踪服务和管理。掌握农村牧区劳动力资源构成、分布与就业状况，按市场化、企业化的要求，规范劳务输出行为。

（2）大力发展多种形式的劳动就业中介组织，建立健全就业服务体系，逐步完善包括就业信息、咨询、职业介绍、培训在内的社会化就业体系。

（3）加强国际劳务合作，政府组织农村牧区劳动力走出国门就业。随着国际经济的一体化，对外输出劳务已成为许多地区经济工作的重要内容，对于内蒙古这样经济文化相对落后、资源贫乏的地区来说，通过开展国际劳务合作，不断扩大劳务输出，是解决农村牧区剩余劳动力就业，增加农牧民收入的又一条渠道。